☆ 安徽省高等学校"十一五"省级规划教材

徽州文化
十二讲

汪良发 ◎ 主编

合肥工业大学出版社

图书在版编目(CIP)数据

徽州文化十二讲/汪良发主编 . —合肥:合肥工业大学出版社,2008.5
(2025.1 重印)
ISBN 978 - 7 - 81093 - 745 - 0

Ⅰ. 徽… Ⅱ. 汪… Ⅲ. 文化史—研究—徽州地区 Ⅳ. K295.4

中国版本图书馆 CIP 数据核字(2008)第054992号

徽 州 文 化 十 二 讲

汪良发 主编　　　　　　责任编辑 朱移山 张 慧

出　版	合肥工业大学出版社	版　次	2008 年 5 月第 1 版
地　址	合肥市屯溪路 193 号	印　次	2025 年 1 月第 8 次印刷
邮　编	230009	开　本	710 毫米×1010 毫米　1/16
电　话	总编室:0551 - 62903038	印　张	24
	发行部:0551 - 62903198	字　数	397 千字
网　址	press. hfut. edu. cn	印　刷	安徽联众印刷有限公司
E-mail	press@ hfutpress. com. cn	发　行	全国新华书店

ISBN 978 - 7 - 81093 - 745 - 0　　　　　　　　定价:45.00 元
如果有影响阅读的印装质量问题,请与出版社发行部联系调换。

编 委 会

序 言

汪良发

徽州文化博大精深，徽州文化灿烂辉煌。

徽州文化，作为中华文化的杰出代表，已经越来越受到世人的普遍关注和重视，其影响也日益扩大，不但超越了本土，而且超越了本省，甚至超越了国界，形成了特有的"徽州文化"现象。人们不断前来徽州本土，或考察，或研讨，或借鉴，形成一股探寻徽州文化内在奥秘与魅力的浪潮。

黄山学院作为徽州大地唯一的高校，一直高度重视对徽州文化的抢救、整理和研究工作，取得了一系列研究成果，为弘扬徽州文化作出了自己的贡献，受到了社会好评。多年前，我们曾编写了第一部建构徽州学学科体系的《徽州学概论》，在徽学界产生了良好影响，尽了本土高校对本土文化研究的责任。现在我们又从徽州文化的角度，试图编撰有关徽州文化的第一部教材，努力建构作为校本教材的体系，为研究徽州文化、宣传徽州文化、普及徽州文化做出我们新的努力。

校本教材的最大特色是内容的地域性。在文化大繁荣、大发展的当今时代，人们对地域文化的挖掘、研究和宣传越来越重视，因为文化资源越是地域的也就越是民族的，越是民族的也就越是世界的。通过对地域性知识的发掘，让大学生更好地认识自己所处的地域社会环境，接受地域文化的熏陶，形成对社会的认同和接纳，并将其传承下去，最终达到在地域文化知识环境里，潜移默化地促进大学生的综合发展。在当前知识转型的背景下，地域性知识的意义已日益凸显。

校本教材建设的根本目的是为了满足学生、教师和学校发展的个性化需求并促进其发展。黄山学院身处徽州文化的发源地，而徽州文化又是中华后期文化的典型，作为地方高校理所应当地要与地域文化相拥抱，从徽州文化的厚重积淀中汲取滋养，借以强化办学的个性与特色。编写一部反映地域文化特色和适应高校特色课程建设需要的校本教材，是历史和现实赋予我们的责任，我们理应以高度负责的态度和开拓创新的精神做好此项工作。

如何把握徽州文化的体系和精神？我们经过反复斟酌和推求，选取了徽州文化与徽州学、徽州的地理与社会、徽州村落、徽州宗族、徽商、徽州教育、徽州学术、徽州杰出人物、徽州科技与工艺、徽州艺术、徽派建筑、徽州文书等十二个关节点来梳理徽州文化，来构筑徽州文化体系。这就是我们现在所看到的《徽州文化十二讲》的总体架构。

为了使以上架构得到更好实现，我们在编写工作中试图在以下方面做出努力：一是每一讲都要涵盖学术界有关该部分的基本研究成果（含最新成果），做到有一定的总结性；二是每一讲都要把有关该部分的代表性见解，加以有机介绍或引用，以增加学术和知识含量；三是每一讲所涉及的基本概念都要进行界定，界定时要特别注意科学、规范和简明扼要；四是每一讲都要处理好材料与观点的关系，力求观点正确、全面，材料扎实有力；五是每一讲都要在过去材料和观点的基础上有新的提炼和认识，不做机械的梳理和整合，引入创新意识，使每一部分都充满思想的活力

和语言的活力；六是每一讲都要把所具有的内涵和外延尽力挖掘出来，使整部教材既具有一定广度又具有一定深度，还具有一定高度；七是每一讲都要克服"流于一般"的状况，要出质量，要有特点和亮点，要有被人看好和看重的东西；八是每一讲的语言表达既要注重语言规范、精练和准确，又要力求通俗易懂和形象生动，使读者易于接受和乐于接受；九是每一讲的思考题要有思考价值，在与教材内容相吻合的同时，要具有启发性；十是每一讲都要把参阅和引用的论文或专著加以注明，注意学术规范性。应该说，这其中有的是基本要求，有的却是很高的要求。一般说来基本要求容易达到，很高的要求要在短期内达到绝非易事。对照以上原则要求，可以看出我们目前还存在不少距离。"虽不能至"，但我们一直"心向往之"；尽管眼下没有完全做到，但我们期盼通过今后的不懈努力来力求做到。那种一蹴而就和一劳永逸的思想是不切实际的，也是永远要不得的。独有的品格，来自于不懈的追求。

在对《徽州文化十二讲》这部教材进行评审时，一位专家这样说："黄山学院徽州文化研究所曾主持撰写《徽州学概论》，总结了20世纪80年代以来国内外徽州学研究的新成果，具体构建了第一个徽州学的学科体系。现在总结教学实践经验基础上，又组织力量编撰了《徽州文化十二讲》作为新教材，以实现黄山学院特色课程建设的新跨越。其特点是：（一）总结了国内外徽州学研究的新成果，反映了与时俱进的徽州学研究发展态势；（二）在博大精深的徽州文化体系中，选择了十二个要点作为讲题，并引用对该讲内容具有权威性的公认的评语，具有画龙点睛作用。各讲独立，又有内在联系，每讲之后皆编写了恰当的思考题，便于教学；（三）从整体上看，各讲皆能抓住主要内容，语言流畅，说明清楚，深入浅出，通俗易懂。这部新教材，构建了一个便于教师使用又便于学生自学的徽州文化的较好的教学体系。"还有专家如是说："该书稿是一部反映徽州地方文化特色的高校本科教材，参编的都是黄山学院中常年在徽州本土生活和工作的知情人。不光是对博大精深的徽州文化各具特色的姐妹花儿们作一次浏览，更要紧的是在这万紫千红的花丛中萃取精华，进而对重在探索大学生素质教育作一次创新的尝试。全书分十二讲，每讲都是一个相对独立的单元，其主要内涵和外延及所附的思考题都是相互配套、博约有度的。同时各讲知识点群之间又有着一定的关联，形成一个有机统一的知识体系，总揽古今，兼及中外，尤能注重科学精神和人文理念的融合。阐述基本概念和重要观点时，尽量使文化艺术和科学教育相依相通、互生互茂，可谓从宏观着眼，微观落笔。整部书稿构思颇为新颖，文笔洗练流畅，堪称一部对徽州文化有导读作用的简明读物或有学术价值的参考书。"

应该说，专家的意见是非常中肯的，有利于我们对这一教材特点的认识与把握。当然，这其中也包含了对我们的诸多鼓励。我们将通过自己的不断努力和追求，使更高的目标真正得到实现。

"旧学商量加邃密，新知培养转深沉"。徽州大儒朱熹的诗句给我们以深刻的启迪：我们能否通过《徽州文化十二讲》这一读本，努力商量旧学，培养新知，使得对徽州文化与徽州学的探讨更为透辟深切？让我们大家都来通过自身的不断努力，逐渐实现这一目标，逐渐进入这一境界。

2008 年 4 月 8 日

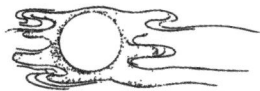

目　　录

第一讲 "蔚然成大国，耸立于学术界之林"
——徽州文化与徽州学

"徽学在短暂的近 20 年间，从默默寡闻而勃然兴起，今已蔚然成大国，耸立于学界之林，成为一门令人注目的显学。"这是著名学者叶显恩在《徽州文化大全》总序中说的一段话。它客观而又形象地概括了徽学发展的历程及其重要地位，让我们在顷刻间感受到当今徽学研究兴旺发达的美好景象。

徽学之所以能成学，得益于历史上徽州文化发展的厚实积淀，得益于 20世纪 50 年代大量徽州文书的发现，得益于国内外众多学者的孜孜以求与青睐。徽学形成和发展的过程，虽然历经曲折和艰辛，但硕果累累，价值无限，体现出徽州文化的源远流长与博大精深。

徽州文化形成和发展的历史，是徽州人以坚韧不拔的意志、非凡无比的智慧和开拓创新的精神创造出人间奇迹的历史。徽州文化不但是特色卓著的地域文化，而且以自己的独有品格和魅力，成为中华传统文化后期发展的杰出典型和缩影。

我们对徽州文化的性质与特点、徽州文化的发展阶段与成因、徽州文化与徽州学的关系、徽州文化的价值与地位等基本问题的追问与关注，正体现了我们的热切期待——期待着对徽州文化的更好继承和发扬，期待着徽学事业的更加蓬勃发展。

一、徽州文化的性质与特点

在学术界，"徽文化"与"徽州文化"这样一组概念在频繁使用。如何认识这一组概念呢？

应该说，徽州文化是徽文化的本名，徽文化是徽州文化的简称。由于简称的特点，客观上使它在使用过程中带有某种泛化倾向，自觉不自觉地使它几乎变成了"安徽文化"的代称。自然，从历史上行政区域的划分看，徽州隶属于安徽；从安徽省名的来源看，安徽的"徽"也源于徽州的"徽"。但无论怎样说，徽州文化只是安徽文化的一部分，它不可能包括安徽的所有文化，也取代不了整个安徽文化。同样也难以用徽文化来直接取代徽州文化。当然，由于徽州文化本身的典型性，又加上它处身于安徽的地缘性，徽州文化在安徽文化中的地位以及对安徽文化的影响也就具有特殊性，具有重要的普适性和推广性。如果徽文化只是徽州文化的一种简称，是徽州文化的确指，那么在使用上就没有什么问题。我们主张徽州文化是徽文化的本名，徽文化是徽州文化的简称。

（一）徽州文化的性质

有学者认为："徽学的研究范围不是整个中国文化或汉文化，而是有着特定空间和时间的界定的。空间上以历史上的徽州一府六县为基本范围，时间是以宋代徽州之名的正式确立到清代末年。徽州文化存在着'小徽州'与'大徽州'的关系，徽州区域文化是特定时期和特定地域形成的中国文化系统中的一个子系统，它与中国文化的总体密不可分。徽州人既给徽州带来了其他区域的文化，同时又把徽州文化传播到其他地域，并参与到中国大文化的循环中。因此也可以说，徽州文化与中国文化是小文化与大文化的关系"①

如上所述，徽州文化研究的对象是有它的范围限制的。这种限制主要体现在它的时间范围、空间范围和内容范围三方面。对于徽州文化的基本性质问题理应从这三方面去加以界定。

1. 徽州文化的时间范围

对于徽州文化的时间范围问题，学术界有不同的认识。有学者将其定为中国封建社会后期的明清时期②；有的认为主要在从宋宣和三年（1121）改歙州为徽州起至民国元年（1912）废除徽州府止，但应适当往前和向后延伸③；有的认为徽州文化是在北宋宣和三年（1121）设徽州府后才全面崛

① 黄德宽：《徽学研究的学术价值和现实意义》，《论徽学》，安徽大学出版社 2004 年 12 月版，上编第 51－55 页

② 卞利：《徽学研究的回顾与展望》，《安徽日报·理论版》2002 年 2 月 19 日

③ 张海鹏：《徽学漫议》，《光明日报》2000 年 3 月 24 日

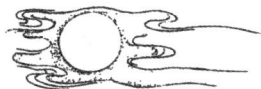

起，在明清达到鼎盛①；有的认为徽州文化的时间界限从公元 1121 年宋徽宗宣和三年定名徽州到 1949 年徽州解放前夕②；有的将远古时期的山越文化也视为徽州学的研究范围，有人将现代史上的胡适、陶行知，甚至当前黄山市的改革开放和旅游业的开发也作为徽州学的研究对象③。

综合以上种种认识，我们认为：徽州文化的时间范围理应自宋徽宗宣和三年（1121）定名徽州至徽州"一府六县"最初解体（1912）时为主而又兼及此前的歙州和新安时期以及徽州"一府六县"解体后至今还在发生影响的徽州文化。兼顾过去，是由于徽州文化是在它的前身歙州文化和新安文化基础上发展起来的；兼顾后来，是由于徽州文化对以后的黄山文化还在发生作用和影响。我们不能割断它的历史联系和现实作用，否认这种历史联系和现实作用既不符合事实，也不利于徽州文化的科学研究，因为任何历史文化都不可能凭空产生和发展。

《徽州文化全书》

2. 徽州文化的空间范围

关于徽州文化的空间范围在学术界也有不同的认识。

有的把徽州文化的研究区域范围定在徽州本土的范围内，认为徽州文化

---

① 刘伯山：《徽州文化的基本概念及其研究价值》，《论徽学》，上编第 67 – 94 页

② 郭因：《关于徽州文化研究的一些想法》，《论徽学》，下编第 148 – 155 页

③ 赵华富：《论徽州学的研究对象》，《论徽学》，上编第 6 页

是指历史上徽州区划范围内的文化，其地理区域范围包括当年徽州府所辖的六个县，即歙县、休宁、黟县、祁门、绩溪和婺源。这无疑把徽州文化的空间范围大大缩小了。

我们应该有"大徽州"的概念，要树立"小徽州"与"大徽州"相统一的徽州文化空间概念。为什么呢？

因为徽州文化是一种具有高度开放性和强烈凝聚力的区域文化，它虽产生并植根于徽州，但又不仅仅局限于徽州。在徽商聚居地，徽州文化有着广泛的传播市场。徽学不仅要研究小徽州即徽州本土，还应研究大徽州即徽商及徽州士人活动或聚居中心地区，或者说是受徽州文化影响较大的地区。在这里小徽州和大徽州是统一协调、互动促进的。这种统一协调、互动促进不仅表现在经济上，而且表现在哲学、思想、文学、戏曲、绘画，还表现在建筑、园林设计、医学发展诸方面。这种长期的在"小徽州"与"大徽州"协调统一、互动促进中创造的徽州文化，是中华文化的汇聚与浓缩，是中华汉文化的全息元。揭示徽州文化的全息元特点，必将有利于我们深入研究中华汉文化。研究徽州文化，随着徽州人向外进取拓展，研究者的目光也必然要随之瞄向"大徽州"。但"小徽州"与"大徽州"统一的两个方面，矛盾的主要方面是"小徽州"，决定事物性质的方面是"小徽州"。没有"小徽州"就没有"大徽州"；抓住"小徽州"，就必然抓住了"大徽州"，就必然抓住了"小徽州"与"大徽州"的统一。虽然徽学要研究"大徽州"，要研究中国封建社会的一般，要从世界史角度研究中国封建社会如此漫长这一特殊，还要研究中华文化中的汉文化；但是，所有这些研究，都不能离开徽州区域这一特殊视角。这些研究只能通过解剖徽州区域这个特殊的个别，去揭示寓藏其中的中国封建社会的一般。否则，它就不是徽学。徽州，是徽学研究对象中的最本质的东西，是徽学赖以存在的命脉。离开徽州，徽学必将丧其命①。这种认识应该是全面而深刻的。

唐力行提出的徽学覆盖的地区可以分为三个层次的思想具有启迪意义。他把徽商在海外的活动和影响纳入到"大徽州"范畴之中。他认为：徽州本土是它的核心层次，中间层次涵盖沿长江、运河的市镇农村，其中心区乃是"无徽不成镇"的江南，外围层次则遍及全国远至海外了。如果说核心层次是"小徽州"的话，那么中间和外围层次可称之为"大徽州"。并认为徽学

---

① 　汪柏树：《徽学与徽州》，《论徽学》，下编第 143 – 147 页

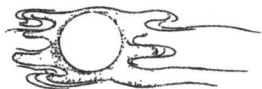

覆盖面之大是与徽商遍天下相关的，徽商便是这种文化辐射的载体。他们将徽州的宗族制度、文化心理、行为方式带到各地①。

也有人对"大徽州"的提法认为不妥：如果作为一个文化概念，"小徽州"与"大徽州"是一个很有启发意义和学术价值的提法。因为徽州并不是一个封闭的社会，恰恰相反，徽州人"十三在邑，十七在外"。大量的徽州商人、士人、官宦走出徽州，足迹遍及大江南北甚至海外，徽州文化也随之远播全国各地乃至于海外。从这个意义上讲，徽州文化并不纯粹是一种区域性文化，徽学的研究范围也不应局限于一府六县的空间范围。但是，徽州毕竟是一个地域名称，有其特定的空间范围，把苏、杭、扬州等作为徽州的"第二空间"是不妥当的。再说扬州等地虽然有大量徽人居住生活，也不同程度地受到徽州文化的影响，但这种影响是有限度的，当地文化不可能完全被徽州文化取代，更何况那些侨居的徽州人本身也会受当地文化熏陶，所以不能把徽人的侨居地和活动区域简单地归并到徽州文化的空间范围，更不能列入徽州本身的地域范围②。

那么，应怎样来处理这样一个问题呢？有人认为用"徽人在外地活动"要比"大徽州"的提法更为妥当。在空间上，既包括徽州人在本土的活动，也包括在本土以外乃至海外的活动③。

这里把徽州文化的空间进一步拓展了，它在打破了"大徽州"概念的同时，又把徽州人的活动延伸到了海外。这是符合历史的，因为历史上徽州人就有海上贸易活动。从这个意义上说，"大徽州"的概念有局限，因为"大徽州"再怎么"大"，总不至于"大"到海外去。

郭因对徽州文化的空间范围作了以下界定：空间界限首先是徽州人和非徽州人在这块土地上所创造的文化，其次是徽州人在非徽州地区所创造的带有徽州文化烙印的文化，三是徽州文化有形无形影响所及地区带有徽州文化色彩的文化。而徽州不仅指的是原先的一府六县，还该包括曾经先后划入徽州的各县④。这种对徽州文化空间范围的认识是符合实际的，也是可取的。

我们认为，徽州文化在其空间上不能仅仅指在徽州本土上存在的文化，亦还包括由徽州而发生，由本籍包括寄籍、侨居外地的徽州人而创造从而辐

① 唐力行：《徽学研究的对象价值内容与方法》，《论徽学》，下编第 69 - 84 页
② 张子侠：《徽学学科体系刍议》，《论徽学》，下编第 85 - 95 页
③ 张子侠：《徽学学科体系刍议》，《论徽学》，下编第 85 - 95 页
④ 郭因：《关于徽州文化研究的一些想法》，《论徽学》，下编第 148 - 155 页

射于外，影响于外的文化①。具体地说，徽州文化所包括的空间范围是随着徽州人的活动空间的不断延伸和拓展而变化的，是以徽州本土为中心、包括本土以外乃至海外的活动空间徽州人所创造的文化。

3. 徽州文化的内容范围

徽州文化是徽州社会精神文明和物质文明的总和，包括物质文化、制度文化、精神文化三个层面。

徽州文化中的物质文化包括徽州古建三绝（民居、祠堂、牌坊），徽派三雕（砖雕、木雕、石雕），徽州村落水口布局，徽派科技发明，著作文献等有形的文化载体。这些物质层面的文化是徽文化的外在表现。徽州文化中的制度文化主要指徽州社会制度、政治制度、宗教制度、土地制度、经济制度、教育制度等。徽州制度文化介于徽州物质文化与精神文化之间，是徽州文化的中间层面。徽州文化中的精神文化主要指在徽州这一地域产生的哲学、宗教以及科学、医学、文学、艺术、民俗等观念性文化。精神文化则是徽文化的内核，反映了徽州人的意识形态、思维方式、思想观念、行为规则、伦理价值。这是徽州文化最本质的内在动因。

徽州文化中的物质、制度、精神文化是三位一体的关系。内层的精神文化决定外层的物质文化，外层的物质文化是内层的精神文化的反映。

4. 徽州文化的内涵

由于对徽州文化的时间范围、空间范围和内容范围有不同认识，因而学术界对徽州文化内涵也就有不同的理解。

有的认为徽州文化是在中国封建社会发展到后期，封建政权、思想、文化充分高度集权和加强一体化时期形成并获得极大繁荣的区域文化，封建性应是它的本质属性②。

有的认为徽州文化是广义的文化概念，或者说是大文化概念，它包括中国封建社会后期，特别是封建社会衰落时期徽州的物质文明史、制度文明史和精神文明史③。

有的认为徽州文化是指北宋宣和三年（1121）徽州府设立以后直至民国，在当年徽州府所辖的歙县、休宁、黟县、祁门、绩溪、婺源六个县发生

---

① 刘伯山：《徽州文化的基本概念及其研究价值》，《论徽学》，上编第67－94页
② 同上
③ 赵华富：《论徽州学的研究对象》，《论徽学》，第6－17页

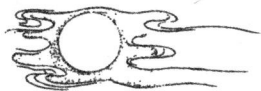

与存在，以及由此发生而辐射、影响全国的典型封建民间文化。它是历史上徽州人所创造的物质文明和精神文明的总和①。

有的认为徽州文化是指历史上徽州区域的富有特色的文化积淀和文化现象。包括商业、文化、医药、教育、建筑等方面②。

我们在这里不妨综合前面对于徽州文化的时间、空间和内容范围的基本认识，对徽州文化作出如下界定，即：徽州文化是起于宋而至于清兼及过去与现在的以徽州本土和本土以外（包括海外）的徽州人所创造的以物质、制度和精神文化为主体的既有区域性又有普遍性的典型文化。

这里包含着：主体要素是徽州人；内容要素是以物质文化、制度文化和精神文化为主体的既有区域性又有普遍性的典型文化；时间要素是起于宋代而至于清末；空间要素是以徽州本土和本土以外（包括海外）。徽州文化的内涵由此四个要素构成。

《徽州文化研究》（黄山学院徽州文化研究所主办）

（二）徽州文化的特点

徽州文化的总体特点，一言以蔽之：博大精深。2001 年 5 月，江泽民总书记视察黄山时强调指出："如此灿烂的文化，如此博大精深的文化，一定要世世代代传下去，让它永远立于世界文化之林。"

---

① 刘伯山：《徽学研究的多学科价值》，《论徽学》，下编第 120 - 128 页
② 朱万曙：《徽州文化与徽学》，《中国发展》2003 年第 3 期，第 55 - 58 页

对于博大精深的徽州文化的具体特点，赵华富在《论徽州学的研究对象》一文中论述得很充分。他认为徽州文化具有丰富性、辉煌性、独特性、典型性和全国性五大特点，这是迄今为止对徽州文化特点的最全面的解释。我们在这里重点揭示徽州文化的丰富性、独特性、典型性三个特点。

1. 丰富性

徽州文化的丰富性主要体现在：（1）遗存丰富：①徽州历史文献众多，包括徽州文书档案、徽州典籍文献等。其中徽州典籍文献历史上见诸著录的有 7000 种以上，目前存世的尚有 3000 种左右，未见著述的家刻本如族谱等有千余种，合计徽州人著述达 4000 种以上；徽州文书档案大约有 50 万份，不仅数量巨大，而且内容丰富，包括土地文书、财产文书、赋役文书、商业文书、宗族文书、会社文书、官府文书、诉讼文书、科举教育文书和乡规民约等。②世界文化和自然遗产地有黄山世界文化和自然遗产，西递、宏村世界文化遗产。③徽州文物众多，有国家级和省级等各种地面文物 5000 余处，馆藏文物 20 万件。④非物质文化遗产丰富：国家级非物质文化遗产 15 项，安徽省首批非物质文化遗产 18 项，市级非物质文化遗产 29 项，县级非物质文化遗产 129 项。（2）内容丰富：徽州文化主要包括徽州土地制度、徽州宗族、徽商、徽州教育、徽州历史名人、徽州科技、新安理学、新安医学、徽派朴学、徽州戏曲、徽州文学、新安画派、徽派篆刻、徽派版画、徽州工艺、徽州刻书、徽州文献、徽州文书、徽派建筑、徽州村落、徽州宗教、徽州消防、徽州民俗、徽州方言、徽菜等等。凡与徽州社会历史发展有关的内容，都属徽州文化范畴。（3）学科众多：如徽州文献、徽州档案、徽州教育、徽州刻书、新安医学、新安画派等等，涉及经济、社会、教育、学术、文学、艺术、工艺、建筑、医学等诸学科，且每个学科和门类的内容极其丰富，如徽州档案，包括鱼鳞册、地契、房契、租约、文约、合同、字据、税单、账册、案卷、信札、阄书等等。

正是徽州文化的丰富性，体现出了它的系统性。作为历史上的徽州人在其千百年的社会实践过程中的完整创造，徽州文化形成了一个完整的文化体系。其体系内的各个要素相互依存、互为条件，构成一个宏大系统，完整、生动地反映着徽州社会历史发展的真实状况。

2. 独特性

徽州文化与全国其他地域文化相比，具有自己的独特性。正如唐力行在《苏州与徽州——16—20 世纪两地互动与社会变迁的比较研究》一书的序中

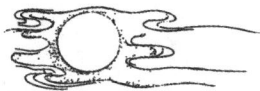

所说："与一般的、以传统农业为主的区域社会不同，徽州是一个经济、社会、文化发展相对完整的区域社会，是我们认识传统社会的一个极好范本。从经济角度看，徽州在传统农业之外，还有闻名遐迩的商业。透过徽商看商业资本在传统社会中的作用、商业资本与社会转型的关系，这是其他区域社会难以见到的。从社会角度看，徽州是一个宗族社会，传承了中原地区消失了的魏晋南北朝时期的宗族实态。透过徽州宗族组织、家谱、宗祠、族田、佃仆等看中国宗族社会，这也是其他区域社会难以见到的。从文化角度看，徽州理学昌盛，有'东南邹鲁'之称，理学集大成者朱熹即是徽州籍人。透过新安理学看宋代以后理学对正统儒学的传承、徽商与儒家文化的结合以及商人心态，更是其他区域社会所见不到的。徽州社会以其特殊的地理、人文环境，造成了一个特有的区域社会生活体系：徽商、徽州宗族与新安理学始终处于互动互补的状态中。"这种全面而系统的认识，切中了徽州文化独特性的肯綮。

3. 典型性

徽州文化的典型性体现在：（1）徽州文化现象具有典型性。徽州地处偏僻山区，总面积一万平方公里左右，人口最多时不超过百万，早期阶段经济并不发达，可以说客观条件并不优越，但这里后来却成了"东南邹鲁"、"文物之海"、"礼仪之邦"，名人辈出，流派纷呈，文风昌盛。这说明在一个客观条件并不优越的地方，同样能创造出文化的高度繁荣。（2）徽州文化流派具有典型性。新安理学、徽州商帮、新安画派、徽派建筑、徽州刻书、新安版画、新安医学、徽派朴学、徽派园林、徽派三雕、徽派篆刻、徽派盆景、徽剧、徽墨、歙砚、徽菜等有与众不同的特点，达到了特有的发展高度，体现了当时时代的最高水准。（3）徽州文化价值具有典型性。徽州文化是中国封建社会后期传统文化的典型代表，可以为观照中华文化提供大量实例，能够寻找出中国文化的很多重要特征，有利于更加深入地认识中国历史文化的诸种问题。徽州文化流派纷呈，独树一帜，在很多领域都处于领先地位，如徽派篆刻是中国文人流派篆刻的主流，对徽派篆刻的研究，其实就是对中国文人篆刻历史的研究；徽派版画代表了中国传统版画的最高成就，对徽派版画的研究，也就是对中国传统版画的研究；新安理学、徽派朴学是宋以来学术思想史上的两座高峰，具有典型标本研究价值，等等。因此，徽州文化研究，实际也就是对中国封建后期传统文化的研究，窥一斑而见全豹，具有普遍的学术意义。丰富的徽州文化涉及中国历史文化的方方面面，徽州文化是封建社会后期中国文化的一个缩影。

二、徽州文化的发展阶段与成因

（一）徽州文化的发展阶段

对于徽州文化的发展阶段问题，卞利在《明清徽州社会研究》一书中的《徽学的形成与发展》部分进行了详细的梳理。

我们认为：徽州文化的发展主要分成以下阶段：

1. 徽州文化的孕育阶段

徽州文化经历了一个漫长的演进过程。在徽州文化形成之前，经历了江南越文化、山越文化和新安文化三个历史文化的发展时期。这些文化特别是新安文化，虽然与后来的徽州文化有质的不同，但为后来的徽州文化起到了直接或间接的铺垫和催生作用，它们无疑是徽州文化形成的背景和基础。

2. 徽州文化的发生阶段

北宋宣和三年（1121）原歙州改为徽州，从此进入徽州时代，徽州文化的时代随之到来。

进入徽州时代以后，来自中原的世家大族，本着深厚的家学渊源，以"诗书训子弟"，"十户之村，不废诵读"，使徽州形成了尚文重教的风气，府学、县学和书院得到建立。徽州府学、县学和书院的发展，使得参加科举考试的人数大为增加，据道光《徽州府志》统计，宋代徽州共考取进士699人，从而使徽州士子通过科举的成功获得了政治上的崛起。罗愿在《新安志》"风俗"篇中说："黄巢之乱，中原衣冠避地保于此，后或去或留，俗益向文雅。宋兴则名臣辈出。"随着徽州教育的发展，徽州刻书业随之悄然兴起，整个徽州刻书占安徽刻书的三分之一以上。文风昌盛与刻书的发展有着密切关系。新安理学崛起，出现了集理学之大成的朱熹。新安医学开始萌芽，出现了张扩、张杲等医学家。"徽墨"、"歙砚"、"澄心堂纸"和"汪伯立笔"等文房四

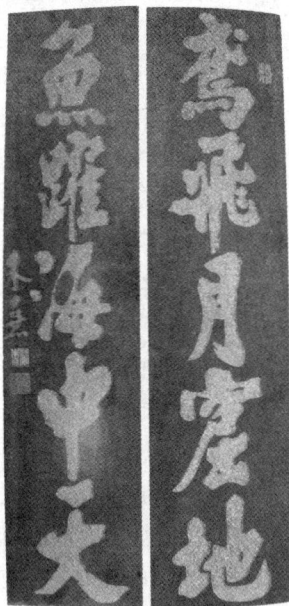

朱熹手书楹联

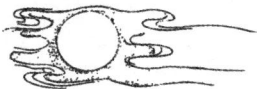

宝得到发展。

按照叶显恩的理解，认为"宋代以尚文重教来回应首次出现的机遇，通过科举仕宦而进入统治集团，赢得'名臣辈出'的徽州历史性第一回合的成功。"这种概括是符合历史事实的。这样的时代，使得徽州文化从发生的时候起，就显示出它的独有魅力。

3. 徽州文化的发展阶段

徽州文化在进入元代以后，继续得到曲折发展。从全国来说，汉文化受到压制和打击，徽州文化也受到一定的冲击和影响，但由于徽州文化在宋代勃兴之后所具有的强劲之力并没有使它的发展完全消退，徽州文化的根基并没有受到根本性的动摇，因而还是保持了它发展的惯性。朱子之学在钦定哲学中居于显赫地位，被定为科举程式，成为设科取士的指导思想，新安理学得到长足发展。徽州教育持续发展，除社学外，单是书院就有 29 所，比宋代增加了 23 所，占安徽的 65% 以上。徽州学人对元朝政府采取不合作态度，甚至强硬抵抗政府的征召与聘请，对科举功名不屑一顾。徽州刻书进一步盛行，郑玉、赵汸等教育家，胡炳文等学者活跃在各自领域，为徽州文化的发展作出了贡献。

4. 徽州文化的鼎盛阶段

明代中叶以后，以乡族关系为纽带的徽州商帮在全国崛起，并在嘉靖和万历之间得到繁盛发展。徽商是徽州文化发展的酵母，有徽商经济的支撑，徽州文化赢得了新的发展。据嘉靖年间统计，由于徽商对教育的重视，徽州社学达到 562 所，书院 46 所，真可谓"书院林立，社学遍地"。由于教育的发达，科举考试成绩斐然。据道光《徽州府志》统计，徽州明代共考取进士425 人。徽州刻书业发展到隆庆、万历后，跃居到了全国领先地位，成为全国的四大刻书中心之一。随着徽州刻书的发展，徽派版画得到发展。徽派版画除了反映在墨谱、诗画谱和笺谱外，更多地反映在书籍插图中。休宁人胡正言发明的"饾版"和"拱花"印刷术使徽派版画艺术大大发展，使徽州刻书大放异彩。新安医学得到发展，涌现出包括程玠、汪机、江瓘、陈嘉谟、徐春甫、汪昂等一批医学家，医著众多。出现了全国著名的数学家程大位等。程敏政、汪道昆等文学家和戏曲家相继出现，显示了文学艺术的繁荣。"天都画派"的出现，体现了绘画艺术发展达到一定高度。由于徽商的发展，徽州村落建筑也显示出了自己的风格，"三雕"艺术使建筑品位得到提升，徽派建筑作为地方特色展现出来。

到了清代，徽州文化继续得到强劲发展。徽州教育持续发展，书院新增14所，社学在康熙时期有462所，私塾林立，遍及徽州乡村。据道光《徽州府志》统计，徽州共考取进士645人。休宁县共出了13个状元，徽州出现了"连科三殿撰"、"十里四翰林"、"同胞翰林"、"父子尚书"等科举佳话。徽州朴学赢得全国性地位。新安画派真正形成。"四大徽班进京"显示了徽剧的魅力，并促进了京剧的形成。文学艺术得到进一步发展。

5. 徽州文化的转型阶段

太平天国革命被清军镇压时期，受战乱影响最严重的长江中下游地区，正是徽州商帮经营活动最主要的区域，徽商遭受重大打击。历史上的徽州很少战乱，而太平天国革命时期这里却成了清军与太平军拉锯战的重要战场，徽商家园遭受兵燹，不但徽商"富藏"被洗劫一空，而且生灵涂炭，许多教育文化设施受到严重破坏，徽州文化发展的元气大伤。

徽商走向衰落使徽州文化发展失去强力支撑。清代道光年间，清政府实行由"纲盐制"改为"票盐制"的盐法改革，从此徽州盐商大势已去。加上战乱影响，整个徽商逐渐走向衰落。徽州文化发展的经济基础发生了动摇。

徽州原有建制解体和版图变化使徽州文化发展伤筋动骨。徽州进入到民国元年（1912）废除了"府"的设置，打破了数百年来"一府六县"格局。随后1934年7月婺源县划归江西省，使徽州文化得以存在的版图受到肢解。半个世纪后的1987年11月，撤销徽州地区成立黄山市，绩溪县划入宣城地区，徽州版图又一次受到肢解，作为地域概念的"徽州"从此在祖国的版图上消失。当徽州建制和徽州版图一再发生变化之时，徽州文化的发展也随之发生变化。

虽然徽州文化在这一阶段遭遇一系列重创，但由于一方面徽州文化在其历史发展过程中有自己的发展惯性，另一方面徽州方化保持了与时俱进的品格，因而呈现出转型发展的特点。具体表现在过去的文化积淀依然厚实，民国时期的徽州教育依然发达，因而涌现出了以胡适、黄宾虹、陶行知为代表的杰出人物，显示了徽州文化转型发展的灿烂光芒。

当然，随着1987年11月的撤销徽州地区成立黄山市，一个新时代——黄山时代随之到来，一种新型文化——黄山文化也随之诞生，从此进入了黄山文化时代。

（二）徽州文化的成因

徽州文化随着徽州区域的形成而形成，随着徽州社会的发展而发展。它广泛体现在徽州社会历史的物质文化、制度文化和精神文化之中，典型地体现了中国封建社会后期的文化特征。徽州文化形成的主要原因有以下方面：

1. 中原文化的深厚积淀是徽州文化形成的"基因"

由于历史上中原战乱频繁，西晋末年"永嘉之乱"、唐末"黄巢之乱"和北宋末年"靖康之乱"导致了中原世家大族因避难迁徙到徽州。入徙徽州的世家士族，选取徽州风水宝地聚族而居，重宗法血缘，修世好敦邻，严主仆之别，坚守着祖居地的各种遗风。他们不仅给徽州带来了中原地区的先进生产技术、生产工具，而且带来了以孔孟儒学为核心的中原文化。扶贫济困、兴文重教、勤俭持家、以众帮众，成为徽州宗族文化的重要特征，为儒家伦理思想的弘扬输入了源源不断的精神动力，使徽州文化的发展充满了勃勃生机与活力。先进的中原文化无疑是徽州文化形成的"基因"。

2. 程朱理学的勃兴是徽州文化形成的"支柱"

徽州号称"东南邹鲁"、"程朱阙里"。朱熹思想对徽州影响至深。凡事皆依《文公家礼》，凡书皆读朱子所注，已成为徽州文化中的一个奇特现象。休宁茗洲吴氏宗族在其《家典》中，就曾明确要求全体宗族成员："我新安为朱子桑梓之邦，则宜读朱子之书，服朱子之教，秉朱子之礼，以邹鲁之风自待，而以邹鲁之风传之子若孙也。"徽州士农工商各个层面，政治、经济、民间生活，从塾学到宗族祠堂，无不有程朱理学的深深烙印，使朱子之学成为徽州文化发展的强大思想支柱，指导着徽州文化的发展，构成徽州文化的理性内核。新安理学从整体上提升了徽州人和徽州社会的人文理性，同时提升和丰富了徽州文化的理性内核。当然，"程朱理学"对徽州社会的负面影响也很深刻。官本位意识，封建宗法的强化，世仆制的顽固维持，特别是封建礼教贞节观对徽州女人的思想毒害尤其严重。

3. 徽商经济的发展是徽州文化形成的"酵母"

徽商经济的形成和发展是徽州文化形成和发展的物质基础。徽商"贾而好儒"，注重贾儒结合，贾仕结合，强化宗谊，重视教育，恪守贾道。他们把所赚的钱除了扩大再生产以外就是建会馆、办文会、兴诗社、蓄戏班、印图书、筑园林、修桥补路、撰文修谱等，特别是在"富而教不可缓，徒积赀财何益乎"思想意识指导下，延师课子，加强对子弟培养，置学田、义田，办族学，建书院，资助府学县学等，在客观上为徽州文化的发展提供了强大经济后盾。徽商直接推动了徽州文化的繁荣与发展。徽商经济的发展无疑是徽州文化形成的原动力，是徽州文化发展的"酵母"。

4. 徽州教育的高度发达是徽州文化形成的"温床"

徽州历史上文风昌盛，教育发达，府学、县学、书院、社学、私塾、文会极为昌盛。"远山深谷，居民之处，莫不有学有师"、"十户之村，不废诵读"，就是当时徽州文风昌盛的写照。由于教育发达，人才辈出，据统计中进士者仅徽州本籍，宋代 624 名，明代 392 名，清代 226 名。状元仅清代本籍加上寄籍合计 17 人，仅次于苏州府，全国名列第二，创造了"一门九进士"、"连科三殿撰，十里四翰林"、"父子尚书"、"同胞翰林"、"一镇四状元"、"一县十九状元"的科举佳话和奇迹。发达的教育，是徽州文化得以形成和繁荣的温床。

正是以上"基因"、"支柱"、"酵母"和"温床"四个方面构成了徽州文化得以形成的基础和原因。

三、徽州学的形成与特点

在学术界，"徽学"与"徽州学"这一组概念在频繁使用。我们应如何认识这一组概念呢？

在实际的使用过程中，有这样几种情况：有的称"徽学"以与"徽州学"相区别，有的称"徽州学"以与"徽学"相区别；有的称"徽学"就是"徽州学"，其间没有什么区别；有的称名称问题并不十分重要，只要内涵一致，无论称"徽学"还是"徽州学"都是可行的。

称"徽学"以与"徽州学"相区别的认为，"徽学"与"徽州学"似乎看不出多大的区别，但在这门学科的外延上显然是不同的。徽州学更多的着眼点是放在徽州本土的所谓"一府六县"之地；而徽学所涵盖的范围相对来说，就不仅仅限于徽州本土，它还包括徽州人和徽州文化所影响和覆盖的地域。徽学的研究范围和徽学定义的外延，比徽州学要大得多①。

称"徽州学"以与"徽学"相区别的认为，徽州学就是研究徽州地域历史与文化的科学，它属于地方学的范畴。在名称上应以"徽州学"来定

---

①　卞利：《唯物史观与徽学研究的发展》，《论徽学》，下编第 49 - 58 页

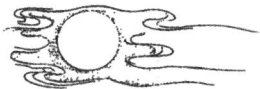

位，而不能含糊其辞，否则就会出现移位和错位。认为称"徽学"有衍变成"安徽之学"的可能和趋向，已经出现的"徽戏"就是"安徽戏"，"徽菜"就是"安徽菜"，"徽商"就是"安徽商"的现象说明了这个问题。因而必须把它明确地称作"徽州学"。

称"徽学"就是"徽州学"，其间没有什么区别的认为，徽学即徽州学，它是以徽州文化为研究对象的综合性学科。"徽学"是"徽州学"的简称，"徽州学"是"徽学"的全称。"徽学"与"徽州学"是表达反映同一个学科的同一个概念的两个不同语词而已。徽州这个区域，徽州这个历史地理的文化单元，徽州这个中华汉文化的全息元，是徽学的命脉，徽学的灵魂，徽学的根基。当我们使用"徽学"这一简称时，必须切记"徽学"之"徽"就是"徽州"。如果离开徽州或试图离开徽州来为"徽学"之"徽"寻找别的什么含义，提出别的什么见解，那么徽学研究必将丧其命，丢其魂，断其根①。

称名称问题并不十分重要，只要内涵一致，无论称"徽学"还是"徽州学"都是可行的。认为徽学的研究对象，一是徽州区域文化，二是通过大量的徽州文献和文书研究更广阔范围的历史文化。而"徽州学"的研究对象，则仅仅是徽州区域文化。如果在这两个概念的内涵上不能统一，则不同的名称就有不同的所指，也就不是同一个概念。如果它们的内涵是统一的，则无论叫"徽学"还是"徽州学"都是可以的②。

我们主张将"徽学"与"徽州学"的内涵统一起来，那就是它们的研究对象是徽州区域文化，并在此基础上通过大量的徽州文献和徽州文书研究更广阔范围的历史文化，树立起徽学就是徽州学、徽州学就是徽学的思想。这样既可以解决无谓的纷争，也有利于徽学的健康发展。

（一）徽州学的形成

1. "徽学"概念的形成

徽学概念的形成，经历了一个从最初的理学意义的"徽学"到府学意义的"徽学"再到地域文化意义的"徽学"和现在学科意义的"徽学"的过程。

---

① 汪柏树：《徽学与徽州》，《论徽学》，下编第 143－147 页
② 朱万曙：《论徽学》，下编第 1－15 页

（1）理学意义的"徽学"

据考证，"徽学"一词正式出现于明朝弘治年间。明朝弘治《徽州府志·洪焱祖》云："所著有《新安后续志》十卷、《尔雅翼音注》三十二卷，已刊于徽学，今废。"从所著内容来看，"徽学"概念的形成，应在元朝中后期，因为洪焱祖著述的《新安后续志》和《尔雅翼音注》即在这个时期；这个概念的产生，"新安理学"起着重大的促进作用。

对于徽学的形成将其上溯到程朱理学，这是不无道理的，不但从以上内容可以看出此点，而且清初文学家赵吉士在《寄园寄所寄》卷十一中也曾明确记有"文公（朱熹）为徽学正传"，就直接说明了这个问题。"文公为徽学真传"，指的就是以朱熹为开山祖的新安理学。在这里，"徽学"指的就是新安理学。

（2）府学意义的"徽学"

历史上有把徽州府学简称为"徽学"的记载，如弘治《徽州府志·名宦》中写道："舒磷……卒，谥文靖，徽学立祠祀之。"这里的"徽学"是徽州府学的简称。同样在《名宦》中有称何坦为"徽州学教授"的记载，这里的"徽州学"也是徽州府学的简称。在这里"府"是行政等级名称，"徽"是地理名称。所谓府学就是州立学校。

（3）地域文化意义的"徽学"

近人黄宾虹在其致友朋的书札中亦曾提到"徽学"（又称"歙学"），那是指"家乡"学人、文献、文物，属于本籍文化的简称。

黄宾虹在1932年致许承尧的信中写道："遇有歙人墨迹，仍当留意收入，以借采择。歙中他姓族谱记载轶闻，往往有所见。如见书画篆刻之人，能分类录存，亦徽学之关系于国粹者，祈公赞助之。"同年致许承尧的又一信中写道："歙学盛时，正以藏弄之富，磋磨者众。"黄宾虹致段无染信中写道："贱目内障，据医生云须住院数星期，便施手术，费亦千金；千金尚不为难，而乏暇时。目前董理拙稿为亟，近从至简二种入手，一、歙故（此为唐宣歙之歙，非止一县），搜辑歙中佚闻不著志乘者，因歙学为中国关系至大。"以上提到的"徽学"或"歙学"属于本籍文化的简称，特别是其中"因歙学为中国关系至大"，黄宾虹将徽学放在中国文化坐标上加以考察。汪世清认为："早在上世纪三十年代初，宾老便提出'徽学'这一概括徽州文化研究的概念，足见他的远见卓识，而且明确表示要建立一个学科，以指明徽州文化研究的方向。"

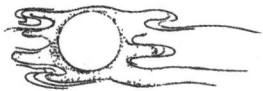

黄宾虹有关"徽学"概念的提出，是对前人概念的继承和发展，促成了这一阶段徽学的真正萌芽和起步。

（4）学科意义的"徽学"

徽学作为一门学科，它是以 20 世纪三四十年代开始的徽州各种专题研究为萌芽，以 20 世纪四五十年代徽州文书档案等大量徽州文献发现为契机，在 20 世纪 80 年代随着对徽州文书档案和徽州文化的研究兴起而形成和兴起。①

徽学学科是一门新兴而年轻的学科，尽管有关徽学具体领域的研究和徽学的萌芽可以追溯到 20 世纪二三十年代，但是徽学的真正产生还是在 20 世纪中叶。20 世纪 40 年代末至 50 年代中叶，随着徽州数十万件宋元明清至民国时期的契约文书的大规模发现和流传，海内外一批社会经济史研究专家和学者开始把注意力转向对徽州社会经济史尤其是徽商的研究，并取得了一些成果，初步奠定了徽学学科的雏形。徽学研究的最终形成和走向国际化，是在十一届三中全会以后。20 世纪 70 年代末至 80 年代，随着我国改革开放政策的实施，徽州契约文书的对外开放，国内和海外一批社会经济史和明清史研究专家，逐渐展开了对徽商、徽州宗族和徽州社会与经济等领域的研究，并相继发表和出版了一大批研究成果。20 世纪 80 年代中期，伴随徽学研究向纵深领域的拓展，徽学研究者开始自觉地思考徽学研究中的理论和方法问题，并以科学的态度和求实的精神，提出了一系列颇有见地的观点②。

应该说，徽学概念的出现和形成，经历了一个漫长的过程。它的每一次出现都体现了它的特殊意义和价值。

2. 徽州学的发展阶段

徽州学的发展经历了一个酝酿、形成、发展和成熟的阶段。

（1）酝酿阶段

历史上徽州文化的整理和研究的酝酿，时间跨度较大。徽州文化的资料整理和研究从宋元明清以来就没有中断过。从宋代罗愿《新安志》、元代陈栎《新安大族志》、明代程尚宽《新安名族志》到各种地方志和族谱家谱的修订，从明代程明政《新安文献志》、汪道昆《太函集》、谢在杭《五杂俎》、清代李斗《扬州画舫录》、赵吉士《寄园寄所寄》，到近代许承尧《歙

① 王国键：《徽州文书档案研究与徽学兴起》，《论徽学》，下编第 156－165 页
② 卜利：《唯物史观与徽学研究的发展》，《论徽学》，下编第 49－58 页

事闲谭》、陈去病《五石脂》等，从对歙砚研究的宋代洪适《歙砚说》、唐积《歙州砚谱》到对徽墨进行研究的《程氏墨苑》、《方氏墨谱》、《曹氏墨林》等等，无一不是徽州文化的研究成果。1907 年《国粹学报》发表了黄质（黄宾虹）对新安画派研究的著述《宾虹羼抹》，新安画派及其代表人物渐江受到重视，金声、俞正燮、王茂荫、程瑶田等人物成为研究重点，徽州书院、徽州奴（佃）仆制、徽商受到关注，所有这些都为后来作为学科意义的徽学的形成作了准备和铺垫。

与此相联系，徽学概念的酝酿也经历了一个漫长的过程。

（2）形成阶段

徽学形成的标志在于：一是作为地域文化意义的"徽学"概念的出现。黄宾虹在 1932 年致许承尧的信中首次提出了作为地域文化意义的"徽学"概念，标志着作为地域文化意义的徽学的形成。二是于 20 世纪 50 年代发现了种类丰富的徽州数十万件原始契约文书，为徽学的形成起了资料支撑作用。王国维所说的"古来新学问起，大都由于新发见"即是印证。

（3）发展成熟阶段

一是徽学研究机构和学术团体纷纷建立。1983 年中国社会科学院历史研究所设立徽州文书整理组，负责整理研究徽州契约文书和徽州社会经济史。1985 年 5 月安徽省徽州学学会成立，是国内最早创建的徽学研究团体。同年 6 月安徽省徽州地区徽州学研究会成立。1992 年安徽大学创建了徽州学研究所，致力于徽州宗族、徽州民俗、徽州法治与农村社会的研究。1993 年安徽师范大学成立了徽商研究中心，重点进行徽商、新安理学与徽州教育诸方面的研究。1994 年 6 月徽州师范专科学校成立徽州文化研究所，开展徽州文化研究工作。1994 年中国社会科学院历史研究所徽州文书研究室改组为徽学研究中心。1999 年 12 月教育部人文社会科学重点研究基地安徽大学徽学研究中心成立。与此同时，《江淮论坛》、《安徽史学》、《徽州社会科学》、《徽州师专学报》、《安徽大学学报》、《安徽师大学报》先后开设《徽学研究》专栏。

二是徽学研究学术活动频繁开展。1986 年戴震研究会在黄山市徽州师范专科学校成立，并举办了第一次全国性戴震学术思想研讨会；1991 年夏在黄山市徽州师范专科学校举行了第二次戴震国际学术研讨会，一个国际性的戴学研究热潮首先在本土掀起。随着 1994 年 11 月由黄山市政府、安徽大学、安徽师范大学、安徽省新闻出版局、安徽省社科院、安徽省社联主办，黄山

市社联承办的首届国际徽学学术讨论会在黄山市召开以后，一个以"国际徽学学术讨论会"名义展开的学术研讨活动持续不断：1995 年 8 月上旬，由中国社会科学院徽学研究中心、安徽大学徽州学研究所、黄山市社联主办的第二届国际徽学学术讨论会在黄山市召开；1998 年 8 月中旬，由中国社会科学院历史所、安徽大学、安徽师范大学、绩溪县政府主办的国际徽学学术讨论会在绩溪县召开；2000 年 8 月中旬由安徽大学徽学研究中心主办的国际徽学研讨会在安徽大学和黄山市召开；2003 年 2 月由安徽大学徽学研究中心主办、黄山学院徽州文化研究所协办的"戏曲·民俗·徽文化"国际学术研讨会在池州市和黄山市召开；2004 年 8 月中旬由安徽大学徽学研究中心主办的"徽州宗族与徽州社会"国际徽学学术讨论会在安徽大学和黄山市召开；2005 年 10 月由安徽大学徽学研究中心和黄山学院徽州文化研究所联合主办的"徽州谱牒：家族与社会"国际学术研讨会在黄山市召开。一系列国际研讨会的召开，推动了国内外徽学研究的发展。

三是徽学研究资料的系统整理和出版取得了显著成就。1985 年 8 月张海鹏、王廷元主编的《明清徽商资料选编》出版，这是第一部徽商研究的原始资料汇编。1988 年由安徽省博物馆编辑的《明清徽州社会经济资料丛编》第一辑出版，这是第一部徽州社会经济资料集。1988 年 4 月由刘淼辑译的《徽州社会经济史译文集》出版，这是第一部徽学研究的译文集。1991 年王钰欣、周绍泉主编《徽州千年契约文书》出版，这是第一部徽州原始契约文书资料的汇编。1996 年 8 月由严桂夫主编的《徽州历史档案总目提要》出版，这是第一部关于徽州文书的类目著作。徽学研究资料的系统整理和出版，为徽学研究的进一步发展创造了条件。

四是徽学研究领域向纵深方向拓展。（1）徽州农村社会与佃仆制研究成果斐然。1983 年 2 月中山大学历史系叶显恩所著的《明清徽州农村社会与佃仆制》出版，这是第一部系统研究徽州社会与文化的学术专著；1984 年 10 月章有义《明清徽州土地关系研究》由中国社会科学出版社出版。（2）徽商研究取得突破性成果。1985 年 10 月由《江淮论坛》编辑部编辑的《徽商研究论文集》出版，这是第一部徽商研究论文集；1995 年 12 月安徽师范大学徽商研究中心的《徽商研究》由安徽人民出版社出版。（3）徽州宗族与社会研究取得开拓性成果。2004 年 1 月赵华富《徽州宗族研究》由安徽大学出版社出版，这是徽州宗族研究的第一部学术著作。（4）徽州社会研究取得丰硕成果。1999 年 8 月唐力行《明清以来徽州区域社会经济研究》由安徽大学出版社出版；2002 年 10 月王振忠《徽州社会文化史探微》由上海社会科学院出版社出版；2004 年 9 月卞利《明清徽州社会研究》由安徽大学出版社出版。(5) 徽州契约文书与社会研究取得新成果。2001 年 12 月，由严桂夫主编的《徽州历史档案与敦煌历史档案研究》出版，这是第一部关于徽州历史档案与敦煌历史档案比较研究的论文集。栾成显的《明代黄册研究》于 2007 年 3 月由中国社会科学出版社出版。(6) 徽州学综合研究成绩显著。2000 年 12 月由黄山高等专科学校徽州文化研究所编撰的《徽州学概论》出版，这是第一部建构徽州学学科体系的著作。(7) 徽州文化整体研究新推进。2005 年 5 月《徽州文化全书》20 卷由安徽人民出版社出版，标志着徽学研究达到了特有的广度、深度和高度，是徽学研究的集大成性著作。2006 年 10 月由黄山学院等组织撰写的《徽州古村落文化丛书》（全 10 册）由合肥工业大学出版社出版，从不同文化侧面揭示徽州文化的整体特征。所有这些都预示着徽学研究新的发展阶段的快速到来。

　　3. 徽州学的研究对象

　　关于徽学的研究对象问题，学术界曾先后提出过徽州社会经济史说、徽州历史说、徽州历史文化说、徽州契约文书说、徽州区域社会整体史说、具有徽州特色理念和学说的总和说、以徽州社会经济史为主体兼及徽州历史文化说等等。

　　唐力行认为，徽学是以徽州区域社会整体历史作为总的研究对象的，因此举凡该区域曾经出现过的人以及由人的活动所造成的经济、文化、社会等各种事物均属徽学研究的范畴①。

　　赵华富认为：今天我们所谓的徽学，是利用历史文书档案和其他历史资料，研究宋代以来徽州社会、经济、文化发展变化规律，阐明徽州人在异地他乡的活动和徽州文化在周围地区的发展，探讨中国封建社会后期社会运动问题的学问②。

　　就目前徽学研究实际涉及的范围而言，徽州社会经济史说和徽州历史说都失之于褊狭。徽州文书的发现和利用对于徽学的崛起和学科的产生固然意义重大，但它毕竟只是徽学研究资料的一个组成部分，因此不应把徽州文书研究等同于徽学研究。相对而言，徽州历史文化说较为合理。

---

　　①　唐力行：《徽学研究的对象价值内容与方法》，《论徽学》，下编第 69 - 84 页
　　②　赵华富：《论当代徽学》，《论徽学》，下编第 26 - 39 页

我们认为，徽学是通过徽州文书、文献和文物遗存，研究历史上的徽州人活动以及由此形成的具有典型意义和鲜明特征的徽州区域社会及历史文化的一门新兴学科。这里的"徽州人活动"包括政治、经济和学术文化活动，也包括日常生活。在空间上，既包括徽州人在本土的活动，也包括在本土以外乃至海外的活动。徽学之所以成为专门之学，关键在于徽州社会历史文化在中国传统社会和文化中具有典型意义和鲜明特征。所谓"历史上的"主要是指宋至清末这一时段。当然，研究徽州文化，向上可以溯源探本，往下可以考察其遗风余韵①。

（二）徽州学的学科性质

1. 徽州学何以成为新学科

对于徽州学何以成为新学科的问题，比较普遍的认识是：20 世纪 50 年代徽州文书的大量发现，促成了徽学的形成。

为什么徽州文书的大量发现就促成了徽学的形成呢？赵华富在《论当代徽学》中说："因为，历史上的徽学研究使用的资料是经、史、子、集，这些资料有的是第一手资料，许多都是第二手或第三手的资料；与经、史、子、集不同，徽州历史档案完全是原始的、第一手的资料。运用这些资料于徽学研究，徽学研究必然产生历史性飞跃。"②

我们认为，徽州历史文书档案的大量发现是徽学形成的决定因素，但同时大量的徽州典籍，众多的以非文字形式保留下来的文化遗存和馆藏文物，以及口述和演唱形式保留下来的徽州无形文化遗产等，是徽学得以形成的基础，从单一的方面来说明徽州学何以成为新学科的问题是不够全面的，也是不符合实际的。

2. 对学科性质的不同认识

目前对徽学的学科性质主要有两种认识：一是认为它属于历史学科；二是认为它属于综合学科。

认为徽学属于历史学科的主要有：

赵华富在《论当代徽学》中说："我们认为，就徽学研究的总体而言，徽学属于历史学科；就徽学研究的子目而言，所属学科具有二重性或三重

---

① 张子侠：《徽学学科体系刍议》，《论徽学》，下编第 85－95 页
② 《论徽学》，下编第 26－39 页

性。这种观点与徽学是一门综合性学科不同，是不言而喻的"。①

卞利在《唯物史观与徽学研究的发展》中认为："徽学主要是指利用徽州契约文书、家谱、方志、文集和杂记等珍稀文书文献资料和徽州丰富的地面文化遗存资料，以徽州社会经济史特别是明清社会经济史为主体，综合研究徽州整体历史文化以及徽人在外地活动的一门历史学分支学科。"②

张子侠在《徽学学科体系刍议》一文中认为："徽学应当归属史学，是历史学的一个分支学科。"并列举理由说："一、徽学研究的是徽州的过去，属于'史'的范畴。二、徽学研究领域的重点不同，但均在史学范围之内。三、徽学研究最基本最重要的方法是历史学的原则和方法。四，徽学研究队伍以史学工作者为主，如傅衣凌、叶显恩、张海鹏、周绍泉等"。③

《徽学》（安徽大学徽学研究中心）、《徽学研究》（黄山学院徽州文化研究所）

认为徽学属于综合学科的主要有：

王国键在《徽州文书档案研究与徽学兴起》中说："徽学是一门带有文献学和综合性学科性质的学科"。④

---

① 《论徽学》，下编第 26 – 39 页

② 《论徽学》，下编第 49 – 58 页

③ 《论徽学》，下编第 85 – 95 页

④ 《论徽学》，下编第 156 – 165 页

栾成显在《再论徽学的界定与构建》一文中认为："徽学是以徽州文书档案、徽州典籍文献、徽州文物遗存为基本资料，以徽州历史文化为研究对象，进而探索中国传统文化的一门综合性学科"。[①]

刘淼在《关于徽学研究的几个问题》中认为："徽学研究应列入综合学科，其研究对象是该地域的历史文化为主体，但又不同于历史学。"并论述了三个理由："一是在于徽学研究内容极其丰富，研究范围极其广泛，有新安理学、徽商、徽州文书等。二是不限于徽州一府六县的地域，而具有全国性的意义。三是在研究内容、研究对象方面，徽学研究也涉及很多学科"。[②]

卞利则在《唯物史观与徽学研究的发展》中认为："有的把徽学定位在历史学的专门史或地方史范畴的，也就是说，徽学的学科性质应当属于历史学领域。但是，近来关于徽学为综合学科的言论似乎占了上风。"[③]

为什么比较多的人认同徽学是综合性学科呢？一是徽学研究内容广泛，具有多学科性，不是一个历史学科所能包含的，这是客观事实，如它包含了经济学研究领域、哲学研究领域、伦理学研究领域、美学研究领域、法学研究领域、人类文化学研究领域等。二是徽学学科具有交叉性。对此，张子侠在《徽学学科体系刍议》中说：这不仅体现在历史学与哲学、社会学、古文献学等学科之间的交叉综合上，同时也表现在历史学内部历史文献学、中国古代史、近代史、社会史、经济史、文化史、社会生活史、历史地理等不同分支学科间的交叉综合上[④]。三是对徽学的研究单靠一种历史的方法远远不够，它需要借助多学科的研究方法，跨学科的研究方法等。

我们主张，徽学是一门综合性学科。

3. 徽州学的特点

徽州学是以徽州文化为研究对象的综合性学科。它的特点有地域性、综合性和全国性三方面。

（1）地域性

徽州四面环山，作为一个独立的自然地理单元，风景秀丽，人们的审美观自然受到山水环境的影响。徽州三雕艺术、文房四宝艺术、徽派版画等，就是徽州自然环境同徽州人审美观相结合的产物；而新安医学、徽菜、徽州

---

① 《论徽学》上编第 16 – 25 页

② 《论徽学》，下编第 59 – 68 页

③ 《论徽学》，下编第 49 – 58 页

④ 《论徽学》，下编第 85 – 95 页

方言的形成，同徽州独特的地理环境及资源有密切关联；徽州宗族社会构成和村落结构，同徽州地理环境也有关系。因此，徽州文化具有地理文化单元的人类文化学研究价值。

徽州学的研究对象就是徽州的历史与文化。"无论是徽州文献、文书和文化遗存，都是属于徽州这个地方的，它们直接反映了徽州古代和近代的历史文化风貌。"徽州区域文化具有不同于其他区域的独特性。

说徽州学具有地域特点，并不意味着徽州学的意义仅仅局限于徽州区域范围。徽州文化存在着"小徽州"与"大徽州"的关系，徽州学具有全国性意义。

（2）综合性

徽州学研究内容极其丰富，研究范围极其广泛，具有综合性。

首先是学科的综合性。徽学与传统的文史哲三大学科具有极为密切的关系，显示了它的综合性。由于徽州文化内容涉及历史学、文献学、经济学、社会学、人类学、地理学、文学、美学、民俗学、建筑学、环境学和医学等诸多学科，所以徽州学的属性为综合性学科。

其次是研究方法的综合性。张立文在《徽学的界定及其研究方法》中说："徽学博大精深，涉及自然科学、社会科学和人文科学的各个学科及交叉学科。如何体认把握徽学的本质、本性及特色，就具有相当的难度，若方法得当，就会迎刃而解，否则会陷入云雾中，愈体认愈糊涂。"那么，应该用什么样的方法来研究才是正确的呢？黄德宽在《徽学研究的学术价值和现实意义》中说："徽学的综合性特征十分明显，尤其需要倡导综合性研究。从文献、文书、文化遗存入手，研究徽州文化的方方面面，是任何单一学科的学者所无法完成的。文献、文书的种类有多种，文化遗存也不仅仅是徽派建筑（即便是建筑，除了建筑技术因素外，它还融入了民俗的、审美的多种成分）。以徽派建筑中的雕刻为例，雕刻的图案是徽州人审美观的直接呈现，雕刻的内容既有表现祈求福气、平安、发财等观念的，也有大量的小说、戏曲故事。因此，研究徽派建筑，就不仅仅是从事建筑学的学者可以完成的，也非常需要从事社会学、文学艺术研究的学者参与其中。徽学研究不仅需要打通文史哲的界限，而且需要更为广阔的学术视野。"

（3）全国性

由于徽州文化是中华后期文化的缩影，作为研究徽州文化的徽州学具有全国性意义。一是徽州文化是中华文化的有机组成部分，徽州学是中华文化

中的地域文化研究性学科，具有全国性的意义；二是对徽州学的研究，不只是对徽州的历史文化进行研究，而是把它作为中华文化后期阶段的缩影来研究，把它作为中华文化的"麻雀"来进行解剖，以此更好地认识中华文化；三是徽州学的研究队伍，不只是徽州本土的学人，还有更多的甚至是更其主要的是全国的有关学者；四是徽州学的研究已经在全国范围内产生重要影响，并对中国现阶段经济社会的建设和发展产生了积极影响。

（三）徽州文化与徽州学的关系

徽州文化与徽州学之间具有非常紧密的联系。

有的认为徽学即徽州学，或曰徽州文化。它是在原徽州（府）下属六县所出现的既有普遍性又有典型性并且具有一定学术含量的各种文化现象的整合①；有的认为徽学就是关于徽州文化及其发展问题研究的学问②。

虽然如此，但说到底，徽州文化与徽州学之间是既有区别又有联系的关系。

1. 徽州文化与徽州学的区别

首先，徽州文化和徽州学产生的时间不同：先有徽州文化，后有徽州学。徽州文化至少从徽州地域概念产生的那天起就有了；而徽州学则是伴随着 20 世纪 50 年代徽州文书的大量发现后才逐渐形成的一门综合性学科。

其次，徽州文化和徽州学概念内涵不同：徽州文化是徽州学的研究对象，是徽州学形成的背景和基础，内容极其广泛；而徽州学则是一门综合性学科，虽然具有综合性，但具有特定的研究对象与方向。

第三，徽州文化和徽州学历史长短不同：徽州文化形成的历史久远，至少有近千年历史；徽州学从它的概念产生到现在不过几十年的历史。

2. 徽州文化与徽州学的联系

徽州文化与徽州学的联系主要表现在以下两个方面：

第一，没有徽州文化就没有徽州学，两者之间具有因果联系，徽州文化是徽州学形成的基石。

第二，徽州学的形成与发展进一步发现了徽州文化的价值，使徽州文化的各种资源得到更好开发，形成了文化生产力；进一步扩大了徽州文化的影

---

① 　张海鹏：《徽学漫议》，《论徽学》，上编第 41－46 页
② 　刘伯山：《徽学研究的多学科价值》，《论徽学》，下编第 120－128 页

响，使徽州文化的知名度和美誉度不断提高，成为一个知名品牌。

弄清徽州文化与徽州学的关系，有助于我们更清醒地把握其特性规律，从而进一步推进徽州文化与徽州学事业的向前发展。

四、徽州文化的价值与地位

（一）徽州文化的价值

徽州文化的价值是多方面的，主要体现在学术价值和现实价值两个大的方面。

1. 学术价值

徽州文化在学术价值上主要体现在资料价值、标本价值、认识价值诸方面。

（1）资料价值

徽州文化资料现存非常丰富。丰富的历史文化资料，体现了徽州文化积淀的异常深厚，并使徽学这一新学科的形成有了可能。对此，有的说："徽州保存有异常丰富的历史资料，尤其是中国传统社会后半段的资料，这是徽学得以成为一门学科的基础所在，也是徽学的价值所在。徽州文献资料丰富，成为研究中国传统社会后半段，尤其是明清以来社会经济实态的重要资料"[1]；有的说："徽州文献和物质文化遗存有着弥补史料缺失的价值，它们或者可以提供我们认识中国古代社会特别是封建社会后期历史文化面貌的新视角，或者可以帮助我们认识其他文献（包括其他地域文献）未曾反映的中国历史文化面貌"[2]；有的说："徽商所留下的踪迹，还为我们探索我国封建社会长期延续、资本主义萌芽缓慢发展的原因，提供了颇有价值的材料"[3]。徽州档案资料特别丰富，它充分表现了中国封建社会后期社会和经济发展的一般规律和一般特征，等等。正是丰富的历史文化资料，才使得徽州文化有了根基和活力。

---

[1] 唐力行：《徽学研究的对象价值内容与方法》，《论徽学》，下编第 69 - 84 页

[2] 朱万曙：《论徽学》，下编第 1 - 15 页

[3] 张海鹏、王廷元等：《明清徽商资料选编》，黄山书社 1985 年 8 月版

（2）标本价值

徽州文化具有中华文化的标本价值。对此，有的说："徽州历史文献所反映的社会经济制度与历史文化，既有其地方性特点，同时又有超越地方本身的典型性与普遍性的一面，对于研究同时期的中国史具有重要价值"①；"徽州区域文化是中华大文化中的富有典型意义的标本"②；有的说：徽州文化"具有中国封建社会后期社会文化发展典型的标本研究价值"③，"徽州文化是中国封建社会后期社会与文化发展的典型缩影，其所包容的新安理学、新安医学等形态，无不是一种与时俱进的产物，无不是要吸纳它们各自所在领域及相关领域的积极成果，融入自身的内容与特色，最后形成自己代表和反映着时代发展之前沿的形式，因此都是作为在各自领域里的精粹，具有充分的典型性和先进性。徽州文化的各个具体形态和内容既是中国封建后期文化在这些领域于徽州的自然发展，从而具有整体投影的性质；又是中国封建后期文化在这些领域于徽州的典型发展，从而具有深刻缩影的性质，因此各自都是代表着主流文化，具有'标本'的研究价值与地位"④；有的说："徽学具有研究传统中国的范本价值。徽州是一个经济（徽商）、社会（宗族）、文化（理学）发展相对完整的、具有典型意义的区域社会，是我们认识传统社会的一个极好范本"⑤；有的说："徽州历史文献所反映的社会经济制度与历史文化，既有其地方性特点，同时又有超越地方本身的典型性与普遍性的一面，对于研究同时期的中国史具有重要价值"⑥。

徽州文化作为中华文化的一个标本，越来越显示出它的独有魅力和价值。

（3）认识价值

徽州文化具有丰富而深刻的认识价值。

首先，从现存徽州文化的大量实物和史料中，我们可以认识到徽州人的价值观、道德观、风俗习惯、思维方式、生活方式、生产方式等等，使我们能够全面而真实地了解整个徽州社会的完整形态。

---

① 栾成显：《徽州历史文献与中国史研究》，《论徽学》，第 65 页
② 朱万曙：《论徽学》，下编第 1 - 15 页
③ 刘伯山：《徽州文化的基本概念及其研究价值》，《论徽学》，上编第 67 - 94 页
④ 刘伯山：《徽学研究的多学科价值》，《论徽学》，下编第 121 - 128 页
⑤ 唐力行：《徽学研究的对象价值内容与方法》，《论徽学》，下编第 69 - 84 页
⑥ 栾成显：《徽州历史文献与中国史研究》，《论徽学》，第 65 页

其次，徽州文化是一部反映封建社会后期文化的百科全书，它不仅在哲学、政治经济学、历史学、社会学、语言学、民俗学、教育学、建筑学、美学、医学、艺术，而且在旅游、经济、贸易等方面都具有重要的认识价值。

新落成的安徽省徽州文化博物馆

第三，徽州文化是中国封建社会后期乡村民间社会与文化发展的实态体现，可以从中认识到中国封建农村社会的实况，对探索中国古代基层社会实态具有重要的认识价值。

第四，徽州文化典型反映了中国封建社会后期阶段的历史文化特点，为我们认识完整的中国封建社会的真实面貌提供了条件。诸如"研究明清时期的徽商，可以从一个侧面考察我国封建社会的政治史、经济史和文化史"[1]；"通过对其主要对象徽州历史文化的研究，进一步认识中国历史文化"[2]；"对徽州历史的研究，将有助于我们从一个侧面探求中国历史的底蕴"[3]；

① 张海鹏、王廷元等：《明清徽商资料选编》
② 黄德宽：《徽学研究的学术价值和现实意义》，《论徽学》，上编第 51 – 55 页
③ 叶显恩：《徽州学在海外》，《论徽学》，上编第 5 页

"通过其研究成果，以重新反省和认识中国封建社会发展的脉络和规律"①。

2. 现实价值

黄德宽在《徽学研究的学术价值和现实意义》中认为："徽州文化体现了一定历史时期的经济、社会、文化和自然的和谐发展。对其发展模式及兴衰更替深层的剖析，不仅有助于认识中国古代社会背景下的区域兴衰史，而且对当代社会也有重要的借鉴意义。""徽学研究不仅可以促进文化建设，也能够直接为地方经济发展服务。科学开发利用徽州文化资源，将学术研究转化为生产力，通过发展旅游经济促进地方经济的发展"。②

张脉贤在《徽州文化的现存及其价值》中认为："现存徽州文化是发展现代文化、经济、旅游的现成条件。艺术、医疗、教育、建筑、民俗、语言等，无不继承和发扬或'拿来'了徽州古文化的东西。""徽商的开放意识和积极进取的创业精神，正成为我们当今发展经济的策略和措施，并广为倡导。""在旅游方面，现存的徽州文化正为此创造着良好的效益，几乎所有的景点都充分利用了徽州文化的现成条件。如果没有徽州文化的现存，黄山也就只能是'世界自然遗产'而不能同时戴上'世界自然和文化遗产'两顶桂冠。屯溪老街这条被誉为'活动着的《清明上河图》'、'宋城'的古代商业街，是中国第一个国家级重点保护地区，它集中体现了徽派宋、元、明、清的建筑风格和建筑艺术，同时也正成为徽州书画和文房四宝等的展示、交易中心，越来越受到海内外人士的关注和喜爱。黟县古民居群落、歙县历史文化名城、棠樾牌坊、潜口明代民宅博物馆以及齐云山等正成为旅游热点，与黄山旅游互为补充。新安书画交流、徽剧表演、民俗表演、文物展览等也不断充实着旅游的内容，令境外来客大饱眼福。徽菜，更是成为人们旅途中的美味佳肴，备受赞誉。新安医学，也正向旅游保健渗透，逐步显示出它的魔力"。③

（二）徽州文化的地位

徽州文化既是地域文化，又是中华文化的代表，具有突出的地位。

---

① 卞利：《徽学的形成和发展》，《明清徽州社会研究》，安徽大学出版社 2004 年 9 月版，第 19 页

② 《论徽学》，上编第 51－55 页

③ 《中外文化交流》，1997 年第 4 期

1. 徽州文化在安徽文化中的地位

安徽文化包括两淮文化、皖江文化和徽州文化，但徽州文化是安徽文化的代表性文化。现在把"徽州文化"简称为"徽文化"就已经显示出这种发展趋势。

从实际说来，安徽三大地域文化之间的发展有不平衡的情况，有的出现在中华文化发展的早期和中期，如淮河文化；有的出现在中华文化的后期，如皖江文化和徽州文化。有的文化发展比较单一，如皖江文化；有的文化发展非常丰富和典型，如徽州文化。相比较来说，三大地域文化以徽州文化最为博大精深，也最具有中华文化后期阶段的典型性和代表性，它不仅是安徽文化的代表，而且是中华文化的标本和缩影，在今天仍具有重要的现实意义。

第一，安徽三大地域文化都属于中华文化，而徽州文化是中华文化后期发展的典型和代表，与今天的安徽发展具有特殊的联系，徽州文化完全能够代表安徽文化，从而成为统领安徽文化发展的灵魂与核心。

第二，安徽最初建省时就已经融入了徽州文化，安徽的"徽"就来自于徽州，这本身就体现了徽州文化在安徽文化中的代表性，并已经被历史和现实广泛认同，安徽文化无疑在一定程度上打上了徽州文化的深刻印记。

第三，国家级首批非物质文化遗产中，安徽共19项，黄山市占6项，占安徽的近三分之一；全省首批非物质文化遗产共83项，其中黄山市占18项，占安徽的四分之一强。国家"文化生态实验保护区"，全安徽有2处，但以黄山市为典型代表。世界文化与自然遗产中，黄山市有黄山自然与文化遗产和西递宏村文化遗产2项，是安徽唯一的世界遗产地。

第四，近年来安徽省委、省政府站在全省发展的战略高度，先后提出了"打好黄山牌，做好徽文章"和"打好徽字牌、唱响黄梅戏、建设文化强省"的文化发展战略，制定了徽文化发展规划和措施，依法保护徽州古民居，维修徽派古建筑，培养高素质徽学研究队伍，扩大徽学影响，打造"徽商"品牌，引领安徽发展等方面取得了显著成效，对宣传安徽、树立安徽美好形象，拉动安徽经济社会发展发挥了重大作用。

第五，安徽社会各界已经广泛使用"徽文化"概念，用它作为安徽文化的全称和代表，已经深入人心（这一概念无疑是徽州文化的简称，因为安徽的简称是"皖"而不是"徽"）。现如今"徽商"已经成为"安徽商"的代表，已经成为激励安徽人发展商业经济的金字招牌。

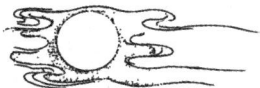

用"徽文化"作为安徽文化的代表，是由徽文化具有极大的包容性和代表性以及极大的可行性所决定的。"淮河文化"和"皖江文化"则不具有这种直接包容性、代表性和可行性。

2. 徽州文化在中华文化中的地位

徽州文化在中华文化中的地位极其显著。

有的说："徽州的社会和文化是中国封建社会后期社会与文化发展的一个典型代表和标本，因此，它在中华民族社会与文化发展史中就有着独特的和重要的地位。"①

徽州文化是一种区域文化，同时又具有全国性。有的说："徽商属于徽州文化，同时又属于全国性中国文化"、"新安理学属于徽州文化，同时又属于全国性中国文化"、"徽派朴学属于徽州文化，同时又属于全国性中国文化"、"新安医学属于徽州文化，同时又属于全国性中国文化"。②

有的说："徽州区域的文献和物质文化遗存在相当程度上反映着广阔范围的中国历史文化。首先，徽州文献和物质文化遗存有着弥补史料缺失的价值，它们或者可以提供我们认识中国古代社会特别是封建社会后期历史文化面貌的新视角，或者可以帮助我们认识其他文献（包括其他地域文献）未曾反映的中国历史文化面貌。其次，徽州区域文化是中华大文化中的富有典型意义的标本"。③

3. 徽州文化在国际上的地位

（1）徽州文化成为各国史学界关注并致力研究的课题并取得了国际性成果

徽州文化研究的专著主要有日本学者藤井宏《新安商人研究》、韩国朴元熇《明清宗族史研究》等；论文主要有日本秋贺多五郎《关于新安名族志》、仁井田陞《明代徽州的庄仆制——特别是劳役制》、斯波义信《宋代徽州的地域开发》、臼井佐知子《徽州文书与徽学研究》，《明代徽州族谱的编纂——宗族扩大组织化的样态》；美国居蜜教授《十九、二十世纪中国地主制溯源》、《地主与农民——十六至十八世纪》、《主与奴：十七世纪的农民怒潮》等都有对徽州有关问题的探讨；宋汉理博士《〈新安大族志〉与中

---

① 刘伯山：《徽州文化的基本概念及其研究价值》，《论徽学》，第82－85页
② 赵华富：《论徽州学的研究对象》，《论徽学》，第8－16页
③ 朱万曙：《论徽学》，下编第1－15页

国士绅阶层的发展》、《徽州地区的发展和当地的宗族》；约瑟夫·麦克德谟特《徽州原始资料——研究中华帝国后期社会与经济史的关键》；日本关西大学松浦章《徽商汪宽也与上海棉布》，韩国高丽大学权仁溶《清初一个徽州生员的乡村生活——以詹元相的〈畏斋日记〉为中心》，日本兵库县立大学蒋海波《歙县旅日华侨张友深的研究》，韩国高丽大学朴元熇《明代中期的徽州商人方用彬》、日本福冈大学山根直生《唐宋之间徽州同族结合的诸类型》、美国中国家谱顾问缪庆六《论始迁祖：从胡适一篇谱序谈起》等等。

（2）徽学国际化研究与交流日益频繁

1994 年 11 月首届国际徽学学术讨论会在黄山市的召开，拉开了徽学研究的国际化序幕，有来自日本、美国、韩国和中国台湾、香港的专家学者参加。此后 1995 年、1998 年、2000 年、2003 年、2004 年国际徽学学术讨论会等，都吸引了为数不少的国外学者参与交流，并取得了积极成果。与此同时，徽学交流走出国门，也取得了积极影响。1996 年 10 月，原安徽省旅游局局长张脉贤应比利时根特大学邀请进行了为期一个月的徽学学术讲座。2003 年 11 月中国社会科学院研究员栾成显等应韩国国学振兴院邀请出席"作为国学研究方法论的地方学——韩国学与安东学"国际学术研讨会，作了《徽州文化遗存保护开发的经验与问题——作为安东地区文化遗存保护与开发的借鉴》，等等，走出国门的学术交流，为徽学研究走向世界迈出了坚实的步伐。

（3）徽州文化成为他国比较文化研究的对象

这主要体现在韩国兴起的安东学与徽州学的比较研究。在韩国国学振兴院 2005 年出版的《安东与徽州文化比较研究》一书中收入了安东学与徽州学的比较研究成果：韩国安东大学郑义雨的《安东与徽州地区古文书的概况》以及国学振兴院的林鲁直的《安东和徽州的木版印刷比较》、金美荣的《韩国和中国宗族惯性的比较考察——以安东地区和徽州地区为中心》、刘明基的《中国徽州的古民宅和村落——兼与安东地区的比较》等，国内的徽学研究者也展开了研究，取得了一定成果，催生了徽州学与安东学的比较研究。徽州文化在与他国文化的比较研究过程中，必将进一步扩大它在国际上的影响。

通过对徽州文化的性质与特点、徽州文化的发展阶段与成因、徽州文化

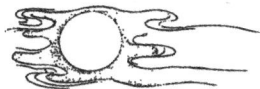

与徽州学的关系、徽州文化的价值与地位等基本问题的了解，使我们从宏观上对徽州文化与徽州学有了较全面的了解，不但懂得了徽州文化与徽州学本身的规律性问题，也懂得了徽州文化与徽州学对今天的现实与社会的价值与意义，为我们进一步全面、深入地学习和了解徽州文化的奥秘与魅力奠定了基础。

【思考题】

1. 应该怎样正确理解"徽文化"和"徽州文化"、"徽学"和"徽州学"两组概念？

2. 什么是徽州文化？它有哪些特点？

3. 徽州文化的成因有哪些？徽州文化可以分成哪几个阶段？

4. 什么是徽州学？它与徽州文化有什么区别和联系？

5. 怎样认识徽州文化的价值和地位？

第二讲 "三百六十滩，新安在天上"

——徽州的地理与社会

"一滩复一滩，一滩高十丈；三百六十滩，新安在天上。"清乾隆时著名诗人黄仲则这首诗中的"新安"，即为钱塘江源头的徽州。诗句与其说是对徽州这片神奇土地的赞誉，毋宁说是对徽州特殊地理环境的真实描述。涓涓山泉、条条飞瀑，盘山绕岭，穿峡过洞，千回万转，自崇山峻岭中流出，自下游溯江而上观之，古老的徽州仿佛是人迹罕至的仙境。古老徽州由于山岭阻隔，造成它与外界联系的相对困难，变成了"世外桃源"。魏晋南北朝及其后，北方的若干次战乱，使这里成了中原南下移民的聚居地。这种状况最终导致徽州地区人口与资源失衡，尤其是粮食供应不足，仅够半年甚至三个月之用，大批青壮劳力因此不得不离乡背井，出门学手艺，做生意，以养家糊口。似乎坏事又变成了好事，它从另一方面又促成对商贸的社会需求增加，商人队伍急剧扩大，不仅许多农民、手工业者纷纷参加进来，就连自视清高的读书人也加入经商行列。明清时代，徽州商人达到成年男子的70%左右，从根本上说，这是特殊地理环境逼出来的。徽商的崛起，成为徽州社会发展的动力，使明清时期的徽州变成比"世外桃源"更吸引人的"人间天堂"。难怪明代大戏剧家汤显祖发出了"欲识金银气，多从黄白游；一生痴绝处，无梦到徽州"的感慨。

由于地理环境的影响，徽州人寻求摆脱贫困、出人头地的出路往往把读书排在第一位。有联为证："几百年人家无非积善，第一等好事只是读书"，若不能学而优则仕，求其次者当然就是去经商了。因而徽州地区教育极端发达，程朱理学十分盛行，这使我们看到了这样一幅情景：徽州人既有倔强、耐劳、好胜的性格，又受朱熹理学熏陶，文化素质较高，能以儒家伦理道德规范自己的商业行为，吸纳各地文化和技艺的精华，形成有自己特色的工商文明。徽商的急剧扩张，进而形成庞大的商帮，由一般商人转化、升华为儒

商。同时，儒宦、儒农、儒医、儒匠也层出不穷。徽商的善创新、讲诚信、重团结、辨利义、好学习等特点，无不可从徽州文化中找到根源。"富可敌国"的徽商以"贾而好儒"改变了徽州社会对商人的传统歧视，他们不仅贾中浸透着儒，而且以财富赞助文化、教育、公益事业，整个中国社会结构未变，但在徽州这个小局部，商人成了社会发展的主导力量，士、农、工、商出现了某种程度的和谐相处，备遭歧视的商人变成了极受尊重的儒商。徽州文化是徽商的精神支柱，是徽商生生不息之魂。

徽州学学者王振忠在《乡土中国——徽州》一书中曾指出，徽州是一个独立的民俗单元，所以它有着稳固的地域文化和传承载体，自唐宋以来世系清晰的家族，使得这里的民俗文化更具源远流长的纵向传承，然后又在人口的不断迁徙融合中，创造了频繁的横向衍播，以致古风浑厚，韵味绵长。新安理学、徽派版画、新安画派、新安医学、徽州盆景、徽派建筑、徽剧、徽菜等多元的文化结构，开始向周边蔓延辐射，直至融入浩瀚的中华园林，成为极富地域特色的一枝奇葩。

一、徽州自然地理与建制沿革

徽州，这片古老神秘的热土，古称新安，自北宋徽宗时改新安为徽州，从此一直沿用下来。徽州曾下设黟县、歙县、休宁、祁门、婺源、绩溪六县，位于安徽省南部，地处皖、浙、赣三省的交界处。古徽州所辖区域处于中国原始江南古陆地带的皖南丘陵山地，处在黄山南麓、天目山以北，境内奇绝名山列峙竞秀，清淑丽水注流争媚。由于大致位于地球北纬30度圈线周围，气候温润，野生动植物资源相当丰富，独特的自然地理环境，使其成为我国江南史前文明发祥地之一。从自然地理和历史文化区域分布状况看，古徽州主要因有漳水、率水、横江、浙江、丰乐河、扬之水、富资水、练江、新安江整个水系下汇富春江、钱塘江入东海，又有婺江、阊江水系西注鄱阳湖入长江，属于"吴头楚尾"的"吴楚分源"之地，亦即江南吴越文化区域和楚文化区域的结合部。除此以外，还有梅溪、麻川河、徽溪、乳溪、杨溪、绣水等北向流经青弋江等水系而注入长江。

崇山峻岭环峙列布的徽州，其64%高山平均海拔为1332米，另有34%的高山海拔达1131米。境内腹部地带丘陵广连、河谷纵横，山环水绕之间，谷地及盆地被穿割围合，从而整合成若干片自然群落，由是构成诸县之境域。"徽之为郡，在山岭川谷崎岖之中，东有大鄣山之固，西有浙岭之塞，南有江滩之险，北有黄山之厄。即山为城，因溪为隍。百城襟带，三面距江。地势斗绝，山川雄深。自睦至歙，皆鸟道萦纡。两旁峭壁，仅通单车。……水之东入浙江者，三百六十滩，水之西入鄱阳者，亦三百六十滩。……船经危石以止，路向乱山攸行。……以此守固，孰能逾之。"[1]

天目山和黄山山脉是安徽省，也是徽州同浙江、江西省的天然分界岭。主要有坐落在歙县东北部的清凉峰（海拔1787米），耸立在祁门县境内的牯牛降（海拔1728米），拔起于休宁西北部的白岳齐云山（海拔580米），都是壮丽神奇的"天造画境"。横贯歙县、黄山区、休宁、黟县之间的黄山，最高峰莲花峰海拔1860米，峰峦峻峭，劈地摩天，重岩叠嶂，宏博富丽。

新安江属于钱塘水系。它源出休宁冯村五股尖（海拔1618米）北侧，上源流经祁门县，复入休宁以后称率水，它在屯溪纳横江后，称为浙江，江面展宽，流至歙县城南朱家

大好河山——黄山

村又有练江相汇，始称新安江。"深潭与浅滩，万转出新安。"新安江东流至街口附近，便直奔浙江省而去。除新安江以外，境内还有发源于黄山北坡的青弋江，北流入长江，发源于黄山南坡西段的阊江，南流入鄱阳湖，均属长江水系。位于青弋江上游的太平湖，波光潋滟，山色空蒙，恬静，明丽，妩媚而动人。由于自然屏障相对闭塞，陆路交通不甚便利，古代主要

---

① 许承尧：《歙事闲谭》卷18《赵黄门郡志略》

官道有自歙（徽城镇）—绩溪箬岭—宁国—黄池镇—和州—开封以及自歙（徽城镇）—绩溪箬岭—经太平县—池州大通镇—无为军庐江县—庐州—寿州—开封与江淮和中原相通。至于水路则主要有东线自渔亭—万安—屯溪沿新安江及自歙县西门—渔梁沿练江—新安江—严州（即今浙江省建德县）—浙江（即富春江和钱塘江）—杭州，该航线可行二百石舟船；西线有自祁门县沿阊江—江西省浮梁县—景德镇以及自婺源县沿婺水—鄱阳湖而入长江。

徽州历史悠久，距今三四千年的殷商时期，这里就居住着一支叫山越的先民。山越乃百越中的一支。春秋战国时期，这里先属吴，吴亡属越，越亡属楚。秦始皇统一六国之后，实行郡县制，始设黟、歙二县，先属会稽郡，后属鄣郡。汉承秦制，同时在郡县制的基础上，分封诸侯王国，郡国并置。西汉前期，黟、歙二县，曾属荆、吴、江都、广陵诸王国。汉宣帝五凤四年（公元前54），广陵国除，黟、歙二县改隶丹阳郡；东汉相沿未改。东汉建安十三年（208）孙吴划六县（始新、新定、黎阳、黟、歙、休阳）设新都郡。晋太康元年（280）改为新安郡，仍辖六县。历东晋及南朝，郡名未变，但属县时有变动。隋文帝开皇九年（589）新安郡改为歙州，其后，郡或州名及辖县常有变动，直至唐大历五年（769），才形成一州六县的格局。

宋徽宗宣和三年（1121），改歙州为徽州，管辖歙县、休宁、婺源、绩溪、祁门和黟县，州治歙县，从此有了"徽州"之名及其所辖六县建置，开徽州文化之新局面。关于徽州名称的起源，据弘历《徽州府志》有三说：一说因其境内绩溪有徽岭、徽水而名；二则"取绩溪之大徽村之名"；三是赵宋王朝取"徽者，美善也"之意，炫耀他对这一地区的失而复得。清康熙六年（1667）建安徽省时，摘取安庆、徽州二府首字作为省名。

元至元十四年（1277），改徽州为徽州路，隶江浙行中书省建康道。至正十七年（1367）改徽州路为兴安府。至正二十四年（1364），改兴安府为徽州府，辖六县不变，从此徽州即为"一府六县"。明太祖朱元璋洪武元年（1368），仍为徽州"一府六县"，治所歙县，历经明代和整个清代，直至民国元年（1912）废府留县，徽州"一府六县"建置长达540多年。

二、徽州经济与社会

（一）徽州社会变迁的主要阶段及其特征

历史上徽州经历了多次社会与文化变迁，每一次变迁都给徽州带来一次经济发展和社会文化变异的机遇与挑战。

就徽州社会与文化而言，卞利在其《明清徽州社会研究》一书中认为，大体上经历了6次大的变迁，其特征如下：

前山越历史阶段，包括秦汉以前及旧、新石器时代。这一阶段徽州社会经济和文化的发展深深打上了吴越文化和楚文化的烙印。

黟歙时期的山越历史阶段，主要是秦汉时期。徽州文化处于山越文化阶段，徽州这块土地上活动的主体是山越人，他们过着刀耕火种，无需上缴皇粮国税和承担政府差役的与世隔绝的生活，此时的徽州"既无冻饿之人，亦无千金之家"。

新安（都）历史阶段。三国时期，东吴加强了对徽州的控制，徽州六县格局初具，山越人此时大量迁出山林，开始向国家纳赋当差，成为国家的编户齐民，徽州历史文化与社会发展结束封闭状态，与中原地区的联系与交往加强，徽州的社会生产力、经济、社会和文化得到了发展。西晋时，徽州社会进入"新安文化"阶段，徽州社会结构发生较大变化，东汉末年开始的中原世家大族南迁徽州，此时达到高潮，成为徽州历史上有文字记载的第一次大规模移民运动。

歙州历史阶段。以隋文帝开皇十一年（591）置歙州为始，至北宋徽宗宣和三年（1121）改歙州为徽州，为歙州阶段结束的标志。徽州行政区划与社会经济格局在这一阶段基本定型。歙州是隋唐五代时期经济、文化发展的兴盛时期，茶叶、歙砚、澄心堂纸等土特名优产品先后被加工出来，并逐渐闻名遐迩。这一时期，歙州所上缴给封建王朝的赋税在全国各州中属于上等，成了名副其实的富庶之地。

徽州历史阶段，以北宋徽宗宣和三年（1121）改歙州为徽州之时，至民国元年（1912）废除道府之制，将徽州府撤销为止。历经宋、元、明、清，延续近800年之久，这是徽州文化发展的全盛时期，也是徽州社会发展的最完善时期。这一时期，随着南宋政权迁都临安（今浙江杭州）和中国经济重

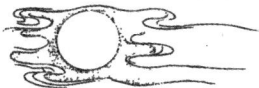

心南移的完成，深得天时、地利、人和的徽州获得了千载难逢的发展机遇。大量拥有文化科技知识和技能的世家大族和劳动力，因避乱来到徽州，与先前的移民和土著共同对徽州山区进行了深度开发，使南宋以来徽州山区经济有了长足发展。徽州文化出现了前所未有的繁荣局面。一批文化巨人的崛起，为徽州文化与社会的发展注入了活力，使徽州社会重文兴教传统得以形成并发扬光大。朱熹等文化巨儒，使徽州文化与社会的指导思想得以确立，徽州也因此赢得了"东南邹鲁"的美誉。从此，讲述朱子之学、学习朱子思想便成为徽州文化与社会的一个重要传统。在宋、元、明、清时期的徽州，朱子思想受到广泛弘扬，新安理学是徽州文化存在和发展的指导思想和精神支柱，朱熹《文公家礼》成为徽州人生活中恪守不怠的重要规范。同时明代中叶以后，徽州人的价值观念在经商风潮的冲击和洗礼下，发生了较大的变化，形成了徽州历史上剧烈的社会变迁。经商使得徽州渐渐摆脱了封闭和落后。徽州社会与文化在徽商的推动下，显示出了活力，原本落后保守的宗族制度，此时对徽商的发展也起着积极作用。徽州文化此时更是大放异彩，各种民俗活动丰富多彩。徽州社会在徽州文化繁荣的推动和促进下，逐步走向文明和进步。

世界文化遗产地——宏村

民国时期的徽州社会与文化基本上仍在传统徽州社会与文化框架内运行。在动荡的社会大背景下，徽州社会与文化还是发生了一些显著变化。

（二）徽州的经济

徽州境内万山环绕，自然环境独特，可耕地大体如俗谚中形容的"七山一水一分田，一分道路和庄园"，就是说耕地只占全部面积的十分之一，其余十分之九都是不能种植粮食的山地和溪流。低山丘陵是徽州分布最广的山地类型，低山海拔高度在500—1000米之间，一般山体较小，坡度和缓，易于开垦，但水土流失严重；丘陵海拔高度在500米以下，由砂岩、页岩及中粗粒花岗岩组成，以黄壤为主，多农业植被，适宜旱作物。在低丘陵的丘间谷地、低谷地宜种水稻，高谷地宜辟茶园；徽州境内的土壤类型主要有黄壤、山地黄壤、水稻土三类，耕地分田、地、山、塘四类。因此，徽州除农业作物外，林业及相关手工业较为发达，形成农林互补的特点。

徽州人地矛盾宋元时已经显露，一遇自然灾害，就有大量人口向外迁徙。休宁县南宋"淳熙七年大旱，民饥，流淮郡者万余"。元代"大德六年大亢旱，秋收使折其八，民流徙者不可胜计"①。历代地方志中多有"土不给食"、"土狭谷少"、"地狭人稠"、"山多田少"，可见山民生存之艰辛。古徽州田地贫瘠，所产至薄，且农人终年劳作，往往用力过倍而所入不当他郡之半，"地狭人稠，耕获三不瞻一，即丰年亦仰食江楚，十居六七，勿论岁饥也。"②故此北宋宣歙观察使卢坦说："宣歙土狭谷少，所仰四方之来者。若价贱，则商船不复来，民益困矣。"③迫于生存压力，过剩的农业人口不得不向有地可耕处外徙。南宋以后，人多地少粮缺的矛盾愈益突出，"土少人稠，非经营四方，绝无治生之策矣。"④。明中叶，万历《歙志》记载："今之所谓地少人众者，则莫甚于江东诸县而尤甚于吾邑。"富余人口在本土找不到出路，于是乎徽州"小民多执技艺，或负贩就食他郡者常十九"。向本土以外拓展生存空间，势所必然，竟致造成"钻天洞庭遍地徽"和"天下之民寄命于农，徽民寄命于商"⑤的局面，徽商从此崛起，并称雄三四百

---

①　（嘉靖）《休宁县志》卷八《杂志》

②　（康熙）《休宁县志》卷7

③　罗愿：《新安志》

④　许承尧：《歙事闲谭》卷28

⑤　（康熙）《徽州府志》

年，在古徽州文明演进史册上写就了辉煌篇章。值得注意的是，徽州的知识分子群体也在这大潮涌动中，走出书斋，走出徽州去谋生路，许多人寓居杭州、南京、扬州、苏州等大城市，在一些文化领域中发挥技艺所长，解决自己的生活问题。这显示了明中叶以后徽州社会各阶层变化的广泛和深刻。徽州人就业途径的广泛性加深了徽州本土与全国市场的紧密联系。这一方面促进了徽州社会经济的发展，另一方面市场一旦发生动荡，徽州即深受影响。当明清鼎革之际，兵荒马乱，市场萧条，全国各地的徽商免不了都受到一定影响。

婺源古村落

虽然人地矛盾在徽州比较突出，但历代以来赋税却高得出奇。封建统治者为何对这片偏僻的山区发生兴趣，在这里征收高额赋税呢？因为在世人心目中，徽州的生活是十分富裕的。"欲识金银气，多从黄白游"，诗中"黄白"指徽州两座著名的山岳：黄山和白岳。古人又将金银叫做"黄白之物"，以此来做徽州的地名，可见人们简直把这里当作金山银山了。著名学者顾炎武对此曾有过解释，他认为徽州有一些商贾在外获得殷富的声名，统治者将这里的赋税定得高，原意是搜刮富商，其实在外的徽商虽然有钱，在故乡的田产却不多，把繁重的赋税摊派在农业劳动者身上，成为沉重的负担，徽州"冒富厚之名，而鲜富厚之实"，实在是名腴而实瘠。因此，徽州人有了"勤俭甲天下"的名声，也就不足为怪了。

徽州山地不宜农耕，但土特产却十分丰富，有很多闻名天下的出产。徽州这块孕育了新安文明的钟秀之地，颇重文房雅道，澄心堂纸、汪伯立笔、李廷圭墨和龙尾砚被誉为新安四宝。徽州山地适宜种茶。徽州绵延的山脉上林木茂盛。徽州漆器、徽州刻书业也很发达。徽州的崇山峻岭夺去了耕地，造成了贫困，却从另一方面提供了补偿。正是俗语所说的"靠山吃山"，为徽人的服贾经商作了铺垫。

徽州崇山峻岭间的河流溪涧构成了当地景致的一大特色。它们或宽阔坦荡，或婉转娟秀，或激流奔涌，或清澈潺潺，以阴柔点缀、映衬着山脉的阳刚。然而，河流溪涧对徽州最重要的意义不在于观赏价值。徽州若没有了水，则是失去了呼吸的孔道，封闭了进出的门户。将徽州置于全国版图上考察，可以发现几条水路交织纵横，越过万山阻隔，把外界同徽州联结了起来，使徽州的地方经济融入了全国范围之内。

（三）明清时期徽州农村的基层组织

我国县以下的地方基层组织，秦汉时有乡、亭建制，乡有乡吏，亭有亭长。隋唐时，县以下也设乡，乡下设里，乡有乡官，里有里正。任职者皆有禄秩。可以看出，唐以前地方乡、里等职均是当时政府的地方低层职官。唐中叶以后，这一制度逐渐衰微。延及宋代，乡里保甲等职均由民间摊派，从而演变为职役，不再是地方一级行政建制了。元代改乡为都，改里为图，但有些地方因袭旧的习俗，仍沿旧称。明清承宋元之旧，农村区划和基层组织名称新旧并存，比较混乱。就各地地方志所见，县以下有乡、都、社、里、保、约，以及北方的堡、寨等名称。不仅各县之间不等，就是在一个县内所称也不是完全一致。至于统辖关系，有的称乡、都、图或乡、都、里三级；有的称都、图、里、甲或乡、保、村、里四级，没有一个统一说法。以上这许多农村基层组织名称，有的是有名无实，有的是名异实同。就明清徽州农村的基层组织而言，都、图皆有正（都正、图正，又称"公正"）其职役主要是清丈土地，其次是赈灾救济。

明初编制里甲，强调地域经界区划，不准将不同都的人户拼凑成里。里

甲编制虽然以人户为标准，但又必须限定在本都的地域区划内。徽州府各县都的地域区划，从明初到清末历 500 余年没有变动，里甲则随着人口的消长而有增减。徽州大族多聚居在新安江两岸河谷盆地，这里人口稠密，都下里甲数多；而在偏僻的山区，都下里甲则少。里甲和都图是明清时期农村的两个主要基层组织。里甲管理人户，催办赋役；都图管理土地，为皇册十年一大造（普查地籍）服务。二者各不相辖，役事俱由县衙指派。一里人户土地的进、出皆经图正之手。但是图正不管人户赋役之事，里长也不管土地册籍之事。都图职役随着入清以后停造黄册，废除编审制度而自然消亡。但都图作为农村区划名称一直存在，延至清末民初。村是人户聚居地名的载体，似后来的社区，不属于农村基层组织。

三、徽州人的生活与观念

（一）徽州人

根据翟屯建《徽州古史二题》的考证，古徽州到三国时候，在这块土地上栖息的居民已有六个方面的来源。第一部分是早在秦以前就生息在这里的土著居民，禹以前属三苗族，禹以后属左越族；第二部分是秦始皇时徙入的"大越徙民"；第三部分是秦末吴芮部将所率后来滞留徽州的"百粤之兵"，以及汉将陈婴拥兵渐地①滞留于徽的汉兵；第四部分是春秋战国、楚汉相争、中原战乱，举家迁徽的北方居民，如方弘家族由河南迁歙东，汪文和家族安家于歙等等；第五部分是为逃避赋役陆续流徙来徽州的中原居民；第六部分是留恋徽州大好山水，官于此遂家于此，或游历至此而居此，像西汉新安太守舒许等等。这六个方面的徽州居民，既有本地土著，又有南迁的汉族、北移的闽粤越族；既有功封迁居于此的公侯太守，也有逃亡流落于此的平民百姓。汉越二族互相交融，地主阶级中有汉越统治者，农民阶级中亦有两族劳动人民。它融汉越民族为一体，集贫富阶级于一地。在历史上人们所称的"徽州山越人"，是指居住在先秦百越地区，以山区为根据地，汉、越二族劳动人民共同反抗地主阶级和封建统治的山寨式武装集团，他们有自己的经济基础。文献称其为"山越"，除了其分布地区同先秦百越居住区相吻合外，

---

① 《读史方舆纪要》认为渐地就是现在的休宁

还体现了统治阶级蔑视越族人民，视越为"夷"、"蛮"、"贼"、"寇"这样一种大汉族主义思想。①

经过三国时候的吴国"贺齐讨黟歙"、诸葛恪"讨平山越"，随着封建政权治理的加强，徽地居民"依山阻险，不纳王租"②的情况逐渐改变，汉越融合同化进一步加强。因历次战乱等原因由中原等地大量徙入的士族官宦百姓，不仅带来了先进的农业生产技术，而且带来了儒学文化。经历"山越"、"新安"、"徽州"几个历史时代变迁的徽州人，作为中华民族的一个有机组成部分，勤劳勇敢，聪明智慧，我们民族的各种美好品德和文化特性，在徽州人身上都有生动的、富有特色的体现。

（二）家庭经济与文化生活

在徽州乡村社会中，家庭是最基本的生产与生活单位。虽然封建政权鼓励多世同居共爨，彰表所谓的"义门"；但是，家庭的内部矛盾、封建政府析产分户的赋役政策，恰恰与此相背离。因此，明清时期徽州的乡村社会，成千上万的小家庭是构成徽州乡村社会经济与文化生活的最基本单位。明清时期，徽州乡村社会聚族而居，每一自然村庄，往往就是一个同姓宗族成员的聚居之地。"徽俗：士夫巨室多处于乡，每一村落，聚族而居，不杂他姓。其间，社则有屋，宗则有祠，支派有谱，源流难以混淆。主仆攸分，冠裳不容倒置。此则徽俗之迥异于别郡也"。③因此，在"山限壤隔"的徽州山区乡村社会，宗族是居住于该村庄小区成员的主要精神依托。祖先祭祀和一系列经济、社会与文化活动，也基本上以宗族为中心展开。除宗族之外，明清徽州乡村小区中还建立了大量的会与社，会社组织为参加该组织的成员提供尽可能的服务，包括社会、经济与文化活动，只要在遵守会社规约的前提下，所有参加会社的成员都享有会社所提供的一切服务。当然乡村社会中的等级、阶级和阶层之间的差别还是存在的。尽管家庭、宗族、会社、乡约和村庄等组织在徽州乡村社会经济与文化生活中拥有不可替代的组织和协调作用，表面看来，包括宗族、会社、乡约和村庄的所有成员地位似乎是平等的，但事实上，隐藏在这些组织背后的等级和阶级观念却是极为森严的。实

---

① 原载《安徽史学》2000 年第 3 期
② 《资治通鉴·汉纪》
③ （清）程且硕：《春帆纪程》，载《小方壶斋舆地丛钞》，杭州古籍书店 1985 年版影印本

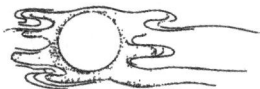

际上，明清徽州乡村社会经济与文化生活中，家庭、宗族、会社、乡约和村庄的成员权利、责任和义务并不是平等的，而是有着清晰的等级和阶级界限。

明清时期的徽州乡村社会是一个典型的宗族社会。家庭是社会的细胞，它既是乡村社会经济与文化生活的基本单位，又是构成宗族的团体单位。家庭是由夫妻关系与亲子女关系结成的最小的社会生产与生活共同体。有的学者将明清徽州的家庭概括为是"以父系血缘关系为基础的具有独立财产权的社会基层组织"①。强调夫妻和子女关系在家庭中的地位和作用，这一点也符合现代家庭

"双寿承恩"牌坊

的基本要求，而强调父系血缘和财产关系，这对以徽商而闻名的徽州地区而言，似乎更为切合实际。我们大体上可将传统徽州的家庭分为主干家庭、核心家庭、残缺家庭和累世同居的联结家庭等类型。由于徽州宗族观念较为浓重，因而以父母与子女同居共爨的主干型家庭、以父母与未婚子女同居共爨的核心型家庭，以及以祖孙三代或多代同居共爨的联结型家庭（或称"大家庭"），是传统徽州家庭类型的主要构成。

在徽州，由于明清至民国时期，佃仆制顽固存在，因此将佃仆视为徽州家庭成员特别是地主家庭成员中的特殊一员有一定的道理。虽然在法律和经济地位上，他们与家庭中的家长、家众拥有较强的人身依附关系。在明清徽州社会中，累世同居共爨的联结型大家庭，一直是封建统治者提倡和表彰的典范。在徽州，累世同居共爨的家庭不在少数，如早在南朝时期，歙人鲍安

---

① 高寿仙：《徽州文化》，辽宁教育出版社 1998 年版，第 35 页

国就是"富甲于乡，田置六邑，兄弟十人宗族三百余口同爨"①的大家庭。北宋真宗时期，婺源汪廷美也"聚族众数百口，旦暮食必同席。有未至者，不敢先"②。宋仁宗时婺源王德聪"一家食几五千指，同居七十余年"③。明代歙县岩镇人程相，其家"数百余指同爨"④。清代歙县方统来也是"五世同居"⑤的大家庭。

徽州的累世同居共爨的大家庭并非徽州家庭结构中的主体。在徽商大量外出、社会急剧变迁的明代中叶以后，徽州这种同居共爨的联结式共祖大家庭不断减少，大家庭的共产正在为小家庭的析产所取代，兄弟或父子等家庭成员在经商和财产方面的纠纷与矛盾荡涤着大家庭的经济基础。至清末，连一向民风淳朴的绩溪，或大家庭或小家庭成员之间的矛盾，已使同居共爨成为无法实现的理想。"我绩析产者十之八九，共产者不过百分之二三。……然兄弟叔侄之析产者，商铺仍合赀。不肖者彼此妒忌，大都貌合神离"⑥。从徽州历史上父子、叔侄、兄弟之间严格按法律程序进行田宅买卖交易、钱财借贷典当，以及明清以来分家阄书的大量存在的情况来看，徽州的联结式同居共爨的共祖大家庭日益减少。正所谓"国有剖符之理，家无不分之势，与其亲殁而致子之争执，孰若亲存而定子之事？古之义合者，终不免于异，其能久历百世耶？"⑦因而，明清徽州家庭的真正主体类型，是主干型与核心型的小家庭。明清徽州家庭的内部成员大体上呈金字塔状分布，高居金字塔尖的是家长。家长不仅掌握着整个家庭的田宅、钱物等经济命脉，而且控制着家庭成员的日常经济与文化活动。在"父母之命，媒妁之言"的家长制统治下，儿女的婚姻大事，都受着家长的强烈支配。当然，作为一家之长，在社会发生急剧变迁之时，也深感治家的艰难。地处祁门善和里程氏家族即在《窦山公家议》中开宗明义地指出："家国一理，齐治一机，况国易而家难，家之齐者尤难乎。"为使家庭保持稳定，维护家长的权威就显得特别重要而迫切。为此，程氏家族拼命地强调家长的权威，要求家族所有成员，

① （民国）《歙县志》卷9
② （康熙）《徽州府志》卷15
③ （雍正）《新安武口王氏统宗世谱》卷首
④ （万历）《歙志》传卷7志17
⑤ （民国）《歙县志》卷9
⑥ （清）刘汝骥：《陶甓公牍》卷12
⑦ 王钰欣、周绍泉：《徽州千年契约文书》（宋元明编）卷5

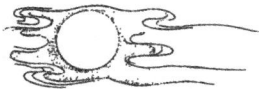

"凡事属兴废大节，管理者俱要告各房家长，集家众，商榷干办。如有徇己见执拗误事者，家长家众指实纠正，令其即行改过。如能奉公守正者，家长核实奖劝，家众毋许妄以爱憎参之，以昧贤否"①。家长对内管理家庭成员的共同生产与生活秩序，维持家庭成员之间和睦相处；对外以家庭名义处理各种日常事务与邻里家庭之间纠纷，承担封建国家的赋税和差役。家属以及寄养在本家的佃仆等成员，一律在家长的统一管辖下，按尊卑、长幼、男女的等级次序各行其是。正如歙县《潭渡孝里黄氏族谱》所云："家长总治一家之务，必须谨守礼法，为家人榜样，不可过刚，不可过柔，但须平恕容忍，视一家如一身。在卑幼固当恭敬，而尊长亦不可挟此自恣，至于攘臂奋袂，忿言秽语，皆足启后人暴戾，尤宜首戒。若卑幼有过，当反复告诫，屡诫不悛，则以家法惩之"。

子女是明清徽州家庭中的又一主要成员。对未成年的幼子，家长有教育其做人成才的责任与义务。"若人家有子孙者，用心教训，则孝顺和睦相延不了，读书者可望争气做官，治家者可望殷富出头，就是命运稍薄者，亦当立身学好。如树木枝干栽培不歇，则所结果子种之别地生发根苗，亦同甘美"②。祁门《平阳汪氏族谱》也在《家规》中告诫家长要教训子孙："小成若天性，习惯如自然。身为祖父，不能教训子孙贴，他日门户之玷岂是小事？但培养德性，当在少年时。平居无事，讲明孝悌、忠信、礼义、廉耻的道理，使他闻善言又戒放言、戒胡行、戒交匪类，无使体披绸绢、口厌膏粱。其有天性明敏者，令从良师习学。不然，令稍读书，计力耕田亩，毋误终身可也"。成年男子，或读书入仕，或经商力田，总之以各安生理为要。对女子，家长要教以闺门礼仪，严男女内外之别，做到"男不言内，女不言外。非丧非祭，不相授器。男女相涉，便非佳事。须要慎闺门、别嫌疑，非同父子侄，不得穿房入户"③。

对家中老人要善待之以孝，使其颐养天年。对奴仆、佃仆和婢女，要严尊卑等级名分，徽州主仆名分极其严格，"脱有稍紊主仆之分，始则一人争之，一家争之，一族争之，并通国之人争之，不直不已"④。在徽州，奴婢等地位卑贱者阶层经济与文化生活十分凄惨。"休邑恶俗，民间畜养女婢，

---

① 周绍泉、赵亚光：《窦山公家议校注》卷1
② 隆兴《文堂乡约家法》
③ （民国）《平阳王氏族谱》卷首《家规》
④ （康熙）《徽州府志》卷2

皆至四五十岁不准婚配。家家如是视为故常"①。不仅如此，婢女们还被施以残酷刑罚，"徽俗御婢之酷，炮烙、挺刃习以为常"②。在卑幼尊长关系的处理上，徽州特别强调"卑幼不得抵抗尊长，其有出言不逊、制行悖戾者，姑诲之，诲之不悛，则众叱之"③。在明清徽州家庭中，除佃仆、奴婢地位卑贱以外，妇女地位也十分卑微，在经济上缺乏独立的地位，即使是家产析分，他们和男子相比，其继承权是被剥夺的。小户人家的妇女日夜操劳，生活俭朴，"女子尤号能俭，居乡者数月不占鱼肉，日挫针治繝紃绽。黟、祁之俗织木绵，同巷夜从相纺绩，女工一月得四十五日"④。

棠樾牌坊群

徽州很多家庭在《家规》中，都对妇女的言行进行了严格约束。休宁《茗洲吴氏家典》在其八十条的《家规》中，有关妇女的规定就达十九条之多，其中既有关于长辈主母、少母的规定，也有晚辈子女、媳妇以及诸妇的详细规定，其内容涉及言行举止等各个方面。《家规》明确歧视妇女，认定"女子小人，最能翻斗是非"，因而谆谆告诫家长和家众，"切不可纵其往

---

① （清）廖腾煃：《海阳纪略》卷下
② （明）傅岩：《歙纪》卷9
③ （雍正）《茗洲吴氏家典》卷1《家规》
④ （嘉靖）《徽州府志》卷2《风俗》

来，一或不察，为祸不浅"。歙县潭渡黄氏宗族家长，在《家训》中明确要求"各堂子姓当以四德三从之道训其妇，使之安详恭敬，俭约操持，奉舅姑以孝，事丈夫以礼，待娣姒以和，抚子女以慈。内职宜勤，女红勿怠，服饰勿事华靡，饮食莫思饕餮，毋搬斗是非，勿凌厉婢妾，并不得出村游戏，如观剧、玩灯、朝山、看花之类。倘不率教，罚及其夫"。

徽州妇女的文化生活极其贫乏。她们在三从四德封建礼教的约束下，几乎被剥夺了一切经济与文化的权利，即使乡间最普通的迎神赛会和戏剧演出，她们都被禁止参加和观看，"妇女烧香、赶会、观剧，易招物议，诗礼之家宜禁止"。休宁《茗洲吴氏家典》则明确要求"妇女宜恪守家规，一切看牌、嬉戏之具，宜严禁之"。徽州大部分妇女还被剥夺了改嫁的权利，要求"从一而终"，即使偶有改嫁者，也会遭到各方面的歧视。万历《休宁县志》对该县妇女勤劳俭朴、守贞守节得称颂，被迫改嫁而受到侮辱的情况描绘得惟妙惟肖："匹必名家，闺门最肃。女人能攻苦茹辛，中人产者常口绝鱼肉，日夜绩麻挫针，凡冠带履袜，咸手出，勤者日可给二三人。夫经岁客游，有自为食，而且食儿女者。贾能蓄积，亦由内德助焉。独居习劳，自严闲卫，闻点污者、再醮者，辄改容唾骂之。不幸夫亡，动以身殉，经者、刃者、鸩者、绝粒者，数数见焉。或称未亡人，而代养、而抚孤，嫠居数十年，终始完节，在在而是也。处子或未嫁而自杀，竟不嫁以终身，且时一见之，虽古烈女，何以远过焉。彼再嫁者，必加之戮辱，出必毋从正门，舆必毋令近宅。至穴墙乞路、跣足蒙头，儿群且鼓掌，掷瓦石随之。知耻者，宜无所死矣"。

徽州妇女社会及经济地位的卑微，其直接源于程、朱，尤其是朱熹理学关于三从四德的强调，即在家从父、既嫁从夫、夫死从子，有"新安节烈最多，一邑当他省之半"的记载。

（三）宗族的经济与文化生活

徽州的强宗大族经历了历史上3次中原世家大族的南迁，至宋元时期才逐步定型，并在明清得到繁荣发展。因此，徽州的经济与文化生活带有浓厚的宗族性。

明清徽州宗族中族众的成员结构与家庭一样，基本上也是呈金字塔形分布。宗族的族长高居于金字塔巅，拥有对全族经济、文化和各种纠纷事务的裁判权、处置权与决定权。在祁门善和里程氏宗族内，族长窦山公程新春

"尤操履刚正，里或有讼，率不白郡县，惟求公一言决平"。正是靠着这种处事公正、操履刚直的作风，窦山公赢得了族人的普遍尊重和爱戴，善和程氏宗族也由此得以振兴，成为祁门北鄙的一方巨姓大族。在徽州担任族长之职的既有缙绅、平民，也有商人和农民，但基本以缙绅地主为主。毕竟宗族祭田等经济基础主要是靠"富室捐置"的，贫民族长只是极少数。族长是封建王朝统治者行使对基层统治权的代表，因此在某种程度上说，宗族是封建社会后期乡村基层社会的准基层组织。为进一步发挥宗族维护基层社会治安的作用，清世宗和高宗时期曾专门颁布法令，要求各族设立族正，以加强对宗族的改造，发挥其教化、治安作用。族长之下是各房的房（门）长或家长，他们出席由族长召集的讨论和商议族中重大事务的会议，拥有对族内经济和文化生活中某人、某事的发言权。他们和族长一道，共同组成了以族长为核心，族副、房（门）长、家长共同参与决策的缙绅集团。如黟县环山余氏宗族就在《家规》中明确规定由组长为核心所组成宗族缙绅决策集团，"家规议立家长一人，以昭穆名分有德者为之；家佐三人，以齿德众所推者为之；监视三人，以刚明公正者为之。每年掌事十人，二十以上、五十以下子弟轮流为之。凡行家规事宜，家长主之，家佐辅之，监视裁决之，掌事奉行之，其余家众，毋得各执己见，拗众纷更者倍罚"。族众即本宗族有血缘关系的宗族成员，他们是宗族中主体，占据了宗族中的绝大多数。族众拥有参加宗族祭祀等活动的权利和遵守族规的义务，享受宗族的赈济、教育与保护。对不守族规家法者，轻则警告惩治，重则削除族籍。乾隆《歙淳方氏柳山真应庙会宗统谱》就明确规定："倘有不孝不义、行止有亏，及败伦伤化者，黜而削之"。

在明清徽州乡村社会的经济生活中，宗族成员往往被宗族要求恪守明太祖《圣谕六条》"各安生理，勿作非为"的理念，无论为士、为农、为工、为商，只要能解决生计问题，都被宗族所提倡和鼓励。而游手好闲、不事生业，甚至为奸为盗，则为宗族所严禁和唾弃。隆庆祁门陈氏宗族的《文堂乡约家法》对于"各安生理，勿作非为"方面的内容，阐述得尤为详尽："盖人生有个身，即饥要食，寒要衣；有个家，便仰要事，俯要育。衣食事育，一时一刻不能少缺。若无生理，何处出办？便须去作非为。然生理各各不同，有大的，有小的，有贵的，有贱的，这个却是造化生成，命运一定。如草木一样，种子其所遇时候、所植地土不能一般，便高低长短许多不同。人生在世，须各安其命，各理其生。如聪明，便用心读书；如愚鲁，便用心买

卖；如再无钱，便习手艺，及耕种田地，与人工活。如此，方才身衣口食、父母妻子有所资赖。即如草木之生地虽不同，然勤力灌溉，亦要结果收成。若生理不安，则衣食无出、饥寒相迫、妻子相闹，便去做那非理不善的事。求利未得，而害已随之，大则身亡家破，小则刑狱伤残。眼前作恶之人，昭昭自有明鉴"。这里除了落后腐朽的宿命论之外，应当说是很有说服力的。它实际上反映了明清徽州乡村社会中宗族对其成员的经济生活的某种安排和期待。在徽州宗族结构中，处在最底层的是各类仆人，如佃仆、庄仆、世仆、家仆和奴婢等，他们与主家并无血缘关系，同主家无论族长还是族中成员族众，都拥有较强的人身依附关系，地位卑贱，但常年甚至世代与主家宗族成员生活在一起。因此，将其归入宗族结构有其合理性。他们的经济文化生活，更多的是被宗族族长所限制和控制，所谓"佃主田，葬主山，住主屋"，与主人之间保持相当严密的人身依附关系。

徽州宗祠

　　总之，在徽州封建旧式宗族结构中，等级制度极其森严，宗族的经济、文化特别是祭祀等一切活动，虽然在表面上看都是围绕着血缘关系进行的，但事实上正是这种温情脉脉的血缘关系，才真正掩盖了宗族内部的剥削关系和等级制度。

（四）会社的经济与文化生活

明清徽州会社林立，一个村庄建有数个或数十个会社的现象十分普遍。发起成立会社的人员多为乡绅、本村庄或宗族的头面人物。他们依靠会社成员交纳的会金和诸如土地（包括水田、旱地、山场和塘埆等）、山林等会产，根据轮值或阄定会首的方式，将会金和会产作为生息资本，由值年会首负责经营，并将经营所得利润，作为开展会社活动的资金。应当说乡绅往往控制了整个会社的活动。特别是乡村文会与祖先和神灵祭祀的会社如清明会、祝圣会、三宝会、关帝会等，由会社发起者和组织者——乡绅集团，往往在其中发挥了重要作用。会社的生息功能是显著的，在明清徽州乡村社会中，几乎每一会社都有生息功能。

明清徽州乡村社会中的会社经济与文化生活，比之宗族更加丰富多彩，特别是会社组织的游神赛会活动，是明清徽州乡村社会中文化生活的最集中体现。游神赛会场面宏大，惊心动魄；参与者和观赏者人数众多，如痴如醉。虽然历代徽州各地官府屡有明禁，但作为徽州乡民文化生活的最主要构成，游神赛会绝不因官府一纸禁文而废止，"俗多联会赛神，汪公华、张公巡、许公远昔以防御有功德于民，关圣帝、周宣灵王以忠孝为民所奉，康公深则自山右与张公巡为黟人迎归者，并称'张、康菩萨最显灵'。……凡黟之联关赛会者，或六关，或十关，岁时迎送于祠厅，与会者岁合息所出，盛饰仪卫，演剧娱神，饮福受胙，举箪相劳。或用不敷，至派丁钱以从事，即借质亦不悔也"①。

清代黟县城隍会曾因扮演鬼卒、荒诞不经而受到知县的明令禁止，该禁文告示指出："照得十月初一日，恭值城隍神会，阖邑人等烧香酬愿，原所不禁。兹访得有等好事之徒，扮演鬼卒，声状百出。甚或涂脂抹粉，巧装女鬼，彻夜街游"②。

至于明代歙县各类游神赛会，更是名目繁多。对此万历《歙志》有着详细的记录。

明清徽州广大乡村社会中的游神赛会活动，主要是由各类会社出面组织和协调的，如延续时间长达数百年的休宁县十三都三图以旌城为中心的联村

---

① （嘉庆）《黟县志》卷3《地理志·风俗》

② 同上

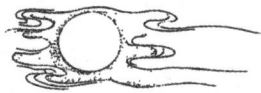

游神活动，即是由聚居于当地各村庄的汪、吴、王等姓联合成立的祝圣会组织进行的。游神赛会所需资金和经费，也由会社负责筹集。毕竟游神赛会是明清徽州乡村社会中最有活力的精神文化生活之一。

搬演戏剧是明清时期徽州乡村社会中乡民文化生活中又一必不可少的内容，所谓"徽俗最喜搭台观戏"①。一般来说，戏剧演出多由宗族和会社组织等出面组织进行，如休宁祝圣会就有组织演戏的节目。祝圣会的《会规》中，有关演戏的规定十分明确，"本村祝明圣会，各户遵前规例，恪守无异，迩来会戏亦守前规。自今而后，犹恐新春雨雪阻期，众议凡戏子若到，天色晴，即在台上搬演；若雨雪不能外演，的议堂中搬演，以便会首之家"②。

昌溪太湖"禁渔碑"

在祁门、婺源和绩溪等县山区，许多村庄和宗族往往对违反宗族或村庄规约的人给予"罚戏一台"的处分，从另一侧面反映了明清徽州乡村社会的戏剧文化生活。明清徽州乡村乡绅的文化生活，或许更能反映徽州丰厚的文化底蕴。居住在徽州山区抑或盆地的乡绅们，在其致力于发展宗族经济、提高宗族地位的同时，还努力投身于文化建设。他们悉心向学，结成文会，互相唱酬，砥砺名节。遍布徽州乡村的私塾、书屋和文会等，是明清徽州乡绅投身文化建设的集中体现。如明代中叶以后，祁门十四都谢村乡绅谢琏及其子谢知远在不断扩张发展经济的同时，还努力发展宗族文化。嘉靖二十九年（1550），谢琏长子谢知远在本家已经构建善则堂和谢芝芳叔构建一本堂（嘉靖七年创建）的基础上，倡导谢

① （明）傅岩：《歙纪》卷8
② 《崇祯十年至康熙四十九年祝圣会簿》

氏家族成员订立义约，成立家会，以增强谢氏宗族仲宗派成员的亲和力与凝聚力。正是通过这种积极参与家族公共事务，谢知远逐渐赢得了尊重，成为整个谢村谢氏家族成员中的精英与核心。谢氏孟宗派谢芊、谢显和仲宗派谢珪还一直追随著名理学家广东甘泉湛若水，并邀请湛若水来偏僻的王源山区讲学。谢知远极力参与对湛若水的顶礼膜拜，并于嘉靖三十一年（1552）不远千里向湛若水请求赐记，于是湛若水写记一篇以赠，这就是名闻一时的《神交书院记》。

这些乡绅在文化上整合了包括谢村在内的整个祁门十四都王源谢氏宗族的精神文化生活，创造了较有特色的乡村社会文化生活。在歙县潭渡，居住于该村的黄氏宗族乡绅们，建立诗社，互相唱和，使村庄的文化生活充满着诗情画意。

（五）徽州人的娱乐生活

徽州民居中，祠堂是族内祭祖和放牌位的地方。村民们在冬至和正月十五进行两次祭祖，仪式轮流由各家做头，费用则由全村集资。逢到祭祖时祠堂内点上大红灯笼，大桌上供百样菜肴。参加仪式或是观看的只能是本姓的男丁，外姓和女眷不得进入祠堂中。祭祀时所有男丁统一着装，穿长衫，着短褂，头戴礼帽，形式极为隆重。农历过年祠堂还要举行许多活动。正月初七是村中传统的"人日"，由做头的村民在祠堂中发送大饼，男丁每人两个。初一至元宵村中会举行舞灯、放鞭炮等活动。舞灯是婺源晓起每年的传统活动，到时每家都要出灯，一村七八十户人家把灯首尾相连，从祠堂门口开始，绕村转一圈，情景十分壮观。有时村中还会出钱请班子在祠堂前搭台唱戏。

徽州游艺种类丰富，活动项目齐全，既有全国性的传统游艺项目，又有徽州地区的特色游艺活动。

属于游戏类的有下棋、猜灯谜、击鼓传花、捉迷藏、抽陀螺、踢毽子、打弹子、跳绳、荡秋千等。其中有一种"转秋千"有别于荡秋千，颇具地方特色。秋千是"十"字风车形式，中有轴心，外周是直径数米以上的转轮。转轮架空在木制花船上（船底有滑轮可推行），船顶四周饰以绸缎花篷、幔。转轮圆周十字四端，有活动坐椅。游玩时，孩童坐椅上，较之荡秋千更安全。如若节日由少女分别穿红、绿、黄、白古装，合唱《采莲》、《赏荷》等徽剧，伴以管弦之乐，又是节日娱乐项目。

娱乐性游艺有踩高跷、叠罗汉、抬阁、竹马、灯彩、赛龙舟、神船游街、玩堕镖、跑旱船等。在节庆活动中组成盛大的游行队伍，浩浩荡荡，气氛热烈。抬阁又称抬角，流行于休宁、屯溪等地。"抬角"即抬着戏剧角色，"抬阁"则抬着小戏楼。抬阁共分上、中、下三层，将俊俏儿童装扮成一出出戏剧故事造型，安置在三层抬阁上，底盘由4—8名彪形大汉抬着。抬阁的四周用纸扎成龙、凤、鹤、祥云、水花等彩灯，巡游时彩灯内点燃蜡烛，衬映着穿着鲜艳服装的儿童，远远望去，如天仙下凡。抬阁上的人物不唱不做，但配上鼓乐开路，锣钹断后，热闹非凡。《休宁碎事》记载："万历二十七年（1590），休宁迎春，共台戏一百零九座，台戏用童子扮故事，饰以金球缯彩，竞斗靡丽，美观也。"台戏即抬阁，当时盛况由此可见一斑。

徽州人能歌善舞，一直沿袭傩舞、跑马赶庙会、起舞庆元宵的习俗，流传至今的狮舞、龙舞、凤舞、蚌壳舞、仗鼓舞、扑蝶舞、云端舞、跳童舞等民间舞蹈，仍然是重大节庆活动中的保留项目。

徽州民间的龙凤舞、狮子舞，动作幅度大，技巧难度高，场面壮观，气势磅礴。龙舞有草龙、板龙、布龙、纸龙之分。歙县洪琴村中秋之夜舞香龙，全村分东南西北中五方，扎五条龙，名为"五龙闹中秋"。

云端舞和凤舞是徽州带有浓郁地方特色的民间舞蹈，均由女性表演。云端舞为群舞，8—12人，舞者身着粗布紧身衣，腰扎大带，头配花布头巾，手持两块绘有云彩的云片，闻鼓而动，闻锣则停，边舞边唱。"云彩"随着节拍翩翩起舞，先后展现出"天下太平"四字，以祈来年天下太平。凤舞流行于黟县雉山。凤造型逼真，扎得极为精致，凤头、凤颈、凤翅均能活动自如；表演时由一少女扎系腰间，抽动凤肚下的引棍，凤即昂头翘尾，展翅欲飞。1956年黟县文化馆将雉山凤舞挖掘加工为舞台舞蹈。1959年祁门县文工团（黟祁合并）将凤舞再次加工，改编为群舞。安徽省文工团、芜湖地区文工团均先后移植演出，是安徽省民间舞蹈的保留节目。

（六）徽州的封建礼仪与人生礼俗

宋以后的徽州，奉行朱熹所制《家礼》，婚冠丧祭都是遵行文公家礼。直至民国，徽州礼节还是以朱熹《家礼》为依据，渗透于各个家庭。《茗洲吴氏家典》一书就是根据《家礼》结合本宗族情况，规定了冠婚丧祭的礼节，作为子孙后代遵行的法典。《休宁范氏族谱》"祀礼"中具体规定：祭祀尤当严谨，不能窃窃私语、交头接耳、东张西望、搔痒伸腰、耸肩打呵欠，跪拜时必须等声音寂静后才能起身，拜后也不准立刻抖衣拂去身上灰尘，违者要受到惩罚。在明清时期的徽州，这种礼仪规范很严，表面上看似彬彬有礼，其实包含着严格的尊卑长幼的等级。

徽州人生礼俗作为社会民俗的礼仪，与徽州文化及宗族社会特征交织在一起，形成复杂多样多重的民俗结构，呈现出一种由生到死的社会生活过程和由死到生的信仰生活过程。

生儿育女是家庭生活中的大事，也是宗族的一件大事。人口的增加，可使家庭兴旺，宗族发达，提高家庭和宗族在社会中的地位。歙县石门、叶村、杨村一带，本族新婚之家，祠堂要送一盏"百子灯"，直到生了小孩，祠堂才将这盏灯收回。

婴儿出生的第三天"做三朝"时给孩子取名，在严格的宗族制下，不可偏废于"亲疏有别，长幼有序"的规律，必须按祠堂所拟定的排行，顺次取名。如歙富溪大本堂汪氏七十二世至九十一世排行诗："仁玄文学士，元世大昌宗；裕德应承志，经书启后昆。"一个字代表一代人。如遇过房承继，可按昭穆弄清辈分，然后办理宗祧立嗣过继。

男子一般18岁成丁，女子15岁成人，到时男子行"冠礼"，女子行"笄礼"。给男孩加冠，须是德高望重的男性尊长；给女孩加笄，须是子孙双全的老太。行过冠礼后，开始有资格入祠祭祖，并在宗谱上添名。首次入祠要向祖宗献金"谢恩"，俗称"冠金"，数目多少视冠丁家境而定。结婚后的第二天，新郎新娘着礼服，携祭品至祠堂谒拜。

社交礼仪是人生礼俗中的重要一环，在徽州社会生活中占重要地位。这些礼仪不但是等级秩序的标志和人际往来的行为准则，而且也是一种被强化的道德观念。宗族礼仪是社会礼俗中的重要组成部分，也是徽州人日常生活不可缺少的组成部分，同时成为一种道德控制的社会力量，直接反映了徽州地区的社会风貌，并揭示了徽州社会风俗的本质特点。

四、徽州地理与社会对徽州人的影响

（一）对于徽州人性格的影响

地理环境对于人的性格影响是巨大的。徽州山地和丘陵占十分之九，土地贫瘠，群山环抱，交通极为不便。徽州人在很大程度上因此便有了山里人

的很多特征，比如说在总体性格上比较质朴、内向、固执，有主见；特立独行，执著，耐得住寂寞。但同时，徽州人也有着山里人的狭隘和小气的一面，他们缺乏整体意识，倔强，不随和，难沟通；气量小，敏感，有时斤斤计较，目光短浅。

徽州的水不仅成就徽州的灵气，成为徽州人挟资四出的走廊，也不仅仅促使徽州在经济和文化上的发展，它还在更大程度上造就了徽州人与其他山里人不同的开放和灵动的性格。正是这大好山水，成就了朱熹、戴震、胡适、黄宾虹这样一流的大师。

同样，也由于地理环境的影响，徽州人在性格上也表现得极其精细。突出的表现是徽州文化中民间艺术形式异常兴盛，也达到了相当的高度。徽州"三雕"闻名于世，不仅仅是技艺精湛，更为重要的是它还承载着一个精细工艺的内心，这就是安静、不浮躁。与其他地方的人相比，徽州凡是需要在技艺和耐心上下功夫的东西，总胜人一筹。

还是由于地理环境影响，徽州人尚儒崇文，居家为俭啬而务蓄积，勤俭甲天下。农耕节用资源，养鸡产卵，天人合一，保护生态。经商以义为利，诚信无欺，重人文理性追求。做工讲精益求精，善发明创造，以质取胜。

徽州人重土著，进退出处讲叶落归根。置身社会乐善好施、济困扶危，人际交往忠诚宽厚，克己待人。自身修养讲吃亏是福，退一步想，知足常乐，不为己甚，以耕读为本，甘恬退，敦愿让，居易以位命。

徽州人惯于在入世中出世，既力求为社会效力，又淡泊名利，甘于寒素，善忍饥耐寒做"徽骆驼"。徽州人有山越先民遗存的质朴，东晋移民残存的隐逸和耕读心态，南宋移民留传的艺术情趣，有玄学影响的善于思考，理学熏陶的集纳精神，也有朴学训练的严谨科学精神。乡谚所谓"黟县蛤蟆歙县狗，祁门猴狲翻跟斗，休宁蛇，婺源龙，一犁到磅绩溪牛"就是真实的写照。

（二）促成了徽州宗族社会的形成

徽州是一个高移民社会，多山的地理环境造成了宗族聚居的格局。徽州的山是封闭的，徽州的水却是开放的。随着水的流动，中原士族源源不断地涌入徽州；而山的凝固，却又使中原古老的文化在徽州积淀下来。中原文化在徽州得以积淀保存乃至发展的主要原因是士族宗法制度。而宗族制度得以维持的一个重要原因就是徽州的特殊地理环境，这与沿江区域水陆交通便利，社会流动性大，宗族制度难以维持形成鲜明对比。根据叶显恩的研究，"徽州宗族制一直保持与正统文化相一致，堪称为正统宗族制传承的典型"，珠江三角洲的宗族制则为"宗法制的变异"，乃是"虚拟宗族"。可见，徽州宗族有着特别强固的凝聚力，这是"虚拟宗族"无法比拟的。

徽州的宗族制和由此而形成的宗族社会，深深地影响了徽州的社会和生活，影响了徽州人。可以说，在徽州这种影响几乎无所不在。

（三）影响了徽州人观念的变迁

高移民的徽州地区，一个重要的习俗就是聚族而居。这种居住方式对徽州的发展有着极其重要的作用。我们甚至可以说，家族就是徽州经济发展和社会发展的结合点。家族动员一切社会力量促进经济发展，而发展了的经济通过家族功能的发挥促进了社会发展。

众所周知，徽商的崛起与徽州的地理环境与社会发展有着密不可分的关系，然而崛起的徽商必须解决一个非常棘手的问题，那就是，改变人们对"从商"和"商人"的传统偏见。中国历代统治者都非常默契地执行着一条"固本抑末"的政策，商人也被列为"四民"之末，传统儒家更是耻于言利。这种"不患寡而患不均"的文化氛围在中国长期占据统治地位，严重阻碍了经济发展。到了明清时期，徽商集团扯起"贾而好儒"、"由儒入贾"、"亦贾亦儒"几面大旗，儒贾并行，亦发财亦发身，令天下穷儒羡煞。大儒王阳明早年不谈"利"，后来说"虽终日做买卖，不害其为圣贤"，而且肯定士、农、工、商在"道"的面前完全处于平等的地位①。

那么，徽州这种文化上的变迁是如何产生的呢？一是穷则变。中国历史上的许多变迁都是逼出来的。徽州山多地少人多，有限的耕地根本无法养活众多人口，徽人只能"十三在邑，十七在天下"，以胡适所称的"徽骆驼"精神外出经商。"一家得业，不独一家食焉而已，其大能活千家、百家、下亦数十家"②。由于外出经商的紧迫性，使得徽人冲破传统文化的束缚。二是虽然经商可以致富，可以解决人口和土地的尖锐矛盾，但在传统文化异常稳固的中国社会，商业财富未必会取得相应的社会地位，而财富如不能和相应的声望和权力结合起来的话，财富的发展由于缺乏保障而必然受损害。在

---

① 参见余英时《士与中国文化》，上海人民出版社 1988 年版
② （明）金声《与歙令君书》

徽州，传统的儒家文化与商业财富很好地结合了起来。

中国传统社会中地主组成贵族，由土地所有权和继承而得到的财富有较高声望，而经商则被视为卑贱的逐利行为，经商所得的财富也不具有相应的声望。而在徽州，情况有所不同，而商业财富代之而取得较高的社会声望和权力。

由于经商的必要性和作为一种手段能获得相应的权力和声望而具有的充分性，徽人冲破了传统的藩篱，从而独步天下，领数代风骚。

俗谚云："一方水土，养一方人"。此语用于徽州也许是最贴切不过的了，但是此语还得延伸。其实这一方水土不仅造就了辉煌的徽州文明，而且还在滋润着今天的人们。这方热土所创造的灿烂文明的影响，已经跨越了时代与国界，这当然不仅仅是今天的人们对其所做的深入研究。更为重要的是，它还在不同的情境下，或深或浅地浸润在人们的观念中，不知不觉中在我们的行为中体现出来，甚或还影响人类的未来，这绝不是盲目自大。当然我们肩上的担子会是很沉很沉的，如何让历史在现实的交融中大放异彩，让这一方水土孕育更加辉煌的新徽州文明，也许是我们对徽州文化研究的最好贡献。

【思考题】

1. 简述徽州的建制沿革。
2. 徽州的经济有何特点？
3. 简述徽州的家庭经济与文化生活。
4. 简述徽州地理与社会对徽州人的影响。

第三讲   "墟落此第一"

——徽州古村落

　　清乾隆年间户部尚书歙县人曹文埴，曾写有《咏西递》一诗赞美黟县西递："青山云外深，白屋烟中出；双溪左右环，群木高下密。曲径如弯弓，连墙若比栉；自入桃源来，墟落此第一。"西递古村落之美在这里得到了极其生动的表现。西递在桃花源般的黟县境内是"墟落此第一"，其实，整个徽州古村落在全国村落中又何尝不是"墟落此第一"？

　　徽州村落日益受到学者与旅游者的关注，这是与徽州村落在形成、发展过程中积淀与保留了明清时期的中国历史文化有关。徽州村落既存在着徽州地域特色，又体现着明清封建时代制度文化背景。徽州村落选址与布局、园林景观规划与营造就体现着区域环境与社会主流文化结合的特点；村落治理与建设中体现着国家权力下移的基本趋势，村落生活的点点滴滴反映着国家制度；徽州人又在国家制度下创造性地进行了地方制度建设，形成了颇有特色的徽州山区村落治理模式。

一、徽州村落的社会变迁

　　村落是由家族、亲族及其他社会集团结合地缘关系形成的共同体，是社会的基本单位。人们居住、生产、生活在村落中，具有实体性，它既有自己的内部结构，也表现出外部关系上的独立性和自主意识。村落的形成受特定生态环境及国家的影响很大。考察村落的人口、姓氏、耕地、作物、聚落格局、周围环境、历史变化、群体意识、权利系统与国家关系，对于认识中国基层社会的物质生活、精神文化、民众意识乃至国家状况有着重要意义。村

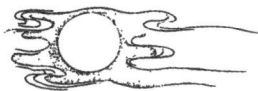

落史的视角虽然从地理空间切入，其实质是社会生活史研究的深化①。徽州村落生活是中国明清时代社会生活的具体写照。通过徽州村落的微观、具体研究，对于我们理解和认识明清时代的中国历史有着重要的意义。

（一）徽州村落形成、发展的历史阶段

徽州村落的发展大体上经历了形成期、稳定发展期、鼎盛期、衰落期四个历史阶段②。徽州村落的发展和演变过程较为典型地反映了中国社会历史的变迁。

徽州村落的形成期。在这个时期，徽州人的生活空间由最初的山越原始定居型村落向徽州村落转变，这个转变历经东晋、唐、宋漫长的岁月。正是中原地区社会动荡，导致了中原士族向徽州移民。他们在移民徽州的过程中带来了中原士族固有的宗族制度以及生产和生活习惯，又根据徽州山区的社会实际形成了符合中原士族需要的居住与生活的环境。徽州村落的基本特征开始显现，如村落选址与布局上易守难攻与聚族而居相结合的特征。

徽州村落的稳定发展期。宋、元、明朝初年的300年，是徽州社会、经济、文化稳步发展时期，也是徽州村落稳定发展时期。封建时代的基本特征决定了以农耕为主业的小农经济是徽州乡村生活的基本内容，同时由于科举入仕的国家政策诱导，徽州人把科举入仕作为保持、发扬家族社会地位和赚取功名的主要途径，而能否科举成名，关键在于教育水平。苦读圣贤书，追求金榜题名成为徽州人又一生活内容，由此而形成徽州村落重视教育的大传统。这些生活内容最终形成了徽州地域特色的耕读文化。耕读文化成为徽州村落的主流文化之后，在村落的景观文化建设上发生较大的影响，田园生活主题的形成、村落"八景"或"十景"的出现就是这种影响的结果。

徽州村落鼎盛期。明朝中期到清中期是徽州商人发展的黄金时期，也是徽州村落发展的鼎盛期。由于明朝商品经济的发展和政府政策的改变，以经营盐业为主体的徽州商人迅速崛起。因为行业垄断的存在以及地区之间的差异，徽州商人在经营中获取了较大的利润。由于徽州商人的封建性限制，巨商大贾们的利润大多成为官府、朝廷的捐输，而中小商人的利润大多流回家

① 常建华：《社会生活的历史学》，北京师范大学出版社2004年版，第192－193页

② 陆林等：《徽州村落》，安徽人民出版社2005年5月版，第18－49页

乡，成为建设家乡的主要资金来源①。徽州村落呈现出如《春帆记程》作者所描绘的"每一村落，聚族而居，不杂他姓。其间社则有屋，宗则有祠……乡村如星列棋布，凡五里十里，遥望粉墙矗矗，鸳瓦鳞鳞，棹楔峥嵘，鸱吻耸拔，宛如城郭，殊足观也"。

徽州村落衰落期。自清晚期的盐制改革起，徽州盐商开始衰落，加上太平天国与湘军多年的争夺战主要是在徽州进行，村落建筑受到损坏，多年的经济积蓄在战乱中丧失，徽州村落迅速走向衰落。然而徽州村落的衰落，是从封建文化、封建商人的角度而言，徽州村落的衰落更具体地说是封建制度的退场。对于徽州人来说，人口仍然在繁衍，社会仍然在进步，一个新徽州最终会到来。

宏村月沼

（二）徽州村落的学术意义

徽州村落由于保存着丰富的社会历史资料和文化景观，受到社会的广泛关注，西递、宏村也因此被联合国教科文组织列为世界文化遗产目录。学术界对徽州村落的热情持续不断，认为它是传统文化的典型体现、建筑艺术的奇葩……在史学家看来，它们是人们认识明清社会的基本细胞，徽州村落史

① 马勇虎：《论社会化因素对徽商社会地位的影响》，《黄山学院学报》2006 年第 6 期

的研究具有重要的学术价值。

1. 徽州村落更多地表现为以家族为主体的村落史

徽州村落以血缘关系为纽带，聚族而居。以单姓家族为主体，聚族而居的村落生活为突出礼制的精神空间和推崇宗族意识提供了土壤。对宗族礼制意识的推崇主要反映在徽州古村落的宗族祠堂建筑上。宗祠在徽州古村落中占据着重要位置。徽州古村落强调聚族而居，突出宗祠的核心作用，其目的是在宗族内部营造一种以血缘关系为纽带、以宗族利益为核心的精神空间。这种精神和思想是古村落建造中防御意识的延伸。徽州人在从中原南迁定居徽州过程中与土著的山越人之间时或有冲突发生。因此村落在建设和规划时强调防御功能，为增强防御能力，必须聚族而居，强调血缘关系和宗族向心力，以便在与外界的冲突中处于有利地位。村落生活的角角落落时刻体现着宗族利益优先的意识。村落家族往往根据国家政策和地域条件，形成一些维护、壮大家族的制度与措施，如族规家法等，积极鼓励家族成员通过各种手段推动整个家族的发展，提高宗族的社会经济地位。记载徽州族规家法的族谱，在一定意义上说就是一个村落发展历史的记录。

2. 徽州村落典型地反映了人才教育、培养与地方社会经济发展的关系

徽州之所以在"安徽"省名中占有一席之地，与徽州的人才培养有重大关系。深入到徽州村落考察，不难发现，由于这里尊崇文化教育，村落中每一个成员都能享受到基本的良好教育，或耕读、或经商、或行医、或习文学画、或学厨艺等等，真正做到了有教无类，各显其能，人尽其才，人才辈出。

由于徽州村落社会具有重视教育的传统，认为"第一等好事只是读书"，于是"山间茅屋书声响"①，"十户之村，不废诵读"。士子们发奋攻读，纷纷跻身科举仕途，同一村落"一门九进士，同胞两翰林"及"父子尚书"等科举佳话已不鲜见，胡宗宪、汪道昆、许国等名重朝野的高官鸿儒便出自徽州。徽州人仕途发达进一步提升了徽州的政治声望。享受了基本教育的士子们走出徽州后，变成了"富甲一方"的商人，并执商界牛耳。"贾而好儒"的经商之路使徽州商人名扬四海。徽州商人在明清时代的成功，提高了徽州的经济地位。

3. 徽州村落较为典型地体现出地方与国家之间的关系

地方与国家之间的关系在徽州有多种形式的表达。徽州商人在经商成功

---

① （康熙）《祁门县志·卷一》

之后，在所属的村落社区内通过建桥修路、兴办教育等方式取得地方社会的认同，逐渐由商人角色向地方精英角色转换，或者通过科举、捐纳等方式取得功名，进入仕途，完成商人角色向官宦角色的转变。他们在取得这些政治资源后，积极地利用国家政治的有利条件，为家族谋取社会与经济的利益。另一方面，生活于徽州村落中的休致官僚、乡绅等地方精英们积极、主动地执行了国家制度，又通过地方社会的非正式组织，如宗族祠堂、文会等，创造性建设了富有区域特色的地方制度，如村落习惯法等，并使二者形成了良好的互动，达到合理的平衡，即"和谐有序"的状态。

4. 徽州村落典型地体现着中国传统村落的营造模式

徽州村落选址大多是经过卜居的方式选择，在营造村落的过程中，十分强调风水的意义，注重村落与周边环境的关系，透视出极为强烈的环境观。一般来说，每个村落都有"八景"、"十景"，并附有多首咏景诗，体现着浓郁的人文情怀。在村落水口园林的营造上更是独具匠心，使村落的发展、家族的兴旺、国家意志达成空前的一致。

二、徽州村落的规划布局与乡土意识

人居环境科学认为，人居环境作为人类生存和进化的基础，反映着人与环境之间的关系①，二者之间的联系则是由人居环境的规划来体现的。所谓"人居规划"，是指人们按照一定的目的、规范、意图去计划和设计人类自己的居住环境。徽州古村落作为历史上的人居环境，它的规划思想具有鲜明的特征。

（一）宗族礼制是徽州古村落规划的理念

徽州古村落以血缘关系为纽带，聚族而居是古村落的特色之一。正如赵吉士《寄园寄所寄》称"新安各姓聚族而居，绝无杂姓搀入者。其风最为近古"。宏村为汪姓居住地，西递为胡姓，呈坎为罗姓，雄山为卢姓，棠樾为鲍姓，唐模为许姓，上庄为胡姓，等等。这些强族大姓在迁徙和定居徽州时往往阖族行动，在营制村落时遵循"君子营建宫室，宗庙为先"② 的旧

---

① 吴良镛：《关于人居环境科学》，《吴良镛城市研究论文集》，中国建筑工业出版社 1996 年版

② （清）林牧《阳宅会心集》卷上"宗祠说"，清嘉庆十六年刻本

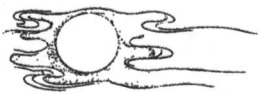

制，突出地强调了宗祠在村落布局中的中心地位和在村落建筑群体中的核心地位，确立了宗族礼制思想在村落规划中的指导地位。

1. 强调宗祠在村落布局的中心地位

中国古代社会是个推崇宗族礼制的社会，而宗族关系的结点就是作为宗族象征的祠堂。对宗族礼制的推崇主要反映在徽州古村落的宗族祠堂建筑上。宗祠不仅是村民日常生活的活动中心，而且是村民心目中的政治、经济和精神的中心，更是村落文化的焦点和醒目标志。徽州"邑俗旧重宗法，聚族而居，每村一姓或数姓；姓各有祠，支分派别，复为支祠，堂皇闳丽，与居室相间"①。据统计，古徽州的宗祠清代以前的有 36 座②。宗祠在徽州古村落布局和规划中占据着重要的位置。西递村以祠堂——敬爱堂为中心规划和布局全村，将全村按血缘关系分为九个支系，各支系多有自己的支祠。而全村的事务则在总祠敬爱堂举行。关麓村以八兄弟各领子孙分据一片住房，形成若干组团，组团之间有巷道相连，有分有合，在整体上协调一致。此外，南屏村叶氏宗祠叙秩堂、宏村乐叙堂等等都分布在村落中轴线上。徽州古村落以宗祠为中心的布局，尚未发现例外。

2. 强调宗祠在村落建筑群体中的核心地位

宗祠在建筑上往往规模宏伟气派，居于全村的中心，其他建筑必须围宗祠而建，且在高度上不能超过宗祠。呈坎罗氏宗族的"东舒祠"（又称宝伦阁），是三进七开间的祠堂，宽 21.3 米，纵深 135 米，前后三进之间各有一个近 50 米长的大院，布局宏大。南屏叶氏宗族的"奎光堂"，为三进五开间。四周高耸砖墙，仪门、享堂、寝室梁架用 86 根硕大木柱和石柱支撑。绩溪龙川胡氏宗祠为三进七开间，其规模和装饰之精美被誉为"江南第一祠"。

宗祠是徽州村民的政治、经济、文化和精神的中心，它是宗族礼制思想的具体体现。徽州宗祠数量之多，营造形制之宏伟、华丽，布局规划的轴心地位，村落建筑群体中的核心主体作用，都充分反映了徽州人极为重视宗祠在村落规划中的核心地位。

突出祠堂在村落规划中的主体核心地位，反映了徽州古村落对宗族意识的强烈推崇，表达了古徽州人对封建宗族礼制的敬畏和服从，对家族和祖宗

---

① 《歙县志》卷一《舆地志·风土》，民国版
② 赵华富：《论徽州宗族祠堂》，《安徽大学学报》1996 年第 2 期

至高无上的膜拜和尊崇。这一方面是封建礼制思想教化的结果，是封建政权维护社会稳定的需要；另一方面又是程朱理学在徽州盛行的必然。程朱理学的创始人祖籍均在徽州。徽州书院中教授的是程朱理学，人们行为生活奉行的是程朱理学的信条，《朱子家训》在徽州最受器重，各地"一尊文公家礼"，以此作为补充和改造家礼的规范，深深地影响着徽州社会。它们对于徽州人崇尚宗族意识、以宗族礼制思想规划村落建设起到了推动作用。

（二）理想的风水环境是徽州古村落规划思想的内涵

徽州古村落在选址、规划和布局过程中，非常强烈地受到风水理论的影响，烙上了深深的风水印迹。

1. 风水理论在村落形态中的影响

风水理论在村落建设中要求后有靠山，前有流水（或水池），左右有砂山护卫。反映在村落选址中，强调"卜居"、"发脉"，整个村落要依山傍水。歙县《昌溪太湖吴氏宗谱》卷一记载："吾家宗派始自歙西溪南，自宋时，由九世祖一之公者卜有吉地"。黟县《尚书方氏族谱》卷三，"荷村派基图小引"记载其先祖"慕山水之胜而卜居焉，……阡陌纵横，山川灵秀，前有山峰耸然而峙立，后有幽谷窈然而深藏，左右河水回环，绿林阴翳"。黟县《湾里裴氏宗谱》卷二"鹤山图记"："鹤山之北，黟北之胜地也。面亭子而朝印山，美景胜致，目不给赏。前有溪，清波环其实；后有树，葱茏荫其居。悠然而虚，渊然而静，……卜筑与是，以为发祥之基"。《西递胡氏壬派宗谱》载："壬派五世祖道经西递铺，见其山多拱秀，

徽州园林

水势西流，爰偕堪舆家入西川境，遍观形势，有虎阜前蹲，罗峰拱秀，天马涌泉之胜，犀牛望月之奇"，"风燥水聚，土厚泉甘，遂自婺源迁来其间"。宏村、南屏等均有类似记载。从上述族谱可以看出，徽州古村落在风水理论的影响下，以"卜居"为手段，选择理想的风水环境，通过村落依山傍水的形态，实现"富禄永绵"的目的。

　　2. 风水理论与"水口园林"景观的规划

　　徽州人认为"水口"乃一村福祉之所在，是宗族兴旺发达的根本寄托，极为重视水口园林的景观规划与建设。例如绩溪冯村"自元代开族以来隅庐豹隐，尚未能大而光也。后世本堪舆之说，因地制宜，辟其墙围于安仁桥之上，像应天门；筑其台榭于理仁桥之下，像应地户。非徒以便犁园，实为六厅（族分六支，各支有厅）关键之防也。所以天门开，地户闭，上通好国之德，下是泄漏之机。其物阜而丁繁者，一时称极盛焉"[1]。冯村人认为，其之所以能"物阜而丁繁"，改变自元代开族以来"未能大而光"的原因，乃是重视了村落的水口建设。

　　理想的水口景观应是"狮象蹲踞回互于水上，或隔水山来缠裹"；"两山对峙，涧水环匝村境"[2]。徽州古村落水口营造中的通常做法是在丰富的水口自然地带，建筑桥梁，作为"关锁"，辅之以亭、堤、塘、树等镇物，达到留住财富之气、文运之气。在人文层次较高的地区常辅之以文昌阁、魁星楼、文峰塔等高大建筑。如，考川仁里村的水口"两山对峙，涧水匝村境，……筑堤数十步，栽植卉木，屈曲束水如之字以去，堤起处出入孔道两旁，为石板桥度人行，一亭居中翼然，……有阁高倍之，……傍其楣曰：文昌阁。"[3] 徽州的"水口园林"融山水、村舍、田野及必要的点景建筑为一体，确有"自成天然之趣，不烦人事之工"的景观效果[4]。

　　徽州古村落在村落整体环境和具体环境的选择、营造过程中力求寻找一个最理想的风水环境之地，通过这个理想的风水环境，实现人、宗族的兴旺和发达。在这里，徽州人把风水、村落环境与宗族（人）的命运有机地结合起来，赋予景观环境以人文意义。原因有二：其一，徽州人多为中原南迁之民，在南迁过程中饱受了中原战火之苦和迁徙择址过程中的种种磨难。如宏

---

　① 　绩溪《冯氏族谱》

　② 　《仁里明经胡氏宗谱》序"文昌阁记"

　③ 　《仁里明经胡氏宗谱》序"文昌阁记"

　④ 　程极悦：《徽商和水口园林》，《建筑学报》1987 年 10 期

村汪氏之始迁祖率全族迁徙、定居宏村之前就蒙受了三次火灾之毁。他们渴望有一个休养生息之所能避开战乱、抵御自然之害。而自然之害与战乱之祸非一人、一宗族所能抵抗。尤其在封建制度下，人的命运和前途更是无法驾驭和把握，个人的生死祸福均取决于王权之手。自然之害与王权之祸，使人们在无助之余，只能借助于自然山水之力，即赋予山水景观以神圣之力来左右全族人们的生存与幸福。其二，自古以来"风水之说，徽人尤重"①。徽州自宋以来科举入仕人数之多在全国少见，徽州商人经商成功，更是"富甲天下"。这些使人们总以为与风水有着密不可分的联系。这是徽州人重视风水的现实原因。徽州聚族而居的宗法制度，把宗族利益推崇到至高无上的地位，而维护宗族名望的根本手段就是科举和财富。各宗族为了维系宗族利益，常乞灵于风水，这是徽州重视风水的社会因素。在这两种因素作用下，重视风水、讲究水口景观环境建设，成为徽州古村落一大特色。自明代以来风水学说中的关镇说对徽州水口景观建设的影响较大，建桥、塔、楼等于村口，常常是为了镇妖、锁住福气；随处可见的文峰塔、文昌阁是为了使本村文运昌盛。于是村落景观环境的建设与人的命运、宗族的前途，在徽州人手中有机地结合起来，成为徽州古村落规划思想的基本内容。

（三）田园生活是徽州古村落规划思想的主题

徽州古村落由于有悠久的历史和深厚的文化底蕴，徽州人在村落规划中十分强调村落的文化内涵，把村落的主题思想摆在重要位置，突出了田园生活的情趣。

1. 从村落的旨趣看

徽州古村落居处山林之中，人们希望村落的布局营造既能反映出"天人合一"的境界，还要体现出怡然自得的田园生活。徽州古村落处处体现出恬淡、宁静的田园生活气息。关麓村有"小桥流水人家"之誉。在宏村青山绿水相拥，家家宅院溪水潺流，月塘、南湖水碧面阔，倒影闪烁，鹅鸭悠然："何事就此卜邻居，月沼南湖画不如。浣汲何妨汐路远，家家门巷出清泉。"② 宏村以其"湖光山色"而体现着村落主人的生活情趣。这种生活情趣正如史籍所描绘的"有溪山之秀足以登临，有鱼稻之珍足以宴乐，悉其风

---

① 赵吉士：《寄园寄所寄》卷11《故老杂记》
② 《黟县志·艺文志》清同治辛未年刊本

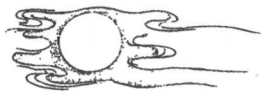

土者其乐而安之焉，千崖献奇，万谷汇碧，可以娱心神、悦耳目者多矣！"①
好个恬淡、宁静的乡村生活！

2. 从村落的景观设计看

徽州古村落强调具体景观的营造，许多局部村落景观被冠以诗画般的名
称，从而唤起人们美好的遐想和生动的意象。徽州古村落基本上都采用了
"八景"的构景手法。宏村有"西溪雪霭"、"石濑夕阳"、"月沼风荷"、
"雷岗秋月"、"南湖春晓"、"东山松涛"、"黄堆秋色"、"梓路钟声"；呈坎
村有"永兴甘泉"、"朱村曙光"、"灵金灯现"、"汐峰凝翠"、"鲤池鱼化"、
"道院仙升"、"天都雪霁"、"山寺晓钟"；塘头村有"屏开锦张"、"甄峰毓
秀"、"石室清虚"、"逢山作壶"、"岩存仙迹"、"渊涌金鱼"、"峦回天马"、
"玉泉鸣佩"。不难看出，这些"八景"虽然都是自然的景物，但在设计和
营造、建构这些具体景观时，都深深烙上了人文印记，形成了一幅幅格调高
雅而又朴实自然的山水画卷。如"山寺晓钟"、"汐峰凝翠"、"南湖春晓"
等，似诗中有画，画中有诗，富有极高的韵味。又如"朱村曙光"、"月沼
风荷"这些景观突出了田园风光的主题，给我们展示的是一幅田园牧歌式的
乡村图景。

婺源李坑

① （康熙）《徽州府志·舆地志》

从徽州古村落所设计的主题可以看出，它突出的是田园生活。徽州历来有"东南邹鲁"之称，徽州文人墨客们为了体现文明礼仪之地，为了突出名门望族的高贵和不俗之处，往往采用赋予村落景观以诗情画意、景观名称以意味悠长、体现封建时代上流文化心态的田园生活手法，借以表达村落蕴涵的田园生活意境。这是形成徽州古村落意境的现实历史基础。

徽州古村落是封建时代小农经济的产物，是自给自足的农业经济在人们生活和居住空间中的反映。古村落规划思想自然体现着封建自给自足经济的影响。小农经济的理想生活模式是老死不相往来的"世外桃源"模式。徽州古村落的规划思想也不能脱离传统儒家文化所勾勒出的世外桃源模式和主题。它以典型的形态反映了封建时代人们对世外桃源模式的追求，淋漓尽致地表达了田园牧歌式的理想。儒学思想影响了徽州古村落的规划，而众多文人墨客自觉地把儒家理想生活的主题化作村落的规划，化作他们永恒的追求。

唐模水口

从徽州古村落规划的指导思想上看，它通过宗族的象征——宗祠在村落布局中的中心地位和村落建筑群体中的核心地位的处理，把对宗族礼制的推崇上升为村落规划宗旨，以此来加强血缘关系，提高宗族的向心力；从村落

的形态和景观规划看，徽州人把理想的风水环境作为村落规划的内涵，其中对宗族、人的命运的祈福反映了徽州人在村落规划上力图营造出文化生态型聚落；从村落规划的主题来看，徽州古村落把田园生活视作村落规划永恒追求的主题。显而易见，徽州古村落规划思想中，突出了人的主体地位，把人的生活、命运和理想追求与村落环境有机地结合起来。它要表达的是人们通过规划的手段，以规划为结点，实现人与自然的和谐，达到物我相融的境界。这也就是中国传统哲学所谓的"天人合一"的境界，即通过增加人与自然的亲和度，在人与自然的和谐、物我相融之中加强人与宗族的亲和力和凝聚力。在这样的和谐与相融中，人和宗族作为自然之子才可以处处享受到大自然的养育和呵护。也只有在这样的境界中，人们才可以尽情享受到田园生活的乐趣。这正是徽州古村落规划思想的基本特征。

三、徽州村落园林的类型与特点

徽派园林究其成因，既有自然地理与资源环境的缘故，更有社会历史文化氛围的影响。徽州山水迤逦、丘陵起伏、土地精贵，往往制约着园林的占地范围、格局和体式，故多在紧邻宅第的极有限空间中，独具匠心地创造丰富深邃的景象，园林布局精练紧凑，其中建筑物的尺度和植被面积都控制得当，只能多使用占地很少的盆景。徽州园林大都地处乡村，造园借景时将渔樵耕读的生活情境与民间风习都纳入视线，使园林景观的基调质朴清新，浸润着徽风古韵。徽州园林主要用途是以宗族聚落景观和生态的改善为出发点，创造一个有利于宗族人丁兴旺、财源茂盛、人文发达的生活境域和生态平衡的人居胜地。

（一）徽州村落园林的类型

与村落有关的徽州园林主要有村落水口园林、书院园林、宅第园林、庭院园林等类型。

水口园林是徽州园林中常见的一类。它是村落中同宗族人共有，某种意义上具有"公园"性质。例如歙县槐塘村，有九条道路入村，名为九龙进村，每条道路各有水口，皆建有庙或亭。如由县城方向入村为一华里长的麻石大道，道口建丞相状元坊，坊前有植荷花的清水池；入村为御书楼（已圮毁），楼前有一塘，塘边古槐三株，村名即得于此。而由唐模入村，道口原有石池寺，为南宋右丞相程元凤休养处。由富塔入村道口，有明代朱元璋与唐仲实论道的"龙兴独对"坊。另由岩寺方向入村道口，有古树葱茏的师山，树荫中有龙玉亭，白沙水上有桥，等等，九个水口园林环抱一个村。徽州水口园林因其天然景色和强有力的宗族结构而显得独具魅力的还有很多，如歙县许村防溪、岩寺凤山、潜口观音大殿的水口园，婺源县的庆源、桃溪、福山的水口园，休宁万安、五城的水口园林，黟县南屏、屏山的水口园等等。

书院园林具有书院主体建筑景点和所在地又是水口风景区的双重身份。徽州书院主轴上建筑体端庄、肃穆，道学气浓，园林则围绕书院主景在边缘展开。如歙县雄村竹山书院，院址落在这个村的水口，清澈流淌的渐江，沿岸筑堤，遍植桃花，称为桃花坝。每当春日，繁花簇拥，隔江相望，水面桃花，交相辉映，一片红云，灿烂绵长，有"十里红云"胜景之称。作为朝山的竹山和作为来龙山的城阳山（又称南山）上翠微峰，尽收园景，"高原极望，岫远环屏；堂开淑气浸入，门引春流到泽"。园内主要有清旷轩，文昌阁、百花头上楼、听风轩、牡丹圃等，可谓园中有园、景中有景，布局营构颇具匠心。清旷轩前有桂花厅庭园，按曹氏族中成约，凡中举士子可在院内植桂一株，寓示"蟾中折桂"。桂花厅的东院墙，就是接受清代杭州才子袁枚建议而拆低的，为的是虚其东边临江的一面，用"延山引水"的造园手法，将新安江山水画廊的山容水态摄取入园，以使自身增色，倍添魅力。书院园林景点和厅堂轩楼之间以廊庑连系，延纡数十米，曲折有致；园林内部构图得体，技法高超，意境深邃，给人精巧而不流于浮躁，娟秀而不失沉雄的印象。今存书院园林除竹山书院保存最完整外，还有祁门东山书院、黟县宏村南湖书院。其余仅存一些书院园林的遗址、遗迹，如歙县"古紫阳书院"石坊仍在；绩溪桂枝书院为安徽最早一所学院，现只存石阶、台基；休宁还古书院，乃徽州唯一宣扬王阳明学说的书院，也是在万安古城岩遗址上只存有一斜顶的万寿塔身了。

宅第园林是徽派园林中的精品荟萃之一类。早在宋元时期，徽州造园活动已蔚然成风，见于方志、诗文记载的不下百处，今仍有相当多的故园遗迹。如黟县碧山的培筠园、婺源甲路的马氏宅园、休宁商山的竹洲吴氏园亭、歙县的醉园、祁门桃峰下虚直楼、绩溪的翠眉园等。明清两代，徽州私家或宗族园林发展达到繁盛期。明代戏曲家汪廷讷的坐隐园，遗址在休宁万安松萝山东麓的汪村，版画《环翠堂园景图》中有细致的描绘，今已成荒

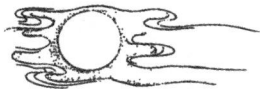

墟。清初徽州六大园林均属宅园，指的是歙县潜口水香园、富塌娑罗园、丰南曲水园、唐模檀干园、松明山春草园、稠墅修园。其中檀干园建时属许姓富商的私家园林，大部分园景今基本保存。相传该村许以诚在苏浙皖赣一些城镇经营三十六家连锁当铺，时称三十六典。因其母想往杭州西湖游览，奈年迈不便远行，于是出资挖塘垒坝，模仿西湖，筑楼构亭，供母观赏，因之亦名"小西湖"。园内三塘相连，宽阔三十亩。园门前有八角石亭，亭上旧有"沙堤"、"云路"二匾额。入园处有门楼，园内尚存响松亭、玉带桥、镜亭、灵官桥等，原有桃花林、白堤、蜈蚣桥、湖心亭、三潭印月等景点已不复在。因园外溪堤和园内紧邻响松亭一带遍植檀花、紫荆花而得园名。镜亭为檀干园的中心，四面临水，正面有平台，亭四壁用大理石砌成，上嵌宋、明、清名家书法刻石十八方，雕刻精细，气韵生动。镜亭的楹联是："喜桃露春秋，荷云夏净，桂芬秋馥，梅雪冬妍，地僻历俱忘，四序且凭花事告；看紫霞西耸，飞布东横，天马南驰，灵金北倚，山深人不觉，全村同在画中居。"此联状景抒情，情景交融，何止描述唐模檀干园一村一园近景、远景，实为镜映徽州村落几乎都是园林化的画中居意境的概括。正因为乡村、僻野、深山、幽谷均有各色园林景观，所以有学者认为"徽州无处不园林"。

歙县昌溪村落园林

庭院园林是徽派园林中数量最多的一类，几乎遍及乡间民居中。它以居屋为主，往往在房前屋后及两侧空地上，甚或在天井明堂下这样一些局促又不规整的空间中，巧妙设计规模很小、布局精当的庭园小品。一座假山、一鉴鱼池、几竿修竹、几扇漏窗，似乎都能在极有限的空间中，创造出一个意味隽永、生机盎然的园林境界。如黟县西递的西园，位于胡文照旧居前。庭园以花墙相隔成前园、中园和后园，设拱券砖门。园内有假山、花卉盆景，一个由整块"黟县青"凿成的巨大石鱼缸。后园一对石雕漏窗，左为松石图，右为竹梅图，构图生动，雕工精湛。前后园并排序列三间二楼民居两幢，石雕门罩，高大雅致。歙县西溪南村的果园，始建于明代，相传此园由江南才子祝枝山、唐寅设计。园中有池，曲桥石堤，如内、外西湖；池边有巨石堆砌成亭，以拙朴显雅意。当年园中有六景：仙人洞、观花台、石塔岩、牡丹台、仙人桥、芭蕉台。今大部分毁于兵灾，仅存假山、仙人洞、湖池及园西南面一圈部分围墙遗址。

（二）徽州村落园林的特点

徽派园林的风格是自然淡雅，精巧紧凑，幽深静谧，富含理趣，意味无穷，园林景观构成要素是山水、建筑、花木盆景、置石、匾额楹联。对这些要素的处理，徽州匠师有一套相对稳定的造园技艺。而园林风格又是以布局、构景等造园艺术来实现的。徽派园林艺术的特色概括起来大致有：

1. 师法自然，以大观小

徽州园林选址布局大多被安放在区域山川形胜的观照中，以自然山水为主，因应自然，师法自然。要深知山水之妙，得自然之趣，从中捕捉到美的节奏；大处着眼，应当多角度观赏、多维思考，身处园林之中，犹在山水之间；以青山为屏，绿水为带，花木为饰，随四季朝暮风云变化而展示出的天然美，以加强园林自身的人工美。例如黟县西递、宏村之美，关键乃在"湖光山色"四字。西递四周青山环抱，两条溪水由东往西环流，因"东水西递"而得名。曹文埴曾写诗评西递为桃源第一村，就因其青山双溪并胜，也即山与水的和谐美，继而才是人文与自然的和谐美。宏村的民居、祠堂、书院等建在月沼之畔、南湖之滨、水圳之侧这样的水口园林之中，村落在一条近乎等高的主轴线上，全都坐落在平坦的山弯里，沿着"牛肠"水圳而建的庭院，溪水穿家过户地顺势而流，映衬出"牛形村落"深厚的文化积淀。联合国世界旅游组织专家评价"宏村是非常和谐地利用当地自然山水，在儒家

文化和徽州当地文化思想影响下的东方传统村落的人居环境的代表，是独一无二的"。

2. 随形就势，从小示大

徽州地少形狭，山高水激，只得充分利用丘陵地带的自然形势，既要远观整体环境的宏大范围景致，又得近观景中溪谷、丛林的细节，进而"画地成形，规形具势"。其意谓所据地形虽较狭小，但在构筑态势上要求小中见大，即从广度、体积等方面施展它们的功能，以质优来发挥良好效应。也就是在造园构景中下功夫，一丝不苟，精益求精。通过缜密细致的构思，布局构筑、置石凿池，花木配置，运用各种造园技艺，从意境的追求上起到从小示大的作用。即使是人工构筑体较小，但以向自然山水借景的客体园林，作用于审美主体的人的大脑，产生联想、想象，对美的涵义予以引申、补充、改造，就可出现新的意象、意境。如坐落在齐云山西北部的小壶天景点园林，其间随坡就势，靠山采形，曲径通幽，奥秘深邃，由窗外是山、槛外为水可知，壶天虽小，但可示大，游人至此，悠然神往。

徽州人家，尤其是乡村民居，通过庭院的槛窗、槅扇和漏窗、矮墙，因借远山近水、绿树田畴、山为水崎、水为山映的天然山水，经人们心灵的组织、省悟，即成为景。山水与村落民居庭院亲密无间，珠联璧合，便构成小巧玲珑的徽派园林基本特征。

3. 含虚构远，以简驭繁

徽州园林，长于远借诸如黄山、齐云山等名胜山水以装点自身而外，也擅于巧妙地就邻借取近景以使本园增色。黄山、齐云山支脉繁多，峰峦起伏，绵亘百里，青松翠竹，花木秀丽，山奇石怪，云波诡谲，绿嶂遮目，碧水映帘。这些独特的天然景色，为徽州所独有，故其园林中含虚构远之景乃他方所绝无。徽派山水园林，系本于自然却高于自然，因地制宜又巧于因借，蕴含意境又孕育人文，将天然造化与人工山池化糅成一体，剪裁原生态的野趣，配置垒石、花木、开塘、引渠等造园诸要素，因势利导地运用地形、地貌，扬长避短地修筑亭、榭、桥、碑等建筑小品，趋利避凶地压巫镇邪，使水容山态、村霭墟霏，尽收园内。人伫立其中，尽享天人合一、物我两亲的乐趣；天容寥廓，云物鲜华，水鸣潺潺，石露拳拳，沙平如际，麦浪乘风；风景皆入画，人在画中居。

回眸徽州园林建筑的色调，可谓一枝独秀。粉墙黛瓦与自然本色相依相融的园林，正适合青山碧野、小桥流水、行云野鹤的天然环境。园林本身就是为了给人养性、怡情、品读，使之观赏、评价、联想三部曲得以同步进行，实现审美活动的目的。因而，徽州园林建筑的色彩都是一些冷色调，与粉墙白壁形成强烈的对比，佳木葱茏，奇花鲜妍，花影扶疏，暗香浮动，又冲淡了墙壁强白，形成良好的过渡，增加恬静悠闲的气氛，一点都不含扬威、露富的想法，这就是朱熹理学氛围支配下徽州人含蓄不张扬的心态。徽州园林一般小巧、洗练，以静为本，以简驭繁。朱熹诗句："万物静观皆自得，四时佳兴与人同"中的静观，就是给园中游者多驻足的观赏点。相对于要有较长游览线的动观而言，规模小的园林应以静观为主或完全主静。"静而虚者，阴也，故君子之学，以静为本。不静无以为动。"徽州园林构景中的静态倾向常以植物配置，再经儒生点化移情，当用君子可比德，便注入了儒家温柔敦厚的审美情趣。歙县雄村竹山书院位于渐江北岸桃花坝上，院内杏坛讲学，清旷轩前桂花庭。这"竹、桃、杏、桂"四种植物名称，寓意雄村历史上书院与园林的胜境特征。竹山书院内有曹文埴撰写的楹联："竹解心虚，学然后知不足；山由篑进，为则必要其成。"既诠释了书院的得名，也寓含对于为人处世治学的砥砺。正是"竹解心虚"的谦逊治学态度，桃李芬芳的育人硕果，杏坛的"山由篑进"业绩，折桂夺魁的"必要其成"，构成了竹山书院的精神灵魂与文化传统。这不单是因其拥有书院园林建筑的完好；还因在这块景色秀美的风水宝地，仅有清一代就出了举人52人，其中进士30人，尤其是曹文埴及子曹振镛，父子尚书，四世一品，子超乃父，宰相留京，代君三月，三朝元老，以及本村曹氏"同科五进士"、"一朝三学政"；更是因其深厚的书院文化和思想力量，也由此而称雄村为科举摇篮、儒学圣地。竹山书院的"竹桃杏桂"立意巧妙，寓意深刻：园林郁人文，文风陶陶；文化凝书院，香气芳芳。

四、徽州村落的乡约制度与习惯法

（一）乡约制度

乡约作为乡村社会的非正式组织，广泛地存在于徽州村落中。它源于北宋，普遍推行于明清时期。乡约组织在徽州村落社会的治理中发挥着重要作用。

徽州村落中乡约组织的记载见之于明朝嘉靖年间。明朝政府鉴于以里老

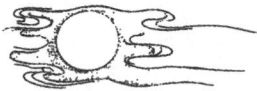

人为首的乡村教化体系遭到破坏，地方社会陷入不安定状态，为改善乡里民俗，致力教化乡民，要求全国各地举办乡约。嘉靖五年（1526），应天巡抚陈凤梧行文徽州府各县，传令推广乡约。徽州之所以快速响应政府要求，主要是徽州乡村社会出现了问题。正德末年至嘉靖初年，随着徽商的大规模外出和骤然暴富，徽州社会发生了急剧的变化，"操资交捷，起落不常。能者方成，拙者乃毁；东家已富，西家自贫。高下失均，锱铢共竞；互相凌夺，各自张皇"。于是，淳朴的民风受到了侵蚀与破坏，社会逐渐陷入一种无序状态，"诈伪萌矣，讦争起矣，芬华染矣，靡汰臻矣"。[1] "有献笑呈颜，博饮食于富贵之门；温言蜜语，导纨绮以荒淫之路。又甚者，作奸起讼，扦法犯科，群聚而呐无辜，众口而烁孱弱。……献谗者开之衅，舞文者启之诬，用壮者激之斗，谋利者导之关"[2]。正是在这一大的历史背景下，徽州知府何东序于嘉靖五年传令各地建立乡约，并希图以乡约为阵地，从道德教化入手，匡正民风，革易陋俗。嘉靖末年至隆庆时期是徽州乡约大发展时期，出现了众多乡约组织。此时徽州乡约的形式化程度比较高，有固定的宣讲内容、活动时间以及组织机构，其重要特征是乡约活动，烙上了浓厚的宗族印记。例如祁门西部山区文堂陈氏以宗族名义建立的"文堂乡约"就是一例。文堂乡约不仅组织严密、宣讲定期，而且还将"乡约"与宗族族规家法结合起来，编成《文堂乡约家法》，呈请祁门知县廖希元，"请申禁约，严定规条，俾子孙有所凭依"。这一乡约，以宣讲明太祖颁布的《圣谕六条》为己任，"乡约大意，惟以劝善习礼为重。不许挟仇报复、假公言私、玩亵圣谕"[3]。

　　清袭明制，乡约制度仍然行之于村落社会之中。康熙元年（1662），清圣祖亲颁《圣训十六条》，成为清朝乡约宣讲的主要内容。雍正二年（1724），颁发《乡约法律》二十一条，对于乡约组织提出了具体的规范要求。由于清初统治者的大力提倡，徽州各地乡约组织的规模与数量达到空前程度，仅休宁一地即建立起了180多个乡约组织。

　　徽州乡约的组织与管理有明确的制度。就组织构成来说，"城市，取坊里相近者为一约；乡村，或一图、或一族为一约。其村小人少附大村，族小

---

① （万历）《歙志》卷五，《风土》
② （万历）《休宁县志》卷一，《舆地志·风俗》
③ （隆庆）《（祁门）文堂乡约家法》

人少附大族，合为一约。各类编一册，听约正约束"①。乡约的负责人为约正、约副，其具体任用标准、人数与办法，何东序在乡约告文中要求："择年高有德、为众所推服者一人为约正，二人为约副。"其他负责人员和参加的组成分别是："通知礼文者数人为约赞，导行礼仪为司讲，陈说圣谕，又得读书童子十余人歌咏诗歌。其余士民俱赴约听讲。有先达缙绅家居，请使主约"②。乡约管理制度上主要有定期举行约会的制度、严格的仪式制度、对约中成员的奖罚制度。以文堂陈氏乡约为例，文堂陈氏乡约建立乡约的目的"本欲人人同归于善，趋利避害"。定期于每月举行乡约家会，"每会以月朔为期，惟正月改至望日。值轮之家，预设圣谕屏、香案于祠堂。至日，侵（同'清'）晨鸣锣约聚，各户长率子弟衣冠齐诣会所，限于辰时毕至。非病患、事故、远出，毋得偷怠因循不至。其会膳只用点心，毋许糜费无节，以致难继"③。文堂陈氏乡约奖惩制度严明，专门于乡约之所设立纪善和纪恶簿二扇，对约中成员的善恶言行进行监督和奖惩。对其他违反约会规定的事项，规定："若户下有经年不赴约会，及会簿无名者，即为梗化顽民，众共弃之。即有变患之加，亦置不理"。"自约之后，凡我子姓各宜遵守，毋得故违。如有犯者，定依条款罚赎"④。对约内子孙，若"有忤犯父母、祖父母者，有缺其奉养者，有怨詈者，本家约正、副，会同诸约正、副言谕之。不悛即书于纪恶簿，生则不许入会，死则不许入祠"⑤。

乡约有着一整套宣讲和约会的礼仪形式。明清两代徽州知府在倡行乡约的公文中，明确要求各地乡约以宣讲明太祖《圣谕六条》（亦称《劝民六条》）和清圣祖《圣训十六条》为基本任务。康熙《徽州府志》云："明太祖有《劝民六条》：孝顺父母，尊敬长上，和睦乡里，教训子孙，各安生理，毋作非为。令木铎于朔望向民间宣之。今上（指康熙皇帝）有十六条劝民，命乡约时时宣讲，更为详明。"

---

① （康熙）《徽州府志》卷二《舆地志下·风俗》
② （嘉靖）《徽州府志》卷二《风俗志》
③ （隆庆）《（祁门）文堂陈氏乡约家法》
④ （隆庆）《（祁门）文堂陈氏乡约家法》
⑤ （隆庆）《（祁门）文堂陈氏乡约家法》

昌溪古村

（二）村落习惯法

村落习惯法，是指同一聚居村落的人们在从事农林牧副渔生产和生活过程中，经过长年累月的重复和逐渐公认，固定下来并为其世代信仰和遵从的那些群体性习惯、规矩的总和。村落习惯法大体上有以下五种类型。

1. 教化习惯法

中国村落习惯法是中国固有文化和固有法文化的组成部分，其内容的首要方面就是劝诱人心向善，广教化而厚风俗。这种村落习惯法，极富劝人为善的教化色彩，推崇传统的伦理道德，要求人人信奉遵守。徽州村落教化习惯法主要通过会社、乡约以及宗族家规家法的形式体现。

徽州不少会社是由当地的乡绅文人组成的文人社团组织，如文会等。这种类型的会社，以移风易俗、厉行教化为目的，最容易统一人们的思想。在歙县岩寺，所谓"最宜划一者，莫如文会。畴昔之日，先哲典型明礼敦教，辨别是非，无纵诡随，大公至正，见利思义，各检自持"。其成员多由当地有名望人士或称之为精英阶层所组成。他们平时吟诗作文、以文会友，充当了当地教化组织的部分功能，有的甚至参与当地重大事务的讨论和处理，对某事作公正评判，其结论往往影响到地方官府的决策。徽州会社拥有如此大的权力，其主要原因在于其成员文化素质高、为人诚信、处事公道所致，能够真正使人心悦诚服。明代歙县岩寺最大文会为南山文会，该会每年三月二十日祭祀文帝于友善会馆，其组织管理者由五位会首轮值。有余资则五人分领，但须于次年三月十日之前交出。时有名汪嘉骏者，为司事之一，其所分领之金为子携带出外经商，约定三月十日前邮回，然至三月九日尚无音信，汪嘉骏焦急万分，"踌躇回顾，不可奈何，将暮时投澄潭而死"。汪嘉骏之诚实守信若此，足见文会信誉和威望之高。因此，经文会教化或处置的事情自然亦颇为公道，经文会调处的讼案和纠纷易为官府和争执双方所接受，"故其讼易解"。民国《绩溪庙子山王氏谱》编纂者王集成说："余生逢其会，粗窥诗书礼义徽风，晴日好兴，二三君子徜徉于古社，审视'嗣后'二字，想象当年之所以助后人归厚德，未尝不低回向往，深自勉焉。"徽州会社之教化功能，于此尽现。

绩溪磡头村

村落习惯法不仅对内容有规定，而且还详细地规定了为达到广教化目的而采取的各种形式。如徽州祁门西乡文堂以陈氏为主议订了村落习惯法。习惯法根据圣谕六言第一条"孝顺父母"，规定："为子孙有忤犯其父母、祖

父母者，有缺其奉养者，有怨骂者，本家约正会同诸约正副言谕之。不悛，即书于纪恶簿，生则不许入会，死则不许入祠"。根据圣谕六言第二条"尊敬长上"，规定："子弟凡遇长上，必整肃衣冠，接遇以礼。毋得苟简土揖而已"。根据圣谕六言第三条"和睦乡里"，规定："各户或有争竞事故，先须投明本户约正副理论。如不听，然后具投众约正副秉公和释。不得辄讼公庭，伤和破家。若其恃其才力，强梗不遵理者，本户长转呈究治。"

对封建统治者提倡的伦理道德，村落习惯法也要求人人遵奉。文堂村落习惯法还详细地规定了讲约时的礼仪，从形式和手段上保证习惯法劝善惩恶广教化厚风俗内容的实现。讲约时人聚齐，拱手班坐。年长者坐前排，壮者次之，年少者坐最后。随后升堂起立，赞者唱："排班"，均依次面北序立。司讲出位，南面朗声宣读明太祖圣谕六言。宣毕，赞者唱："鞠躬"、"拜"（凡"五拜"、三叩头"）等，然后各依序就座。歌诗童生班进会场，北面揖拜如礼，依次序立于庭中或阶下。鸣讲鼓，司讲者出位，北面揖拜毕，宣讲圣谕六言。再讲评村落成员善恶，书入善恶两簿中。讲毕就座，开始升歌，钟鼓各击三声，歌诗童生班唱"孝顺之首章"。歌毕，复击磬各三声。然后是进茶点、圆揖。礼毕，长者先出，依次相继。开会时，轮值之家还要选定两名司察维持会场秩序，"威仪动静以成礼节"。对讲约场所的布置，文堂村落习惯法也有具体规定：写有明太祖圣谕六言的屏风安放在讲约大厅，坐北面南，屏前还要摆放香案①。在这种庄严肃穆的环境下，村落习惯法更能深入人心，使全体成员按照习惯法的规定行善避恶，为人处世。

2. 秩序习惯法

中国村落习惯法形成、发展的一个重要社会背景就是社会秩序的混乱，导致村落成员的财产、生命安全受到了威胁，正当的权益受到了妨害，因此，村落习惯法基本上都规定了维持村落秩序的条款。

偷盗抢劫行为是对村落成员财产私有权的侵犯，因而村落习惯法都禁止偷盗他人财物。明嘉靖十八年（1539）六月，祁门三四都詹天法、刘记保、潘万昌、汪华等所立的养山合同规定："议约之后，各人不许入山砍斫。如违砍斫壹根，听自众人理治，甘罚白银贰分与众用无词"②。对经过县府钤印并以县府名义颁发的各类习惯法，一旦出现违反此类告示行为者，执行者

①　参见《文堂乡约家法》，隆庆六年刊本
②　明嘉靖十八年元月初七日祁门县三四都詹天法等立长养树木合同

可以借此为依据，要求县府进行处罚。如清康熙五十年（1711）四月，祁门县民盛思贤为保护汪家坦等处山场免遭盗伐，就曾专门恳请县令颁布告示。告示指出："嗣后，本业主蓄养树木，一应人等不得妄行强伐盗砍。如敢有违，即赴县呈禀，究治不恕"①。这些习惯法规范，既有对偷盗抢劫行为的处罚，也有对窝藏知情不报者的惩处；既禁止本村落成员偷盗抢劫，也要求村落全体成员防御外地盗贼抢犯的骚扰，内容很全面。

有些村落习惯法除规定稽查纠盗以外，还根据当时当地的社会情况，规定"御寇保家"条规，保护生命财产安全，维护村落秩序。徽州不少村落习惯法即属此类。明中期以后，倭寇流劫数省，甚至深入内地。嘉靖三十一年（1553）倭寇曾抵徽州，三十四年侵袭歙县、绩溪。在这种情况下，各村落纷纷订立了"抗倭卫乡"习惯法。嘉靖乙卯，方元桢在《题岩镇备倭乡约》中就有具体规定。这些村落习惯法在对外抗敌、对内维护村落秩序方面起了重要作用。

村落习惯法还有一些其他的维护社会秩序的规定。如禁赌的规定。休宁吴氏"子孙赌博、无赖及一应违于礼法之事，其家长训诲之；诲之不悛，则痛箠之；又不悛，则陈于官而绝之，乃告于祠堂，于祭祀除其胙，于宗谱销其名。能改者，复之"②。如清代绩溪仁里村太子神会会规规定："一定本会内人等毋许私自强借，其有强借者，毋许入会，断不徇情；一定本会分为十二股，一年一换，轮流值守，毋得推挨；一定十八朝办祭，值年者董事，其祭仪等物，十二股均吃均散。若有不到者，毋得散胙（原注：妇人小厮毋得入席）；……一定递年晒谷上仓，十二股齐到。如有不到者，公罚米六升交众，毋许入席。"③ 其会规中的奖惩条款规定得泾渭分明，极为细致。清道光六年（1826）三月祁门文堂村《合约演戏严禁碑》，作为规范村民采茶、拣拾苞芦桐子、入山挖笋、纵放野火和松柴出境等行为规范的乡规民约，奖惩规定明了具体："一禁茶叶迭年立夏前后，公议日期，鸣锣开七，毋许乱摘，各管个业；一禁苞芦、桐子，如过十一月初一日，听凭收拾；一禁通前山春冬二笋，毋许入山盗挖；一禁毋许纵放野火；一禁毋许松柴出境；一禁毋许起挖山椿。以上数条，各宜遵守，合族者赏钱三百文。如有见者不报，

① 《清康熙五十三年四月初六日祁门县严禁盗砍汪家坦等处山场树木告示》
② 清雍正《茗洲吴氏家典》卷一《家规》
③ 《清道光十年—同治十二年绩溪仁里太子神会簿》，原件藏南京大学历史系资料室，编号000115

徇情肥己，照依同罚备酒二席、夜戏全部。"①。这些规定，对规范村落成员的行为，减少村落成员的纠纷，从而维持社会秩序有积极的作用。

3. 生产习惯法

中国是一个长期处于农业社会阶段的国家，一直以自给自足的自然经济为基本经济形态，村落成员更是以土地作为生存的基础，乃至全部生活的核心。因此，这种社会和经济特点在村落习惯法中也有反映。

徽州是个"山有一丘皆种木，野无寸土不成田"的山区，由于林木生产与人们的经济生活有着极为密切的关系，植树种林成为一种优良的传统，不少村落成立了许多如养山会的民间组织，专门订立了有关护林的村落习惯法。清嘉靖二十六年，祁门三四都侯潭、桃墅、灵山口、楚溪、柯里（岭）等村落成立了护林乡约会，订立了护林习惯法。按习惯法，将各村人户共编为十二甲，甲立一总。置立簿约十二扇，付各处的约总收掌。一年四季月终相聚一会，将本季内某人故犯理罚若干备载于簿。所罚之物众贮。每人发给打上记号的木担一条，如果使用没有记号的木担上山砍柴斫木，俱作违反习惯法盗砍，要告官理罚。各家编篱笆，只许采荆棘杂柴黄荻杂竹，不许砍苗木。采薪也只许砍拔无碍杂柴，不许拚砍松杉等木，也不许折毁丫枝。如果故意放火延烧苗木，务令倍价赔还。为了堵住偷砍偷卖破坏山林的漏洞，习惯法还规定各处木业店铺，除明买成材树木及杂柴外，不许收灵木椿及松杉等苗。村落习惯法还严禁偷盗林木，如有违反者每盗砍树木一根，大者计价赔罚，小者罚银一钱公用。为使这个护林约规更有约束力，由大家联名具状赴县陈告，由知县告示印钤，张挂在人烟辏集之处，使人人知晓自觉遵守②。祁门西乡文堂的习惯法也规定："本都远近山场栽植松杉竹木，毋许盗砍盗卖。诸凡樵采人止取杂木。如违，鸣众惩治。"③ 在这样的社会背景下，地方官也往往受习惯法的影响，重视林木的种植和保护。

4. 公益习惯法

村落习惯法对村落公益事业的举办、公益设施的维护也有规定，反映了村落这一地域性社会团体的特点，主要表现在对水利、道路、桥梁等的修

---

① 《清道光六年三月初八日祁门文堂村合约演戏严禁碑》，原碑现嵌于安徽省祁门县闪里镇文堂村大仓原祠堂前照壁中

② 《嘉靖祁门三四都护村乡约会议约合同》，原件藏中国社会科学院历史研究所，藏契号0003793

③ 《文堂乡约家法》，隆庆六年刊本

建、维护，组织祭祀以及兴办学校等方面。如祭祀方面，习惯法规定，每年在二月朔、八月朔祭祀土地神，即春祈、秋报。明清时代的徽州，几乎每一个大的村落都有社屋，每年春、秋二季在社屋祭祀土地神。祭祀之时，人们举行隆重的仪式，如祁门六都在二月二日的"春社日"，全体村民汇集社坛对土地神进行祭祀，然后各家轮流供奉土地神像①。绩溪县、歙县的农家备好鸡、猪、鱼等供品和香烛、爆竹等物，喜气洋洋地迎接土地神，其场面不亚于春节过年。在秋报日，人们举行隆重的庆祝活动以感谢土地神。绩溪县"少年以新稻草扎草龙，燃香遍插龙身。锣鼓喧天，满街衢跳舞，店户各助香，燃放爆竹"②。歙县江村，村民"演傀儡于社坛，用报秋成，沿为乡例"③。

黟县南屏

徽州几乎每一个村落的家规家法中都有祭祀的规定。如歙县呈坎前、后罗氏家族对始迁祖的祭祀就在不同祠堂中进行，对先祖坟墓的祭拜活动都有

---

① 程成贵：《徽州文化古村——六都》，安徽大学徽学中心 2000 年编印，第 183 页
② （清）刘汝骥：《陶甓公牍》卷一二《法制科·绩溪风俗之习惯·岁时》
③ （乾隆）《橙阳散志》卷七《风俗志·保安》

规定，乃至于先祖牌位进入祠堂的"进主"仪式都有具体、明确的规定。每个家族都十分重视宗族祭祀活动，如祁门善和程氏《窦山公家议》规定："正居祠堂，东、西二房不时致奠，每岁除夕、正旦，少长毕集，照次叙拜，各房为首者各备果酒，奠后相庆。合族祠，每岁正旦，合族为首者具酒饼致奠。奠毕，分少长叙拜散饼"①。

明清时期，徽州的家庭与家族为鼓励子弟读书入仕，往往专门辟有膏火田、学田或专门出资资助贫困子弟读书。如休宁茗洲吴氏家族就在《家规》中规定："族中子弟，有器宇不凡、资禀聪慧而无力从师者，当收而教之，或附之家塾，或助以膏火，培植得一个两个好人，作将来模楷。此是族党之望，实祖宗之光，其关系匪小。"②

5. 宗族习惯法*

宗族习惯法存在的形式为六类：禁忌、族条、祠规、家训、碑禁、风俗。

禁忌。徽州社会禁忌诸多，如同姓不婚，近亲不娶。同姓被视为一家人（实质上也多有血缘关系），故同姓结婚是绝对禁止的。水口禁忌，包括神秘的水口林、龙脉、祖坟，障空补缺的庙、亭、坝、桥等建筑的保护，被看做是徽州人的命脉，不得有半点故意毁损和违忌。称呼禁忌，如同族中禁止下辈直呼长辈小名、乳名或名字，否则被认为是不孝。过继禁忌，主要规定只能过继同宗近亲作为子嗣，以防宗族血统承继上的混乱。

族条。指宗族为追远报本、光宗耀祖、理顺尊卑作出的规定。如徽州人主仆分明，世仆之女，只准嫁给本族世仆。世仆叛主，严惩不贷。妇女贞洁及再婚的有关规定等。如徽州女人丈夫死后，必须守3年孝后才能改嫁等。

祠规。是祠堂管理及行使权力过程中形成的规范，成为徽州习惯法的核心内容。例如民国版《明经龙井派胡氏宗谱》载，祠规的主要内容包括"彰善、职守、惩恶、名教"四方面。其中彰善四条——训忠、训孝、表节、重义；职守四条——忤逆、奸淫、贼匪、凶暴；惩恶四条——修祭事、训祠首、保祠产、护龙脉；名教四条——振士类、厚风俗、正名份、敬耆老。

家训（祖训）。即上辈或祖宗的遗训，多是为人处世的告诫和总结。

---

① （万历）《窦山公家议》卷三《祠祀议》
② （雍正）《茗洲吴氏家典》卷一《家规》
* 此节内容参见方静《徽州宗族习惯法论略》

《鱼川耿氏宗谱》载有祖训十条："教家、睦族、劝学、劝业、积德、治谋、崇俭、丧祭、风水、息讼。祖训训文为：求木之茂者，必固其本；欲流之长者，必浚其源；祈家之昌者，必奉勤俭；祷族之盛者，必同心同德。凡我族众，无论城乡贫富，士农工商，均须忠以报国家，孝以全人伦，节以全操守，义以达友朋，修诚信，知廉耻，以求不辱先祖，光扬门第。"祖训的形式相对随便，有些是通过同宗上下辈的口传心授，有些是族长长老对子孙后代的遗言，既可约定俗成，也可以前朝先例流传，或可记于存于族谱家书之中。

碑禁。是指宗族或与邻族自发相约制定的村规民约。包括禁山、禁水、禁赌、禁笋、禁偷盗、禁坟山等，多是生态保护之类等。如道光十八年（1838），祁门县渚口乡滩下村的"永禁"碑条文：

> 一禁：公私祖坟并住宅来龙，下庇水口所蓄树木，或遇风雪折倒，归众毋许私搬，并梯桠杪割草以及砍斫柴薪、挖桩等情，违者罚戏一台。

> 一禁：河洲上至九郎坞，下至龙船滩，两岸蓄养树木，毋许砍斫开挖。恐有洪水推搅树木，毋得私拆私搬，概行入众，以为桥木，如违，鸣公理治。

> 一禁：公私兴养松、杉、杂苗、竹以及春笋、五谷菜蔬，并收桐子、采摘茶子一切等项，家、外人等概行禁止，毋许入山，以防弊卖、偷窃，如违，罚戏一台；倘有徇情查出，照样处罚，报信者给钱一百文。

> 一禁：茶叶递年准摘两季，以六月初一日为率不得过期，倘故违、偷窃定行罚钱一千文演戏，断不徇情。[1]

（四）习惯法的执行

中国传统社会，国家机构设到县为止。县以下广大乡村区域，国家以自治形式进行管理。因此村落担负着重要的职能，执行习惯法、处罚违反习惯法的各种行为，便是其中之一。

1. 执行机构与人员

根据习惯法的议定、适用范围的不同，村落习惯法有不同的执行机构。

---

[1] 转引自安徽大学徽学研究中心编《徽学》卷二：朱万曙《明清两代徽州的演剧活动》

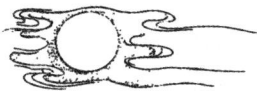

（1）村落组织。具体负责习惯法执行的人员主要有：村里甲长与耆老（村老）。村里甲长、耆老依其阅历、德行、声望由村民推选或自然形成，间或也有官吏加以任充的。村里甲长一般每一甲里一名，耆老（乡老）则二三名、四五名不等，无定数。除了征收赋役外，他们的主要任务即为执行习惯法，劝民教化、维持秩序、处理纠纷、处罚违反习惯法者，以保村落一方土地的富足与平安。

（2）族长、门长及族中缙绅集团。明代休宁《茗州吴氏家记》中规定，族长是族规家法的执行人，明代休宁《商山吴氏家法规条》指出："祠规虽立，乃虚文也。须会族众，公同推举制行端方、立心平直者四人，四支内每房推选一人为正、副，经理一族之事。遇有正事议论，首家邀请宗正、副裁酌"。

（3）会社等组织的首领。有许多村落内部某部分成员或几个村落联合议订的具有特定目的习惯法，往往有自己的执行组织和执行人员，其执行者是轮值的会社首领。清道光三十年九月，休宁县十三都三图祝圣会的《祝圣会簿》中规定，对入会佃户的处罚由会首邀请会员行使处置权，"会内各佃户设或抗租不交司年者，即行通知上下会首，同往催讨。如有刁佃梗顽，颗粒不交，即应邀同在会诸公商议公允，再行公举。而管年之家亦不得藉公报私"。

2. 处理与惩罚

一般情况下，村落习惯法规定不许直诉官府，而应先由村落处理。处理违反习惯法的行为，以批评教育为主。对于民事纠纷，则着重调解，主要在于教化民众，引人从善。

对违反习惯法者的处罚形式，村落习惯法规定有以下几种：

（1）批评教育。对于违反习惯法情节轻微者，从教化出发，主要是指出其错误所在，进行批评教育和训斥。

（2）罚款与赔偿。对于因违反习惯法而造成的财产损害、财产破坏，一般要给予赔偿，赔偿数额视其财产和违法情节而定。对违反习惯法采用较多的处罚方式为罚款（包括罚酒、罚请戏等）。

（3）责打。偷盗等违反习惯法行为，如被当场捉获，习惯法规定可以拷打、击打，予以教训。但大多有限制，不能过多过重，更不许出现重伤乃至打死的结果。

（4）开除（驱逐）。不少村落习惯法规定，如违反习惯法情节严重引起一方不安的，可将其开除村落籍，驱逐出村落。不过这种处罚方式不太常用。

（5）处死。这是很少见的处罚方式。如休宁溪口祖源村的封山规约中有

"凡上封山砍柴者砍头惩办"的规定，后有一个门长的儿子犯了规，这个门长按照习惯法，当众杀子①。

（6）禀官究治。对违反习惯法情节严重的，往往禀官究治。如祁门西乡文堂规约规定："凡境内或有盗贼发生，该里捕捉即获，须是邀同排年龄斟酌善恶，如果素行不端，送官究治，或令即时自尽，免玷宗声。"官府对于"送官究治"的案例往往按村落意思处置。

以上我们阐述了徽州村落形成与发展的四个阶段及其发展与变化的社会因素；对徽州村落存在的乡土意识，如规划、布局与园林的构造所反映的地方特点进行了研究；对村落生活中存在的非正式组织乡约与习惯法的内容进行了叙述和分析。这些村落生活，较为典型地体现了国家与社会的关系。

【思考题】

1. 徽州村落规划思想具有什么特点？
2. 徽州村落社会的地方制度与国家之间存在什么关系？
3. 徽州村落园林有哪些类型？其特点是什么？
4. 徽州村落习惯法有哪些特点？

---

① 《徽州民俗杂记·护林乡规种种》

第四讲 "封建宗法社会的缩影"
——徽州宗族制度

徽州宗族制度，是徽州人立身处世的基本社会环境，它规范和影响徽州人的各种社会活动，是了解徽州人特性的一个关键。

宗族制度和宗法思想，对徽州的政治、经济、思想、文化以及社会生活、风俗民情诸方面产生了深刻影响。徽州宗族通过修谱、建祠、祭祀、团拜等活动，从思想上、组织上加强了地域社会的统治，又通过制定族规家法，把族人的言行限制在宗族规定的范围内。族产的设置和迅速扩展，在晚清徽州社会乡村经济中占绝对优势地位，形成"穷村乡，富祠堂"的局面，使族人从经济利害上与宗族紧密联系在一起，不得不俯首帖耳听命于宗族的权威，而这种"听命"在很多情况下是在脉脉亲情中心甘情愿的。

一个家族的形成和发展，就像是一棵蓬勃生长的树，先是发芽，然后是分杈，再分杈。树枝与树枝之间，叶子与叶子之间，都有着千丝万缕的联系，宗法制度就是这样的一个结构形式。徽州宗法制度是一种比较完备的社会管理机制，堪称"封建宗法社会的缩影"。

一、徽州宗法制度的形成与发展

徽州宗法制度是一种世袭的以家族为中心、以血缘为纽带的社会管理制度。它以社会管理的普遍性、贯穿人们生活的彻底性和宗族传承的完备性著称于世。

徽州宗族意识的完全自觉得益于越民族的汉化，这种汉化过程大体经历了秦汉、三国两晋南北朝、隋唐三个阶段。

（一）秦汉阶段

秦始皇统一中国，百越各族大多被置于秦王朝的统治之下。汉王朝的建立与巩固，则使华夏文明伴随着强制性的政权威力以难以阻挡之势深入江南百越民族。对徽州土著氏族的第一个沉重打击是封建郡县的建立，它意味着古徽氏族社会管理职能下降，族权为政权所遏制，政权成了维系社会结构的主要力量。当秦灭楚后，在原吴越之地设立会稽郡，尔后进一步设置鄣郡，并且在百余里区域内分设黟、歙二县从属鄣郡，在县以下建立乡、亭、里等一整套完备的地方行政机构。秦亡汉立，武帝元狩二年（前121）改鄣郡为丹阳郡，郡治推进到宛陵（今宣州），黟、歙县制不变，"使都尉分治于歙"①。都尉是辅佐郡守并掌握地方武装力量的武官，都尉治歙无疑是当时统治者面对越汉尖锐矛盾而采用的非常之举。在政治强硬入驻的同时，统治者也采用了诸如"分化瓦解"、"土著治土著"、组织移民入徽和出徽、兴办学校等措施，在越人当中推行其中原社会管理模式。与此同时，一些名门望族也随着政治的深入而入驻徽州。这种迁徙始见于汉代，见诸史书的有方、汪、程三姓族。这三族始祖能在蛮野的黟、歙等地安扎下来，并很快成为新安望族，很重要的一个原因是他们得到了地方官府的保护。同时，也表明他们族内团结，具有与土著和平共处的能力。

（二）三国两晋南北朝时期

从秦始到汉末，中原政权对古徽州进行了400余年的统治，土著徽人与汉人的关系也有了很大改善，但古徽州仍是一方"深险之地"，其民也"犹未尽从"②。孙吴称霸江东后对江南包括古徽州在内的"难安易动"土著采取了前所未有的、更严厉、更残酷的汉化措施，主要手段便是军事进剿。"使贺齐讨黟歙"，遣陆逊"宿恶荡涤，所过肃清"，派诸葛恪"讨平山越"③。经过半个多世纪的严酷征战，黟、歙土著受强力之压纷纷臣服，孙吴政权在这片古老的土地上得以加强。公元208年，孙权采纳贺齐建议，以歙东叶乡新定里建始新县，歙南之武疆安定里建新定县，歙之西川建休阳

---

① （弘治）《徽州府志》卷11
② 《资治通鉴·献帝建安四年》
③ 《三国志》《吴书·贺齐传》，《陆逊传》，《钟离牧传》

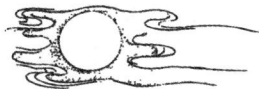

县、黎阳县，连同原有的黝、歙共六县从丹阳郡分割出来，单独置新都郡，以贺齐为太守。在严密的政治统治之下，土著徽人顽强的民族性格虽没有被征服，但是他们不断面对打击和压迫图存思续，有的为了自我保护而依附新安望族。在政治进逼的同时，中原一些名门望族也频迁入徽，或因避北方战乱，或为逃政治纷争，或留恋徽州山水，或受任为官。据史料统计，在西晋初年到刘宋末年近 200 年中，新安郡户数从 5000 户上升至 12058 户。大量迁入的豪门望族南迁时都是举家迁徙，主人、仆从、部曲、佃客等都相从迁移。在迁徙过程中，他们又兼并、征服一般平民和土著居民，不断扩大有隶属关系的部曲和佃客队伍，令其更名改姓，不断强固自己在新的区域的宗族势力和族内等级观念。相形之下，许多土著氏族由于势单力薄常常被兼并。

（三）隋唐时期

经过南北朝以来的开发，江南的经济势力渐渐强盛起来，原先激化的民族征战的矛盾逐渐为区域内部的阶级矛盾所替代。但是这两类矛盾仍常常交织在一起。唐代以后，北方望族开始变"客"为"主"，统治了这一地区。阶级矛盾的激化不时使土著趁乱揭竿而起，既脱离主子的压迫，又排斥汉人的渗透。纷繁的矛盾使得唐王朝统治者们探索出了一条若要"镇静地方，保境安民"，必须以其自身内部组织形式和共同的生活利益关系来维系社会管理的路子。开明的政治带来了真正平等条件下的汉越融合，开先河的领袖人物便是汪华。他于隋末起兵据州，以"捍境保民"为名，行割据地方之实。"六州既辑，从者如云"，在民族区域自治的旗号下，古徽历史上的长期积怨渐渐消融。唐定天下，朝廷即任汪华为歙总管府总管，开徽州宗族和平共处、繁衍生息的时代。至此，徽州宗法制度逐渐形成。

汉越和平共处开创了徽州宗法理性化的新局面，不少姓氏宗族在"休养生息"政策下，发展了经济，积蓄了财力，不断兴建"尊祖"的祠堂。据历史文献记载，徽州祠堂源远流长。早在唐宋时期就大量出现，其运作大都参照周天子旧制，因流传时间与地域的悠远和广阔，制度不一，做法各异，更兼有互相矛盾、不合时宜之举。宋理学大师朱熹明察于此，认为"其存于今者，宫庐器服之制，出入起居之节，皆已不宜于世。世之君子虽或酌以古今之变，更为一时之法，然亦或详或略，无所折衷。至或遗其要而困于贫窭者，尤患其终不能有以及于礼也"①。他深感此种社会弊端有害于"大道"，发奋辑成《家礼》以与"同志之士熟讲而勉行之"。在徽州宗法制度的发展中产生了拨乱反正的效应。自此徽州各地都"一遵文公家礼"。他的理学思想，诸如"仁是爱的意思，行爱是自孝弟始"；"亲亲，仁民，爱物，三者是为仁之事。亲亲是第一件事，故孝弟也，其为仁之本欤"②；"入事父兄，出事长上，敦厚亲族，和睦乡邻"③ 等等，在古徽州大地影响深远。他倡导的"三纲五常"规范和主仆关系原则，促进了徽州宗族的有效管理和宗法制度的进一步巩固。

朱熹手书"孝"字

可是，朱熹的《家礼》导向仅仅完成了家族"报本之仁"、"归厚之义"和"从宜之礼"的舆论宣传和思想导向任务，不可能将宗族的"彝伦攸叙"提到具体贯彻落实层面上来。真正推动宗族广泛推行宗法制度的历史性突破，起于明嘉靖十五年（1536）。这一年，礼部尚书夏言上《令臣民得祭始祖立家庙疏》说："臣民不得祭其始祖、先祖，而庙制亦未有定制，天下为孝子慈孙者，尚有未尽申之情……乞诏天下臣民冬至日得祭始祖……乞诏天下臣工立家庙。"这一奏请得准之后，徽州宗族于明嘉靖、万历年间借徽商财力大兴土木，建造宗祠。据赵华富统计，徽州现存古祠堂有 36 座，其中明嘉靖年间建 12 座，万历年间建 9 座。可见社会公权对民间社会和徽州宗

---

① 朱熹《家礼》序
② 朱熹《朱子语类》卷 20
③ 朱熹《晓谕兄弟争财产事》，《文集》卷 99

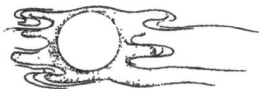

族制度的迅猛发展产生了重大作用。

我们也不难看出，封建统治集团更需要宗法制度的社会效应为之服务。明代中期以后，中国沿海、沿江一带出现了资本主义生产关系的萌芽，这自然要反映到当时社会生活的各个方面。社会变迁严重冲击了封建统治和宗法制度，为了巩固政治统治和宗法统治，政权、族权、神权、夫权等特权统治势力达成了空前共识。正是由于政治要求与宗法制度的结合才促使了徽州宗法制度不断走向成熟，走向完善。

社会发展毕竟有着自身客观的运行规律，一定的生产力发展水平要求相应的生产关系相适应。本来在明中后期一些社会动态就冲击着、动摇着宗法制度，只是宗法制度适时地与政治干预相结合，才使得这一制度苟延残喘。但是新的社会关系毕竟不断萌生着新的思想，尤其是国门在殖民者的大炮冲击下洞开之后，民主的思想和科学的意识也逐渐在徽州这块古老的土地上生根、发芽。

任何社会变革都以思想的启蒙与解放为先导。清代颜元就指出存天理、灭人欲的荒谬，随后戴震更明确地指出，欲望是人生而就有的。而理学家的崇尚宗法统治思想是以理杀人。颜、戴二人继承古代唯物主义思想传统，吸收新兴的思想和自然科学成果，主张"事功"、"经商"，是思想启蒙的先驱。历史已经表明，徽州宗法制度在清中期鼎盛之后，随着社会的变革呈现出式微景象。

二、徽州宗法制度的特点

徽州宗法制度是长期孕育形成的，综合了原始社会、奴隶社会和封建社会的一些社会管理特征，其内容庞杂，影响深远，是一种势力强大、无所不至、功能广泛的社会存在体系。它的主要特点是聚族而居、依祠而立、无谱不传、依规治族、敬重风水、族产雄厚。

1. 聚族而居

聚族而居是维护封建宗法的需要，也是徽州封建宗法的重要表现之一。清人赵吉士《寄园寄所寄》中说："新安各姓聚族而居，绝无一杂姓搀入者，其风最为近古。出入齿让，姓各有宗祠统之，岁时伏腊，一姓村中千丁皆集，祭用朱子家礼，彬彬合度。父老尝谓，新安有数种风俗，胜于他邑：千年之冢，不动一抔；千年之族，未尝散处；千载谱系，丝毫不紊。主仆之严，数十世不改，而宵小不敢肆焉。"近人陈去病在《五石脂》一书中也说："徽州多大姓，莫不聚族而居。"民国《歙县志·风俗》还指出："邑俗重宗法，聚族而居，每村一姓或数姓，姓各有祠，分派别复祠。"徽州一带以姓氏为基础划地聚居，一村一姓现象直到建国前后仍相当普遍，而且世代相沿，根深蒂固。如歙县篁墩为程氏世居，棠樾为鲍氏世居，唐模为许氏世居，江村为江氏世居，潭渡为黄氏世居，黟县西递为胡氏世居，屏山为舒氏世居，绩溪西关为章氏世居，上庄为胡氏世居……这些村不仅不准杂姓迁入，连外村人婚嫁迎娶，路经此村也不能进村，只能绕村边走，就是女儿、女婿也不准在母家同房。

如前所述，徽州大姓多为北方世家望族因避乱等原因迁入。南迁时往往是合族举迁，包括宗族乡党、佃客、部曲等庞大的家族体系，而且在南迁过程中不断增进内聚力和排外机制，借助财力和家庭势力占地为主，屯聚成村。在新的自然环境里，他们一方面有保持原有望族名门的社会心理，另一方面又不得不增强土风民俗的适应性。为了防止土著的不断骚扰和侵蚀，也要求加强聚族而居的内部管理体系和抵御外部冲击的防备机制。

2. 依祠而立

为了更有效地把同一血缘的人们紧紧团结起来，巩固宗族管理，还必须有一整套政治、经济、组织措施，其中修建祠堂就是很重要的措施。

徽州宗祠祭祀

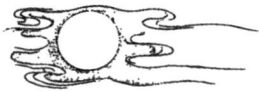

祠堂是徽州宗族意识的集中体现，它是乡村中国社会的"教堂"，是徽州宗法家族制度的一个具体标志。祠堂培育的宗族意识，使徽商迅速壮大，徽商的财力支持又使祠堂辉煌无比。对聚族而居的徽州而言，修祠和修谱是宗族最神圣的大事。徽州宗族对祠堂非常重视，认为"举宗大事，莫最于祠。无祠则无宗，无宗则无祖"[①]；"崇本枝，萃涣散，莫大于建祠"。在徽州各姓都建有属于本族的宗祠，各支系建有支祠。若哪一个姓没有祠堂则是一件大逆不道的事情，不但受到耻笑，而且要备受谴责。

祠堂是徽州最高大最辉煌的建筑。它一般是三进，分别是门厅、享堂、寝室。门厅由大门和过厅组成。大门后是天井，天井两边为厢房，供预备供品和分胙之用。天井中间用石板铺设过道，过道两侧各植一株柏树，象征宗族兴旺，四季发达。享堂是祠堂的主体部分，高大雄伟，壮观气派。这里是祭祀祖先和处理本族大事的场所。大姓的厅堂能容纳上千人，小姓的亦可容纳数百人。寝室（也叫"寝"）是供奉祖先牌位之所。为表示对祖先的崇敬，体现祖先至高无上的思想，寝室地基要高出祠堂其他建筑丈余，祭祀时沿高高的石阶拾阶而上，体味尊祖敬神的感觉。整个祠堂建筑从大门到寝室，由低而高，循序渐进，展现庄严、肃穆的格调，给人以神圣威严的感觉。祠堂地址亦是讲究的，必须是面河枕山的开阔阳地，即"龙口之地"。另外祠前有广场，广场两侧有四对或八对旗杆石，供大典时升旗之用。

祠堂的一切活动都在族长的统筹之下。族长是由辈分高、年纪大的乡绅担任的，由族中各房"老者"推举产生。族长是宗族的代表，一族的主宰，权力相当之大，既做活人的代表，代表全族人丁祭祀祖先；又做死人的代表，代表祖先向全族进行训话。帮助族长行事的还有各房的负责人——"房长"。

祠堂的职能首先在于祭祀祖先，隆礼报本。每年冬春二祭都在祠堂举行，以冬祭为隆重。腊月下旬，一般都在腊月二十四，族人共聚祠堂举行大祭。正厅中墙上悬挂祖先画像，供桌上围以桌围，放猪、羊等供品。在族长率领下行"三献礼"（初献四拜，亚献二拜，终献三拜），焚香烧锡箔纸钱。然后全体跪下，宣读族谱。祭祀结束后，由族长训话并报告本族这一年中的大事及本年度收支情况。最后是全族大会餐，称之为"族食"、"分胙"，餐毕发丁饼。

---

① 《程典》卷12《本宗列传》

祠堂的第二个职能是商议、处理本族大事。族长、族中长辈及乡绅构成宗族的最高领导层。他们在祠堂决定赈济、兴学、修桥筑路、重大庆典、惩办违规者、处理与外族纠纷等重大事务；一旦决定做出，全族即坚决执行。祠堂还有执法、砺学等职能。

祠堂的日常管理由族长指定守祠人专门看管。守祠人的职责包括祠堂保护，打扫，祭器、桌椅的整理，有的还帮助收租。

3. 无谱不传

族谱是封建宗法思想的表现形式之一，是维护宗法制度和加强封建统治的工具。在封建社会里，徽州人对修族谱非常重视，把它看作为人处世的立足之本。"族之有谱犹国之有史，国无史不立，族无谱不传。"[1] 并且认为族谱是立守法、兴礼义、出姓氏之统，是彰祖宗之绩，传子孙之绪的大事，是宗族的大典，故修谱应作为宗族的头等大事来抓。在徽州，几乎每一个姓氏都拥有清楚的脉络。徽州历来就有"徽州八大姓"和"新安十五姓"的说法。所谓"八大姓"指的是"程、汪、吴、黄、胡、王、李、方"诸大姓，再加上洪、余、鲍、戴、曹、江和孙诸姓，则称为"十五姓"。这些聚族而居的家族组织都有一部甚至数部家谱，每个徽州人几乎都能对自己的来历如数家珍。徽州各地宗族有宗谱，支系有支谱，徽州族谱形成了完整的谱牒系统。赵吉士说这里"千载谱系，丝毫不紊"[2]，是中肯的评价。

修谱的起源可以追溯到魏晋南北朝时期，与当时的门阀制度直接相关。到了宋代，由于欧阳修、苏轼的倡导，特别是南宋程朱理学的强调，修谱之风大兴。明清时期徽州中举者增多与徽商崛起称雄，带来了徽州家谱修撰的黄金时代。修谱一般是二三十年修一次，若三世不修，即为不孝。为了给修谱提供资料，各族祠堂中设有"添丁册"和"死亡册"，详细记载丁男的出生年月、姓名、官秩等内容，作为档案保存。族谱是全族的重要典籍，内容极其规范，一般都有序文、凡例、目录、世系表、像赞、宗派源流、族规、家训、义田、义庄、祖坟和有关记事等。

4. 依规治族

族规是封建宗族制约族中众人的行为规范。徽州每个宗族都有自己详细、具体的族规。为了族规的严肃性和制度化，各宗族都将之收入宗谱并缮

---

①　《盘川王氏宗谱·凡例》

②　赵吉士：《寄园寄所寄》

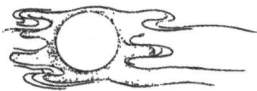

列粉牌，悬挂祠内。这些族规的主要内容是忠君、尊祖、敬宗、正名分、倡孝悌、睦宗族、严门第等封建伦理道德。其目的是以嫡庶尊卑等级观念和忠孝节义的道德要求，把族人紧密团结在以族长为中心的宗法制度之下，服从宗族管理，以加强封建宗法统治。

族规的宣传有两种方式。第一，定期在祠堂宣讲。《华阳邵氏宗谱·新增祠规》记载说："祠规者，所以整齐一族之法也。然徒法不能以自行，宜仿王孟箕《宗约仪节》，每季定期由斯文、族长督率子弟赴祠，择读书少年善讲解者一人，将祠规宣讲一遍，并讲解训俗遗规一二条。"类似此种记载在不少徽州宗谱中都可见到。第二，缮列粉牌，悬挂祠堂。《华阳邵氏宗谱·新增祠规》中记载："爰集族众，将祠规公同核定，缮列粉牌，悬挂祠内，俾有遵守，用垂久远。"呈坎村贞靖罗东舒先生祠至今还完整保存有《新祠八则》粉牌八块。祠堂就是宗族法庭，触犯族规者，众执于祠，切责之，痛笞之，直至革出祠堂或送官府惩治。

5. 欹重风水

祖坟是祖先安息之地，是血缘的实证。所谓"千年之冢，不动一抔"，即可看出徽州人对祖坟的修筑与维护是极其认真的。建筑祖坟首先是选择坟地，要请风水先生勘察，绞尽脑汁定下风水宝地后，全族的人都视之为圣地，全力维护，神圣不容侵犯，为坟地打官司或宗族斗殴是徽州历史上频率最高的民事纠纷。经常是全族出动，不遗余力，为此致伤、致残、致死者屡见不鲜。

清明扫墓是宗族的一项重大活动。由族长率领全族男丁进行。首先是到始迁祖的坟地进行祭扫，把猪、牛、羊、烛台、香炉等按一定程式安放在坟前祭台上，然后点烛焚香烧纸钱，挂白幡于坟头，行跪叩礼，再由族长领头，按辈分大小和年齿长幼排队绕坟茔转一圈，称之为"走祭"，以示对祖先的崇敬与怀念，并求祖先保佑本族繁荣昌盛。始迁祖祭祀完毕后，再依次到二世祖、三世祖等的坟茔祭扫，程序相同。通常清明扫墓需3天时间：第一天是宗祠祭扫宗祖，第二天是支祠祭扫各支派祖先，第三天是各家祭扫各自祖先。每到清明时节，数十人或数百人的扫墓队伍蜿蜒在山间小道上，颇为壮观。

除清明举行大规模祭扫活动外，还有春夏秋冬四季祭、冥诞祭、年祭、百年祭等。这些祭祀除冬祭在祠堂举行大祭典以外，多由各家自行进行。冬至日上坟还需给坟茔培土维护。

6. 族产雄厚

徽州宗法势力异常强大，不仅因为有政治、伦理等思想基础，还有日益雄厚的经济基础。宗祠建立以前，众存产业是族产的主要形式。人们为了宗族公益事业，也为了在日益激烈的社会竞争中有相对经济保障，应事变，救缓急，采取众存产业的办法，对部分祖产实行禁约，规定只许经营，不许转卖他姓；众存产业只可进，不可出。这就保证了祖产的不断壮大，像滚雪球似的越滚越大。众存产业的来源主要是先祖遗产、分家存留、绝灭户私产归公及众存族田等，其收益主要用于国课、墓祭以及宗族其他重大公益事业，也有按族人拥有的份籍多少分给族人的。宗祠建立以后，就出现了祠产形式的族产，这是更为成熟形式的族产类型。

祠产与众存产业一样严禁盗卖，只进不出，但众存产业的收益有相当部分份籍分配给族人。份籍是有实质经济意义的，在宗族内部转卖。祠产的收益则主要用于元旦、清明、中元、冬至等时节宗祠祭祀团拜仪式、修谱葺祠、墓祭标挂、交纳赋税、赈灾扶贫、开支宗祠管理人员俸钱、修路筑桥、农田水利以及提供族中子弟学费考资等。祠产不存在份籍，不能在族人中转卖。祠产的主要来源：（1）宗祠集体募积和个人捐输；（2）部分众存产业转化为祠产；（3）宗祠利用买卖典当等手段兼并的私产；（4）宗祠利用族众神主入祠入座、添丁、嫁女使用公堂、中举任官等收取银两；（5）宗祠贮厘银的放贷增值。

由于宗族保护族产的坚定决心和严厉惩处措施，也因为明清时期徽商异常发达，所以徽州约60%以上的山地山林都成了族产，其中尤以山林占的比重更大；有的地方族产所占山林的比例甚至高达当地山林的90%。可见，徽州宗法制度的经济基础是随着社会发展和徽商崛起越来越稳固的。这种特征无疑对徽州宗法制度的巩固、发展、完善产生了深远影响。

三、徽州宗谱、宗祠和族规

（一）宗谱

宗谱是以谱牒的形式记载血缘统系沿革的一种宗族记录文书。早在汉代，司马迁就说：历史之所以延绵不断，能够如实记载，编写成书，很多资料都是来源于宗谱。宋代理学家程颐说：宗谱可以教育人们不忘根本，使人

了解自己的祖先是怎样传流下来的。朱熹甚至说：三代不修谱就是不孝。一个宗族如果不修谱，就会使宗法制度混乱，先后长幼次序颠倒紊乱，世系不清。在聚族而居的徽州社会，甚至可以说没有无谱之族，除少数从事所谓"贱业"者外，也可以说几乎没有不入谱之人。清代学者程瑶田对宗谱的作用与宗法的关系，有一段透辟的论述："族谱之作也，上治祖祢，下治子孙，旁治昆弟，使散无友纪不能立宗法以统之者，而皆笔之于书。然后一披册焉，不啻伯父伯兄、仲叔季弟、幼子童孙群居和壹于一堂之上也。夫所谓大宗收族者，盖同姓从宗合族属，合之宗子之家序昭穆也。今乃序其昭穆，合而载之族谱中。吾故曰：族谱之作，与宗法相为表里者也"。①

徽州族谱的类型和名称多样。类型有郡谱，徽州六县范围内所有大族合编一谱，如《新安名族志》；县谱，以一县为范围，合编各大族谱，如《休宁名族志》；合族之族，凡属一姓，共同编谱，如《新安武口王氏世系谱》；分支族谱，某族某支的单独宗谱，如《新安歙北许氏东支世谱》等不同谱式。族谱的名称有族谱、宗谱、统宗谱、世谱、世牒、支谱、房谱、家乘、家谱等。明清时比较完备的宗谱一般由以下几部分组成：序文，谱例，目录，家训族规，族墓、祠堂、族田，自始迁祖以下全族已故和现存的所有成员的谱系世表。有的家谱还载有祖先的画像，诰敕、传记、墓志和著作。家谱的序文可以有多篇，而且每次续修都增加新的序文。这些序文往往出自本族辈次名望较高的成员之手，也有请非本族的地方官长或著名学者撰写的，主要叙明修谱的意义、缘起、本族得姓占籍的由来、繁衍的情况以及修牒的经过等等。谱例相当于一书的凡例，主要说明修谱的体例，规定入谱的资格，往往特别强调要防止异姓乱宗。家训族规或是祖先遗命、或是所谓合族公议而定，在宗谱中置于显著地位。族墓、族田面积和方位四至，祖先兆域的排列情形，祠堂位置结构等，都有详明的记载，而且多有附图以言的，一目了然。家谱中最主要的部分是谱系名录，先分房支，然后以表格形式登载各房支下每一世次男性宗族人员的名、字、号，功名仕宦情况、婚姻、生育情况和享年、葬地。女性在家谱中也有记载，但都不见名字，外族之女嫁来后就加入了丈夫的宗族，但她只能以"某氏"的名义附见于丈夫之后，有时注明原是某地某人之女；本族之女嫁出后就脱离了父亲的宗族，她只能以"第几女"的名义附见于父亲之后，并注明适某地某人。这也是实际生活中

---

① 《通艺录·嘉定石氏重修族谱序》

妇女附属地位的反映。能立家传的，都是本族引以为荣的名宦、名士、忠臣、孝子、烈妇、贞女等。不难看出，"谱系之作，所以敦孝弟、重人伦、睦宗族、厚风俗"①，具有敬宗收族的意义。

家谱或 10 年一修，或 20 年一修，或 30 年一修，长期不续修家谱，会被认为"不孝"。平时置有添丁簿，"自六岁外，不论贫富、曾否上清明，俱登乳名、官名、嫡庶姓氏、生年日月，用备查考"，为修大谱作资料上的准备。孩子出世以后，他的辈分早已排在了宗谱的"行辈歌"里，大人为之取名也"有章可循"了。"行辈歌"是徽州宗族为便于支丁取名而特别编制的一种歌谣，以保证宗族子弟的昭穆世次明确不乱。在"行辈歌"里，每个字代表一个辈分，读来朗朗上口，容易记忆。"行辈歌"都是代宗族立言，表达族人一种美好向上的愿望。"基开忠厚贻谋远，运际隆平积庆长"，这是《歙新馆著存堂鲍氏宗谱》卷二上登载的"行辈歌"，寓意是希望族人发扬祖先忠厚的美德，以保证宗族将来的兴旺昌盛。修家谱是宗族中的一件大事，由族中的头面人物主持，修谱的费用或由族中财力雄厚者承担，或向族众摊派。家谱每次续修完毕，都在祠堂中举行仪式向祖先禀报，然后分发各房各支，有的一直分发到各个家庭。明代休宁范氏把家谱一一编号，只印刷一定的数量，随即毁去书版，还要求族众对家谱必须"收藏贵密，保守贵久，每岁春正三日祭祖时，各带所编发字号原本到统宗祠，会看一遍。祭毕，各带回收藏。如有鼠侵油污、磨坏字迹者，罚银一两入祠，另择本房贤能子孙收管"②。这样做一方面是为了加强家族的内聚力，进行宗法教育，另一方面也为了杜绝日后发生冒宗之事。

（二）宗祠

宗祠习惯上多被称为祠堂，是供奉祖先神主，进行祭祀活动的场所，被视为宗族的象征。

崇拜祖先并立庙祭祀的现象，在原始社会后期即已存在。后世天子、诸侯的祖庙为宗庙，士大夫的祖庙为家庙。夏商二代都已有了宗庙，周代以后规定天子七庙、诸侯五庙、大夫三庙、士一庙而庶人只能祭于寝。就是说一般平民只能在自己的居室中祭祀祖先，士以上才能立祠庙。南宋朱熹著《家

---

① （清）李希莲：《重修李氏族谱序》
② 《休宁范氏族谱·谱祠宗规》

礼》，提出"君子将营宫室，先立祠堂于正寝之东，为四龛，以奉先世神主"。四龛所奉为高祖父、曾祖父、祖父、父亲四代。当时的祠堂似是以家庭而不是以宗族的名义建立的，而且与居室相连，还不是单独的建筑。到了元代，"庶人无庙"的规矩被打破了。明中期，世宗采纳大学士夏言的建议，正式允许民间皆得联宗立庙，从而宗祠遍立，祠宇建筑到处可见。合族共祀者为宗祠，宗祠一般规模较大。又有所谓统宗祠，又称大宗祠，是数县范围内同一远祖所传族人合建的。宗祠之下又有支祠、房祠、家祠。支祠、房祠为族中各支派所建，用于供奉本支、本房的祖先，家祠则是一家或兄弟数家所建，只供奉两三代直系祖先。清代休宁茗洲吴氏除合族宗祠外，又分五支，每支立有分祠，支下分房，又各有祠。有的宗族在祖先墓地还另设墓祠。这样，"于宗有合族之祠，于家有合户之祠，有书院之祠，有墓下之祠。前人报本之义，至矣尽矣"①。

宗祠为追远报本而建，所以在建筑规制上要体现出礼尊而貌严。自南宋到明初，一般的祠堂都是家祠，多根据朱熹《家礼》所定之制，并参考唐宋三品以上官家庙的形制，建堂立龛，供奉高、曾、祖、考四代神主，龛下设附位，安放旁系神主，另于东侧建屋贮藏祖先衣物遗书和各种祭器。明代中期以后，宗祠大兴，一些官僚豪绅、富商巨贾所在之族，依靠其政治地位和经济力量，所建宗祠气派宏伟，富丽堂皇，以大门、享堂（厅事）、寝堂（龛堂）为中轴线，又有许多附属建筑。歙县棠樾鲍氏宗祠建于村口，祠前石路上高耸7座明清两代由皇帝颁赐匾额的石牌坊，又有一方亭，十分壮观。宗祠祭祖，仪式隆重，是最为重要的宗族活动。祭祀活动名目繁多，有每年对高、曾、祖、考的春、夏、秋、冬四时祭，有冬至祭始祖、立春祭先祖、秋分祭祢以及忌日祭等特祭，每逢年节还有年节祭。平时族人经过宗祠门口，都要下车下马，毕恭毕敬。祭祀时，合族男子会集宗祠，拈香行礼，更是极其严肃。每次祭祀，都由族长或宗子主祭，并以年辈、官爵较高者为陪祭，另外安排通赞、引赞、司祝、司尊、司帛、司爵、司馔、司盥等执事人员负责赞礼和奉献各种祭品，有时还配有钟鼓和歌诗生。其余族人则依辈次的先后和身份的尊卑，井然有序地随主祭、陪祭之后，在赞礼声中跪拜如仪。参加祭祀的人一定要衣冠端正，行礼时"尊者在前，卑者在后，务整齐严肃，如祖考临之在上，不可戏谑谈笑，参差不齐"，凡"行礼不恭，离席

———————————————

① （清）程昌：《窦山公家议》

自便,与夫跛倚、欠伸、哕噫、嚔咳,一切失容之事",都要议罚。祭毕会食,依次饮福、享胙。饮福为饮用祭酒,享胙为食用祭肉。祖先用过的祭品,吃了会沾有祖先的福泽,而"革胙"、"停胙"则是对犯有过失的族人的一种处分。宗祠祭祖目的在于通过追思共同祖先的"木本水源"之恩,用血缘上的联系团结族人,以免日久年长,一族之人名不相闻,面不相识,视同路人。而繁缛隆重的仪式又充分体现了封建伦理,展示了礼教规范,又是一种教化手段。

除了作为祭祀场所之外,宗祠又是处理宗族事务,执行族规家法的地方。族人的冠礼婚礼丧礼也有在祠堂进行的。族产多以祠堂的名义进行管理。有的宗族还有定期到祠堂看谱、读谱的规约。对族人施行族规家法,必在祠堂进行。有的宗族在每月朔望族众会集祠堂之时,对有过子侄执行家法。有的《祠规》规定对犯有严重过失的族人,"族长传单通知合族,会集家庙,告于祖宗",然后行罚。有的宗族规定族人之间或族人家庭之中发生了争执,都要到祠堂中裁决。对奴婢佃户的惩罚也经常在祠堂中决定并执行。祠堂在一定意义上又成了地方衙门,具有一族"公堂"的性质。

宗祠还是教育本族子弟的处所。在祠堂进行的祭祀、会食、团拜、读谱、对犯过族人进行惩罚等活动,都有其宣扬封建伦理道德的教化作用。不仅如此,许多宗族都在祠堂中设有家学,学中塾师由族中"品学兼优"的士人担任,办学经费由族产收入开支,"凡族中子弟入学,不另具修金供膳等费,外姓不得与入",所以又称义学。

宗祠或由族长直接管理,或由族中威望较高的人轮流在族长的领导之下担任管事。也有的宗族设有宗祠总理、宗祠知事,表面上由族人公推,实际上仍被族中有势力的人把持。经管宗祠的人又往往同时经管族产。许多宗祠都起有堂名,堂名被认作是该宗族的代称。

徽州古祠堂著名的尚有黟县西递胡氏总支祠"敬爱堂"、绩溪县龙川村的胡氏宗祠、歙县北岸(大阜)吴氏宗祠和潘氏宗祠、祁门县环沙村程傅两姓合一之祠"叙伦堂"、婺源县汪口村俞氏宗祠、休宁县古城岩(原黄村)黄氏宗祠等等。特别值得一提的是风格独特且江南无双的呈坎罗东舒祠在上世纪60年代就已经被列为全国重点文物保护单位,堪称国宝。

(三)族规

族规又称族训、族约、宗规、宗约、家规、家训、家礼、家范、祠规等

等，是宗族的法律，起着维护宗法秩序的作用，对族众具有强制性的约束力。

有相当一部分宗族的族规是某一祖先的遗训，累世相传，永不更改。也有的宗族在修谱或续谱时由族中头面人物议订族规，一经订立，同样具有不可动摇的权威。族规家训也有单独汇编成册的，有些著名家族的族规、著名人物的家训，其影响超出本宗族的范围，在社会上广为流传。不同宗族由于传统、经历、地域、势力等种种差异，所立族规反映了不同的家风，各有特色，但更多的具有共性，它们都以三纲五常为基础，带有浓厚的封建礼教和理学色彩，体现的思想原则完全一致。徽州族规涉及的主要内容包括：

第一，强调尊崇君权，履行对封建国家的义务。许多族规都把明清皇帝的劝民谕旨放在正文之前，并有定期会集族众在祠堂"讲圣谕"的规定，以表示对君权的拥护。明太祖朱元璋的谕旨告诫百姓"孝顺父母，尊敬长上，和睦乡里，教训子孙，各安生理，毋作非为"；清圣祖玄烨的谕旨告诫百姓"敦孝弟以重人伦，笃宗族以昭雍睦，和乡党以息争讼，重农桑以足衣食，尚节俭以惜财用，隆学校以端士习，黜异端以崇正学，讲法律以警愚顽，明礼让以厚风俗，务本业以定民志，训子弟以禁非为，息诬告以全良善，诫匿逃以免株连，完税粮以省催科，联保甲以弭盗贼，解仇忿以重身命"，都概括了封建国家对安分守己的良民的基本要求。族规的许多条文即据此而订，这也包含着恭遵谕旨的意思。对封建国家的义务，主要是交纳赋税。族规对此往往也有明确规定。

第二，把尊祖、敬宗、收族的宗法原则具体化，规定了祭祀祖先的种种礼仪，族长、房长等宗族首领的推举办法和他们应享的特权，宗祠、族产、宗学的管理制度以及族产收入的分配办法等等。

第三，提倡封建伦理道德，规定不同宗族成员不同的等级名分和行为准则。封建伦理的中心环节是要求卑幼者对尊长者必须绝对服从，各种族规所宣扬的敦人伦、崇孝悌，都以此作为准绳。从"父为子纲"的原则出发，"孝为百善先"，孝道被摆到家庭、家族伦理中最重要的位置。这所谓"孝"，不仅是指子孙对父祖的一般意义上的侍奉、尊敬和生养死葬之事，而是要求盲目地唯父、祖之命是从，不许有一丝一毫的违背，完全是一种适应父权统治需要的精神枷锁。

第四，宣扬同族一气，不论贫富应各守本分而又互帮互爱，规定了敦本睦族的一些措施。所有族规都要求宗族成员努力维护和加强本族的团结，强调一族之人出自同一祖先，同本同源，应该相求相应，相问相亲。族众之间存在着贫富差别，许多族规又进行"人生贫富贵贱，自有定分"，"夫均一本，荣悴亦属偶然，何得生心异视"之类的说教，要求族中贫困者不要对富有者生嫉妒之心，而应各安本分。另一方面对族中难以自存的贫困者除用族产收入的一部分提供有限的周济外，也提倡由所有族人特别是富有者顾念一气所生，在一定范围内给予救助。并分"矜幼弱"、"恤孤寡"、"周窘急"等不同项目立有条规，或合族集资帮助，或由富者自愿捐赠，或由富者无息或低息贷给钱米等等。"富者时分惠其余，不恤其不知恩；贫

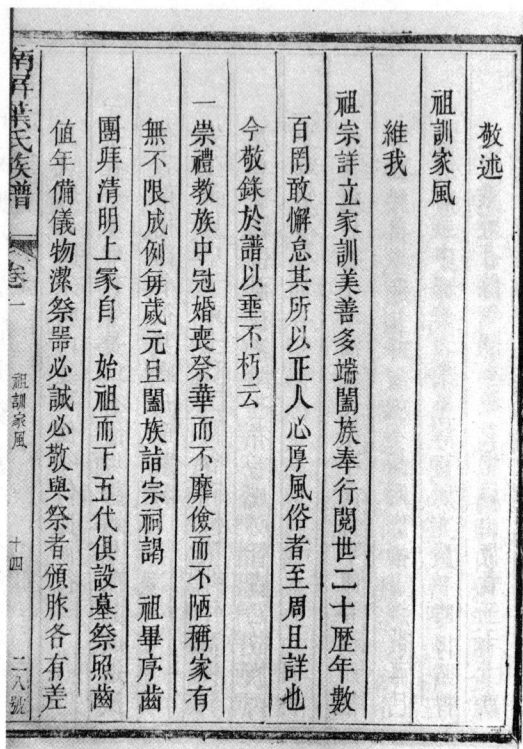

徽州家谱中的"家训"

者知自有定分，不望其必分惠"，这样就不会产生忿争，而达到"睦族"的目的。为了在外面装出宗族亲睦的样子，有些宗族的族规中规定族人之间有了田土钱债等方面的争执，不准"擅兴词讼"，一律由族长会同族中头面人物审议裁决，这种裁决往往偏向于有钱有势的一方。

第五，出于维系家声的考虑，规定对族人本身、持家等方面的要求和禁约。族规大多充满着"务本业"、"禁奢靡"、"习勤劳"、"考岁用"、"崇厚德"、"端好尚"、"严约束"、"慎婚嫁"这一类的戒条，并不厌其烦地教训族中子弟力图上进，克绍家声，要求对子弟中器宇不凡、资禀聪明者要精心培养，以期他们有朝一日取得科第功名，可以光宗耀祖；同时又禁止族人从事所谓的"贱业"（衙役、戏子、吹鼓手、理发匠等），还繁文缛节地规定了许多禁约，如不准酗酒，不准赌博，不准宿娼，不准斗殴，不准穿着华丽衣服等等，这种禁约在族规中占有很大比重。并不是由于族规制订者特别重

视个人的品德修养，而应该看做是着眼于保障宗族根本利益的深谋远虑。

第六，为了保证宗族血统的纯一，规定立后承继的原则和办法。异姓乱宗是宗法社会的极大禁忌。许多族规对不准异姓冒姓入谱和继承财产都有严格的规定。由于"不孝有三，无后为大"的观念深入人心，封建家族制度又剥夺了女儿的继承权，一般人如无生育，或有女无子，都要过继嗣子，称为立后。宗族法规原则上禁止以异姓之子为嗣，即使至亲如外甥、女婿、外孙，也一概不准。为了避免因图产争嗣而在宗族内部引起争端，一些宗族对承继的次序预先作了安排，如"凡无子之家，必遵长门无子过次门之长；次门无子，过长门之次之例，不许乱争。如无应继之人，必择其近支之子多者而继之，如近支无人，必择其远支之有才者而继之"。尽管如此，宗族中争嗣争产的闹剧仍不时发生，族长在处理此类问题时有很大的发言权，并可从中渔利。

第七，规定了对违反族规家训、败坏纲常名教、损害了封建国家和封建宗族利益的族人的处罚办法。族长在祠堂对族人行使处罚权是封建族权最威严的表现形式。这种处罚权和处罚办法也明文载于族规家训。族人违反族规而需要责罚，分轻罪、重罪两种。所谓轻罪，是指对父母奉养不周，不敬长上，不听教训，口舌有过，惰怠游荡等等。一般说来，对这类过失的处罚仅止于训斥、罚跪、罚钱米、杖责而已。所谓重罪，则指情节严重的违反族规和封建国家法律的行为，如殴打父母、祖父母，偷盗祖坟树木，以及交结非人，奸宄不法，邪教惑众，造反抗命等等。对犯有重罪的族人的处罚十分严厉，往往必欲置之死地而后快。私刑的残酷是骇人听闻的，有吊打、挖眼、活埋、沉塘等等，甚至处死后还要焚尸扬灰。尤其应该指出的是性的禁忌，在父系家族团体内历来是非常严格的，禁忌的范围不仅包括同族血亲，也包括血亲的配偶在内，如果宗族中的男女在禁忌范围内犯奸，则构成乱伦，历代法律对这种行为的处分极重，而在宗族内部更被认为罪当容诛。

四、徽州宗族对于徽州社会的影响

徽州大量的历史文献记载告诉我们，宗法制度在历史发展过程中的影响是极为深远的。它的历史作用体现在积极和消极两个方面。

（一）徽州宗族对于徽州社会的积极影响

第一，凝聚了同宗势力，增强了抗击自然与社会的能力。

从徽州宗法制度的形成过程我们不难看出，宗族的一系列组织措施保证了同宗民众相互认同，相互帮助，相互保护。无论是面对外部入侵，还是协调族内纷争，无论是承担重大建设工程和重大活动，还是遭受严重自然袭击与灾害，无论是徽商征战商场，还是徽州游子浪迹他乡等等，都有宗法制度和宗族势力的庇护和支持。早期落后的生产力和险恶

《程朱阙里志》

的生存环境客观地要求人们团结在一起，以凝聚成足以对抗自然与外敌的组织力量。所以说，随社会发展状况而产生和发展的徽州宗法制度反映了宗族群体内部的这种推动社会发展与进步的凝聚作用。在宗法制度下，农村社区生活呈现出"家给人足，居则有室，佃则有田，薪则有山，艺则有圃。催科不扰，盗贼不至，婚嫁依时，闾阎安堵。妇人纺织，男子桑蓬，臧获服务，比邻敦睦"。[①] 外出坐贾行商则"挈其亲友知交而与共事，以故一家得业，不独一家食焉。其大者能活千百家，下亦数十家数家"，"今不幸而一家破，则遂连及多家与俱破矣"。这说明徽商的经营活动不是个人行为，而是宗族的群体行为。这正是徽州商帮的凝聚力、竞争力胜于其他商帮的关键所在。徽商开始时，是以家族近亲为骨干力量，带有十余"伴当"和"伙计"营商，家长就是商团领导人。随着商业资本能量的增加，他们采取同族或是邑内各族之间的合股经营，组成更大的商业集团。徽商主人与伙计的关系是宗子与族众的关系，宗子就是族商之首，负责调解族商之间的纠纷。为了维护徽州商帮在营商地的势力，他们又联合六县商业集团，组建"徽商会馆"。徽商会馆是徽州宗族祠堂的延伸和扩大，代表徽商利益，领导徽州商帮与外帮竞争等。可见，在后儒理学的指导下，以宗族血缘为基础而形成的血缘与

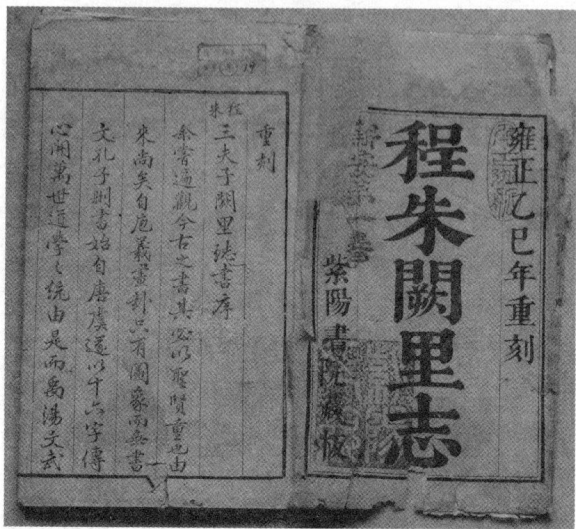

---

① （万历）《歙志·土风》

地缘结合，凝聚了徽商群体，提升了徽商群体的竞争力。宗法制度形成前后人们的感受是不一样的。形成之前，人们出于共同的自然抗争动机，为的是在险恶自然环境中顽强生活下来；形成之后，则出于共同的社会生活的需要，为的是努力在和平、稳定的社会生活中各尽其能、各效其忠。徽州的宗法制度有着中国宗法制度的共同属性。也就是说，崇山峻岭并没有把徽州与传统的中原文化完全隔断，每一次中原动荡都在这里引起回响。但作为相对独立的地域社会子系统又在宗法制度上显现了其超常的应变能力。它以"静"制"静"，以"变"应"变"，始终保持自身较强的内聚能力。这种内聚能力对于社会的稳定、文化的保护、生产关系的协调所产生的历史作用，是今天广大徽学研究者津津乐道的话题，尤其是它在商品经济大发展时期能够维持社会人伦体系有条不紊，颇为当今世界各国伦理学家和社会学家们所关注。

第二，加强了社会伦理道德教化，把思想政治教育寓于日常生活方式和血缘亲情关系之中，将封建伦理纲常内化为人们为人处世的内心信念。

这种作用是统治阶级最看重的，它涉及人们社会生活的方方面面。主要措施是修谱牒和隆祭祀。谱牒的修撰是为了明世系，而明世系的最终目的还是为了"使后之子孙知其所自，冠婚丧祭之会，喜忧庆吊，尊其尊而长其长，老吾老而幼吾幼，亲亲之义，循循有序，礼义之风蔼如也！"① 明初许士容也认为修谱是为了"原本始，别尊卑，正彝伦，明齿序而敦世教也，盖不可失之不修"。② 可见，徽州人修谱的根本目的还是在于用儒家思想来维持尊卑等级秩序，加深宗族内部的人际规范。除此之外，修谱还可以通过对族人事迹的记述，起到彰善除恶的作用。休宁人汪大章就曾说过："家之谱犹国之史也，国之史所以记其圣君臣制作辞命之典实，家非谱不能记其人之贤愚不肖，孝悌忠贞之美恶。"而有了谱就可使"后之观吾谱者忠于君、孝于亲、悌于长、慈于幼、别于夫妇、信于朋友、睦于乡党、学于明师、发奋于青云之上，以光前裕后"。③ 由此可见，修谱是宗族推行封建伦理教化的重要手段。祭祀的目的无非是为了"伸孝思焉"④。祭祀祖先的活动是培养族人对祖先长上的孝心，其最终目的仍是要使族人"入事父兄，出事长上，

① 程通：《贞白遗稿》卷2《蜀川陈氏宗谱序》
② 《重修古歙东门许氏宗谱》卷9《重修世谱序》
③ 《梅林汪氏宗谱》
④ 《重修古歙东门许氏宗谱》卷8《家规》

敦厚亲族，和睦乡邻"①。对神的祭祀也贯穿着宣扬儒家伦理的目的，甚至把神的意志视为善与福和恶与祸的中介，宣扬因果报应。在这种祭祀观支配下的社祀活动自然充满着教化的意味。今天，我们应该学会批判地继承其中有关序人伦、循义务及孝亲敬长、当仁不让等有益的内容，而坚决摒弃其中一些封建迷信和摧残人性的糟粕和毒素。

第三，缓和了宗族内部的阶级矛盾，加强了封建社会的社会管理体系，以至于徽州社会封建统治在很长的历史时期内呈现出和谐社会的历史景象。

有学者提出，中国社会的"剥削"性质为人们普遍接受有一个渐变的过程，"宋朝末年人们才严肃地和准确地了解它"。即便如此，这种"剥削"的性质也总是不断在统治阶级的掩饰下，以"温情脉脉的家族关系"的面纱蒙罩着，这层面纱便是宗法制度营造起来的。徽州宗族对乡村的统治几乎渗透到社会生活的各个方面。特别是对乡村司法权的控制，形成了家法大于国法的局面。宗族统治与封建政权统治的互补作用使中国封建社会具有自我修补和自我完善的机制。同一宗族的人们在宗祠集会，全体支丁都以祖宗子孙身份参加活动，被叔侄、兄弟关系结为一体，这就冲淡了宗族成员之间的阶级矛盾。尤其是为睦族和增进宗族子弟之间的族谊而在祠堂举行的"散胙"、"散福"和"合食"等活动，使富者与贫者、贵者与贱者、恩者与仇者、强者与弱者、剥削者与被剥削者、统治者与被统治者欢聚一堂，同饮共餐，共同享受祖宗的德泽，对缓和宗族内部阶级矛盾，融洽宗族内部关系起了很大作用。徽州这块具有深厚历史背景和思想渊源的宗法社会特区是有其特别的经济基础的。地主所占产业仅为极小部分，宗族产业占据当地产业的90%，这种现象在徽州极为普遍。表面上看族产是为全族人民所拥有，为全宗族而积蓄，表现为公有财产，用于冠婚丧祭、族谱修撰、贫困救济、子弟教育和其他公共事业，剥削从何谈起？但实际上任族长肆意处置，成为专门掩盖族内阶级对立的手段。

就人伦心理关系而言，严格的屈从和仁慈的关怀被嵌进奴仆和主人的心中，在辈分森严的宗族结构中，甘居子孙辈分待遇的佃仆已经适应了他们所处的卑下的社会地位。虽然在徽州宗族社会，"主仆之分甚严，役以世，即其家殷厚，终不得列于大姓"。②，"严主仆之分，数世不更其名，一投门下，

---

① 朱熹：《晓谕兄弟争财产事》，《文集》卷99
② （光绪）《婺源乡土志·婺源风俗》

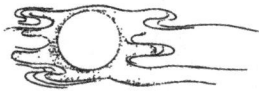

终身听役，即生子女，一任主为婚配"。① 佃仆世代处在被压迫、奴役的地位。然而，在多数情况下他们对家主的态度一般不是敌对的，有时反而是和谐的、亲切的。地主置经济利益于不顾，为佃仆提供住宅、墓地，并满足佃仆土地世袭使用的要求，正是由于提供住宅、墓地乃至于高利贷，农民便被"招募"为宗族望门的佃仆。佃仆与主子有如父子的关系，辈分上有高下之分长幼之别，佃仆在辈分上受家法宗规约束。可见，阶级矛盾和佃仆的被剥削与被压迫都被掩饰起来了。可以说，徽州宗法制度是封建社会的剥削、奴隶社会的奴役与原始氏族的血缘交织在一起。这种组织属性印证了朱狄慈·斯特拉兹的一句话："与其说像一句成语，不如说像严格的样板。它通过不同形式提供了一个中国社会所有阶层的连贯力量。"

第四，激励下一代发愤图强，鼓励光宗耀祖，鼓励攀比高下的宗族集团间、支丁与支丁间的竞争，客观上促进了人的潜能的发挥和社会经济文化的勃兴。

宗法制度培养了徽州人特殊的理想世界——发愤图强，抱本戴德。抱定这样一个理想信念，徽州人吃苦耐劳，功夫不凡，成就斐然。

宗族重义学、办书院，积极扶持社会公益事业，是新安理学文化价值的延伸和实践，这也加速了徽州社会的儒化进程。历史上的徽州人，光扬家族势力及其声望的三个法宝是族产的扩张、科举的登第和商业贸易的发达。而族产的扩张多赖于后二者成功以补给，三者互为促进，水涨船高。商业积累的财产可以用来购买族田和私人的地产，以及作求仕致宦的费用。科举登第者入取仕得官，衣锦还里，望重乡邦，依其权势为宗族添置族产。"非有达官大人之势，豪家世室之资，世以力田相遗而能保守不坏？""虽十家村落，亦有诵颂之声"，"远山深谷，居民之处，莫不有学有师，有史书之藏"，就是当时的写照。读书人多，自然就出英才、出成果。据不完全统计，1646 年至 1826 年间，徽州地区中进士的有 519 名，中举人的有 1058 名。这个数字要高出其他地区许多倍，尤其是这 180 年间全国一甲进士的 225 名中有 29 名出自徽州，占全国总数近 13%。仅歙县中进士者，据《歙县志》载，明代有 188 人，清代 329 人。徽州中状元者，仅清代就有 17 人，约占全国总数的 15%，仅次于苏州府。徽州商人一根扁担，两只包袱，几两纹银，一跃成中国明清时期最大的商帮。其业绩可以用两句话来概括：一是从经商区域来

① （康熙）《黟县志》卷 4《箴佑论》

看，"无徽不成镇"；二是从经商行业来说，"无徽不成商"。可见，宗族组织之根、达官贵人之势、豪家世室之资在徽州历史，尤其是在明清社会发展史中构成了良性循环，促进了徽州社会经济和文化的发展。

徽州宗法传统观念认为祖宗产业世代传承并日渐增益是为大孝。反之，日渐损害甚至荡卖是为不孝。孝，为人之本，亦祠之所本，所以位显名高的官宦，囊丰箧满的徽商们都不会也未敢忘记他们发达得益的宗族，他们总是魂萦梦牵自己的家族和桑梓故里，千方百计回乡置族产，修家谱，建祠堂，立家塾，筑路桥，甚至高挂地方官府赐予的匾额，诸如"范蔡遗风"、"望重乡邦"、"乐善好施"之类以获得光宗耀祖的成就感，他们以自己的勤劳、聪慧与不懈奋斗，促进了地方经济、文化的发展，使得敦宗睦族的香火越烧越旺。

（二）徽州宗族对于徽州社会的消极影响

第一，徽州宗族制度作为特定历史时期的制度文明，把宋明理学的庞大理论体系转化成平民化、通俗化的生活制度，同时也必然印烙着许多迷信、落后、消极的内容和狭隘、低级、保守的致命弱点。

例如"存理去欲"的思想与封建礼教的结合，就使得徽州人的思想趋于知足、保守、克己，迂阔空谈的多，联系社会发展的少，因循守成的多，开拓进取的少，逐渐养成不思进取、因循苟安的惰性。清朝后期，当西方国家用坚船利器打开中国的大门后，资本主义势力、资本主义经营方式和大量的廉价商品涌入中国市场时，徽州人自身顽固的宗法思维特点决定了他们不能走上独立发展的道路。他们非但不能适时更新观念、与时俱进，反倒仍然固守在"伦理纲常，克己复礼"的东南邹鲁之风里。这样，由后儒理学孵化出来的徽州宗族文化与徽州社会二者之间，由早期的互动互促也就变成了互制互阻。

第二，徽州宗法制度社会组织结构，尤其是明中叶以后徽州宗法制度适时地与政治干预紧密结合，建立了完善与系统的组织管理机制，封建统治者不可能给人们留下社会变革的发展空间。

一定历史时期的社会组织结构总是同一定的生产力水平及生产方式相适应。徽州宗法制度社会组织结构毕竟产生在特定的社会历史时期，是一种维护着贵族世袭统治的社会管理制度，它从原始氏族家长制演变而来，到近代走向崩溃，自有其历史发展的生产力水平及生产方式基础。虽然徽州的严密

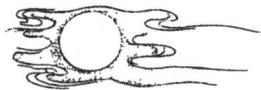

宗族组织在漫长的封建社会里能有效地凝聚了徽州社会，提升了徽州人的竞争力。但是两次鸦片战争将中国推入半封建半殖民地社会后，社会的宏观组织结构已经开始发生变化。西方资本主义列强支持下的买办资产阶级的出现和民族资本主义的诞生，开始逐步瓦解中国传统的社会结构和农业经济生产方式，同时加快了新的社会组织结构和新的生产方式的催生进程。面对变化了的国情，徽州宗族制度无力适应。徽州人深受宗族制度的困扰，固守原来的乡籍及其宗族关系，坚持维护传统的宗法组织和秩序，并且没能力为商业资本的流向提供更多有益的出路，而是继续将大量的钱财消耗在奢华生活和"风水"建筑之中，没有能力及时向近代社会组织结构转变，徽州的辉煌成为历史则是非常必然的事了。

在徽州，有村落的地方就有祠堂，有祠堂的地方就有族谱、族产、族长、族规。有人说，徽州是中国近古农业社会最有秩序的一个地方。这个秩序一方面来自于徽州人有着比较一致的理学思想与思维；另一方面，也是因为徽州所拥有的严谨的宗族自治制度。正是因为这种秩序的力量，使得徽州人有着格外浓烈的"乡土之恋"和"清高靖节"。徽州这一以世袭家庭为中心，以血缘关系为纽带的宗法自治制度在徽州人的生活中发育得最为充分，影响最为广远，它可能就是徽州文化的精神内质，制约着徽州人立身处世的基本行为方式。

【思考题】

1. 徽州宗族制度有哪些特点？
2. 徽州宗祠的职能是怎样体现的？
3. 徽州族规涉及哪些主要内容？
4. 如何评价徽州宗族制度的历史作用？

第五讲　"无徽不成镇"

——徽　商

　　"无徽不成镇"是流传于大江南北的一句俗语，怎样理解呢？作为徽商后裔的胡适曾说："一个地方如果没有徽州人，那这个地方就只是个村落，徽州人住进来了，他们就开始成立店铺，然后逐渐扩张，就把个小村落变成个小市镇了。"可见徽商影响之大。

　　徽商又称新安商人，它是指明清时期徽州府籍商人集团的总称。徽人经商，源远流长，早在东晋就有新安商人活动，以后不断发展，到了明朝成化、弘治年间形成了一个商帮集团。明嘉靖以后直至清朝的乾隆、嘉庆时期，徽商达到极盛。徽商在其兴盛的几百年中，以吃苦耐劳的"徽骆驼"精神闯荡天下，其活动范围"几遍宇内"、甚至远涉外洋。徽商经营"其货无所不居"，其中以盐、典、茶、木为最。徽商资本之雄厚、经商范围之广、从商人数之多、运营能力之强，都是同时期其他商帮无法匹敌的。徽商自强不息，厚德载物，造就了"徽州富甲江南"、"无徽不成镇"的辉煌业绩。徽商作为一个封建商帮虽然已成历史，但作用与影响还在，尤其是徽商精神与价值在今天仍有现实意义。

一、徽商的形成与发展

（一）徽商的形成

徽商的形成有以下原因：

1. 与日俱增的人口和山多地少的客观环境压力

　　据史料记载统计，在公元606年（隋末）徽州人口户数仅6154户，到公元742年（唐天宝年间）竟增至38320户，增长了6倍；到了公元1078

年（北宋元丰年间）又达127203户，又增长了3倍多。据学者研究，南宋时徽州人口50万以上，元代徽州人口达82万，明清时期徽州人口更有所增加。人口陡增，为了生计，徽民们不得不拓展自己的生存空间，出外谋生，于是出现了"天下之民寄命于农，徽民寄命于商"的情况。显然，徽商是徽州客观地理环境的产物，是"山多地少、人稠缺粮"逼出来的。明嘉靖年间徽州一村妇说得好："吾郡在山谷，即富者无可耕之田，不贾何待。"① 清代进士许承尧也说："吾新安居万山，土少人稠，非经营四方，绝无治生之策矣。"②

2. 丰富的物产、便捷的水路交通刺激徽人经商

徽州虽处万山丛中，但气候湿润，物产非常丰富。如竹木，"休宁山中宜杉，土人稀种田，多以种杉为业"；如茶叶，祁门是山山皆种茶，"高下无遗土，千里之内业于茶者七八矣"，徽州的茶叶生产至少在唐代就为全国大邦；如陶土，景德镇瓷器著名，然而它不产瓷土，"土出婺源、祁门两山"等。由于山多，与山经济相连的徽州手工业品也极为丰富，独具特色。"文房四宝"闻名全国。这些独具特色与知名度很高的物产和手工业品，都与徽州本土经济密切联系。徽州上述特产，在国内有着广阔市场。这就内在地刺激着徽商的兴起。徽人将这些物产输送出去，便可换回徽民们的粮油盐等生活资料。徽州不少商人最初就是从贩运本地特产起步的。

新安江是徽州境内最大水系，它的支流可与徽州六邑相连通，皆可通舟楫，沿江东下可达杭州。由绩溪境内的徽溪、乳溪顺流而下可到江南。祁门一带则由阊江可入鄱阳，歙县则"接于杭、睦、宣、饶，四出无不通"。竹木虽然笨重，但伐倒后编成竹排、木排置于水中，顺流运至浙江或苏南销售。

因此，徽州本土山经济模式的内在要求和便捷的水路交通是徽商形成的另一原因。

3. 国家经济重心南移和商品经济的发展

随着北方战乱，大批北人南迁，江南得到了充分的开发，我国经济的重心逐渐南移。特别是南宋王朝曾偏安江南，把"杭州作汴州"。明朝把南京作都城，从而带来了整个国家政治经济文化中心的南移，江南经济充分活跃

① 汪道昆：《太函集》卷45，万历十九年金陵刊本
② 许承尧：《歙事闲谭》卷28，稿本

起来。徽州地处江南，紧靠杭州、南京，承接着时代潮流的冲击。新都城的建立，使得无论是王室、还是大宦之家，街肆商民等皆大兴土木，广造楼宇、亭台，广建房屋、广备物器等，这些都需要大量的竹、木、漆等建筑材料，需要提供大量的墨笔纸砚瓷等日常文化用品，而这些都是徽州的特产或名产。于是"近水楼台先得月"，徽州人充分利用了这一有利时机大做生意，刺激了徽商的形成。

明朝中期以来，随着商品经济的发展，白银成为流通手段，封建国家的赋税制度也发生了相应变化。自白银的征收到一条鞭法的推行，这既是商品经济发展的反映，又是促进商品经济发展的重要因素。赋税折征货币的结果，迫使生产者更多地出售产品，换取货币。而大批产品的涌入市场，必然使商品在当地难以销售，不得不向远方寻求市场，从而大大地促进了长途贩运贸易的发展。徽州人大多都从事长途贩运起家，后才转变成商人。

（二）徽商形成的标志

1. 徽人从商风气的出现

徽人从商风气的形成始于明成化弘治之际。《溪南江氏族谱》载，江才早年立志经商，而苦于资金不足。其妻郑氏鼓励他说："吾乡贾者十九，君宁以家薄废贾耶？"江才生于成化十年，成年后赴华北经商致富。如果郑氏劝夫是在江才 20 岁左右的话，那么就可以看出早在弘治初年，歙县溪南一带出贾之风已经很盛了。而成书于弘治初的《休宁县志》中也有"民鲜力田，而多货殖"的记载。可见徽州民间出贾之风在明朝成化弘治之际已形成。

2. 徽人结伙经商现象的出现。

结伙经商的群体是以宗族、乡谊关系为纽带结合起来的。这种群体往往规模庞大，其人数动以千计。在群体中，首领对众商在财力上给予支持，在业务

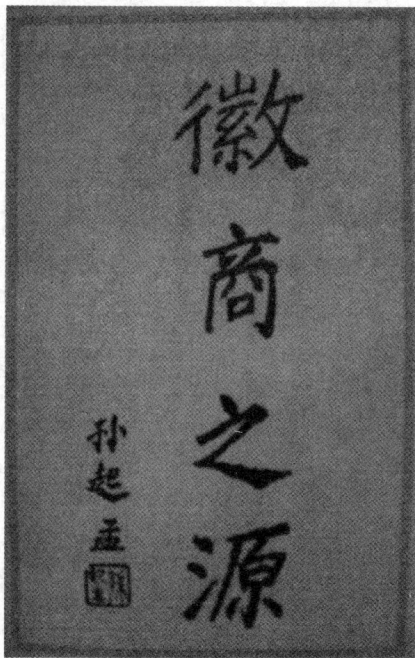

原全国人大副委员长孙起孟题词

上予以指导；众商则听从首领指挥，协调行动。明朝中叶以来，类似情形见于记载的很多。正如金声所说：休歙"两邑人以贾故，挈其亲戚知交而与共事，以故一家得业，不独一家食焉而已。其大者能活千家万家，小亦数十家，数家"①。徽人的这种活动方式大约在成化弘治之际就已经开始。由于徽商结伙经商，共同行动，所以"徽商"、"徽贾"概念被时人广泛使用，被作为群体对待了。如万历《嘉定县志》载：南翔镇"往多徽商侨寓，百货填集，甲于他镇，比为无赖蚕食，稍稍徙避，而镇遂衰落"。

3. 作为徽商中坚力量的"盐商"的崛起

明初行开中法，那时徽人虽有赴边纳粮，办引行盐者，但毕竟受地理条件限制，敌不过山西、陕西商人的竞争。到了明朝成化、弘治年间，开中折色法逐渐推行，使盐商得免赴边纳粮之苦，从而为徽商经营盐业提供了便利条件。徽人乘地利之便，大批涌向扬州把持盐利。这时山、陕商人虽也纷纷南下与徽人争利，但他们远离故土，力不从心，其势力不得不屈居徽人之下。万历《歙志》称："今天下所谓大贾者，莫甚于吾邑。虽秦晋间有来贾淮扬者，亦苦朋比而无多"。徽人在两淮盐业中的优势地位就是在成化、弘治之际形成的。

（三）徽商发展阶段

徽州商帮自形成到解体的400多年中，其势力兴衰消长经历了四个阶段。

1. 从明成化弘治之际到万历中叶的100余年间是徽州商帮的发展阶段

这一阶段的特点表现在：（1）从商风气盛。如歙县"业贾者什家而七"，休宁"以货殖为恒产"，祁门"服田者十三，贾十七"，婺源贩运木材和茶叶成为谋生的重要手段。（2）经营行业多。徽商经营的范围极广，"其货无所不居"。在各行业中，徽商经商规模之大前所未有。（3）活动范围广。由于商运路线的增辟和延长，市场网络的进一步发展，徽商活动范围随之不断扩大，其"足迹遍天下"，故时有"钻天洞庭遍地徽"之谚。到万历时，徽商已是与晋商齐名而称雄于全国的重要商帮了。谢肇淛说："富室之称雄者，江南则推新安，江北则推山右。新安大贾鱼盐为业，藏镪有至百万者，

---

① 《金太史集》卷1

其它二三十万则中贾耳"，① 徽商财力之雄厚于此可见一斑。

2. 从明万历后期到清康熙初年近百年间为徽商遭受挫折阶段

明万历时，矿监税使四出搜刮，徽商罹祸尤惨。大凡矿监税使肆虐最甚之处，都是徽商辏集之地。徽商自然成为他们勒索的主要对象。正如赵吉士所言："明末徽最富厚，遭兵火之余。渐遂萧条，今乃不及前之十一矣。"②

3. 从清康熙中叶到嘉道之际 100 多年间是徽商的复兴阶段

这一阶段的特点是：（1）徽人从商风气更为普遍。清代的徽州，不但休、歙、祁门、婺源从商风气更盛，而且起步稍晚的黟县、绩溪两县人也已经商成风了。（2）徽州盐商势力更加发展。"两淮八总商，邑（歙）人恒占其四"。（3）徽商在长江一线商业活动扩大。明代国内贩运贸易绝大部分集中在运河一线。至清代，则南北贸易继续扩大，而且长江一线也成了徽商称雄的地方。（4）徽州会馆普遍建立。明代徽人虽在北京等地设有会馆，但房舍不多，专为公车应试和停枢之用，不许商人使用。入清以后，则全国大小商业都会中无不有徽州会馆，其中绝大部分成了徽商的活动中心。（5）徽商与封建势力关系更为密切。明代徽商结交权贵现象日益普遍。入清以后，官商之间的结合进一步加强。歙商江春竟被加授布政使衔，荐至一品，并"以布衣上交天子"。以上表明，徽商与封建势力的结合已达登峰造极的地步。

4. 清道光中叶至清末近百年间是徽州商帮衰落与解体阶段

徽州商帮的衰落是从盐商的失势开始的。道光十二年（1832），清廷废除纲法，改行票法，徽商从此丧失了他们世袭行盐专利权，而清政府迫于财政困难，又严追他们历年积欠的盐课，更使许多徽州盐商因之破产。徽州盐商是徽州商帮的中坚力量，徽州盐商的失势使整个徽州商帮势力大为削弱。再加上道光二十年（1840）鸦片战争爆发，帝国主义列强点燃了中国近代百年不熄的战火。清咸丰之年（1851）太平天国革命爆发，更使素有"兵戈所不能害"的徽州卷进了刀光剑影的战场。此后西方列强相继发动了对中国的第二次鸦片战争，甲午中日战争、八国联军侵华，对商业活动来说，就更是致命的冲击。当时战乱的地区，正是徽州商帮经营活动最活跃的区域。这无疑是对徽州商帮的极大打击，最终导致了徽州商帮无可挽回局面的出现。

商帮荣枯，系于国运。如果没有稳定的社会环境，没有强大的国家做后

---

① 《五杂俎》卷4
② （康熙）《徽州府志》卷2

盾，商帮纵然再强大，也难逃灭顶之灾。

二、徽商的拓展领域与途径

（一）徽商的拓展领域

徽商经营领域明朝以前主要局限于木、漆、茶叶和"文房四宝"等土特产品，无法与当时的山西、陕西商人争雄。为了发展，徽商努力拓展经营领域，开始涉足丝绸、棉布、陶瓷、药材、刻书、浆染以及山杂南北货、京广百货等多种行业。明朝中期经营盐业而崛起于商界后，经营领域又扩展到典当、钱庄等行业。对徽商来说，只要有利可图，大至盐、典、茶、木、钱庄，小至卖浆贩脂，包罗万象，可谓"其货无所不居"，无业不就，尤以盐、典、茶、木等行业为大，是徽商经营最主要的行业。

1. 盐业

明万历年间徽商经营的行业"特举其大，则莫如以盐荚之业贾扬淮之间而已"①。汪道昆在《太函集》卷2中进一步指出："新安多大贾，其居盐荚者最豪。"以上表明盐商势力在徽商所经营的全部行业中首屈一指。盐商构成了徽州商人集团的主体，对徽州社会和文化发展影响很大。徽商业盐是随着明初国家实行"开中制"而出现的。自明末以后，徽州盐商已形成控制盐业产、供、销一体的集团。清乾隆时歙人汪应庚、汪延璋、江春、鲍志道等，都是煊赫一时的两淮总商。如充任两淮总商近50年的歙县江村人江春，多次率领众商捐资助赈助饷，多次铺张筹备接驾乾隆皇帝南巡，也多次得到清廷的恩赐，被授予布政使之衔，荣赴皇宫"千叟宴"，演出了"布衣交天子"的荣耀活剧。

2. 典当业

典当业是中国封建社会里最古老的一种信用行业，也是徽商经营仅次于盐业的行业。经商和放债是徽商谋利生财的两个主要手段，而他们放债的主要方式则是经营典当业。明清时期徽人开设的典肆遍布全国，其数量之多，规模之大，资本之巨，都是其他商帮无法比拟的。

明清时期徽州典当业之兴盛首先表现为资本雄厚，规模庞大。休宁商山

---

① 《歙县志》卷10

吴氏，拥有家私百万，号称"吴百万"。汪通保在上海经营典业，其当铺规模极大，四面开户接待顾客，又在其他州县开设分店。徽商程璧治典于江阴，清兵南下时，为支援军民守城，先后捐银竟达 175000 两之多。清代侨寓扬州的徽商吴某，"家有十典，江北之富未有其右者"，号称"吴志典"。清代徽人汪巳山，其家侨寓清江浦 200 余年，"家富百万，列典肆，俗称为江家大门。"① 明末休宁人孙从理，在浙江吴兴一带经营典业，"慎择掌计若干曹，分部而治。"前后增置典铺上百所。清代歙商许某，累世经营典业，资本多达数百万，家有"资物之肆四十余所"，布列于江浙各地，各典肆的"管事"以及"厮役扈养"共计不下 2000 人等等。

其次，徽人开设的典铺为数甚多，分布极广。在河南有徽商当铺 213 家②。在扬州典当业全由徽州人操纵，当地人竟无从插手。在上海典当业几乎是徽商垄断的地盘，当铺押肆随处可见。在北京，明末徽人汪其经营典业，有"家资数百万，典铺数十处"。在山东、湖广、江西、闽粤各省也不乏徽州典商活动的事例。

再次，徽人经营典业的方法促其兴盛。经营方法上徽人凭恃雄厚财力，降低利率，取息仅一二分，至多不过三分，博得"有益于贫民"的声誉。改变典铺石库形式，四面开门，分头接待顾客，藉以提高营业效率。严格约束弟子，贷出的银子成色好、重量足，计算利息公道，收回银子时不得多取分文。徽商典业声誉大起。

开设典业虽是为了谋利，然而徽州典商薄利经营，减轻了高利贷资本对生产的破坏，便于小生产者利用典铺资金以济缓急，有利于社会发展。

3. 茶业

茶叶贸易是徽州商帮商业经营活动的重要组成部分。茶业在徽州商帮中的地位概而言之是"四分天下有其一"，具体来说与典业、木业不相上下，而次于盐业。

徽州地处中亚热带北缘，为亚热带季风湿润气候，年均温度 16 度，年降水量 1617.8 毫米，无霜期 288 天，热量丰富，雨水充沛，云雾多，湿度大。土地酸度适中，有机质含量较高，适宜茶叶生长。至迟到唐代，由四川经陕西、河南、皖北而传至徽州的茶树已在当地广为种植。一代"茶圣"陆

---

① 《清稗类钞》第 24 册《豪侈类》
② 《明神宗实录》卷 434

羽在《茶经》中记载："歙州产茶，且素质好"。唐懿宗时歙州司马张途在《祁门县新修阊门溪记》中说："邑山多而少田，……山且植茗，高下无遗土，千里之内，业于茶者七八矣"。至于明清时期，徽州茶树种植漫山遍野，成为徽民赖以生活的重要经济作物。徽州不仅种茶面积广，而且多优良品种。宋代有"谢源茶"，为全国六大名茶之一。明代的"松萝茶"更是远近闻名。清代中叶后，徽茶之名品又有"屯绿"和"祁红"。可见，由于自然条件优越，自唐兴及明清，徽州即为著名的产茶区。徽州茶树种植和茶叶生产的发展，为茶商供给了大量优质茶叶货源。正是凭借这一基础，徽州茶商在年复一年的贩运名茶过程中，积累起资本，扩大了规模，成为徽州商帮的四大支柱之一。

4. 木业

徽州重峦叠嶂，气候温润，林木资源丰富。在大工业出现以前，木材是建造房屋和制作车船、工具乃至家具所使用的基本材料，在人们的生产、生活中起着十分重要的作用，因而木材贸易也成了徽商经营的传统项目。据专家考证，徽人做木材生意"至迟始于宋代"。尤其是南宋，都城南迁到临安（今杭州）时，大兴土木，建造宫阙，所需木材甚多。徽州与临安近在咫尺，自然给徽州商人经营木材带来了天时与地利。

木材贸易是一种担风险的买卖。清乾隆《婺源县志》卷4写道："木商以其资寄一线于洪涛巨浪中"。清代休宁人赵吉士在《寄园寄所寄》中记述了徽州木商采带贩运木材的细节：他们每年于冬季伐木，待到次年五六月梅雨季节河水泛涨时，利用水力运载出山，运往浙江、芜湖，然后转销各地。木商的整个经营活动包括拼山、采伐、加工、运输、销售等诸多环节。运输主要编扎成木排，利用水路交通，顺滚滚江流破浪而下。

在古徽州六县中，经营木业的商人以婺源为首，休宁次之，祁门、歙县又次之。明代以前，徽州木商主要取材本地，内产外销，目的主要是以木易粟，换取邻近地区的粮食满足徽州本土的需要。明中叶以后，随着徽州商帮的形成，徽商经营行业和活动范围的扩大，徽州木商也有长足的发展。徽商木材生意越做越大，各地对木材的需求量也越来越多，单凭徽州山中那点木材资源，就难以满足了。头脑灵活的徽州人把目光转向了江西、湖北、四川等地，开拓新的货源，扩大木材贩运活动。贸易的重点是外购内销，目的则是获取贱买贵卖所带来的价格差额。木材贸易作为徽商的四大支柱行业之一，发展得最早，衰败得较迟，在封建社会晚期，与徽茶贸易一起支撑残局。

（二）徽商的发展途径

明朝中叶，徽州商帮中出现了一大批手握巨资的富商大贾，其中"藏镪有至百万者"，降及清乾隆年间，竟有"富至千万"的大商人出现。其资本增值的速度之快，数额之多都是我国历史上所罕见的。那么徽商究竟是通过什么途径致富的呢？

1. 徽州商人以小资起家

据记载，明中叶徽州各县已是"服田者十三，贾者十七"，"十三本业，十七化居"了，"十三在邑，十七在天下"。这些记载虽不免有所夸张，但当时徽人经商者已占当地人口很大一部分则是事实。在众多经商人口中，出自缙绅之家者显然只占少数。金声说"歙、休两邑，民皆无田，而业贾遍天下"。顾炎武也说"中家而下，皆无田业，人多商贾，盖其势然也"。足见徽商中的大多数人都是出自"无田业"的贫下之家，他们在其经商之前并无佃仆可供剥削。当其经商之后亦无佃仆可供役使，都是从小本生意做起的商人。

徽商中大多数虽然出身寒微，在其经商之初只能从小本生意做起，但他们却有一套赚钱的本领。其中许多人都能在商品经济发展条件下，把生意越做越活，使资本越积越多，终于挤进富商大贾行列。如果没有他们的发财致富，那么徽州商帮的兴旺是不可能的。考察徽商资本形成问题时，许多徽商以小资起家而发财致富的事实是不应忽略的。

明清时期，徽州商人以小资起家而发财致富者史不绝书。明朝成化、弘治年间，歙人江才3岁丧父，家道中落，无以为生，13岁时不得不与其兄"屠酤昱中"。后来兄弟二人奔赴杭州，开了一个小铺子，零星起售盐米杂物。二人尽管省吃俭用，努力经营，但终因本小利薄，所获不足以奉亲。江才遂发愤云游，奔波贩运商品，牟取厚利，果然使资本越积越多。当他40岁时，居然成了腰缠万贯的大贾了。江才发迹后，荣归故里，广置田园，大兴宅第。其季子江珍还考中进士，跻身于官僚之林。江家遂由一个破落户一跃而为有钱有势的大财主。

歙人吴荣让8岁丧父，家中只有几亩薄田。祖父母年事已高，唯母亲一人独任劳作，全家老幼食不果腹；官吏又屡屡登门逼索赋税，更使他们难以支应。荣让为生计所迫，16岁跟随亲友远赴松江经营小本生意。起初他的资本少得可怜，但经过数年努力，赚得一笔资金。荣让致富后，便在浙江桐庐县购置大片荒山野地，招徕农民前往垦殖，种植茶、漆、粟等经济作物，获

利甚厚，成为巨万富翁，其宗族子弟前去投奔者不下数十人。

明人蔡羽在《辽阳海神传》中曾描写徽人程宰经商致富的曲折经历：正德年间，程宰远赴辽阳经商，不幸生意失利，蚀尽了本钱，不得不受雇于人，在一家商号里充当掌计。后来他得到辽阳海神的启示，竟以 10 余两银子的佣值作本，在药材、棉布、彩缎等商品的贸易中屡屡获利，仅四五年就赚得白银数万两。清代小说《儒林外史》第 23 回中有奴仆经商致富的故事：徽商万雪斋原是徽州盐商程明卿的家奴。他从小充当明卿的书童，十八九岁时，被程家用作"小司客"专门替主子到衙门中去跑腿学舌，办理些琐碎事务。雪斋利用当小司客之便，每年都攒了几两银子作本钱，先带小货，后弄窝子，几年工夫就赚得四五万两银子。他用这笔钱，从主子家赎回卖身契，买了房子，自己行盐，成了独立经营的盐商。他竟发展为拥资数十万的大贾，还娶了翰林的女儿为媳。程宰和万雪斋的故事虽出自小说家手笔，但都是现实生活的真实反映。徽商大贾往往出自贫下之家，他们或来自农民，或来自雇员，或出自为人奴仆，或出自家境清空、仕途无望的士子，多以小本起家，逐渐发展而为大贾。此外在徽州的下层人物中，如佣工、缝工、船夫、樵夫、放牛的乃至乞丐等人也往往有经商而致富的。

"红顶商人"胡雪岩故居

徽人经商首重盐业。盐商获利甚厚，而所需的资本也多。徽州大盐商往往并非出自地主缙绅之门，而以小本起家的商人居多。如明朝成化、嘉靖年间歙人黄豹"少遭家蕎"，后来出贾湖广，"董董物之所有，贸迁而数致困"，坎坷的经历使他认识到，如果久居荆襄经营小本生意，仍难摆脱贫困命运，遂毅然奔赴扬州经营盐业。果然"一年给，二年足，三年大穰，为大贾"。明嘉靖年间婺源人李大鸿，3岁而孤，家资丧尽，成年后商于金陵，经数年努力从下贾变为中贾；后来从事盐业，一举成为"声势显赫"的大盐商。清代大盐商鲍志道幼时家道中落，穷到"无以为生"的地步。他11岁就为生计所迫远赴鄱阳学习会计，后来辗转于金华、扬州以及湖广等地，未能找到出路。20岁赴扬州辅佐吴太守经营盐业，太守固以成富，而他自己也积累了盐业的经验。此后他遂"自居积，操奇赢，所进常过所期，久之大饶"。后众推为两淮总商。他在任20年，名重江南。

日本学者藤井宏把徽州商人商业资本形成归纳为七个类型，即所谓共同资本、委托资本、婚姻资本、援助资本、遗产资本、官僚资本和劳动资本，并指出劳动资本就是依靠自己劳动、渐渐积累的资本，这是商业资本最原始的形态之一。徽州商业资本来源虽有多种渠道，但归根结底无非是来自个人劳动积累和封建剥削收入这样两个方面。在遗产资本、官僚资本及其他类型的资本中，尽管有一部分可以追溯到地租和赋税，但它们毕竟不是徽商资本的主要来源。徽商资本主要还是来自个人劳动的积累，徽商中的绝大多数都是出身社会下层，其经商之初只能靠自己劳动积累起来的少量资金充作本钱。他们之所以能够发财致富，主要是因为他们善于在商业活动中牟利，而不是因为他们在经商之初就已经拥有财力上的优势。胡适曾说："一般徽州商人多半是以小生意起家；刻苦耐劳，累积点资金，逐渐努力发展，有的就变成富商大贾了。"胡适是徽州茶商的后裔，对其家乡人的商业活动了如指掌。

2. 通过商品贩运获取商业利润

贱买贵卖是商业的法则。徽商的商业利润主要是通过商品的不等价交换取得的，长途商品贩运活动乃是实现这种不等价交换的一个重要途径。许多徽州商人都是在商品贩运活动中，利用商品的地区差价获得利润而发财致富的。

明清时期由于商品经济的发展，社会分工的扩大，使越来越多的农民小生产者被卷入商品经济的漩涡，以至越来越多的粮食、棉布、棉花、丝绸、

纸张、木材、食盐、茶叶、药材、瓷器、铁器、烟草等等人们在生产生活中的必需品都被投入市场，成为长途贩运的商品。由于商品产地与销地之间距离遥远，分散经营的小生产者与消费者之间无法直接进行交换，因而必须由商人参与其事。这种形势就为徽商从事长途商品贩运活动提供了极好机会。

明清时期商品价格因地而异，同一时间同一商品在不同地区的价格往往相差很大。如清康雍年间，苏浙与湖广两地粮价的地区差率相当高，一般都在50%左右，有时竟高达100%以上。再以棉布价格而论，盛产棉布的松江府，在康熙前期棉布每斤价银在二钱左右，布一尺与米二斗的价格大约相当。乾隆时山西每布一尺值谷五六斗，甚至八九斗、一石不等；甘肃的合水县则"丰年出斗粟，而不能易尺布"。陕北的安定县则"每岁出数石粟，始成一件衣"。吉林地区"十亩之谷，不敌一衣之费，终岁之劳，不得三冬之暖"。这种情况可以看出棉布在其产地与销地之间价格差距是何等悬殊！

需特别指出的是，从事贩运活动的商人，总是利用小生产者的贫困，采用种种手段在商品产地压价收货，运至销售地区又故意抬高价格抛售商品，人为地扩大商品的地区差价，牟取暴利。正因为贩运商业获利最厚，所以当时的徽州商人几乎无不把这种活动视为发财致富的最佳途径。

3. 通过商品囤积获取商业利润

徽州商人把囤积居奇作为牟利的一个重要手段。他们中以"居积致富"、"积著起家"的事迹史不绝书。徽商之所以热衷于囤积居奇，除了盈利之外还有一层原因，那就是从事商品囤积活动可以少冒风险。在当时从事商品贩运活动固然可获暴利，然而贩运商人不但免不了风涛之险、跋涉之苦，而且还常常遭受官吏的勒索和牙行的侵欺，若不幸途中遇盗，则难逃财毁人亡的厄运。而囤积商人则可以免遭这些风险，坐享厚利。所以有些徽人宁为囤积商而不为贩运商。

徽州囤积商人往往把"囤积"与"走贩"或"囤积"与"质剂"结合起来经营，藉以牟取更多的利润。在当时"走贩"固然可获厚利，但走贩"有关津舟车之劳不能久待也"，"有旅依赁宿之费，以急于求售也"，因此他们往往不能以最低的价格收货，以最高价格售货，从而不能获得最高的商业利润。为了弥补这一缺陷，有些徽商便把商品贩运与商品囤积结合起来经营。他们在商品产地或销地寓居下来，作为囤积商品的基地，或在当地收购产品囤积起来，等待时机运往他处销售，或从他处运来商品囤积起来，等待时机在本地销售。

4. 通过垄断贸易获取商业利润

借助封建特权经营垄断贸易，是徽商牟取厚利的又一个重要手段。

（1）盐业。明清时期盐的贸易是最主要的一种垄断贸易。封建国家的榷盐制度保证了一部分商人经营盐业的垄断特权，使他们可以尽情地扩大盐的购销差价，获取极为丰厚的利润。

明清两朝盐法屡变，而每一次盐法变革几乎都是官商结合的路子上向前迈进了一步。因为在商品经济日趋发展的条件下，由官府直接经营盐的生产与运销的办法已经越来越行不通了。封建国家为了维护榷盐制度，保证盐利的收入，就必须取得商人的帮助，因而也就不得不给予商人某些特权和利益。徽州盐商不但财力雄厚，而且善于结交官府，是

徽商古道

封建国家维护榷盐制度最合适的助手。所以随着盐法的演变，徽州盐商的垄断地位日益加强，他们的商业利润日益扩大。

明初行开中法，将灶户名隶官籍，所产之盐全部纳官。令商人纳粮边塞，按纳粮多寡及道里远近酬给盐引（每引盐 200 斤）。盐引即是行盐的专利凭证，商人持引即可赴盐场支盐，在指定的区域行销。无引之盐即是私盐，贩私盐者治罪。统治者为了鼓励商人向边塞纳粮，往往把中盐则例定得很轻。大概商人到边塞纳米二斗五升准盐一引，而商人每一引盐可易米 5 石以上，则盐的销售价格当为收购价格的 16 倍乃至 33 倍。盐商为了报中行盐，固然还要在运输粮食、引盐等方面付出极高的代价，但其获利之厚仍然是其他商人所不可比拟的。

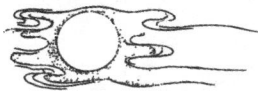

明初的开中法虽为盐商牟取厚利提供了条件，但也有其不利于商业资本活动的一面。首先，商业资本运行的正常形式应该是货币——商品——货币。而开中法却规定商人必须以粮易盐，即盐商必须采取商品——商品——货币的程序从事经营活动。就是说盐商为了获得商品盐，必须兼营粮商，并把笨重的粮食运往遥远的边塞，这不但极大地妨碍了商业资本的周转，而且也使商人无法专力从事盐的贸易，难以形成专业的盐商，尤其是对于远离边塞的徽人来说，纳粮边塞更为不便。其次，在开中法下，灶户所产之盐全部纳官，盐商取得盐引后必须向官仓支盐。这些制度把商人同生产者的联系完全阻隔开来，不但使商人无法直接盘剥生产者、借以扩大商业利润，而且也使他们难免于"守支"之苦，因为引盐既归官府直接控制，封建特权阶层就不可避免地要觊觎盐利，使"势豪占中"的现象愈演愈烈，从而造成商人空持盐引而官仓无盐可支的局面，以致有自洪武时报中直至宣德时尚未得盐的情况出现。

成化、弘治之际，明朝的盐法逐渐朝着有利于商人的方向演变。其一是开中折色制的推行。成化时已有商人纳银于盐运司而获得盐引的事例。弘治五年（1493）将这种办法定为制度，谓之"开中折色"法。这时纳粮报中的办法虽然行而未废，但"卖支"的现象已趋于合法化了。商人纳粮报中取得盐引后，将引卖给他商支盐行销谓之卖支。这样一来，无论是"折色盐"还是"本色盐"，商人皆可用以银易引的办法取得商品盐，从而使他们免除了赴边纳粮之苦。其二，余盐开禁。灶户按规定数额交纳灶课之后，剩余下来的盐谓之余盐。官府放宽余盐私卖之禁，余盐开禁之后，持有盐引的商人可以直接从灶户手里买补余盐，这不但保证了充足的货源，免除了守支之苦，而且也为他们直接盘剥灶户争取厚利提供了有利机会，开中支色与余盐开禁为徽商经营盐业开了绿灯，从此私营盐业遂成为徽商牟取厚利的一个极为重要的途径。

明中叶以后，徽商以盐业致富者不胜枚举。究其致富之由则不外二端。其一是利用垄断特权，高价卖盐，盘剥消费者。其二则是利用垄断特权贱价收盐，盘剥生产者。当时徽州盐商绝大多数是内商，他们或向边商收购盐引，或纳银于官获取盐引，然后凭引守支正盐，或向灶户买补余盐。他们得盐以后或自行运销，或转售给水商代为运销。为了取得商品盐，他们虽然受到官府的多方勒索，但是盐一到手便可凭借垄断特权，高抬盐价，获取高额利润。

（2）牙商。借助封建特权，从事亦商亦牙的经营活动，把持市场，垄断贸易，也是徽商牟取厚利的一个重要手段。

牙商就是买卖双方说合交易的居间人。明清时期，全国各地市场上都充斥着官府指定的牙人，从事贸易的居间活动。凡民间大宗交易都必须通过牙行才能进行。凡是徽商得势的地方，往往也是徽州牙商活跃的地方。凡是徽商经营的主要商品，往往也有为数众多的徽州牙商在其中从事贸易居间活动。无论是国内贸易还是对外贸易，都有他们涉足于其间，商牙之间的紧密结合乃是徽人商业活动的一大特色。徽人之所以热衷于经营牙行不是偶然的，因为这一行业可以从各方面给他们带来厚利。首先，牙商这一职业给为数众多的徽州小商人开了一个致富之门。第二，徽人经营牙行可以为徽州商人的商品贩运活动提供方便。第三，亦商亦牙的经营方式为徽州富商盘剥生产者与消费者提供了方便。

总之，徽商在许多行业中都采用过亦商亦牙的经营方式。这种经营方式使他们得以凭借封建政治势力，把持市场，垄断贸易，从而促进了他们商业资本的积累。

5. 通过资本组合获得商业利润

徽商资本的组合形式相当复杂，人们通常从不同角度把它区分为不同的类型，如自本经营与贷本经营，独资经营与合资经营，委托经营与非委托经营等等，每一类型之中又往往有不同的具体情况。随着商业的发展，商人之间相互借贷、合资、委托等关系也在发生变化。这种变化对于徽州资本的消长以至徽州商帮的聚散都有重大影响。

（1）自本经营与贷本经营

明清时期，徽商自本经营固然很多，但贷本经营的现象也相当普遍。出现贷本经营现象盛行的原因大致有两方面。

一是徽商出自贫下之家者为数甚多，在其经商之初往往不得不以借贷所得充作启动资金。明清之际休宁人金声说：“徽州山多田少，其势不得不散而求食于四方，于是乎移民而出，非生善贾也……虽挟资行贾，实非已资，皆称贷于四方之大家，而偿其什二三之息。”[1] 清人方承风也说：“黟俗尚贸易，凡无资者，多贷于大户家，以为事业蓄计。”[2] 金、方二氏之说足以互

---

[1] （康熙）《徽州府志》卷8

[2] 方承风：《训导汪庭榜墓志铭》

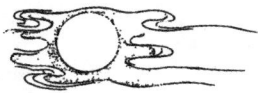

相印证，表明贫下之家藉贷资以经商，在徽州确是比较普遍的现象。

二是大宗商品贩运活动的需要。徽人经商向以盐、典、茶、木四大行业为主，除从事货币经营的典业外，其他三业都要从事规模巨大的商品贩运活动。在这种商业活动中，即便是手握巨资的富商大贾也难免要临时或部分地借贷资金以乘时逐利。清代两淮盐场，每行一纲之盐，需要本银2000余万两，而运商中实际贩运行盐的散商资本不过五六百万两，其余的都是来自借贷。木、茶商也是如此。

（2）独资经营与合资经营

在徽商中独资经营者固然很多，随着商业经营规模的扩大，商业竞争的加剧，往往需要巨额的资金才能左右逢源，应付裕如。在这种形势下，不但小商小贩独力难支，即便是财力雄厚的富商大贾也往往感到力不从心，于是合资经商的现象便应运而生了。尤其是传统的遗产均分制度给当时徽商扩大经营规模带来了极为不利影响，往往一个商人经过毕生努力，积累起巨量的资本成为"上贾"，诸子袭业后均分产业，每人又重新沦为"下贾"。为了克服这种不利局面，他们不得不采取合资经营的方式。因此徽州商人中，兄弟叔侄之间合资经商的现象最为普遍。

（3）委托经营

明清时期，徽人以资金委托他人代为经营藉以图利的现象也相当普遍。这种委托经营的形式大体上可分为两类。

一是商人以自有资本为主，同时接受少量委托资本从事商业活动。这一类在当时被称为"附本经商"。在附本经营的形式下，委托人往往只有少量资金，而又无人经营，故将资金委托他人借以取利。受委托者往往是财力较强而又善于经商的人，他们所接受的委托资金在其营运的全部资金中只占很少部分。委托人与被委托人之间往往是至亲好友，受委托者之接受委托往往带有对委托人帮助与扶持的性质。在这种场合下，委托人所提取的利润是比较丰厚的，其利率大概与受委托者的商业利润是一致的。

二是被委托人以委托资金为主从事商业活动的经营形式。在这类委托经营中，委托人一般都是相当富有的人物。他们或因从事其他职业而不暇经商，或因能力不足而不善经商，或因年老多病、战乱流移而不能经商，因而不得不将资金委托于他人代为经营。接受委托者一般都没有资金或资金很少但却有较强的经营能力。在这种经营形式下，盈利则由资本所有者独享；亏蚀则由资本所有者独当。受委托者一般都可获得较多的酬金，尤其是在盈利较多的情况下更是如此。

明清时期的徽州商人采取不同形式把他们的资本组合起来，形成了一个庞大网络，几乎使每个人都处于这个网络之中。那种与他人既无借贷关系又无合资、委托关系而完全独立于这个网络之外的商人，实际上是不存在的。在绝大多数场合下，徽商的这种资本组合关系都是在同乡同族的范围内建立起来的，他们之间因是同乡同族，足以互相信赖，互相支持。而这种资本的结合，又反过来强化了他们之间地缘与血缘联系的天然纽带。二者交互作用，遂使徽州商帮内部的结合更为牢固。徽州商帮之所以能够成为称雄于全国商界的一支劲旅，与其内部结合的这种牢固性是分不开的。

三、徽商的精神与价值

徽商精神是徽州商人在明清时期经商实践中逐渐形成的为社会普遍认可的在商品经济活动中所表现出来的思想品格、价值取向和道德规范，是古徽州商人群体心里特征、文化传统、思想感情的综合反映。它体现着徽州商人从事商业活动并能够获得成功所持有的坚定信念，是极其珍贵的精神财富和宝贵的历史遗产。

徽商精神的形成虽然以商业经营活动为基础，但它集中体现了古徽州劳动人民的优秀品质，由于其内涵丰富，一经形成即对各行各业发生重大影响。

（一）徽商精神

1. 吃苦耐劳的创业精神

在封建体制下，徽州商帮能在国家经济中举足轻重，没有一种百折不挠、坚韧不拔的精神和意志，很难成功。胡适将徽商比作"徽骆驼"是恰如其分的。徽州从事商业活动人口占了大半，所谓"丈夫志四方，不辞万里游。新安多游子，尽是逐蝇头。风气渐成习，持筹遍九州"。① 一个地区，如此众多的人投身商海，在中国商业史上可谓罕见。而这些人一旦"十三四岁，往外一丢"，走上经商之路后，便终年奔波于江湖，不老不休，不死不休，直到耗尽青春和生命。这种情感的投入，生命的投入，也是其他地区所

---

① （嘉庆）《黟县志》卷16

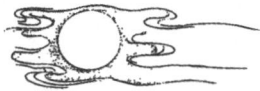

不多见的。徽州人外出经商，多半都是靠自己辛勤劳动和小本起家。徽商中的大多数人出身寒微，在其经商之初只能从小本生意做起，但他们却有艰苦创业的精神，把生意越做越活，使资本越积越多，终于跻身富商大贾的行列。

徽州人选择经商这条道路，以青春和生命作赌注，远离徽州本土的徽商往往10年、20年、30年不归，有的少小离家老大回，从未见过面的孙子已娶了媳妇了；有的终其一生，未能再回徽州一次。是什么支撑他们漫长的、身在异乡为异客的一生？这中间恐怕不是单纯的利益驱动可以解释得了的，应该有一种发自生命深处的对商业活动的执著和敬业的热忱吧？

2. 通权达变的创新精神

创新是一个民族发展的不竭动力，也是徽商发展壮大的力量源泉。徽商的创新表现在：

"徽骆驼"雕塑

（1）思想观念上创新。"重农抑商"是中国封建社会的传统国策。虽王朝江山时常易主，但"抑商"政策未变，无论天子的煌煌诏谕，朝廷的熠熠法典，从未对商人青眼相看。徽州人敢于打破世俗观念，冲破世俗偏见，敢冒天下之大不韪，选择商业作为出路本身就是证明。经商重商还表现在"人十三在邑，十七在天下"，流寓四方，轻本重末。商贾在徽州不再被视作末业，人们堂而皇之地宣传"读书好营商好效好便好"。贾和儒都是人生正途，封建正统农本商末观在徽州被翻了过来。

（2）经营方式和范围上创新。徽州人经商往往是小本起家，开始经营主要局限于漆、木、茶叶"文房四宝"、土特产品，无法与山、陕商人争雄。为了求发展，徽商打破传统的经营方式，扩大经营范围，拓展经营领域。经营方式上走贩、囤积、开张、质剂、回易五种方式并用，相机行事；经营范围上扩展到丝绸、棉布、陶瓷、药材、刻书、浆染、山杂南北货，后又经营盐业、典当、金融等行业，可谓"其货无所不居"，其业无所不就。

（3）融资方式上创新，独资、合资、股份、合作、合伙各种方式都有。

（4）经营机制上创新，经理委聘制在徽商经营活动中比较普遍。

（5）个人发展上创新，学书不成经商，此行不行转彼行，此处不行转彼处。

3. 审时度势的竞争精神

明清时期，商品经济已发展到一个新的高度，全国涌现出十余个大商帮活跃在各地市场上。徽商作为一个商帮，无论在同行之间或商帮之间，势必产生激烈的竞争。市场风云变幻莫测，活跃于市场的徽商必须时时细心预测市场，分析市场行情，审时度势，这样在竞争中才能立于不败之地。

（1）重视商业信息，根据市场来选择经营行业和地域。茶、木是徽州的土特产，随着商业和城镇的发展，茶馆开遍各地，茶叶销路扩大，徽商看中时机将茶贩销至各地。随着江南开发和我国经济重心南移，都市大兴土木，徽商将本土木材倾销各地。明清两代盐都为政府"榷买统制"，徽商利用"开中"等政策挤进经营盐业的行列。徽商有了雄厚的资金和熟悉市场后又经营典当业。除以上四业外，徽商熟悉市场，从事于长途贩运。因此，掌握市场信息是徽商立于不败之地的诀窍。

（2）慎选伙伴、合作经营。徽商经商已趋群体化，充分利用地缘和血缘关系，形成商帮，有时还吸收伙伴入伙，成为合伙制。合伙制经营利于筹集更多资金，集中伙伴智慧，分工协作，共同搞好商事。在合作时必须志同道合，订有契约，资金、分红均有约定。

（3）注重人际关系，热心公益事业。徽商深知人际关系重要，在交往中很注重谦让宽容，善解人意，甚至加强与封建政治势力的关系。徽商积财后，在侨寓地或家乡都愿意捐资办公益慈善事业，修桥筑路、建会馆、办学

堂、赈灾济贫乐而为之。这等于无形广告，提高知名度，广招生意。

4. 诚实守信的诚信精神

诚、信、仁、义是儒家文化传统，是儒家伦理道德规范的核心内容，也是处理人际关系的行为准则和做人的最高境界。亦贾亦儒，贾而好儒的徽商，把儒家伦理精神应用到经商实践中，贾服儒行，"以儒术饰贾事"，成功地把儒家的"做人之道"升华为"以诚待人，以信接物，以义为利，仁心为重"的"经商之道"，儒家伦理文化转化成为商业伦理文化。徽商用儒家伦理精神规范自己的商业行为。

徽商成功的经验证明，经济与道德是相辅相成的，义利完全可以做到完善统一。经济会随着道德的提升而得到更好发展，道德也可通过发展经济而得以弘扬。

商业主体面临广大顾客，顾客的充分信赖是商业兴旺发达的源泉，而良好的商德又是使源头活水永不枯竭的保证。徽商坚持商业道德，在经营中普遍遵循：（1）崇尚信义，诚信服人。在商场中有的以"诈"取财，有的以"信"致富，徽商态度十分明朗："人宁贸诈，吾宁贸信，终不以五尺童子而饰价为欺"。① 徽商崇尚信义，诚信服人，反映了他们在商业上的远见。徽州族谱、宗谱中这类记载比比皆是。（2）薄利竞争，甘当廉贾。从经营角度看，商家与顾客的关系不是一方盘剥另一方的关系，而是互惠互利，相互依存的关系。诚招天下客，信纳万家财。"利者人所同欲，必使彼无所图，谁招之不来矣"。② 只要多给顾客一分"义"，顾客便会回报十分"利"。（3）宁可失利，不愿失义。徽商也求利，但他们的信条是"职虽为利，非义不可取也"。很多徽商在义利不得两全的情况下，舍利取义。（4）注重质量，提高信誉。徽商在经营中十分讲求商品质量，货真价实，确保商业信誉。良好的商业信誉是靠长期艰苦努力建立起来的，信誉本身就是商品价值的一部分，不少徽商都极力维护这种信誉，视之比金钱更宝贵。

5. 贾而好儒的人文精神

徽州商帮有一个重要特色，即"贾而好儒"。它既促使徽州成为文风昌盛之地，又对商业经营产生积极影响，使徽商称雄于明清两朝。

明代有人把徽商分为"儒贾"和"贾儒"两种。儒贾者，贾名而儒行

---

① 《古歙岩镇东礵头吴氏族谱·吴南坡公行状》
② 《歙县新馆鲍氏著存堂宗谱》卷2《中议大夫大父凤占公行状》

也，即以经商为名而行儒教之事；贾儒者，以儒饰贾也，即崇儒为名而行经商之事，实质上他们都是具有相当文化程度的商人，或具有经商才干的文化人，是贾与儒的结合，是文与商的交融。

徽商"贾而好儒"的人文精神表现在：（1）以"儒道经商"追求理性的为贾之道。徽商在经商活动中，贾道而儒行，以儒术饰贾事，利用传统的"民本"思想强调"民生"，利用儒学伦理表达为贾之道，改铸和倡扬儒学义利观以

屯溪老街

提升商业理性。（2）以儒饰贾，专注于把握商业运作的内在规律。徽商大多有一定的文化素养，在生意场中，"每引经义自断，受益于圣贤心法最多"，他们"静观盈缩大轻，揣摩低昂"，"人弃我取，人取我予"，"本大道为权衡"，① 将孙子兵法用于商战，在激烈的商场竞争中出奇制胜。（3）贾儒相通。尽管徽商在经济上富有，但目标并非富有而已。他们知道"士"比"商"高出更多，让子孙读书、做官才是他们最可观的收益，因此他们在投资教育上毫不吝惜。正因有徽商的捐资助学，徽州自宋以来，塾学、义学、县学、书院一直保持着稳定发展的局面，由于徽商重视智力投资，因而明清时期徽州人才辈出，科举及第，"以才入仕"者盛极一时。徽商的"贾而好儒"，成为他们与官僚士大夫交往的"黏合剂"。

6. 热心公益的奉献精神

徽商作为贾而好儒、财力雄厚的商帮，他们发财致富后，以种种"义举""义行"为民解难，为国分忧。徽商大多比较重视人文精神，讲求理性

---

① 《张氏统宗世谱》卷8《毅齐翁传》

追求。虽然致富，但他们依然自奉俭约，克勤克俭。在各种突如其来的灾害面前，他们都能义无反顾地慷慨解囊，将财富奉献社会。徽商热心公益表现在：（1）兴资修桥、筑路，疏通水道，兴修水利。（2）建会馆义庄、置义冢、设立救生船。（3）修建育婴堂，建医治寄宿所。（4）设义学、修书院，重视教育。（5）竭诚捐赈，拯民于水火。（6）以义为利，不发国难财。（7）积德尚善，不赚黑心钱财等等。从徽商的种种"义行"、"义举"中可以看出，徽商是中华民族传统美德厚德载物、关爱他人，国家兴亡、匹夫有责精神的生动体现。

7. 虽富犹朴的节俭精神

勤俭是中华民族的美德。徽州人居家节约，"贫者日再食，富者三食，食惟饘粥，客至不为黍，家不畜乘马，不畜鹅鹜，其啬日日以甚"。① 而"女人尤称能俭，居乡者数月，不沾鱼肉"。② 正是这种不屈不挠的坚韧刻苦精神，徽州人开拓了自己的生存家园。许多徽商在创业起始阶段，含辛茹苦，"薄饮食、忍嗜欲、节衣服与用事童仆共苦乐"。③ 许多徽商即使在大富之后，仍坚持简朴。婺源木商李祖坦，"即饶矣，而公之拮据无减贫时，其食粝衣苴，一婆人子不若也。所居庐极卑隘，后指繁不能容，然终不兴造。常服一布衣，历十余年如新，人有以身贴之者，则频拭之，恐污腻也。云履一双，客至，穿以见，去则搁之，其俭率如此"。④ 有的节俭到了"吝啬"的地步。这种对自己"吝啬"即节俭，是徽州人节约习俗的传承，是"一天省一把，十年买匹马"的民间古训的熏陶，也是徽商小本起家，为资本积累而不得不如此。大量徽商在自奉俭约的同时，当社会、国家、他人需要时，则在钱财捐输上从不"吝啬"，大气而豪爽，有着"仁者爱人"的广阔胸怀。

8. 以众帮众的互助精神

徽商在经济领域之所以取得令人瞩目的辉煌成就，与团结互助、以众帮众的互助精神有关。

（1）宗族的互助。率先经商富裕起来的商人往往不吝去帮助族人经商，从而共同走上经商之路。徽商不仅在实际生活中互相帮助，还把互助合作写

① （康熙）《徽州府志》卷2《风俗》
② 同上
③ 姚邦藻主编：《徽州学概论》，中国社会科学出版社2003年9月版，第100页
④ 方利山：《徽商品谭》，中国文史出版社2006年11月版，第133页

入家谱、家规，明文规定下来，使家族合作互助成为一种规范化、制度化的约定。

（2）亲和姿态。徽商之间互帮互联，以一种亲和的姿态聚集一起，组成一个地域色彩浓重的紧密团体。有的以宗族关系结合在一起，以血缘为纽带；有的以地缘关系、乡谊为纽带合作；有的以同行为纽带结合在一起组成行业帮。通过扩大宗族圈来结交生意伙伴，建立会馆来联合地域势力，以宗族势力形成人力财力的优势，形成区域性垄断，从而形成一种集团连锁式经营，强化了徽商内部的凝聚力，提高了市场竞争力。

（3）热心公益，捐赈救灾。徽商热心公益，捐赈救灾的种种"义举"，不仅经商一地，造福一方，而且开我国近代慈善事业先河，构建了徽商经商的和谐环境。

9. 民族自主的爱国精神

明朝建立之初，北境未安，明政府不得不在北方沿边驻扎重兵。为解决军粮问题，政府制定开中法，号召商人输粮于边，政府发给盐引，到内地支盐行销。不少徽州人千里迢迢不辞辛苦，运粮输边。他们将个人逐利与赴国急难结合起来，体现了一种爱国精神。徽商的爱国精神还突出表现在明中叶的抗倭斗争中。一是捐资筑城，募勇抗倭。如休宁商人汪福光在嘉靖年间，首先响应守令号召，带头捐资修筑休宁城，他"即日鸠工伐石，首建城洞一所，寻造城楼及城若干丈，计费凡数千金"。嘉靖年间，倭寇兵围嘉定，正在该地贸易的休宁商人程元利不但首先捐财产、招募勇士，而且亲自披甲上阵与嘉定人民一道击溃倭寇。嘉靖三十五年（1557），倭寇重兵围攻桐乡，歙商程次公在"城中粮绝、旦暮且破"的危急关头，"首输千金以佐军实，为士民先，卒保桐乡。"二是出谋划策，领导抗倭。嘉靖三十四年（1556）倭寇入歙境，守令惊慌失措，歙商许谷先献上抗倭十三策和应急三策，并且自告奋勇，组织群众、拒守东门。在他指挥下，歙县军民"盛军容，昼旌旗，夜火鼓"，严阵以待，使倭寇望而生畏。三是弃贾从戎，杀敌疆场。如休宁人程良锡本是商人，倭寇猖獗之时，他毅然弃贾从戎，被任命为宣州指挥佥事。他不但"严纪律、勤训练"，而且作战勇敢，指挥有方，先后在苏松、胜敦、太仓等地多次大败倭寇，直打得"倭畏君威，闻风无不披靡。"以后他又随总兵俞大猷转战浙江、福建沿海一带，每战必捷，屡立战功，成为平倭战场上的一员名将。到了近代，为了抵御外国入侵，徽商也踊跃捐资。凡此种种，无不体现出徽商的爱国精神。

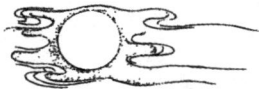

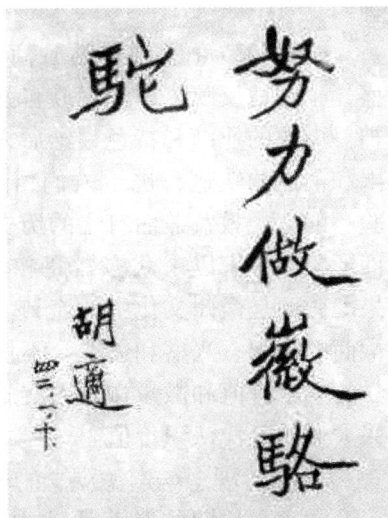

努力做徽骆驼
胡适题词

10. 向外发展的开放精神

徽州从晋代就开始向外"开放"了。徽州本来就是"川谷崎岖"，"山多而地少"的区域，经过历史上三次人口大迁入，"地少民稠"的情况更为严重，于是经商之事业兴起，徽州从一个大量人口迁进来到一个"人十三在邑，十七在天下"的大量人口走出去，远离故土外出经商，"徽人不呆家，经商走四方"。徽商的发展与壮大，并不在徽州本土，而是在全国各地。"钻天洞庭遍地徽"，就是指徽商为了经商获利，无处不到，跑遍了全国的大江南北。南北二京、各省省会和大小城镇乃至穷乡僻壤、荒漠海岛，都有徽商的足迹。随着商业的扩大，徽州人发展起海外贸易，较早有歙县许辰江、许本善，稍后号称"许村四兄弟"的许松、许栋、许楠、许梓，将海上贸易做得轰轰烈烈。他们先到泰国、马六甲一带经商，并把葡萄牙的商人带到中国，后又前往日本贸易，再之后汪直、徐海海商集团形成，终因封建统治的反对镇压而消失。海商是一个值得重视的历史现象，徽人从陆地走向海上贸易，说明徽商已经不满足于国内市场，表现了徽商的开拓和开放精神。

（二）徽商精神的价值

1. 宝贵的历史遗产和精神财富

在徽州文化诸多人文事象中，徽商是最重要的一份宝贵历史遗产。作为在中国经济发展史上曾创造奇迹的徽商，它留给当代最有价值的是"徽商精神"。

徽商和徽商所创造的徽商文化，是宝贵的历史遗产。徽商的产生和兴盛，生动地反映了中华民族自强不息、开拓奋进、百折不挠、艰苦奋斗的精神。徽商的业绩和特色，给后人留下了许多可贵的借鉴经验。徽商的历史局限和消退的轨迹，也给人们留下了许多可以深入思考的话题。这是一份经验、财富、教益兼而有之的历史遗产。影响深远的徽商文化，名传四方的儒商形象，是宋以来众多徽商和他们的代表人物用汗水和智慧长期锻造的结果。徽商是徽州文化中的奇迹，也是中华文明进步历史上的一个创新篇章。徽商的崛起、兴盛和创造，不仅是当代儒商的镜鉴，而且极具人类学、文化学的学术价值和徽州文化人文旅游的开发价值，以及推进新世纪中华民族复兴大业的时代认识价值。

2. 经营观念与道德观念的现代价值

徽商在长期的经营活动中，由于受到当时经济、政治和社会环境的影响，加上他们大多秉承传统文化教育与滋润，形成了比较完整的能体现"儒商"特色的经营观念，从而丰富了中国商业史中的观念文化。经营观念虽只是商业文化的一个层面，但它对徽商的兴业发家，其作用却不容忽视。徽商的经营观念，主要体现在效益观念、质量观念、名牌观念、信誉观念、法律观念、途程观念等方面。在徽商的经营中，引入了儒家的道德思想，形成了商业道德。徽商的商业道德仍是现代商业所应遵循的准则。

3. 徽商形象管理、柔性管理、契约管理的当代价值

徽商重视自身的形象管理。孔子主张"为政以德"，《中庸》提出"明德以化民"，强调以道德感化为向导的管理，认为管理者道德越高尚，对被管理者的感召力越大。徽商贾而好儒，"以儒术饰贾事"、在商业经营管理中，特别重视自身的品格形象。歙县鲍志道是清乾隆间扬州盐界总商，对当时"扬州盐务竞尚奢丽，一婚嫁丧葬堂室饮食，衣服舆马，动辄费数十万"① 的商界奢靡之风，他"以俭相戒"，虽"拥资巨万，然其妻妇子女，尚勤中馈箕帚之事"，"门不容车马，不演剧，淫巧之客，不留于宅"。② 鲍志道如此重视管理者的形象，以自己的道德品格感召人，使得扬州"奢靡之风至是大变"。

---

① 《扬州画舫录》卷6
② 同上

徽商重视自身行业的品牌形象。绩溪大徽商胡雪岩在杭州开设胡庆余药堂，名震南北。在其药堂内，有一块专向账房经理挂起的"戒欺匾"，写道："凡贸易均着不得欺字，药业关系生命，尤为万不可欺，余存必济世，不以劣品弋取厚利，惟愿诸君心余之心，采办务真，修制务精，不至欺余以欺世人……"这既是胡雪岩对经理人等的规诫，也是树立的一块行业招牌。"戒欺"的严格自我约束和坦诚浓情的公开宣誓，为胡庆余堂树立了良好的社会形象。

徽商贾而好儒，深受儒家柔性管理思想的熏陶，他们在经商管理中突出地体现了注重人际关系协调，具有"道之以德，齐之以礼"的特色。绩溪徽商胡撝吉开设在浙江淳安县的胡咸春国药号，商店由经理经管，经理对老板负责，老板聘职员，职责分明，各司其职，用人不搞裙带关系，不拘一格用人才，不随意辞退员工。这个大药房，店员的工资一年以 14 个月计酬，即加两个月嬉工，闰月还再发一个月工资。职工的伙食、旱烟由店里供应，有月规钱用于洗衣、理发。伙食 5 天一荤，大节日设宴招待员工，职工患病所用医药由店里支付，职工来客，一宿两餐也由店里开支。富有人情味的管理制度凝聚了全体职工的人心，大家同心协力，使百年店号日益兴盛，声名远播。

徽商虽然是一个封建商帮，但它毕竟是一种新型的生产关系，是"社会变革因素"。在其"以儒术饰贾事"，努力用儒家理念规矩自己商业经营管理的同时，徽商也能注意与时俱进，从实际出发，突破儒家管理观念的传统思维，采用一些具有时代创新意义的管理手段。如普遍重视契约管理，建构完善内部管理制度，组构超越宗族范围经营网络等。"恐口无凭，立字为据"，在徽商中大量的商业管理类合同契约文书得到使用。契约管理形式的强化，就是儒家管理理念之新转换的突出表现。不论是合股企业的经营管理方式还是聘雇人员的职责权利，都有一纸契约给予明白规定，即使"亲兄弟"也要"明算账"。许多徽商的事业久盛不衰，虽不乏亲情细节的凝聚和以德服人的柔性手段，但一般同时也有严格的用人管理制度和规章。正是由于柔性管理和契约制度的刚性结合，徽商才创造了自己事业的新天地。

4. 徽商重教兴学的风尚在现代社会值得大大弘扬

徽商不仅自己贾而好儒，而且十分重视对下一代的培养。他们在致富以后，或者兴建书屋，以重金延师课子；或者亲处督促子弟读书；或者兴办义学，教育本族子弟；更有甚者则兴建书院或捐资书院；也有资助本地本族子弟参加科举考试。重教兴学成为徽商的一种风尚。这种风尚历经几百年，代代相传，经久不衰。其影响是多方面的：一是提高了一代代徽商的文化素养，使他们经商更富理性。二是培养了徽州莘莘学子，他们搏击科场，跻身仕途，反过来成了徽商的政治靠山。三是造就了一代代徽州学人，推动了文化学术的发展。四是发扬光大重教兴学的社会传统，对后世商人产生了深远影响。

四、徽商的作用与影响

（一）徽商的长途商品贩运，促进了各地间经济联系的加强

明清时期，由于商品经济的发展，社会分工的扩大，使越来越多的农民小生产都被卷入商品经济的漩涡。随着商品流通规模日趋扩大，以至人们在生产、生活中的必需品都被投入市场。徽商中绝大多数人都是在长途贩运活动中发家的。所谓"徽歙以富雄江左，而豪商大贾往往挟厚赀驰千里，播弄黔首，投机渔利，始可致富"，①确是当时的实情。虽然徽商的长途贩运活动主观上是为了厚利，然而客观上也促进了各地间的商品交流和经济联系。如贩运生产、生活必需品，加强了各地人民的经济联系；贩运棉花和棉布，使原料产地和成品产地形成对流。这对促进社会分工的扩大、商品经济的繁荣起了一定作用。这种突破区域界限的商品贩运，有利于全国性市场的出现。徽商的贸易活动不仅限于国内，甚至来往于日本和东南亚各国。海外贸易，本来是资本主义生产关系的重要前提，明代徽商在海外贸易中还将美洲的花生（时称万寿果、长生果）首先带回本籍，然后为各地所推广，对引进和推广农作物新品种作出了贡献。

（二）徽商对促进我国城镇繁荣起了举足轻重的作用

明清时期徽商足迹几遍宇内，对促进我国区域市镇的兴起与繁荣，起过举足轻重的作用。原本是偏僻乡村，如果有了徽商则很可能成为一个有影响的市镇。武汉三镇的汉口，明初时还是无人居住的芦洲，水涨一片汪洋，水落芦荻遍野。明中期徽商的"吴楚贸易"，清初徽商在汉口建有"新安会

---

① 歙县《许氏世谱》卷6

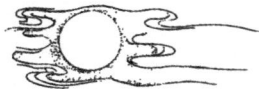

"徽商故里"牌坊

馆",辟有新安码头等,使汉口成为楚之重地。江苏外岗镇"因徽商傲居钱鸣塘收买(棉布),遂名钱鸣塘市"。江苏灌南县地濒盐河,徽商程鹏等以重金买下该地"立街立市,取名新安镇",沿用至今。这类史实良多,不可尽言。

原本是市镇的地方,如果有了徽商,则它的社会经济与文化的发展会走向昌盛、繁荣。一是徽商促进当地经济发展。如上海松江是全国棉织业的中心,许多布商字号都是徽商开设,如祥泰、恒乾仁、余源茂等,它们对全国棉织业中心在松江的形成起了促进作用。二是徽商推动了市镇建设的发展。明正德年间,祁门富商汪琼曾捐资治理苏州阊门外河道,以便交通。清乾隆十三年(1749),阊门外越运河渡僧桥因火灾倾坏,致使交通孔道受阻,有8家布商捐资修复,这8家有6家是徽州人。徽商对县及以下小商业都市的建设更突出。徽商云集这些市镇,开店设铺,拓街建房,造亭楼、建园林、置会馆、辟码头等,使之更具规模,更具都市化,也更为繁华。如扬州,万历《扬志府志》载:"内商多徽歙",故近人陈去病在《五石脂》中说:"徽人在扬州最早,考其时代,当在明中叶,故扬州之盛,实徽商开之。"三是推动了文化教育的进步与发展。徽商"贾而好儒",他们在各市镇办书院、建书楼、蓄戏班、印图书、兴诗社、办文会等等,改变着当地的习俗,使其更趋于都市的文明化。

(三)徽商对推动中国资本主义萌芽的出现起了促进作用

资本主义产生的前提是货币资本的积聚。明末徽商已有积赀"至百万者",清代乾隆年间更有积赀达"千万"以上者。这种大量货币在个人手中的积累,为资本主义关系的萌芽创造了历史前程。徽州商业资本中,已有少量的从流通领域转入生产领域,更为资本主义萌芽提供了可能。

1. 徽商投资农业,使自给性农业开始演变为商品性农业

据汪道昆《太函集》记载,歙西溪南吴荣让致富是通过"度原隰使田,度山林使种树。山林故多薪木,于时易茶漆植栗之利,积薪水浒,以十岁市之,民利视昔有加",过了 3 年,不仅吴荣让"自致钜万",而且带动乡里从事这种进步方式的经营。

2. 徽商资本投入手工业生产,使商业资本转为产业资本

徽商资本投入的手工业生产主要有缫丝、冶铁、浆染、造纸等行业。

缫丝。明人撰的《栖溪风土记》记载:"官舫连艘,……商货聚集,徽、杭大贾,视为利之渊薮,开典屯米,贸丝开车者,骈臻辐溱"。就是说这些徽州大贾不仅贸丝,而且"开车"缫丝。据清《唐栖镇志》记载,清代杭州唐栖镇缫丝业比较兴盛,有不少徽商在这里"贸丝开车",进行蚕丝产品的加工。

冶铁业。明人汪道昆《太函集》中记载:休宁人朱云治在福建"课铁冶(业)","业大饶","货诸佣人钱百万";歙人郑天镇少时曾"服贾","以铁冶起";明初,休宁人詹安,"以铁冶起富",直到他的第四代人曾孙詹起,还仍然经营冶铁业,积资甚巨。《汪氏统宗谱》中记载:明嘉靖时,休宁人汪尚权,"商于湖阴数年,复大募工,治铁冶。指挥百人,渐渐有序,工罔费效……,资日丰于旧"。

浆染业。明朝歙县岩寺人阮弼,从小经商芜湖,后发现浆染业有利可图,便将商业资本转到浆染业。"立局召染人曾治之","五方购者益集其所,转毂编于吴、越、荆、梁、燕、鲁、齐、豫之间,则又分局而贾要津"。

造纸业。纸的著名产地——江西广信府,当地人开纸厂的很少,而"富商大贾扶资而来者,大率徽闽之人"。浙江常山县的造纸生产徽商也参与竞

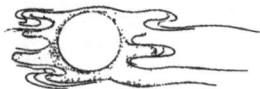

争，用大生产排挤当地的小生产，以至"获利沾溉膏润"。

综上可见，徽商投资的产业其内部分工，已显示出工场手工业特点。只是"初期的工场手工业，除了同一资本家同时雇用的工人较多以外，和行会手工业几乎没有什么区别"[①]。据此可见，徽商对推动中国资本主义萌芽的产生起过作用。

（四）徽商对徽州教育的发达和文化繁荣起了孵化器的作用

明清时期是徽商的兴盛时期，同时也是徽州的文化教育特别发达的时期，以至人文郁起、英才济济，这与徽商不惜财力办教育大有关系。由于徽商重视教育，重视智力投资，这一时期徽州以科举及第、以才入仕者盛极一时。教育推进了文化的发展，使徽州成为文风昌盛之地；教育促进了人才的培养，使徽州成为人才辈出之地；教育加速了士商的融合，使得有文化的徽州人在竞争激烈的官场和商场中立于不败之地，所有这些都与徽商的强力支持密不可分。

综上所述，徽商的形成与发展并非偶然，徽州人以"骆驼"的精神，创造了"无徽不成镇"的辉煌业绩。徽商创造的精神与价值是后人继承和发扬的宝贵财富。

【思考题】

1. 徽商经历了怎样的发展过程？
2. 徽商拓展的主要领域、致富的主要途径有哪些？
3. 什么是徽商精神？徽商精神有哪些主要内容及其价值？
4. 徽商的历史作用与影响是什么？
5. 谈谈你对"无徽不成镇"的理解。

---

① 马克思《资本论》，人民出版社 1975 年版，第一卷

第六讲 "十户之村，不废诵读"
——徽州教育

古代徽州，民风淳朴，崇文重教，初等教育向来比较发达。史有"十户之村，不废诵读"之说，可见读书风气之盛。从清末废科举、兴学校到新中国的建立，前后约半个世纪，徽州现代教育就在这样的基础上向前发展。

据方志记载，徽人重教始于宋代，即州县立学，始自宋之庆历，而南渡后，"徽为朱子阙里，彬彬多文学之士"①。与此同时，由私人创办的书院也相继建立。安徽省境内创建最早的一所书院，即绩溪的桂枝书院，建于北宋景德四年（1007），比欧阳修任颍州太守时创建的颍州西湖书院（1049）还要早40多年。到了明清时期，徽州的书院、馆塾、书舍、学馆、书堂更是星罗棋布，致有"山间茅屋书声响"，"后渐户育家弦矣"之说②。

教育的发达，使徽州社会发生了巨大变化。从宋到清，这里确实是"人才辈出，鼎盛辐辏，理学经儒，在野不乏"③；与此同时，也大范围地提高了人们的文化思想素质。明清时期"称雄"于江南的徽州商帮，就是在这种文化教育气息较盛的社会环境中成长起来的。徽商的发展，反过来又促进了徽州教育的兴盛与发展，从经济上给予教育以极大的支持。在此条件下，徽州教育不仅培养了大批科举人才，还对当地文化发展起到了积极的促进作用。

时至近代，徽州教育的影响仍在持续，著名教育家陶行知便是主要代表人物之一。他的"生活即教育"、"社会即学校"、"教学做合一"教育思想，不仅对当时教育产生了积极影响，而且对今天中国基础教育的发展起到了良

---

① （乾隆）《绩溪县志》卷三《学校》
② （康熙）《祁门县志》卷1
③ （道光）《重修徽州府志·序》

好启迪作用。

一、徽州教育的背景与模式

从历史上看，唐宋是徽州教育兴起时期；随着徽商的崛起，明清时期的徽州教育极为兴盛，书院私塾遍布城乡。道光《休宁县志》记载："自井邑田野，以至远山深谷，居民之处，莫不有学、有师、有史书之藏"。可见当时徽州教育发展之盛况。

（一）徽州教育的背景

1. 自然环境与徽州教育

其一，古徽州山高路险，交通十分不便，成了中原名门望族躲避战乱的理想之地，这为徽州教育的发展奠定了坚实的文化基础。

从汉至元，北方因朝代更替，战乱频繁。为了躲避战争和动乱，世家大族纷纷南迁，而徽州独特的地理环境成了他们最为理想的迁居之地。据《新安名族志》不完全统计，因永嘉之乱而迁徽定居的共有 9 族；因躲避黄巢起义而迁徽定居的将近 20 族；靖康之乱后，随宋室南渡而迁徽定居的约有 11 族。[①] 这些名门望族，避难并不避世，他们不甘心彻底退出社会政治舞台，总想伺机而出，即便自己没有机会，也寄希望于后代，总想通过"儒"而"仕"。因此他们十分注重族中后辈的教育。

其二，优美的自然环境，为教育的发展提供了得天独厚的自然条件。

古徽州风景秀丽，气候宜人，这样的自然环境，可以陶冶人的情操，净化人的心灵，提升人的精神境界，进而在优美的自然环境中体验到天人合一的美妙境界。这无疑为教育的发展提供了不可多得的条件。

2. 文化环境与徽州教育

徽州是程朱理学的故乡，这一文化渊源进一步加强了徽州的重教传统。清康熙《绩溪县志续编》说："新安为朱子阙里，而儒风独茂。岂非得诸私淑者深欤。"清雍正《茗洲吴氏家典》说："新安为朱子桑梓之邦，宜读朱子之书，服朱子之教，秉朱子之礼，以邹鲁之风自待，而以邹鲁之风传之子若孙也。"徽州人以朱熹为荣，为楷模；以朱熹的言论为圭臬，专心督课子

---

① 洪偶：《明以前徽州外来居民研究》，《徽学》第一期，徽州地区徽学研究会编，1986 年

弟。这无疑也是徽州宗族重教风气形成的重要原因。

迁徽各族，不是出于显宦子弟，就是出于儒学世家。如鲍姓，"其先青州人，晋太康中曰伸，官拜护军中尉，镇守新安。永嘉末，青州大乱，子孙避兵江南。咸和间曰弘，任新安太守，因占籍郡城西门，继于郡西十五里牌营建别墅"。① 程姓，其始迁祖为程元谭，史载："当永嘉之乱，（程元谭）佐琅琊王都建业，为新安太守，有善政，民请留之，赐第于郡西之黄墩，遂世居焉"。② 再如胡氏婺源考水派，本出自陇西李诏宗室之后，因"朱温篡位，诸子播迁，曰昌翼者逃于婺源，就考水胡氏以居，遂从其姓。同光之酉，以明经登第，义不仕，子孙世以经学传乡人，习称为明经胡氏"。③ 随着世家大族源源不断大规模迁入，徽州的居民成分发生了根本性变化，"客户"超过了土著，外来"名族"大大多于本地大姓，他们终于反客为主了。

雄村竹山书院

---

① 程尚宽：《新安名族志》前集
② 同上
③ 同上

这些迁徽的世家大族，不仅仍保持其原有的宗族体系，聚族而居，昭穆有序，组织严密，而且继承了其宗族"崇儒尚教的优良传统，特别重视文化教育，走计书仕进、科甲起家之路。……由于世家大族的影响，随之也带来了徽州整个地区文化教育的繁荣兴盛"。[①]

正如南宋罗愿在《新安志·风俗》中所指出的："其人自昔特多以材力保捍乡土为称，其后寝有文士。黄巢之乱，中原衣冠避地保于此，后或去或留，俗益向文雅。宋兴则名臣辈出。"由此可见，世家大族的入迁，是徽州文化教育得以迅速发展的重要文化基础。

（二）徽州教育的形式

古代徽州教育，官民结合，机构众多，形式多样，主要有以下几类：

1. 府（州）学、县学等官办教育机构

徽州由于受地理条件影响，开化较晚，其形式化教育到唐代以后才有较大发展。据考证，徽州府学始建于唐，所辖各县也在北宋和南宋先后建立县学。其特点是教官由朝廷委派，以培养科举人才为宗旨，教学内容主要是服务于科举的四书五经，它是读书人晋身的必经之阶，在徽州极受人们重视。如歙州州学始建于唐代，是徽州最早的地方官学。

徽州官学尽管开发较晚，但发展极为迅速。据史料记载，自宋初起，徽州即有官学的设置，徽州州学"在城东北隅"。太平兴国三年（978），知州事蓉德祥迁州学于"罗城东门内街乌聊山上"。嘉庆四年（1059）以乌聊山上"山高地狭"，徙儒学"于南园"（即城南门外）。熙宁四年（1071）又以"南园濒江地卑，常有泛滥之患"，复徙州学于乌聊山上。元祐初，再徙州学于南园。绍圣二年（1095），复徙州学于城东北隅。宣和（1119—1125）中，方腊起义，徽州州学被焚毁。南宋绍兴十一年（1141），知州事汪藻按"左庙右学"规制复建徽州州学，中设知新堂，并辟八斋以处学者；藏御书凡四十八卷。淳熙五年（1178），知州事陈居仁又创御书阁。淳熙十五年（1188），知州事许昌期重修儒学，改汪藻所匾"知新堂"为"明伦堂"。绍熙二年（1191），州学教授舒璘"辟其舍后圃，依山城创风雩亭"，周围种松树百株、杂植花本，"为士子藏修游息之地"。嘉定十一年（1218），知州

---

① 栾成显：《元末明初祁门谢氏家庭及其遗存文书》，《'95 国际徽学学术讨论会论文集》，安徽大学出版社 1997 年版，第 48 页

事孔元忠又增置祭服二十余袭，"每释奠，环佩肃然"。南宋德佑元年（1275），元兵南下，郡将李铨守御，将州学"撤毁几半"。元初，徽州州学"生徒解散，书版、祭器之属无复存者。自礼殿以至贡院，率为军营"。元顺帝至正十二年（1352），因战乱，徽州州学被毁，仅存大成殿①。

宋代，徽州州学置教授、学正、学录、直学各1员；元代，又增设训导1员，学官"初由州府选聘，以请于朝。后太学立三舍法，试可乃授，间命近臣荐举充之"。"生徒来学，不限多寡"，无定额②。州学经费主要来自学田收入。宋初迄于元初，徽州州学在"前后郡守、教官经画"之下，"增置田、地、山共一十八顷八十八亩有奇，岁之入八百余石"。此外，徽州州学还有"房、地、山租赁，以元之中统钞五贯为锭，计之为钞八锭二十三两六钱四分"。可以看出，宋代徽州州学的学田，明显高于熙宁四年（1071）朝廷规定的"州给田十顷为粮"之数。

歙县许国牌坊

① （弘治）《徽州府志》卷五《学校》
② （道光）《徽州府志》卷三《营建志·学校》

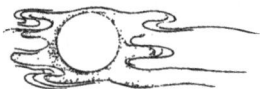

除州（路）儒学外，徽州六县儒学亦相继设立。歙县县学始建于南唐保大八年（950），学址在县南。宋初，因歙为负郭县（州治所在县），县学附于州学，不另立。淳祐十年（1250），州守谢堂才重建歙县学于县左。元代沿其制。黟县在宋初即有学，祁门县学建于宋端拱年间（988—989），休宁和婺源县最迟到宋庆历年间（1014—1048）已置学，绩溪县亦于宋代建学。

宋元时期，徽属各县儒学讲堂、殿宇、斋舍、亭阁、庖廪皆备，并有藏书、置有学田。如休宁县学，于绍兴七年（1137）"买书千余卷"[1]；绩溪县学，于淳熙十五年（1188），"买监书经、子、史、传、记二千七百余卷"[2]；歙县县学，知县彭方于嘉定年间（1208—1224）"捐俸贮书数百卷于学宫，以淑后学"。[3]

徽属各县县学拥有学田数量多少不等，如绩溪县学，淳熙十五年，知县叶楠为其"买田三十六亩以养士"；黟县学，端平（1234—1236）初，知县舒泳"籍约户田于学以养士，为亩二十"；而歙县学，在淳祐十年始建时，州守谢堂即为其"置田二顷有奇"。[4]

县学学官，宋置主学、直学、学长、学谕、学宾、斋谕各一，元置学正。"生徒来学，不限多寡"。宋元时期，徽州官学生徒人数众多，如婺源县学，"熙宁（1068—1077）中，秘书丞鄱阳刘定为县，从学者率县百余人"[5]；休宁县学，在绍兴（1131—1162）初年，因县尉陈之茂"实能以经术文章起人慕心"，于是"凡邑秀民争北面讲席，户内人满，率坐户外，后至或以无地"。[6]徽属其他各县儒学生徒人数，可想而知。元末战乱，至正十二年（1352），"蕲、黄兵陷徽州"，徽属各儒学一起被毁。

明清时期，徽州的府学和各县县学基本保持着稳定繁荣的局面。据道光《徽州府志·学校》记载，从明洪武初年至清嘉庆年间，徽州府学较大规模的重修和扩建约有20次，歙县学19次，休宁县学45次，婺源县学47次，祁门县学24次，黟县学19次，绩溪县学27次。由于不断重修和扩建，明清时期的徽州官学虽也间有"势见堕落"之时，但大部分时候都是保持着

① 洪适：《休宁县建学记》，康熙《休宁县志》卷七《艺文志》
② （道光）《徽州府志》卷三《营建志·学校》
③ （道光）《徽州府志》卷八《职官志·名宦政绩传》
④ （弘治）《徽州府志》卷五《学校》
⑤ （淳熙）《新安志》卷五《婺源县·庙学》
⑥ 洪适：《休宁县建学记》，康熙《休宁县志》卷七《艺文志》

"美奂美轮（伦）、壮伟闳丽"之态。如徽州府学：早在1367就"起棂星门并门屋，缭以周垣，增创讲堂东西四间，以为斋舍"；洪武九年（1376）又"重新两廊、四斋，颜曰思诚、明善、持敬、进德，丹墀、戟门、道路、墙垣靡不完固。射圃之东构亭扁曰观德，复有仓廪三间在大成殿后"；成化十八年（1482），提学御史娄谦"见其（府学）损坏，檄郡守王哲等重修"，于是"郡之守贰莫不鼓舞振作，庀材鸠工，以后为戒，而奔走执役之人，亦皆晨夜展力，不以倦告。不数月而徽学大治，且为南畿诸学之冠。"到清朝，徽州府学又"撤而新之。于是庙之殿、庑、厨、所、门、栏、桥、池，学之堂、舍、斋、阁、祠、廊、射圃，咸备无阙"。

明清时期，徽州官学的学官设置、生徒名额，以及日常管理等一一进行规式。如徽州府学，明代设教谕1员、训导4员，生徒之数，洪武初额定40员，后又陆续有增广之额。清代设教谕、训导各1员，生徒之数定额为禀膳生员40员，增广生员40名，附学生员每3年经学政岁、科两试后从六邑县学拨入25名，武生经岁、科两试后从六邑县学拨入20名。

徽州各县学，明代皆设教谕1员、训导2员，清代皆设教谕1员、训导2员，清代皆设教谕、训导各1员；其生徒定额大致相同。清代，徽州六邑县学各有禀膳生员20名、增广生员20名，只是附学生员和武生人数略有差别；歙县、休宁县、婺源县、黟县县学每次可招收附学生员20名、武生15名，而祁门县、绩溪县县学则每次只可招收附学生员16名、武生12名①。

由此可见，正是因为地方政府和士民对官学的如此重视，在各方面给予教育以极大的支持与鼓励，才使得徽州的官学在起步后迅速发展。

2. 书院

书院是中国古代特有的教育组织形式。形成于唐、五代，发展于宋、元，兴盛于明、清，前后存在了1000多年。其特点在于它是既独立于官学之外的学校制度，又是与教育密切结合的学术研究机构。

徽州最早的书院是北宋景德四年（1007）绩溪人胡忠在龙井建立的桂枝书院。

到宋元时期，徽州书院已经很发达。据不完全统计，这一时期徽州共有书院42所，其中宋代所建者18所，元代所建者24所（不包括对宋代书院的重建）。而全国新建书院总数宋代约为400所，元代约为282所。徽州书

---

① （道光）《徽州府志》卷三《营建志·学校》

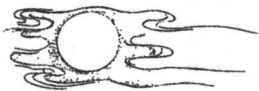

院数量在宋代约占全国总数的 4.5%，在元代约占全国新建书院总数的 8.5%。

徽州书院的发展和兴盛是在朱熹于南宋淳熙三年（1176）第二次回故乡婺源县省墓，并讲学于乡里之后。徽州是程朱理学的故乡，其书院的发展与兴盛和徽州士儒研究与传播理学的关系最为密切。正如南宋休宁人程若庸所说："创书院而不讲明此道，与无书院等尔。"①

徽州书院大致分为三种类型：第一类是生员和士绅际会读书之所，歙县紫阳书院归于此类，徽属 6 县许多士子来此学习，乾隆时期"师儒弦诵，常数百人"；第二类书院着重选拔"乡之俊秀者"，聘请名师加以教诲；第三类书院和宗族密切结合，专收族中子第，如婺源的太白精舍系由潘氏合族置义田百亩而建，祁门的李源书院由地主李汛捐赠田地 20 亩以帮助族中家境贫寒的子弟入学。

徽州书院以朱子之学为宗，大多宗法朱熹白鹿书院学规，采取自学钻研、相互问答、集中讲学的教学方法。学术风气炽盛，贤才辈出。明朝中叶，王阳明、谌若水之学在东南地区影响增大，徽州学界受其冲击，掀起了会讲的大潮，歙县斗山书院、黟县中天书院、休宁还古书院先后成为阳明学派的中心。1901 年全国书院改为学堂，徽州书院亦相继改称。

徽州最著名的书院是建于南宋淳祐六年（1246）的歙县紫阳书院。这是全国著名书院之一。此书院始建于徽州府城南门外，南宋理宗皇帝御笔亲题院名匾额，元代三易院址，时兴时毁。明代正统年间迁于县学右之射圃。明正德十四年（1520），郡守张芹在紫阳山中又建一紫阳书院，于清代日渐兴隆。康熙、乾隆皇帝先后亲题"学达性天"、"道脉薪传"两额。清乾隆五十五年（1790），歙人曹文埴、鲍志道等在县学后朱文公祠遗址创建古紫阳书院，光绪三十二年（1906）改为紫阳师范学堂。该书院以《白鹿洞书院学规》为纲，以讲学与道德修养为主旨，崇奉正宗的朱学，自创办至改办学堂长达 660 年间，一直是新安理学的中心。

3. 义学

义学，又称义塾、义馆，是为孤寒子弟而设立的教育机构，不仅不收束修，而且还提供膏火之费。明清时期的义学有民办和官办两种形式。

民办义学一般由富裕的民间人士置屋、买田、捐资创办。明代徽州私人

---

① 《宋元学案》卷八三《双峰学案·斛峰书院讲义》，中华书局 1986 年版，第 2818 页

创办义学蔚然成风。如歙县呈坎人罗元孙，"尝构屋数十楹，买田百亩，以充义塾、以惠贫宗"；休宁县商山人吴继良，"尝构义屋数百楹，买义田百亩，建明善书院，设义塾"①。入清以后，徽州私人创办的义学更是遍布城乡各地。如歙县人洪世沧，"捐资二千金入宗祠，以其息设两义塾"②；黟县人汪迁光，"尝捐白金三百立义学"③；婺源人程耀迁，"倡兴义学，输田若干亩"④；等等。

徽州官办的义学，当始于清初。据清道光《徽州府志·学校》记载：黟县，"康熙二十二年于迎霭门外建义学，先是城南有义学，至是移建焉"；绩溪县，"康熙五十二年知县雷恒建设（义学）于城西，至雍正间知县王启源犹奉行未废"；歙县，清初设有"义学三，城内一，南乡一，北乡一，岁给膏火银三十六两，敦请义学师，酒席银二两九钱八分三厘"。但到清嘉庆以后，这些官办义学都相继罢废。

4. 社学和私塾

徽州古代的初等教育机构以社学、私塾为主。社学也是官办的教育机构。在元代，以乡中每 50 户为一社，每社设社学一所。明洪武八年（1376），徽州六邑有社学 462 所；清康熙时，徽州社学发展到 562 所。其特点是以地域为单位，官办民助。社学经费除官方出资以外，更主要的是靠各乡族捐助。社学从形式上看是官办，实际上是官民结合的办学形式。

塾学又称私塾、塾馆、书塾，是中国古代一种最为基础的启蒙教育形式，在徽州遍及各乡各村，涉及家家户户。早在洪武十三年（1381），朱元璋一度下诏停办社学，徽州"乡民有乐教者"，即"各自延师训诲子弟"⑤，后来朝廷又颁布了恢复社学之令，社学系统在某种程度上得以恢复，但徽州民间设塾学的风气并没有停止，而是越来越兴盛。

徽州私塾形式多样，有一族延师教本族子弟的族塾，有延师择址建馆课一村子弟，称村塾。如清祁门郑华邦，"在族，兴立塾学，嘉惠寒儒，永垂

---

① （康熙）《徽州府志》卷一五《人物志四·尚义传》
② （民国）《歙县志》卷七《人物·尚义》
③ （嘉庆）《黟县志》卷七《人物·尚义》
④ （光绪）《婺源县志》卷三五《人物十·义行八》
⑤ （弘治）《徽州府志》卷五《学校》

为例"①；清婺源张伯，"倡输数百金建宗祠、书塾"②。还有富家延师来家教子弟的家塾（坐馆），有塾师在自己家中设馆教授生徒的私塾（学馆），还有专收贫家子弟的免费义塾、义学。除此之外，徽州还有不少乡约、文会等，多具有教学、教化的功能。

二、徽州教育与宗族的关系

明清时期，徽州地区宗族势力非常强大，有着重教崇文的徽州宗族组织，都努力为子弟读书创造良好条件。

徽州状元坊

（一）徽州宗族对教育的重视

徽州宗族大多来源于中原的显宦子弟或儒学世家，具有浓厚的传统文化渊源，一向重视文化教育。进入明清时期，由于徽商发展导致经济力量雄厚，徽州宗族在文化教育上的追求更为强烈，对族内子弟的教育和培养成为

---

① （同治）《祁门县志》卷三〇《人物志八·义行》

② （光绪）《婺源县志》卷三四《人物十·义行七》

宗族的重大事务。休宁《茗洲吴氏家典》指出："族内子弟有器宇不凡，资禀聪慧而无力从师者，当收而教之。或附之家塾、或助以膏火。培植得一个两个好人作将来楷模，此是族党之望，实祖宗之光，其关系匪小。"① 徽州宗族之所以如此重视教育，是因为他们对教育在宗族生存、发展和强盛的过程中的重要性有着极为深刻的认识：

1. 教育是宗族强大的重要基础

宗族要发展壮大、长盛不衰，要想在社会上享有威望，光靠经济力量是不够的，更重要的是确立宗族在政治上和学术上的地位。所谓"巨室强宗之所以绍隆而不绝者，有世禄尔"②；所谓"子孙才，族将大"③。而要取得在政治和学术上的地位，只有通过教育才能实现。正如明歙人汪才生对其子弟所说的："吾先世夷编户久矣，非儒术无以亢宗，孺子勉之，毋效贾竖子为也。"④

2. 教育是培养德行的重要途径

徽州人一再告诫其子孙："读书非徒以取科名，当知做人为本"⑤。这里强调了教育在培养人的德行中的重要作用。在中国古代文化传统中，德行永远都是宗族兴旺的重要基础。

3. 教育是保护宗族免受侵害的重要保证

明清时期，"世风不古，外患易生，横逆之不，时所常有"，特别是"官民异体，力不能抗，未有不遭其鱼肉者"。但是，"苟能身列青衿，尚可据理陈词，少当其锋。若在齐民，畏惧刑拷，有屈无伸，唯有择祸从轻一说耳"。所以，仅从生存环境考虑，徽州的宗族之人"是以谆谆望子孙之读书也"。

（二）徽州宗族重视教育的主要方式

1. 投资办学

其一，兴办族塾。它是明清徽州宗族开展教育活动的主要场所，也是徽州社会最常见的宗族办学形式。对于古往今来的办学者来说，筹集资金是一

---

① （雍正）休宁《茗洲吴氏家典》卷一
② 胡寅：《斐然集》卷二〇《个竦堂记》
③ （光绪）《绩溪东关冯氏家谱》卷首上《祖训》
④ 汪道昆：《太函集》卷六七《明赠承德郎南京兵部车驾司署员外郎主事汪公暨安人郑氏合葬墓碑》
⑤ （民国）《黟县四志》卷一四《胡在乾先生传》

个永远的难题，而明清时期的徽州宗族却很好地解决了这个难题。

其二，宗族输资。明清时期，许多徽州宗族直接从宗族公产中输资兴建族塾。直到清末，徽州许多宗族仍沿袭着这一优良传统。清光绪三十三年（1907），歙县建立私立小学堂，"款由唐氏祀产内补助"①；宣统元年（1909）歙县又建私立小学堂，"以项姓祀义仓收入为经费"②。为给族塾提供长期稳定的经济来源，保证族塾的正常运转，一些宗族还输资置买学田。如休宁古林黄氏宗族"置学田为膏火"③。

其三，族人捐资。徽州宗族借助宣传宗法思想，来唤起族人同甘共苦、互助互济的观念，鼓励族人捐资助学。在浓厚的宗法思想熏染下，明清徽州社会形成了"重宗义，讲世好"④的共识，在此基础上宗族多劝其族人捐资援资兴学。《绩溪西关章氏族谱》呼吁："当今吾宗身列士籍者广多，有洛阳之二顷者不少，惟各不齐，所以襄厥其美"，以使"族中之俊秀操觚有需，灯资有治，不致映雪而囊萤"。⑤

2. 创建宗族书院和文会

书院是私人或官府创办的讲学肄业之所。明清徽州地区，书院文会星罗棋布，所谓"各村自为文会"⑥，"书院所在多有"⑦，即言此盛况。其中相当一部分是由宗族举办的。这些宗族书院和文会的资金来源，或由宗族直接输资，组织族人捐资建成。如婺源明经书院由考川胡氏"合族重建"，婺源太白精舍由"潘氏合族建，置义田百亩，以资来学"⑧，歙县阜山文会是

---

① 许承尧：《歙县志》卷2·营建志·学校，中国地方志集成，安徽府县志辑：51 册，江苏古籍出版社 1998 年版，第 58－59 页

② 许承尧：《歙县志》卷2·营建志·学校，中国地方志集成，安徽府县志辑：51 册，第 59 页

③ 张海鹏、王廷元：《徽商资料选编》464 条，黄山书社，1985

④ 马步蟾：《道光徽州府志》卷2·舆地志·风俗，另有所指地方志集成·安徽府县志辑：48 册。江苏古籍出版社 1998 年版，第 160 页

⑤ 章尚志：《绩溪西关章氏族谱》卷 33·金城阴德词资补义田会谱序，木活字本，1915 年。安徽省图书馆藏

⑥ 许承尧：《歙事闲谭》卷十八·歙风俗礼教考，黄山书社 2001 年版，第 602 页

⑦ 赵吉士：《寄园寄所寄》卷 11 石印本。文印书局，1915，安徽省图书馆藏

⑧ 马步蟾：《徽州府志》卷3·营建志·学校，中国地方志集成·安徽府县辑：48 册，江苏古籍出版社 1998 年版，第 236 页

"乾隆间潘宗硕倡族同建"①，或由族中富室或官僚捐资兴建，如休宁率溪书院为"程希建为程氏家塾"②。为保障宗族书院和文会的修缮费和维修费，一些宗族还在文会会规中规定，以后会友遇到喜事，均需交纳一定数量的喜银和俸金。在《率溪书院文会簿》中，就有大量以得子、入泮、补廪、岁科考、乡试、会试中试、出仕等类名目收取的礼金账目。③ 与族塾一样，宗族书院和文会也是以培养宗族人才、振兴宗族为宗旨的。歙县许氏宗族阐明该宗族恢复宗族文会的目的是为"庶人文之盛继肇，自今而凤翥蛟腾"。④ 由于宗族书院和文会肩负着培养人才、振兴宗族的重大使命，故一旦建立后，子孙就有维持甚至发展壮大它的责任，即使因遭遇天灾人祸或战争而被毁，一旦时机成熟，子孙们仍须力图重建。

3. 慎择教师，为子弟学习创造良好的教学环境

徽州宗族普遍认识到教师在宗族教育中的重要作用，所以对教师的选择尤其注意。婺源《武口王氏统宗谱·宗规》"重家学"条指出："天下之本在国，国之本在家，家之本在身。格物致知，诚意正心，皆所以修身也。《易》曰：'蒙以养正，圣功也。'家学之师，必择严毅方正可为师法者教。苟非其人，则童蒙何以养正哉！"休宁《古林黄氏重修族谱·宗规》亦专设"隆师傅"一条，教导族人："天生蒸民，作之君以镇抚之，即作之师以训迪之，所以觉世牖民而使之就范也。故建官分职，首重太师，兼立保傅，自有深意。自后世师道不尊，而人始无所忌惮，欲使之端品行而励廉隅，岂可得哉。人无论贵贱、质无论智愚，皆当择师傅以为之训迪，俾知入事父兄、出事长上，庶有造有德，相与有成，不得姑息养骄，贻悔日后。"

绩溪《西关章氏族谱》卷三六还特载族人所作《师说》一篇，详细论述了"良师"和"庸师"的区别以及对童蒙的不同影响，并说："子弟坏于父兄之不教者十之二三，而坏于先生之贻误者十之八九"，以加强族人的择师意识。正因为教师作用如此重要，所以在徽州族人延请名师以教子弟，蔚然成风。

---

① 许承尧：《歙县志》卷2·营建志·学校，中国地方志集成·安徽府县志辑：51 册，江苏古籍出版社 1998 年版，第 58 页

② 马步蟾：《徽州府志》卷3·营建志·学校，中国地方志集成·安徽府县志辑：48 册，江苏古籍出版社 1998 年版，第 228 页

③ 《率溪书院文会簿》，抄本，原件藏中国社会科学院历史所

④ 许登瀛：《重修古歙东门许氏宗谱》卷10《宗文会序》，1737 年刻本，安徽省图书馆藏

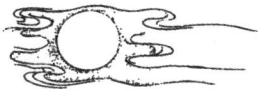

三、徽州教育与徽商的关系

（一）让子孙习儒业、入仕途是徽商的终极追求

徽商是受过正统儒家教育的有文化的商人，虽因生存所迫不得不弃儒服贾、经商谋利，但并非是徽商的最高价值追求。经商只是他们解决经济问题的一种手段，用经商所得之厚利让子孙业儒入仕、显亲扬名才是徽商的终极追求。明歙人汪道昆就对此作过非常明确而生动的概括："新都三贾一儒，要之文献国也。夫贾为厚利，儒为名高，夫人毕事儒不效，则弛儒而张贾；既侧身飨其利焉，及为子孙计，宁弛贾而张儒。一张一弛，迭相为用，不万钟则千驷，犹之转毂相巡，岂单厚计然乎哉！择术审矣。"① 明著名学者王世贞也说："徽地四塞多山，土狭民众，耕不能给食，故多转贾四方。而其俗亦不讳贾。贾之中有执礼行谊者，然多隐约不著，而至其后人始，往往修诗书之业以谋不朽。"②

科举时代，读书、业儒的目的自然是为了入仕。徽商希望子弟读书成名，说穿了就是希望子弟读书做官。明歙商许莲塘经商致富后，宁可自处粗粝，也不惜重金延揽名儒教育诸弟。许多人对此大惑不解，或讽之曰："子之诸弟容容与与，息游儒林，子胡自苦犯晨夜、冒霜雪，焦神极能耶？"他回答说："噫！客乌知大体哉！昔汉得一良相陈平者，是谁之力欤？乃由平之兄伯也。《陈平传》载：陈伯纵弟平游学，而陈伯肩家事，肆陈平学成相业也。吾独不能为陈伯乎！"③ 原来许莲塘含辛茹苦、呕心沥血供养诸弟子读书，是希望他们能早日撷取功名，博得高官。清歙商凌珊延名师并亲自督子为学，"一是语室人曰：'儿虽幼，已为有司赏识，吾与尔教子之心当不虚。异日者尔随任就养，必教儿为好官，以不负吾志乃可'"④。可见凌珊延师课子，并亲自督子为学，其目的也是望儿为好官。

徽商对业儒入仕的追求，有以下两点为证：

其一，不少徽商致富后，弃贾业儒，转向科场入仕之途。如明歙县商人

① 汪道昆：《太函集》卷五二《海阳处士金促翁配戴氏合葬墓志铭》
② 王世贞：《弇州结稿》卷一一六《处士程有功暨配吴孺人合葬志铭》
③ 歙县《许氏世谱》第 5 册《明故处士莲塘许君行状》
④ 《沙溪集略》卷四《文行》

潘仕，在其父去世后对其兄长说："往仕废儒而贾，慎毋伤考氏心，乃今藉考氏之灵，贾有成业，仕将舍贾而归儒也。"于是潘氏"则从胡先生受《尚书》，及其治博士家言，不出户而合辙。游学于越，会少师徐公视学严陵，遂挟策而子少师，补建德学馆弟子。寻应诏例入南雍……"①。这些徽商的做法，都反映了他们对儒业功名的不懈追求。

其二，许多徽商致富后，通过"急公议叙"或捐贫买官而跻身仕林。通过科举入仕毕竟不是一件容易的事，因而对于徽商来说，跻身仕林最便捷的方法就是"急公议叙"或"捐贫买官"。《二刻拍案惊奇》卷一五写道："原来徽州人有个癖性，是乌纱帽、红绣鞋，一生只这两件事不争银子。"这里所谓的"徽州人"自然指的是徽商。这种说法是极符合实际情况的。徽商，特别是他们中的盐商，对急公捐输十分积极。据嘉庆《两淮盐法志》统计，从康熙十年（1671）至嘉庆九年（1804）的100多年中，以徽商为主体的两淮盐商以军需、河工、赈灾等名义捐输给政府的钱财共计有银39302196两，米215000石。每次大的捐输，多则银数百万两，"其余寻常捐输难以枚举"。② 如乾隆三十八年（1773）征小金川，歙县大盐商江春等人一次捐银就达400万两之巨。③ 徽商的巨额捐输，赢得了清政府的好感，于是清统治者也投桃报李，为徽商封官晋爵。如江春，因"逢大典礼暨工、赈，输将重劳，殚心筹策，靡不指顾集事"而得到乾隆的欢心，乾隆特予以召见，并对其"特宣温旨，加授布政使衔，荐至一品"；歙县大盐商郑鉴元，也因捐输有力，"诰授通议大夫，候撰道。乾隆五十五年，入京祝万寿，加一级，召预千叟宴，赐御制诗及粟帛。又以输军饷一万两以上，议叙加五级，覃恩诰封中宪大夫、刑部山东员外郎。"④ 像江春、郑鉴元这样通过急公议叙获得了显赫的官阶和上交天子的荣誉，这不仅是一般商人，也是大部分士大夫所无法企及的。徽商通过急公议叙而步入缙绅之列，从而享有一般商人所没有的种种特权。徽商的这些举措，都反映了其对进入仕途的渴望。

正因为徽商的终极追求是让子孙习儒业、入仕途，为了实现这一目标徽商致富后，他们对家乡教育事业的资助可谓竭尽全力。

---

① 《太函集》卷52《明故太学生潘次君暨配王氏合葬墓志铭》
② 王守基：《盐政议略》
③ （嘉庆）《两淮盐法志》卷42
④ 《橙阳散志》卷3；《歙事闲谭》第25卷

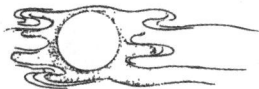

（二）徽商对教育的积极捐助

徽商对于徽州教育的贡献，不仅在于其终极追求对于教育所产生的影响，更体现在其对教育的直接投资与支持上。尤其是明清时期，徽商凭借财力的优势，多方位、多层次地资助教育事业，促进徽州教育的发展。主要表现在：

徽州"同胞翰林"坊

1. 亟置塾学

出于"汲汲"于子弟业儒的强烈愿望，获利后的徽商大多把延师课子、设置家塾列在头等重要的地位。如明歙县许晴川经商致富后，"五子咸延名师以训"。明末歙县新馆鲍氏商人设塾立教，如鲍继登"以盐策起家，尝到建德文堂为书塾，广延名师罗益友以训其子孙"；鲍省吾"以业䰞起家，尝置有斐堂以为子孙读书之所"；鲍柏庭"以业浙䰞，家颇裕"，"好施与"，"教子也以义方，延名师购书籍不惜多金。尝曰：'富而教不可缓也，徒积资财何益乎！'"① 鲍柏庭提出的"富而教不可缓也"的思想，在徽商中是具有

① 《歙县新馆鲍氏著存堂宗谱》卷二

代表性的。

2. 广设义学

徽商不仅热衷于置塾学，还广设义学，为宗族和乡里的贫困子弟提供接受教育的机会。明清时期，徽州义学遍及城乡，大多为徽商出资兴建。明歙县范信，业贾于仪征，"性慷慨，累财好义。……建义学，族中子弟俊秀者加意培植，俾读书成立。"明歙县洪世沧，"贾于吴越间，家稍裕，遂承先志，于族党中捐资二千金入宗祠，以其息设义塾二堂"①。

3. 捐修官学

对官办的府学、县学，徽商也不吝资财，不时倡修。明清时期徽州府学、县学之所以能基本保持着"美奂美轮（仑），壮伟闳丽"之态，离不开徽商的慷慨捐输葺修。如对徽州府学的葺修即是如此。明弘治十四年（1501）知府彭泽"搏浮费及盐榷，商旅给符，所入之资恢拓基址，再移射圃于东，置亭扁曰'观德'，创馔堂及绘饰圣贤像，增创号舍一百余间。"清康熙五十四年（1715），歙绅商项宪捐资重修明伦堂两庑及仪门，其子项□毕其役；雍正三年（1725）项□之子道晖重修尊经阁，学宫前"东南邹鲁"坊毁于暴风，道晖又捐次重建；乾隆三十四年（1769），众绅商捐资重修学宫；嘉庆十二年（1807），歙县盐商鲍漱芳等又加以重修，其用去白银14000两；嘉庆十六年（1811），鲍漱芳之子鲍均又捐资重建尊经阁及教授、训导两衙署。对徽属六邑的县学的葺修也莫不如此。

4. 倡建书院

为了使更多的子弟业儒就学，徽商积极捐资，广建书院。正如清乾隆时人双庆在《紫阳书院增建学舍膏火记》中所言：书院"必得有力而好义者为之倡，然后有所凭藉，以观厥成"②。徽商就是"有力而好义者"。宗族乡里书院的创办，其经费来源于徽商。明万历年间休宁商人吴继良创建商山明善书院，明后期黟县人黄志廉率族重建黄村集成书院，清歙县盐商鲍漱芳重建棠樾西畴书院，清咸丰年间婺源商人项儒珍构筑周溪玉林书院等即是典型。此外府级、县级书院的建置和修葺也大多有徽商参与，其经费来源也多由徽商提供。歙县古紫阳书院就由歙县盐商鲍志道、程光国等倡议建造，在建造过程中鲍志道一人就独力捐银3000两。

---

① （道光）《徽州府志》卷一二《人物志·义行》
② （民国）《歙县志》卷一五《艺文志》

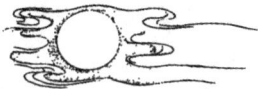

（三）徽州教育发展对徽商的影响

1. 徽州教育为徽商提供了致富经验和商业决策方法论

明清时期，由于商品经济的发展，商人队伍空前壮大，商业竞争也因此趋向激烈。要想在对手如林的商业竞争中立于不败之地，就要"犹伊尹、吕尚之谋，孙、吴用兵"，通权变，讲智谋，以出其不意的竞争策略与方法制胜取赢。中国历史上有许多经验被总结在方册之中，许多典型事例被记录在史籍之上，徽商通过学习这些经典，吸取前人有益的经验，在竞争中取得胜利。明休宁商人汪可训因业儒屡不售而从贾，他两次"发《货殖传》读之"，均有所获，于是"积五年，择人人得、任时时成、饰智智治，隆著拟封君矣"。

清歙县盐商鲍直润的事例最为典型。他初期因轻信于人，致使商业失利，后来运用白圭的"人弃则我取"之术，终于大获成功。时浙江江山县食盐销路不畅，众商折本，相继退出，而鲍直润则决定"尽质其田"，筹集资金，以江山作为自己的食盐销售地，"家人咸忧相谏阻"，竭力反对，鲍直润则向他们解释说："今江山口岸，众商星散，势将食淡，所谓人弃则我取。譬如逐鹿，他人角之，我蹑其后，时不可失，吾意决矣。"到道光末年，他终于成了腰缠万贯的大盐商，并"以盐务报效海疆军需，议叙盐课提举司提举衔，例授奉直大夫"。①

2. 教育为徽商提供了选人、用人、待人之道

徽商初入商海时，大多以小本起家、独力经营，当其资本增值、经营范围逐渐扩大后，多是选择若干人为己所用。顾炎武在《肇域志·江南十一·徽州府》中说："新都（徽州）……大贾辄数十万，则有副手，而助耳目者数人。"副手又称掌计，他和若干"助若目者"都是徽商雇佣的"伙计"。如歙商程君，"门下受计出子钱者恒数十人"；歙商汪治，手下亦有"诸昆弟子姓十余曹"②。虽然徽商所用之人大抵以亲族子弟为多，或者是自家的佃仆僮奴，但这中间也存在着如何选人、用人、待人的问题。

徽商选人以德、才为本。在德才两方面，徽商首先看重的是"德"。如：歙人闵世章，"少孤贫……遂走扬州，赤手为乡人掌计簿，以忠信见倚重"；

---

① 《歙县新馆鲍氏著存堂宗谱》卷2《中议大夫大父凤占公行状》
② 《弇州山人四部稿》卷61《赠程君五十叙》；《太函副墨》卷14《先大父状》

歙人江明生因"诚笃谙练"而被本族的一个大盐商聘去管理扬州盐务；黟县孙廷焘也因"必诚必信，数十年如一日"而被同邑盐商汪承器"延为上宾"，后汪承器将其家业"公私填委"，"予孙廷焘"①。徽商之所以重德，主要是因为有"德"之人，能在经营中"铢两不私"；能与人坦诚相处，建立起和谐的人际关系；能上下同心，"主宾倚重，相与有成"②。徽商选人，在讲究"德"的同时，也很重视"才"，特别是一些需要技术的行业，为了在竞争中获胜，徽商往往不惜重金将一些能工巧匠聘到自己麾下。如清末徽州最负盛名的"胡开文"墨业即是如此。"胡开文"墨业创始人胡天注在承顶其岳父濒临倒闭的"汪启茂墨室"之初，并没有急于扩大生产规模，而是将资金用来购买上等原料、聘请能工巧匠制模做墨，努力创制名牌产品，打开市场销路。在"汪启茂墨室"改名为"胡开文墨庄"之后，胡天注及其后继者们也都将招贤纳才一事摆在墨业经营的首位。当时徽州著名墨模雕刻家王绥之、刘体泉，著名墨工曹观禄等人都曾在"胡开文墨庄"效力。他们精心制作的"圆明园"、"黄山图"、"西湖十景图"、"十二生肖"墨以及荣获1915年巴拿马万国博览会金质奖章和南洋劝业会优质奖章的"地球墨"等，为胡开文墨庄赢得了广泛声誉，使"胡开文"墨畅销海内外。

徽商不仅按"儒术"选人和用人，而且在待人方面亦恪守儒家"宽厚"的方针。为了使雇佣者能尽心效力，徽商往往对他们"推心置腹，体恤无不周"。如徽商程君对手下之人，经营中偶有蚀亏，也不予以责罚，而是"宽之以务究其材"，让其吸取经验教训，在下一次经营中再设法弥补；对经营获利者，程君则"廉取之而归其赢"，让其分得丰厚的红利，以鼓励其经营积极性。其结果是"以故人乐为程君用"。正因为徽商待人诚挚，人乐为其所用，故能在商业组织内部形成一种合力，从而不断推动商业的发展。

3. 徽州教育中的"儒术"为徽商与官府的结合提供了"黏结剂"

中国封建社会里，徽商要想在商界站稳脚跟，并求得进一步发展，就必须与权势结缘。而要与权势结缘，除了金钱之外，更重要的就是"儒术"了。因为儒与官通，官僚为了附庸风雅，自然对"儒术"有着浓厚兴趣。如明休宁商人汪可训，曾就学于南京国子监，博学多才，名噪南都，一时名士缙绅各得与语为快。后弃儒服贾于芜湖，周旋于官僚士大夫之间，并与前来

---

① 《歙事闲谭》第 28 卷，歙县《济阳江氏族谱》卷 9；同治《黟县三志》卷 15
② 歙县《济阳江氏族谱》卷 9

摄芜湖关事的西蜀雷公及继任者潘二岳两人结成莫逆之交。"余如罗柱史、张铨部、程观察诸大老曲席折节，指不胜屈"①。再如歙商黄长寿，"翁虽游于贾人，实贾服而儒行，尝挟流览未尝置。性喜吟咏，所交皆海内名公，如徐正卿、叶司徒等，相与往来赓和，积诗成帙，题曰《江湖览胜》并《壬辰集》，前太史景公赐为之引，梓成藏为家宝"②。显然，官与商之间形成这种密切的关系，正是"儒术"的媒介作用。

四、徽州教育的地位与影响

发达的徽州教育，不仅为封建国家培养了一大批治国安邦的人才，而且对提高徽州人的文化素养，形成斑斓璀璨的徽州文化，以及对促进徽州商业的发展都起到了巨大作用。

曹文埴手书楹联

（一）徽州教育结构及其影响

1. 精英教育为徽州培养了大批科举人才

徽州精英教育的普及率虽然无法估计，但接受精英教育的人数之多则是可以肯定的。据记载，明嘉靖时，休宁县"即就试有司，动至数千人。其有怀才而登别籍，或怀资而登成均。至占籍者，国夥于乡；起家者，客埒于主"③。据有关学者估计，清代中国的识字率男子为30%—45%，女子则为2%—10%。江南地区是全国的人文渊薮，其识字率应在估计数的上线，即男子为45%，女子为10%左右。④ 而作为江南人文渊薮的徽州，其男女识字

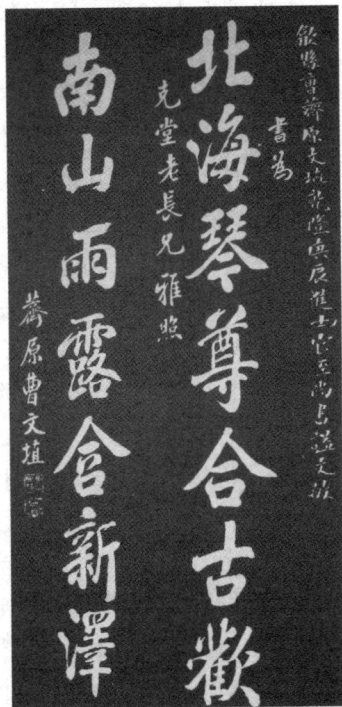

---

① 《休宁西门汪氏宗谱》卷6《太学可训公传》
② 歙县《潭渡黄氏族谱》卷9《望云翁传》
③ （万历）《休宁县志》卷一《舆地志·风俗》
④ 李伯重：《江南的早期工业化》第440—444页；〔美〕吉尔伯特·罗兹曼主编：《中国的现代化》，江苏人民出版社1988年版，第246—250页

率，或者说大众教育的普及率，可能要远远高于江南地区的平均数。如果说大众"教育的目标并非考科举，而是从事工商业活动"，① 换句话说，如果我们承认经商必须具备基本的读写能力，那么明清徽州地区男子的识字率应在70%—80%左右。徽州女子从小也要接受识字、书写及妇德等方面的教育，其识字率也比其他地区高。

精英教育普及的直接结果就是为当时的朝廷输送了一大批科举人才。据史料记载，到南宋初年，仅休宁一县，每次应乡贡者"常过八百人"②，而整个徽州则"毋虑二千人去"③。

宋代徽州中进士者的人数，荷兰学者宋汉理和日本学者斯波义信曾作过具体统计。宋汉理据弘治《徽州府志》卷六《选举志·科第》的记载，统计出宋代徽州有进士620人④；斯波义信则据嘉靖《徽州府志》卷一三《选举志·科目》的记载，统计出宋代徽州有进士624人。

教育的发展以及进士及第人数的众多，使徽州"迨圣宋则名臣辈出"。⑤《新安文献志·卷首》就记录有两宋时期徽州141位先贤事略。他们就是这一时期徽州"名臣"中的典型代表。这些人中，有的以"风节闻"，有的以"气节"显，有的以"文章"名，有的以"治绩"称，等等。⑥

2. 大众教育与徽州整体文化素质的提高

大众教育的普及，大大提高了明清徽州人的整体文化素质，使徽州文风之盛甲于天下，著述之多在全国亦名列前茅。据道光《徽州府志·艺文志》统计，明代徽州人著述有经162部，史185部，子337部，集514部；清代有经310部，史121部，子278部，集579部。两朝著述总数为2486部。据民国《歙县志·艺文志》记载，该县明代有著述481部、清代有1255部。另据乾隆四十年（1775）刊刻的歙县江村村志《橙阳散志》记载，仅该村就有作者75位，著作152部。⑦

---

① 李伯重：《江南的早期工业化》第440页

② 洪适：《休宁县建学记》，康熙《休宁县志》卷七《艺文志》

③ （淳熙）《新安志》卷八《叙进士题名》

④ ［荷兰］宋汉理：《〈新安大族志〉与中国士绅阶层的发展（800—1600）》，《徽商研究论文集》，安徽人民出版社1985年版

⑤ ［日本］斯波义信：《宋代江南经济研究》，江苏人民出版社2001年版，第407－408页

⑥ 李琳琦：《徽州教育》，安徽人民出版社2005年版，第27页

⑦ 许承尧：《歙事闲谭》卷一八《江村人所著之书》

在徽州地区，不仅男子能文，风雅之习也传入闺房之内。许多徽州妇女能诗擅画，学识不让须眉。许承尧在《歙事闲谭》卷二《程氏诸闺秀诗》中就记载了 5 位徽州程氏女诗人的事迹。歙县沙溪汪本之妻程氏，"工吟咏"，汪本卒后，她"纱缦传经，训族邻子弟。跻高年终。人以女渊明目之"；程璋"九岁即通翰墨，日摹《曹娥》、《麻姑》诸碑。书法精工。……又信昌黎《原道》，作《原愁》及《染说》诸篇。有文集数卷。"明清时期，仅歙县江村就出现了 8 位名列史籍的女诗人，如明江学海继妻胡氏，"工诗文，著《湖湘游草》、《岳麓吟》"；明江廷俊妻凌氏，"博通书史，善古文诗词，兼工制艺"；清江鸣銮，"工诗善画，尤精花卉，得恽氏真诀"；清江阊继妻吴昊，著《香台集》，"一时闺秀酬唱成帙"，其父还"为序而行之"；清江昱妻陈佩，"著《闺房集》，选入沈氏别裁集"；清江兰之女江秀琼，"能诗，善画花卉。著《椒花馆诗集》"，等等。施淑仪所辑的《清代闺阁诗人征略》中也记载有 10 位徽州女诗人的事迹。

（二）徽州教育对徽州文化发展的作用

发达的教育及由教育所带来的浓厚的文化根底，使明清徽州的学术、绘画、书法、篆刻、医学、建筑都极为繁盛，从而形成了新安理学、徽派朴学、新安医学、新安画派、新安篆刻、徽派建筑、徽州刻书、徽派版画、徽剧等斑斓璀璨的"徽州文化"。

博大精深的徽州文化，显然离不开徽州教育的作用。

（三）徽州教育对徽州商业发展的促进作用

第一，一大批受过儒学教育的徽州学子，因种种原因未能中举入仕而投入商界，成为有文化的商人。他们熟悉儒家的待人接物之道，了解历史上商人的兴衰成败之理，故能精于筹算，审时度势，把生意越做越活。如明歙商黄铺，少时"绩学业举，志存经世"，后来弃儒从商，转贩于闽、越、齐、鲁之间。他"克洞于天人盈虚之数，进退存亡之道"，所以获利甚多，"资大丰裕"。[①] 清代绩溪章策，幼时"习举子业"，后父殁，遂弃儒业商，他因"精管（仲）刘（晏）术，所亿辄中，家日以裕"。[②] 还有一些有文化的商

① 歙县《潭渡黄氏族谱》卷九
② 绩溪《西关章氏族谱》卷二六

▶▶▶ **163**

人，因善于操持生财之道，而成为众商赖以经营的智囊。如明万历年间，在两淮经营盐业的歙商吴彦先，有暇辄浏览史书，以博学精思而获群商的爱戴，一切营运必奉其筹划，他既膺众望，便能"权货物之轻重，揣四方之缓急，察天时之消长，而又知人善任，故受指而出贾者利必倍"。① 这些有文化的商人是徽商的中坚力量，也是徽州商业发展的主要动力。

第二，徽州教育培养出来的一大批仕宦，在某种程度上成了徽商在朝廷中的代言人和政治保护伞。他们对"凡有关乡闾桑梓者，无不图谋筹画（划），务获万全"，② 在施政和议事中竭力保护徽商利益，充当徽商的政治代言人。如明歙县人仇梦台，"由进士授平乡令……入计考最，得户部。寻榷淮税，梦台为参新旧，酌存减收，税时一一验放，并立木榜以示，使吏不敢欺商。永著为令"。清歙县人许承宣，"由进士初授庶吉士，后官工科掌印给事中。抗言时政，无少讳。扬州五塘关政滋弊，承宣谓'此关外之关、税外之税也'。慷慨力陈，一方赖之"。晚清王茂荫更被人们称为是徽商利益的忠实代言人。他祖父王槐康、父亲王应巨均是商人，自己也曾于道光十年（1830）北上通州经营茶叶贸易，后考中进士，咸丰年间，官至户部右侍郎兼管钱法堂事务。他曾在给咸丰皇帝的奏折中说："必得商贾流通，百货云集，方足以安民生。"为了维护商人利益，他呼吁地方政府抚恤商民，甚至多次直接上疏皇帝，揭露贪官污吏对商人的盘剥。③ 他还从"利于商"出发，提出了钞币发行办法，陈述他的经济思想。结果惹咸丰皇帝恼怒，斥

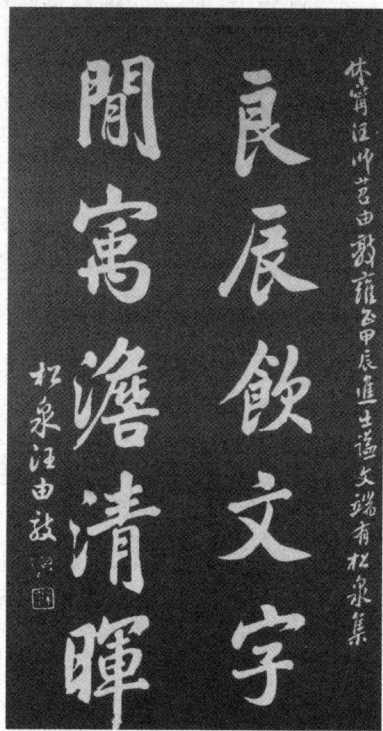

汪由敦手书楹联

---

① 吴吉祜：《丰南志》卷五
② 《重修古歙东门许氏宗谱·许氏阊族公撰观察蓬园公事实》
③ 王茂荫：《王侍郎奏议》卷六

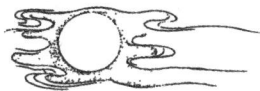

责他"只知专利商贾方词,率行渎奏,竟置国事于不问,殊属不知大体"。①
有这些仕宦子弟的保护和关照,徽商的商业贸易活动自然比其他商帮要顺利
得多。

五、伟大的人民教育家——陶行知

陶行知(1891—1946),安徽歙县人,伟大的人民教育家、教育思想家,
伟大的民主主义战士,中国民主同盟发起和主要领导人之一。原名文濬,后
改名知行、行知。

(一)生平

徽州文化是陶行知幼年思想发展的基础,少年先后入方庶咸及吴尔宽先
生私塾,曾就读于崇一学堂、南京金陵大学文学系。1911年辛亥革命爆发,
思想发生变化,信仰孙中山三民主义,主张民主共和。1914年毕业于金陵大
学,赴美留学,先后获美国伊利诺斯大学政治学硕士和哥伦比亚大学都市学
务总监学位,成为美国著名实用主义教育家杜威和孟禄的学生。

陶行知于1917年学成归国任教于南京高等师范学校,先后任教授、教
务主任,东南大学教授、教育系主任,中华教育改进社主任干事,南京安徽
公学校长,《新教育评论》主编等职。时值以民主和科学为主题的新文化运
动兴起,陶行知满怀热情地提倡新教育,改革旧教育。他一方面介绍西方教
育理论,另一方面也反对盲目"仪型他国",提出要以科学方法进行教育改
革和创新。1919年5月9日,他在南京小营演武厅6000人大会上发表演说,
痛斥袁世凯"二十一条"卖国条约,13日,南京学界联合会成立,选举陶
行知为会长。20日南京各校学生自行罢课,陶行知支持学生爱国运动。

20世纪20年代初期,陶行知以主要精力从事平民教育。1923年他与朱
其慧、晏阳初、朱经农等发起成立中华平民教育促进会,与朱经农合编《平
民千字课本》,到南京、安庆、南昌、上海、杭州、武汉等地推广平民教育
运动。是年,拒绝北洋政府任命为武昌高等师范学校(武汉大学前身)校
长,又谢绝母校金陵大学聘为校长,专心致意于中华教育改进社工作及促进
平民教育运动。

---

① 《东华续录》咸丰卷二六

伟大的人民教育家陶行知

1926 年，他在推行平民教育过程中，深切感到中国教育改造的根本问题在农村。他说："中国以农立国，住在乡村的人占全国人口 85％。平民教育是到民间去的运动，就是到乡下去的运动。"要想普及教育，就必须使平民教育下乡，开展乡村教育运动。陶行知号召人们加入这个运动，"一心一意地为中国乡村开创一个新生命。"他还立下宏愿，要排除各种困难，筹措一百万元资金，征集一百万位同志，提倡一百万所学校，改造一百万个乡村。并与东南大学教授赵叔愚等人一起筹建乡村师范学校，校址选在南京远郊偏僻荒凉的晓庄（原名小庄）。

晓庄试验乡村师范学校的创办，是陶行知教育实践和理论的重大突破。1927 年 3 月 15 日，试验乡村师范（即晓庄师范）正式开学。陶行知说"晓庄精神就是乐观精神、革命精神和团结精神"，指出："我们要办好乡村教育，要改造乡村社会，总须有宽阔的胸怀，奉献精神。"陶行知作为校长，脱去西装，穿上草鞋，和师生同劳动、同生活，共同探索中国教育的新路。学校教育与社会生活及生产劳动结合在一起，其目的是要培养学生的实际才干和创新能力，把学生培养成有农夫的身手、科学的头脑、改造社会精神的乡村教师。由于领导晓庄科学社在生物研究方面取得了优异成绩，1929 年

12 月 14 日，上海圣约翰大学授予陶行知科学博士荣誉学位，以表彰他对科学教育事业的贡献。

1930 年 4 月 3 日，针对南京英商和记洋行工人被殴事件，他抗议日舰停留南京江面，同情和支持晓庄师生参加全市学生示威游行。5 日，支持晓庄参加全市学生反帝爱国游行。国民党反动政府以"勾结叛逆，阴谋不轨"为借口，武力封闭晓庄学校，陶行知受到通缉，被迫临时避难日本。

1931 年春，陶行知秘密返回上海，任《申报》总管理处顾问，对当时《申报》的革新起了相当大的作用。1932 年创办儿童通讯学校，普及科学教育；同年 10 月 1 日，在上海市创办山海工学团、晨更工学团等，主张"工以养生，学以明生，团以保生"，运用"即知即传"的小先生制推行普及教育运动。1933 年 9 月 28 日，组成中国普及教育助成会。

1935 年"一二·九"运动爆发后，陶行知与宋庆龄、何香凝、马相伯、沈钧儒等 800 余人联合发表《上海文化界救国运动宣言》，以饱满的爱国热情参与发起成立了上海文化界救国会、国难教育社，还与宋庆龄、邹韬奋等著名人士发起成立了全国各界救国联合会。1936 年 7 月，他受全国各界救国会的委任，担任"国民外交使节"，出访欧美亚非 28 个国家和地区，宣传中国人民的抗日救国主张，争取各地华侨和国际友人支持中国的抗日救国斗争，发动侨胞共赴国难。出国前夕途经香港时，与沈钧儒、邹韬奋、章乃器联合发表《团结御侮宣言》，赞同中国共产党建立抗日民族统一战线主张，呼吁实现第二次国共合作。这个宣言震动国内外，对全国人民是极大的鼓舞，受到了中共中央和毛泽东的热情支持。

1938 年 11 月创立中国战时教育协会，起草战时教育方案。12 月 15 日，在桂林正式成立生活教育社，当选为理事长。1939 年 7 月在重庆创办了育才学校，选拔难童中有特殊才能的儿童加以培养。学校根据学生的兴趣和条件，聘请大批专家学者担任教师，对学生分组教学，因材施教；在艰苦的战争环境中，要求大家做"集体的新武训"；试验"育才幼年研究生制"，选拔了 27 名少年研究生进行专门培养。他们不仅教学生学习文化课，而且对学生进行劳动教育、专业基础知识教育和革命思想教育，使教育与生产劳动、社会实践、革命实践紧密结合在一起，把生活教育的理论运用在培养"人才幼苗"的实践中，使育才学校成为中国近代教育史上的一株奇葩。

1944 年后，陶行知致力于和平团结民主运动。抗日战争胜利后，陶行知以更大的政治热情投入反内战、争和平、反独裁、争民主的群众斗争。他在重庆创办的社会大学成了一座民主革命的堡垒。他作为中国民主同盟中央民主教育委员会主任，发表了《实施民主教育的提纲》、《民主教育之普及》、《社会大学运动》等文章，提出了生活教育的四大方针，这就是民主的、科学的、大众的、创造的教育，提出"民主第一"、"全民教育"、"全面教育"、"终身教育"等指导原则。11 月 1 日在《民主教育》创刊号上发表《民主》、《民主教育》两文。

1946 年 4 月，陶行知来到上海，继续奋不顾身地进行争取和平民主的斗争，并为在上海创办社会大学和育才学校的迁址问题多方奔波。不久，著名民主战士李公朴、闻一多被国民党特务暗杀的消息传来，陶行知异常激愤，他到处演讲，发出了"和平最急，民主第一"的呼号，一次次发出正义的呐喊，始终站在民主运动的最前列。

1946 年 7 月 24 日陶行知连夜整理历年诗稿。7 月 25 日，因为劳累过度和受刺激过深，突发脑溢血不幸逝世，享年 55 岁。临终前，周恩来握着陶行知先生的手说："朋友们都要学习你的精神，尽瘁民主事业直到最后一息。"

（二）思想

陶行知把杜威的教育理论加以改造，形成了他的"生活教育"理论。其主要命题是："生活即教育"，"社会即学校"，"教学做合一"。根据生活教育的理论，陶行知创办了晓庄学校、工学团、育才学校、社会大学等一批实验学校，把理论应用于实践，在实践中丰富理论，著有《中国教育改造》、《中国大众教育问题》、《古庙敲钟录》等，现已结集为 12 卷本《陶行知全集》。

陶行知用其毕生的精力和智慧，创立并实践了生活教育理论；并在这一理论基础上形成独特的创造教育思想、科学教育思想、幼儿教育思想、职业教育思想、师范教育思想、终身教育思想、乡村教育思想。

1. 生活即教育

对生活即教育，陶行知概括性地表述为："给生活以教育，用生活来教育，为生活向前向上的需要而教育"。"生活即教育"的涵义有：一是生活有对人的教育作用，二是教育又促进生活的变化，三是教育随着生活的变化而变化。生活教育的效能是：一方面"过什么生活便受什么教育"，只要把自己放在社会的生活里，即社会磁力线里转动，便能通过教育的电流，射出

光，放出热，发出力；另一方面，"要想受什么教育，便须过什么生活"。只有结合社会生活实际，在生活中进行教育，才能发出力量而成真正教育。

关于教育与生活的关系，陶行知认为：生活决定教育；教育改造生活。教育改造生活，要从培养人开始；教育改造生活是改造自然，实现富国理想；教育界改造生活最重要的是改造社会生活。

2. 社会即学校

"社会即学校"要求"把整个社会或乡村当作学校。"其核心涵义是：社会就是一个伟大无比的学校；学校不得关起门来办学，必须和社会生活联系起来；运用社会力量，由民众办自己所需要的学校。从培养目标说，培养有"健康的体魄、农夫的身手、科学的头脑、艺术的兴味，改造社会的精神"的具有"生活力"和"创造力"，能和劳动人民打成一片的普通劳动者；从教育内容说，要以社会为课堂，使学校的教育内容更丰富。

3. 教学做合一

"教学做合一"是生活教育理论的方法论，也是其教学论，它是在批判传统教育和洋化教育的基础上建立起来的，是对传统教学方法的改革。涵义是："教的方法根据学的方法，学的方法根据做的方法，事怎样做就怎样学，怎样学就怎样教。教与学都以做为中心。在做上教的是先生，在做上学的是学生"，"从先生对学生的关系说，做便是教；从学生对先生的关系说，做便是学。先生拿做来教，乃是真教；学生拿做来学方是实学，不在做上用功夫，教固不成教，学也不成学。""教学做是一件事，不是三件事，是一件事的三个方面。"

"教学做合一"，中心是个"做"字。什么是"做"呢？陶行知给"做"下过一个定义："做是发明，是创造，是实验，是建设，是生产，是破坏，是寻求出路。"他说："是活人必定做。活一天，做一天，活到老，做到老。"关于做的意义，陶行知认为，"真正的做是在劳力上劳心"，"手到心到"，"做"是社会实践。"做"是创造的过程。

陶行知教育思想还体现在他关于教师的责任和素质的论述中。他主张，"教师的职责是'千教万教教人求真，'学生的职责是'千学万学学做真人。'"关于"教人求真"，陶行知认为，一是追求真理，反对虚伪。他认为"教师只能说真话，说假话就是骗子。""让真理赤裸裸地出来和小孩子见面。不要给他穿上天使的衣服，也不要给他戴上魔鬼的假面具。""真理离开行动好比是交际花手上的金刚钻戒指，我们所要追求的是行动的真理，真理的行动"，"行动的真理必须在真理的行动中才能追求。"二是教人求真，求取真知。他说"我们要努力地锻炼学生，使他们得到观察、知疑、假说、试验、印证、推想、分析、会通、正确，种种能力和态度，去探求真理的源泉。简单些说，我们研究学问，要有科学的精神。"三是培育真人，为真理献身。他在《最后一封信》中对育才师生提出希望："平时要以'仁者不忧，智者不惑，勇者不惧，达者不恋'的精神培养学生和我们自己。有事则以"富贵不能淫，贫贱不能移，威武不能屈，美人不能动"相勉励。

关于教师的素质，陶行知主张并践行"捧着一颗心来，不带半根草去"的献身教育精神。陶行知在一首抒情诗中写道："人生天地间，各自有秉赋；为一大事来，做一大事去。"他说，"教育者所得的机会，纯系服务的机会，贡献的机会，而无丝毫名利尊荣之可言。"好教师应当"不辜负机会；利用机会；能用千里镜去找机会；会拿灵敏的手去抓机会"。"小学校里学生小，房子小，薪水少，功课多，辛苦的很，哪有快乐？其实看小学生天天生长起来，从没有知识，变为有知识，如同一颗种子由萌芽而生枝叶都是一样的"。"一定要看教育是大事业，有大快乐，那无论做小学教员，做中学教员，或做大学教员，都是一样的"。

陶行知始终反对旧教育，坚持推广运用新教法。陶行知说："我们以为好的先生不是教书，不是教学生，乃是教学生学。……对一个问题，不是要先生拿现成的解决方法来传授给学生，乃是要把这个解决方法如何找来的手续程序，安排停当，指导他，使他以最短的时间，经过相类的经验，发生相类的理想，自己将这个方法找出来，并且能够利用这种经验理想来找别的方法，解决别的问题。"陶行知说："欲教育之刷新，非实行试验方法不为功"，"实验就是一种有目的，有计划，有组织，有步骤，有创意的把戏"。"发古人所未发明今人所未明，皆试验之责任"。他要求教师要有试验的精神，只要有试验的精神，就能开辟出教育的新天地。

（三）影响

陶行知的一生正值人民涂炭、国家多难、民族危机之时，他以"捧着一颗心来，不带半根草去"的赤子之忱，与劳苦大众休戚与共，为中华民族谋求解放，为中国教育探求新路，鞠躬尽瘁，死而后已。他怀着"教育为公，甘当骆驼"的精神，从中国的国情出发，努力发展人民教育，为整个民族的利益来造就人才，作出了永远值得后世纪念的不可磨灭的贡献。陶行知一生

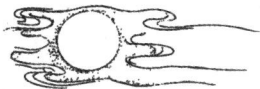

可以用"伟大的学说和理论,伟大的实践和经验,伟大的人格和精神"来概括。

1946 陶行知逝世后,8 月 11 日,延安各界代表 2000 余人举行"陶行知先生追悼大会"。毛泽东亲笔题写悼词:"痛悼伟大的人民教育家陶行知先生千古"。9 月 23 日,重庆各界在沧白堂举行追悼陶行知大会,到会的文化教育界代表及各界人士 2000 余人。10 月 27 日,上海各界追悼陶行知大会在震旦大学礼堂举行,到会有工人、农民、学生、文化界及外国友人 5000 余人,宋庆龄题词:"万世师表"。何香凝题词:"行知先生精神不死"。12 月 9 日,美国教育界名流和中国留美人士 300 余人,在纽约举行追悼大会,杜威和冯玉祥担任大会名誉主席。杜威、克伯屈等介绍陶行知的生平。新加坡、菲律宾、马来西亚等地的华侨及香港同胞,也都举行了追悼会。世界著名教育家杜威、克伯屈、罗格等发来唁电:"陶博士致力于中国大众教育建设的功勋与贡献是无与伦比的,我们后死者必定永远纪念他,并贯彻他的事业。"12 月 1 日,陶行知安葬在南京劳山下晓庄,全国 53 个人民团体代表及 2000 余人参加了葬礼。

2002 年 9 月 8 日江泽民在庆祝北师大建校 100 周年大会上的讲话中说:"长期以来,我国广大教师,特别是广大农村和边远贫困地区的教师,在艰苦清贫的条件下恪尽职守,默默耕耘,为祖国的教育事业无私奉献,涌现出了许多可歌可泣的先进人物,充分体现了陶行知先生当年倡导的'捧着一颗心来,不带半根草去'的崇高精神,这种平凡而伟大的精神,永远值得我们学习和发扬。"

陶行知先生著作宏富,论述精当,与当前的教育实践息息相通,世界上有 20 多个国家的学者对陶行知进行研究,正如日本著名学者斋藤秋男所言:"陶行知不仅属于中国,也属于世界。"

在整个世界中,徽州是与陶行知关系特殊且为陶行知特殊关切的沃土,他在题为《徽州人的新使命》的致徽州同乡的信中道,徽州人的"使命是要振兴全徽的教育,开采全徽的矿产,革新全徽的农林,发展全徽的自立、自治、自卫的本领,以谋全徽人民的幸福"。要把徽州人做成中国"有智慧,有实力,有责任心的国民",并诚挚表示"我以我至诚之意敬告我们最敬爱的父老兄弟姐妹:'我们千万不要辜负新安大好山水',我们要把我们一个个小的生命捧出来,造成徽州的伟大的新生命"。

古徽州凭借着得天独厚的自然、社会、政治、经济、文化、家族家庭等多种因素的综合作用，促成了古徽州发达的教育，开创了多种多样的教育形式，形成了文风昌盛，人才辈出局面。也正因为如此，徽州自古就被誉为"东南邹鲁"，在历史上有着重要的影响，它不仅为封建国家培养了一大批治国安邦的人才，而且对提高徽州人的文化素养、形成斑斓璀璨的徽州文化，以及对促进徽州商业的发展都起到了巨大的积极的作用。直至今天，传统的徽州教育仍然对地方及至整个社会的文化有着重要的影响。而陶行知先生的教育思想更是今天基础教育改革与发展的重要理论基础，为今天的教育发展提供着重要的指导。

【思考题】

1. 简述徽州教育发展的背景。

2. 徽州教育主要有哪些形式？试详细阐述其中一种主要形式。

3. 徽商的发展为徽州教育提供了哪些条件？徽州教育又为徽商的发展作出了哪些贡献？

4. 徽州宗族主要是通过哪些途径支持并参与教育的？试举例说明。

5. 简述陶行知的教育思想及影响。

第七讲　"东南邹鲁"
——徽州学术

　　"邹鲁"原指春秋时的邹国和鲁国，因孟子和孔子分别出生于邹和鲁，习惯上便以"邹鲁"作为文教兴盛之地的代称。古徽州地处东南，文教昌盛，名人辈出。南宋绍兴年间，著名诗人范成大任徽州司库参军，曾作《次韵知郡安抚九日南楼宴》诗，其中有"斯民邹鲁更丰年，雅道凄凉见此贤"的诗句，首次将徽州比作"邹鲁"。后来元末休宁学者赵汸在《商山书院学田记》中称："新安自南迁后，人物之多，文学之盛，称于天下……故四方谓东南邹鲁。"首次正式提出以"东南邹鲁"指代徽州，意指徽州乃学术文化昌盛之地。

　　"学术"按辞书的解释，是指较为专门、有系统的学问。我们认为这里的"学术"更多的是指那些理念性的、形而上的意识形态、哲学思想。因此，徽州学术是"徽学"中的意识形态部分，它代表了"徽学"的思维方式、价值理念，决定了徽州文化的风貌、特征和走向，支配了徽州人千百年来的内在心理结构和思维方式。徽州学术是"徽学"的核心。据此，我们把徽州学术发展的历程大致概括为三个时期，即新安理学的产生、发展、盛行时期，徽州学术转型时期和徽派朴学的发展、鼎盛时期。

　　从新安理学到徽派朴学显现了否定性继承的特征。新安理学使徽州的宋、明、清各代的宗法制度、民俗习惯，尤其是徽州人的思想价值观念、伦理道德都受到极大影响。可以说徽州成了理学的"实验田"之一，其负面的影响则表现为"以理杀人"，物化为祠堂林立（包括全国唯一的女祠堂）、牌坊成群（包括相当多的贞烈牌坊）……于是在徽州产生反理学的徽派朴学就不足为奇了。再看徽派朴学开宗者之一戴震的学术传承，他早期并不反对理学，而是赞同程朱的"道问学"，批判陆王的"尊德性"。35岁时结识了惠栋，在学术上开始出现转折，强调训诂考据，注重以字解词，以词通道，冶铸成理，化理为用。实际上这种学风正是朱熹"道问学"思想方法的发展。朱熹将"道问学"看成是"所以致知而尽乎道体之大"[①] 的治学与修养的方法，强调"格物致知"。戴震治学讲究考据，强调对事物的考察研究，认为所谓"格物致知"就是"事物来乎前，虽以圣人当之，不审察，无以尽其实也"。正如近代国学大师钱穆所说："东原主从道问学一边以达大道之理论。""东原汉学大师，又承江永门墙，最近朱子格物一路。"又说，"戴学从尊宋述朱起脚"。[②] 戴震的反理学从本质上看正是对理学的否定性继承和发展，正如胡适在《中国哲学史大纲》中所指出的，戴震虽是对理学的批判，但实质上是"程朱的嫡派"，又是"程朱的诤友"，戴震的真正精神是要剔除理学的宗教色彩，使孔门儒学的人文意识和纯粹理智主义发扬光大。如果没有程朱理学，那么自然也不可能有戴震的反理学。戴震也论"理"，他说"理化气中"，"理者，察之而几微必区以别之名也，是故谓之分理"。可以说，戴震是在对理学否定的基础上建构了一种新理学。

由此可见，从新安理学到徽派朴学，其学术思想有着内在的联系，可以看成是徽州学术发展的两个重要阶段。其学术思想的形成与发展，既决定于他们各自的师承和学术倾向，又与徽州独特的地缘文化、社会背景有着密切关系。由此形成的徽州学术——新安理学和徽派朴学在中国学术思想史、中国文化史上占据了极为重要的地位。

一、徽州学术产生与发展的背景

徽州学术的形成与发展，既与古徽州这个特殊的地域有关，也和宋元明清的社会历史、尤其是思想发展的历史有关。

（一）新安理学产生与发展的背景

五代以后，国家经济重心从黄河流域逐渐转移到长江流域。徽州这块孕育了新安文明的钟灵毓秀之地，经济也得到快速发展，这为新安文化的发展提供了必要的前提。"东南邹鲁"的徽州是一个有着深厚文化积淀的地区，加之北方战乱频繁，大批大族纷纷入迁。这些世家宗族向以诗书传家著称，

---

① 《中庸·章句》
② 《中国近三百年学术史》，上海三联书店 2006 年 4 月版

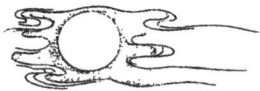

他们的到来，为徽州文明的创建增添了新的血液。宋元时期，徽州的农耕技术虽有提高，但农作物产量并不高，而赋税苛重，这样的地理环境迫使当地人非学不足以出人头地。这里社学、县塾普遍设立，义塾、义学广泛建立，即使是贫寒人家的子弟也有机会读书，文化普及程度在全国可算是名列前茅。而且徽州一带书院众多，这些书院对于宣扬学术、培养人才起了不可忽视的重要作用。

从思想渊源说，新安理学直接传承二程。朱熹曾正式拜李侗为师，李侗师从于罗从彦，罗从彦受学于杨时，而杨时是二程的得意门生。杨时将理学传至江南，并最终形成以朱熹学术为主体的新儒学，开启儒学史上的新篇章，这也就有了其后的新安理学。因此，一方面由于新安乃朱熹故里，朱熹及其学说对新安人有一种天然的亲和力，这是新安理学形成的心理基础；另一方面新安理学形成于宋，它与宋代的历史、尤其是北宋理学思潮兴盛的历史背景紧密相连。

古紫阳书院

新安理学的形成与发展源于儒学在宋一代的复兴与光大，而儒学之所以能在宋代复兴，首先得力于统治者的需要、爱好和提倡。赵匡胤虽戎马一生，但在北宋王朝建立之后却远比刘邦聪明，深知可以马上得天下，但无法以马上治之。他不仅自己独喜观书，手不释卷，且严格要求臣下都要积极读书，以知治国之道。于是在北宋王朝的官僚队伍中，自始就形成一种重文轻武的风气。宋太祖"杯酒释兵权"，宰相赵普号称以"半部《论语》治天下"，以及宋初确立以文官知州事的制度等，都是这种风气的必然反映。在提倡读书的同时，赵匡胤竭力襃扬孔子和儒学，这对宋初儒学的复兴都起到至关重要的作用。

其次，新安理学是唐中叶以来复兴儒学的延续。理学萌芽于唐中叶以后的韩愈、李翱和柳宗元，以北宋的周濂溪、邵康节、二程和张横渠，到南宋的朱子、明代的王阳明、明末清初的王夫之，分别集道学、心学与气学之大成。韩愈对于佛教的批判，以及他所提出的以"仁"、"义"为儒学之"道"的内容，以尧、舜、禹、汤、文、武、周公、孔、孟为儒家的传授谱系，并且自己以继道统自任，而开儒学讲"道统"之先河，所有这些都启发后来的儒者以一种复兴儒学为己任的意识。李翱的"性情说"以"性善情恶"论为儒家性善论作出的新论证、"复性"的思维方式和把儒学当作"性命之学"的观点，以及融汇儒佛的做法，使理学家们深受启发。柳宗元以阴阳元气为"天道"，以"仁"、"义"为"人道"，并由此构筑了一个以"道"为核心范畴的合天地自然、社会伦理一体化的理论体系，实开宋明理学之端绪。

再次，新安理学是北宋初期思想解放的产物。北宋学者大胆抛弃汉唐学者师古泥古的学风，敢于疑经改经，由我注六经，走向六经注我，注重发挥义理，并敢于发前人所未发。各派学者相互辩论，相互启发。学派之多，成果之盛，与先秦诸子百家争鸣相较，有过之而无不及。正是这种独立思考，大胆立论，讲注义理的学风，才为理学的产生提供了一个相对宽松的思想环境。更为重要的是，他们不仅怀疑早期传注的权威性，而且结合现实社会需要复兴儒学，抛开传注，直探经文本义。换句话说，儒学复兴的真正出路，不在于对传统传注的因袭，而在于重为注释，讲究与现实相关的微言大义，从而使儒学在内容与形式上都能回到经典的形态。这一思潮的必然结果，不只是对传统儒学以极大的冲击和挑战，而且必然意味着儒家精神的解放，为抛开传注、自由议论的性命义理之学开辟一条通路。

第四，新安理学是儒、释、道三教长期论争和融合的果实。早在魏晋，玄学已经将三教的思想进行了一次融合。唐代实行三教并存的文化政策，儒、释、道三教得以各自独立发展，并在独立发展中进一步相互争论，相互

融合。在三教的争论和发展中，儒教日益处于劣势，明显地感受到来自佛老二家的压力。理学的产生即是在回应佛老挑战的同时，积极援佛入儒与援老入儒的成果。

第五，新安理学适应了唐末以来重建伦理纲常的需要。自汉末以来，国事纷乱，道德颓丧，即使未读史书《三国志》，熟悉三国故事者对此也会有同感。唐代虽然是中国历史上最鼎盛的朝代，但人伦破败，世风日下。唐宋之际，异族崛起，列国纷争，史称"五胡乱华"，各少数民族的道德观念也渗透到汉文化之中。总体上说，这段历史时期中国在文化上处于纲常松弛，道德式微的状况。理学的产生，出于儒家革除时弊，拯救文化，整顿人心，重树人伦与儒家价值，重建儒学道德形上学的主观努力。

（二）徽派朴学产生与发展的背景

徽派朴学的兴起，与新安理学的衰微直接相关。明末清初的学术开始从"宋学"转向"汉学"，受这一趋势的影响，徽派朴学逐渐在徽州这一古老大地上绽放出它的奇光异彩。明代学术讲求义理之学，其前期，朱子之学独盛，后期则是心学流行。明亡之后，有识之士开始深刻反省晚明学风，他们普遍认同明朝的灭亡与宋明理学空谈义理心性、不务实事密不可分，学界起而批判义理心性之学，提倡经世致用的实学，在治学方法上注重考据。清初文字狱的大兴则加速了这一学风的转变，士人为避无端之祸而埋首于故纸堆中，将毕生精力耗尽在古代典籍的整理和注释上，盛行数百年的宋明理学终于为考据学所取代。在徽州，新安理学让位于徽派朴学，徽派朴学成为学术主流也就成了历史的必然。

新安理学的由盛而衰，最终为徽派朴学所取代，正是历史辩证法的最好诠释。任何学术的产生与发展，都必须遵循与时俱进这一理论品格，时代主题的转换永远是学术发展的时代内驱力。新安理学的产生是时代发展的结果，徽派朴学的兴起亦是时代发展的需要。当清初需要有新安理学大发展之时，却因朱子之学的精要之义，由于宋元明三代无数学者的努力，已是阐发殆尽。新发明、新阐释、新见解并未因时代的变迁而层出不穷，反而是"江郎才尽"。这既有新安理学自身的原因，也与徽州大地发扬光大朱子之学的学者出现整体颓势有关。因此，徽州学术的转型已是不可避免。

二、新安理学

（一）新安理学的形成与发展

作为中国哲学史上重要哲学思想的理学，酝酿于隋唐，形成于北宋。在其漫长的发展过程中，有众多的流派和学术分支，新安理学就是其中比较重要的一支。

新安理学崛起于南宋，至清初衰落，属"程朱理学"的重要分支。因其流传于今安徽黄山市、江西婺源，其成员以徽州籍的理学家为主干。而黄山市前身为徽州，历史上称新安，故名新安理学。新安理学从形成到衰落历经600多年，在其发展的不同阶段，虽呈现出一些不同的阶段特征，但奉徽州朱熹为开山宗师，以维护继承、发扬光大"朱子之学"为宗旨的学术旨趣却基本未变。到反叛"朱子之学"之时，亦是新安理学终结之期。新安理学虽然是一种地方性哲学流派，但它的发展演变对 12 世纪以后的中国哲学史、思想史和学术史的发展产生了重大影响。

新安理学在其 600 多年的发展过程中，大体上经历了四个历史发展阶段。由于各阶段历史背景不同，面临的学术环境各异，因而形成了各自的特色。

第一个时期为南宋时期，是新安理学的形成时期。朱熹在世时，曾三次回婺源省墓，每次都逗留数月，从事讲学活动，阐述自己的思想。从学者很多，据《紫阳书院志》载："先正受业者甚众，今论定高弟子十二人。"即婺源的程洵、腾璘、腾琪、李季；绩溪的汪晫；歙县的祝穆、吴永；休宁的程先、程永奇、汪莘、许文蔚；祁门的谢琎。朱熹去世后，其门人、弟子或朱熹学友，均以研习传播朱子理学为己任。总的说来，形成时期的新安理学家环护在朱熹周围，精研性命义理之学，重在阐发"朱子之学"的学派宗旨。主要表现在三个方面：一是秉承朱熹的四书章句之学，致力于对儒家"四书"的研究。如程大昌著《中庸论》四篇，探讨心性修养问题；吴儆则阐发了《孟子》一书的民本思想，认为圣贤们的所作所为，是在充分考查民之善恶忧乐之后而决定的。二是受朱熹重易学的影响，新安理学家大多用心于易学。如朱熹三传弟子胡允终身致力于对朱熹易学的阐发，所著《〈易本义〉启蒙通释》、《外翼》及《易余闲汇》等书，就是阐发朱熹易学的重要

代表作。三是传承光大朱熹理学。新安理学名家程大昌发挥朱熹的理为万物之源、太极为众理之总的观点，建立了太极生万物的宇宙观；吴儆受朱熹忠孝伦理观念的影响，提出了"君亲一心，忠孝一事"的观点，对当时存在的忠孝不两全的观念予以纠正。总之，学宗朱熹、发扬光大朱子理学这是当时新安地区的普遍学风。

值得注意的是，南宋时期的新安理学虽推崇朱熹理学，却无门户之见，对其他学派的学说能持宽容乃至接纳态度。如吴儆的理学思想既与朱熹理学有渊源关系，也与张栻的湖湘学派及吕祖谦的金华学派的理学亦有师承关系，这多少反映出新安理学在其形成过程中对其他学派理论成果的有所吸收与借鉴。

第二时期为元代的发展时期。代表人物有婺源的许月卿、胡允、胡一桂、程复心、胡炳文；休宁的程若庸、吴锡畴、黄智孙、程逢午、陈栎。这一时期的新安理学家大多是朱熹的二传、三传或四传弟子，在当时"朱子之学"渐趋晦暗难明之际，努力探寻朱学本旨。他们的治学重心虽有所异，却都致力于维护"朱子之学"的纯洁性。婺源名儒许月卿、程复心这方面的努力当是典型。许月卿致力于阐发朱子学隐含的未发之蕴，他以易学中的乾实坤虚之理来阐发朱子学的"敬"、"诚"之义，被誉为精当之论。程复心终身致力于阐释朱熹《四书集注》，花30年心血撰成《四书章图》一书，书中取朱熹的《大学章句》、《中庸章句》、《论语集注》、《孟子集注》，分章为图，间以自己的心得阐扬朱子学未尽之说，是元代一部理学名著。另一方面，这一时期的另一些新安理学家则纷纷著书立说，讲学授徒，一面宣扬程朱理学，一面致力于排斥异论，纠正朱熹后学及时人对朱子学的曲解，胡柄文、胡一桂是其中代表。胡柄文从小就"笃志朱子之学"，年长后针对朱熹后学饶鲁等人虽倡义理之学，但"其为说多与朱子抵牾"（《新安学系录》）的情形，他慨然以订证异说为己任，著《四书通》、《性理及朱子启蒙》、《春秋集解》、《五经今意》等多部著作，意在阐明朱子学本旨，以防异说扰乱视听。他"会同辩异，卓然成一家之言"。胡一桂一生专治易学，著有《〈易本义〉附录纂疏》，该书以朱熹《易本义》为宗，辨明其他诸儒易学观点之得失，是元代新安学中严守朱学门户的易学代表作。

元代新安理学给予我们的深刻印象，也是其突出特点的是：一方面推崇朱熹，固守朱学本旨；另一方面力排异说，维护朱学纯洁性。这虽对于新安理学的发展乃至辉煌起了积极作用，但其妨碍了正常的学术争鸣与学术创新，在某种程度上反而阻滞了朱子学的发扬光大。这正是后续新安理学家们必须予以重视的。

第三时期是明代的鼎盛时期。这一阶段又可分为前后两期。前期即元末明初的新安理学家，不满足于一味地墨守门户，认为元代新安理学家死抱师门成说，层次太低，不利于发扬光大"朱子之学"，他们致力于学风的转变，力倡独立思考、唯真是从的新学风，于是提出了"求真是之归"的口号，即要求真正明了"朱子之学"的真谛，而不是人云亦云，附声唱和。因此，出现了朱升"旁注诸经"发明"朱子之学"，郑玉、赵汸"和会朱陆"弘扬本门宗旨的不同学术风格。

朱升一生以注经为务，他在其《论语孟子旁注序》中叙述其注经原则是："其先儒之说顺附经文，而或有不类、不妥者，则必再三玩索体认，以求真是之归，此学者穷经最得力处，必身亲为之，然后历其难而知其味也"①。郑玉反对"未知本领所在，先立异同"的治学作风，强调"不可先立一说，横于胸中，主为己见，而使私意得以横起"②，主张为学必须独立思考，探求学问真谛，把握学说"本领"。赵汸也反对盲从权威，认为为学贵在自得，旨在探求实理。

新学风的形成导致新视野的开拓和新方法的应用。朱升研究理学的新方法是旁注诸经，他在其《易经旁注前图序》中概述了这一方法："愚自中年以经书教子，每于本文之旁，着字以明其义，其有不相连属者，则益之以两旁之间。苟有不明不尽者，有益之于本行之外。学者讲本文而览旁注，不见其意义之不足也"③。运用这一方法，朱升注解了《四书》、《易经》、《尚书》等。在对经文的理解上，朱升注重在独立思考的同时，博采众说，唯真是从。

郑玉对理学的研究则着眼于对朱陆之异的比较，着力于和会朱陆。在郑玉看来，朱陆之学各有长短，只有摒弃门户之见，才能相互取长补短，臻于完善。他认为，朱陆之学大本相同，在基本点上原本就是一致的。他说："三纲五常，仁义道德，岂有不同哉？况同是尧舜，同非桀纣，同尊周孔，同排佛老，同以天理为公，同以人欲为私，大本达道，无有不同者乎！"④

---

① 《朱枫林集》，黄山书社 1992 年 4 月版
② 《师山文集·与汪真卿书》
③ 《朱枫林集》，黄山书社 1992 年 4 月版
④ 《师山集·送葛子熙之武昌学录序》

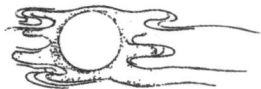

因此郑玉在自己的学术活动中自觉地融会朱熹理学与陆九渊心学。他一方面受朱熹所谓穷理必自读书始之观点的影响，尝"尽取天下之书而读之，以求圣贤之所谓道"①；另一方面也受陆九渊"心即理"说及切己自反方法论的影响，主张向内用功，用心去体认天理。

明中后期"陆王心学"成铺天盖地之势，这使"和会朱陆"的新安理学家，有的能把握分寸，从而体现"右朱"的学术倾向；有的后学者如潘士藻、程文德等人却未能把握分寸，背离了本门宗旨，滑向"王学"阵营，致使明后期的新安学派受到极大的震动。但此时的徽州思想界仍然是程朱理学的一统天下，宗朱的理论特色并没有改变，而从另一角度而言，如若不然便不成其为新安理学了。不可否认的是，新安学派已潜伏着极大的思想危机。

第四时期为清初终结时期。历史行进至明清之际，中国思想界发生了重大的学风转向，宋明义理之学在启蒙思想的冲击之下日薄西山。明亡之后，一批启蒙思想家深刻反省了历史教训，他们普遍认为明朝的灭亡与宋明理学空谈义理心性、不务实事不无关系，遂起而批判宋明义理心性之学，提倡经世致用的实学，在治学方法上注重考据。而清初文字狱的大兴则加速了这一学风的转变，盛行数百年的宋明理学终于为考据学所取代。新安地区的学风在此背景之下也未能幸免，新安理学终被皖派经学所取代。

首开新安学风转变的是婺源的江永和歙县的程瑶田，但他们只是新安理学向皖派经学演变过程中的过渡性人物，因为他们并未完全抛弃朱子义理之学。江永的前半生一直致力于朱子学的研究，随着考据之学取代义理之学时代思潮的到来，江永受时风的影响，在治学方法上开始注重考证训诂。他在推步、钟律、音声、文字之学方面建树颇多，这一时期其著书立说的范围已远远超出了宋元明新安理学家的研究范围，其著作对皖派经学的影响也较大，因而江永被视为皖派经学的"开宗"。

江永弟子程瑶田继承其师由理学入经学的治学路径，既精通义理、象数之学，又深研考据之学，在名物、训古、声律等方面有大量著作，如《考古创物小记》、《声律小记》、《解字小记》、《禹贡三江考》等，推动了新安理学向皖派经学的过渡。

清初戴震等人在声讨"王学"声中，继承了明初新安学者"求真是之归"的口号，提出"求是"治经主张。在此学术思想指导下，又加上清初

---

① 《师山集·养晦山房记》

学术界由"宋学"转为"汉学"这股潮流影响，戴震终于成为新安学派的"叛逆"，走上了理学的反动道路。戴震及其学说的出现，"皖派经学"的创立，宣告了新安学派的衰落。此后，新安理学便鲜有问津者。

（二）新安理学的性质与特点

新安理学是朱子学的一个重要分支，作为一个地域性学派，在其600多年的发展演变过程中，具有如下特点：

1. 以朱子之学为学术宗旨

纵观新安理学的盛衰史，我们可以非常清晰地看到，新安理学家群体始终以朱子之学为学术宗旨。

南宋是理学集大成时期，也是新安理学崛起的时代，南宋的新安理学家群体中，或入朱熹门下，或与朱熹为学术唱友，他们环护在朱熹周围，以朱熹为核心人物，精研性命义理之学，发明五经、四书之奥，以研习和传播朱熹学术为己任，有着坚定不移奉朱子之学的信念，确立了阐发朱子之学的学术宗旨，奠定了具有地域特色的新安理学的基础。朱熹去世后，其弟子门人传播理学者众，但大多失朱子学本旨，因此第二时期的新安理学家，在朱子学晦暗难明、解说有异的情况下，致力于排斥"异论"，发明朱子学本旨，以维护朱子学的纯洁性。第三期的新安理学家，为了发扬光大朱子学，提出了"求真是之归"的口号，以求真正明白朱子学的真谛。第四期虽继续强调"求是"的治经主张，无奈大势已去。

2. 立足于"三教合流"、"儒道互补"的中国哲学传统

中国古代哲学思想丰富多彩，流派众多。其中以儒、道二家对后世影响最大。西汉末年，佛教传入中国后，中国思想界逐渐出现了儒、佛、道三家鼎立的局面。魏晋以后，三家经过长期争论和合流，其思想已经相互渗透和吸引、改造。而儒、道二家，都是植根于汉文化土壤中的学说，在历代思想家的发挥和阐释下，其相互之间的渗透更深、影响更大。因此，至迟在唐代，"儒道一体"、"儒道互补"已成为中国哲学传统的重要特征之一。从学术角度来说，新安理学亦具有这一传统。

绍兴十八年（1148），朱熹赴临安应考进士，箧笥中带了一本宗杲的《大慧语录》，参与吏部的考试，用禅理解释《易》、《论语》、《孟子》之义，结果高中进士。已经有研究者指出，朱熹的理学思想反映了华严宗的印迹，他的《中庸章句》的《序说》，实际上脱胎于华严宗的理事说。此外，朱熹

所著《参同契考异》，也明显地表现出对道教典籍的关心。这些情况表明，"三教合流"、"儒道互补"的中国哲学传统对新安理学学术的深刻影响。朱熹是新安理学的开山祖师，他的学术思想是后继新安理学家的蓝本，由朱熹我们当然可以推而广之，事实也确实如此。

3. 积极入世的人生要旨

新安理学家在强调个人品格修养的同时，深得儒家积极入世的人生要旨。他们在提倡心性修养和至诚体道的同时，也积极入世，参政议政，将其学术付诸实践。修身、齐家、治国、平天下对于新安理学家并无偏废。修身的目的，在于治国经世。

朱熹虽一生官运不佳，但他始终没有放弃自己的社会责任。18 岁参加乡试时，"三篇策皆欲为朝廷措置大事"，在同安县主簿任上，办事非常公正认真。绍兴二十五年（1155）夏，同安县"饥民"暴动，朱熹一方面组织吏民积极防守县城，以免县城百姓受劫掠之苦，同时又组织赈济，以缓"饥民"冻馁之急，结果很快稳定了社会秩序。以后，朱熹虽在官场几经沉浮，但对朝廷吏治、经济、和战等都提出过积极建议。应该说，从新安理学家们对世事的态度以及从政经历和政绩上可以看出，他们已将儒家传统的积极入世的人生要旨，融汇到自己的立身行事中。

例外的是元代的新安理学家们，他们以朱子之学作为行为准则，大多顽强抵抗元政府的征召和聘请，对科举与功名不屑一顾，他们隐居山林，不求仕进。这种所谓不参政议政的出世，实际上，正是一种"穷则独善其身"的表现，也可看成另一种意义上的入世。

三、徽派朴学

（一）徽派朴学的形成和发展

徽派朴学是清代乾嘉时期在徽州形成的以考据见长、具有质朴治学风气的朴学流派。因该学派的"开宗"江永、戴震及主要成员程瑶田、金榜、洪榜等人均为徽州学者，故称之徽派朴学。

徽派朴学萌芽于明末清初，兴盛于清代乾隆、嘉庆时期，到道光中期逐渐式微，前后活动时间号称百年。

明末清初，众多杰出学者对社会的重大变动进行了反思，从而对理学末流束书不观，侈谈义理、空疏误国的学风进行了否定。顾炎武首先举起了"经学即理学"的旗帜，反对空谈性理，主张学术应当经世致用，在治学途径上，采用考证的方式，考述经史，考述典章，考述古今世事及各种学问，以文字、声韵、训诂解释经典，旨作经世之备用，从而把学术引导到考释儒家经典的考据方向，开创了有清一代的考据学。清代考据学继承了东汉古文经的训诂方法，并加以条理发挥，用于语言文字的研究和古籍的整理。他们以汉儒治学为宗，推崇东汉许慎、郑玄之学，所以也称汉学派或清代古文经学派。又因其治学注重名物、训诂考据，学风质朴，故后人又称其朴学。

朴学发展到乾嘉，臻于极盛，成为全国的主流学术，号称乾嘉之学，主其学者，称乾嘉学派。从乾嘉之学的形成过程来看，可分为三个流派，即：以苏州吴县惠栋为代表的吴派；以徽州休宁戴震为代表的徽派；由扬州阮元及王念孙、王引之为代表的扬州学派。吴派是继顾炎武启蒙朴学之后，较早开创并确立乾嘉朴学的学派，徽派则是继而大张朴学创新之帜的学派，扬派则汇集了吴、徽两派传人的后期朴学学派。因扬派多数主要学者渊源于徽派，所以后人也将徽派与扬派以及江苏金坛的朴学学者总称为皖派。从治学方法上看，吴、徽两派皆"以肆经为宗"，旨在恢复最可信从的东汉古人经学家的说解，求取经旨。但吴派处于朴学创立之初，主要致力于汉儒经学传注的发掘，以恢复、弘扬汉学为己任，其功夫只是停留在采辑散佚的汉人旧说，供人参考，鲜有理解贯通；徽派则处于朴学的弘扬发展阶段，以履践"实事求是"的学风走出泥古、佞汉的误区，以寻求圣人之道为目标，使朴学获得更为广阔的发展空间；扬派则已能洞观学术之源流，评骘前人之是非，通贯总结，试图寻找一条会通古今的途径。三派学术先后相承，渊源有自，基本上反映了清代朴学的产生、发展、变化的过程。

徽派朴学的形成与发展过程，大致可分为三个阶段。

第一个阶段是萌芽、奠基时期（明末至清康熙、雍正时期）。这一时期由歙县人黄生发其轫，而由婺源江永奠其基。黄生治学不为凿空之谈，考据精核，开创了徽派朴学质朴的治学风气。黄生有小学著作《一本堂字书》四部，其中《字诂》、《义府》为考释文字音义的专著，于"六书"多有阐发，每字皆见新义。清末民初国学大师章太炎称颂黄生释义精确，有的地方超出近世众多的学者。江永是徽派朴学的奠基人，也是雍乾时期杰出的朴学家。他既博通汉学，又兼重宋明理学，既重考据又善推理。在音韵学方面，他是

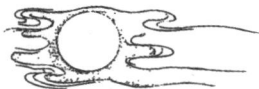

清代音韵学审音派的开创者，成就最为卓著。所著音韵学著作《古韵标准》、《四声切韵表》、《音学辨微》等，广泛地涉及古音学、今音学和等韵学，并以创造性的研究，构建了自己独到的音韵学体系。江永还是清代礼学的一代宗师，他用了7年时间对儒家的礼学著作辨伪比勘，对礼制作了通贯的研究，完成著述《礼学纲目》88卷。江永一生著述宏富，列入《四库全书》的有27部173卷。他毕生不谋仕进，乐育英才，将毕生的学术成果毫无保留地传给他的学生戴震、程瑶田、金榜等人。这一时期，徽派朴学的治学特点是以小学为根底，不分门户，汉宋兼采，说经主实证、重考据，尤重从文字音韵角度训诂名物，在徽派朴学的形成和发展中具有重要的影响和作用。

第二个阶段是成熟、兴盛期（乾隆、嘉庆时期）。这一时期，以戴震为代表的徽派朴学家群体以其卓越的学术成就把徽派朴学研究推向极致。成熟兴盛时期的徽派朴学家主要有戴震、程瑶田、金榜、洪榜、凌廷堪、江有诰、胡培翚等一大批学者。其中戴震不仅是徽派朴学的杰出代表，而且是清代乾嘉学术的宗师。他不仅承继了早期徽派治学方法和治学成就，而且进行了创新，恢弘发展了徽派朴学。在考据方面，戴震擅长对名物、典制、天文地理的考证，他以小学考证古代典章制度，最具代表性的著作是《考工记图》。《考工记图》是考证《仪礼图》的一部著作。《仪礼图》文字艰涩，古奥难懂，戴震便绘出图像，以"图与传注相表里"解释正文和后人的注释，使之明白易懂。在古代天文历算的考证方面，他把古代天文理论和古文献资料结合起来研讨，用古代天文理论来解释经

朴学家江永容像

史，又借经史材料以述天文，纠正了不少旧说错误。如在《原象》和《续天文略》两部著作中，整理了中国古代天文史，阐述了天体的一般图像、星座与宿次、行星、北斗、冬至点、岁实和朔岁等天文知识，并对古天算的疑难问题，提出了自己的创见。在古地理的考证方面，戴震对地理沿革的推求，采取了"以山川为主而求其郡县"的考证方法，将《尚书》、《周官》、《春秋》以及历代史志中的地理沿革，条分缕析，至赜而不乱。这种考证方法一反传统地理考证"于古郡国为主而求其山川"的方法，显现了戴震地理考证的创见。

歙县人程瑶田精通礼制、训诂、名物之学，其考证名物亦不拘传注，而唯是之求，用实物考证古籍，纠正汉儒笺注之误，著有《通艺录》四十二卷。休宁人金榜对"六经"、"三礼"深有研究，著《礼笺》三卷，大而天文、地域、田赋、学校、郊庙、明堂，小而车旗、器服之细，详加考证，使一些难读难解的礼学典籍，变得易读、易懂。戴震私淑弟子歙人凌廷堪，极为重视名物制度的考证，通过文字、音韵来判断和了解古书的内容。他识力精卓，多发前人所未发，用了20余年的时间，著成《礼经释例》，以释例方式考证古代礼制，大倡礼学的经世精神。值得称道的是，凌廷堪还十分重视对音乐中俗乐的研究和考证，所著《燕乐考原》在中国音乐史上占有重要地位。凌氏的学生，绩溪人胡培翚师承老师的礼学研究，精于三礼考证，著《燕寝考》3卷、《仪礼正义》40卷，他博采鸿儒经生的议论，提出自己的见解，被人誉为"两千余岁绝学"。

成熟时期的徽派朴学在小学（语言文字训诂之学）上的发展也是显见的。继江永分古韵为十三部（不计声调）后，戴震在考古的基础上重于审音，以阴阳入相配，分古韵为二十五部。在上古声类研究中，戴震则运用了发音学方法区分上古声母，分上古声类为二十位，这在完善古音体系上有着重要贡献。在训诂方面，戴震把古音学应用于探索语言中的声义关系，提出了"转语"理论，为清代训诂学的发展奠定了科学基础。程瑶田则另辟研究文字声韵之途，撰《螺蠃转语记》一部，借释"螺蠃"以阐发音和义通转之理，以"螺蠃"为源系连了200多个语词，开创了汉语词源研究的先河。

值得大书一笔的是，徽派朴学虽以考据而引领乾嘉时期的学术潮流，但并非仅仅为考据而考据，部分学者还有着从考据中开出新义理的哲学追求。例如领军人物戴震就创立了唯物主义"气一元论"的哲学体系，揭露了程朱理学"以理杀人"的本质，从而把自明末以来的反理学思潮推到了一个新阶

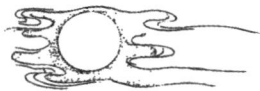

段。徽派的义理之学，为戴震之后的徽派朴学家洪榜、程瑶田、凌廷堪相承续。程瑶田对戴震义理学进行了修正，主张"有物有则"的"物则"观点。他承续了戴震求"理"之公认性、客观性和不逆忤人情的原则，把"义理"推向具体，强调通过学习去认识"物则"（人在行事时所应依循的准则）。凌廷堪则进一步提出"以礼代理"的观点，试图创立一套礼学去取代理学的礼治思想，这直接带动了晚清的重礼风气。

第三阶段是式微衰落时期（道光至清末）。清代朴学到了道光后期日渐衰落，徽派朴学也是如此。朴学盛极而衰既有自身原因，也有日趋严重的社会危机在思想学术界引起震动的社会原因。作为考据学来说，后期日显繁琐僵化，往往"繁弥千言，始晓一形一声之故"，后继者只注重文字语言现象的微观研究，把音训考辨作为学问归宿的取向，缺乏一种宏大的理论眼光，所以它反而束缚了人们的思想，阻碍了学术的进一步发展。从社会因素看，嘉、道之际，清统治集团日趋腐化，吏治窳败，社会矛盾、民族矛盾日趋尖锐，加上西方殖民者表现出咄咄逼人的侵略架势，使很多有识之士把眼光投向社会，迫切要求改变脱离社会现实而昧于时务的学风，极力提倡以学术经世，挽救社会危机，今文公羊学遂于晚清崛起并渐成显学。朴学在这种内外交困的大背景下走向衰落，已是势在必然。

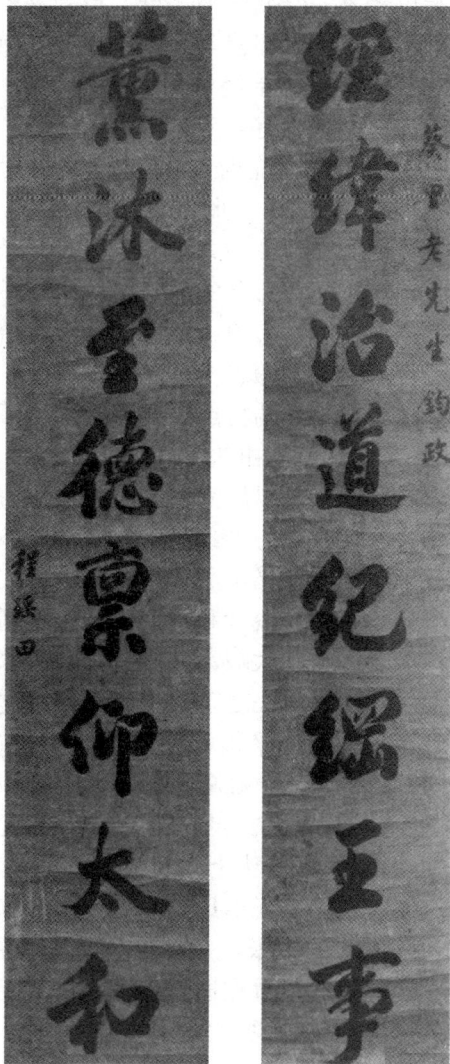

朴学家程瑶田手书楹联

（二）徽派朴学的性质与特点

徽派朴学作为乾嘉考据学的重要流派之一，它的本质属性仍然是经学，具有乾嘉学派的两大基本性质，即"复古"与"朴质"。所谓"复古"，是指以经书的研究作为基础，反对凿空为经，重在恢复东汉古文经学家贾逵、马融、许慎、郑玄等大师的传注、解说，目的是弄清儒家的"道"。所谓"质朴"，是指治经从文字音韵入手，考证字义，辨别名物，弄清古制，疏通传注，做到没有一字一事不识来历。

相对于乾嘉时期的其他朴学学派而言，徽派朴学更具有"求精"与"创新"的性质。张舜徽在《清代扬州学记》中曾评价说："余尝考清代学术，以为吴学最专，徽学最精"，徽派朴学治学"实事求是，不主一家"，强调精审而有自己的识断，每治一学，著一书，必参互验证，博征其材，归纳条例，会通古说，不尚墨守。其治学已深合近代科学研究的精神。加上徽派朴学家好学深思，且能多发创见，所以徽派又被后人称之为"创新派"。

徽派朴学的特点，亦即学术特征，可以概括为三点：

1. 经世致用的治学目的

朴学家是以研究儒家经典来作为治学宗旨的。徽派朴学家治"经"的目的突出地表现为"经世致用"的追求。江永治学注重考据，不务空谈，研究范围广泛涉及推步、钟律、音声、文字之学，力求致用，努力以所学裨益于世。他在家乡设计和建设了一些水利工程，至今仍使人民受益。江永的家乡江湾是莘水和大畈水的交汇处，两水相抵回旋，十分湍急，乡民往来十分不便。江永为解民之苦，全面考察了这段河流，观察各个时期的流量，精心设计了一条既能平缓湍流之势，又便通船行舟的石坝——平渡堨。至今已有200多年，安然无恙。

戴震在青少年时期便"志存闻道"，晚年曾致函段玉裁剖白自己几十年的追求："仆自十七岁时，有志闻道，谓非求之六经孔孟不得。非从事于字义制度名物，无由以通语言。"[1] 同时他又强调了"由字以通其词，由词以通其道"的主张。戴震虽然十分重视从语言文字入手去阐发孔孟经籍的原意，但志向更重在通过考据阐释自己的哲学思想。他在评述自己的学术时，曾形象地比喻说："六书九数等事（指考证）如轿夫然，所以异轿中人（义

---

[1]　段玉裁：《戴东原年谱》，商务书馆《国学丛书简编·戴东原集》，第85页

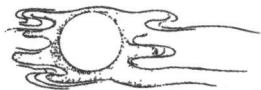

理）也，以六书九数等事尽我，是犹误认轿夫为轿中人也。"① 可见他把考证只看作一种工具，而自己所阐述义理，才是"轿中人"，才是他做学问孜孜追求的终极目的。

"经世致用"在学术上的表现就是如实地把握研究对象，科学地探求真理，使其为世所用。无论是江永、戴震，还是后来的凌廷堪、江有诰，这种实学思想，始终如同一根红线贯穿于徽派朴学家的治学之中。

2. 求真求是的治学精神

徽派朴学继承了清初儒者治经的优良传统，取前人之长，择善而从之，表现出一种求"真"、求"是"的治学精神。朴学家们精研覃思，从语言文字入手，笃求深究，耻于轻信，从不株守前说，这种实事求是的精神，既是徽派朴学治学的基本原则，也是其治学的特征。

求真求是的精神，其根本是一种朴素的唯物主义认识论的精神，盖无论何人之言，决不肯漫然置信，必求其所以然。如果始终没有足以起信的证据，虽圣哲父师之言也不信，这种研究精神已相当符合近代科学研究的精神。江永治学，"读书好深思，长于比勘"②。他著书极富，每著一书既能博采前人之长，又有个人独到的见解，决不迷信前人之说。如《左传·僖公三十年》记载了郑大夫烛之武去秦军游说，以解秦、晋围郑之危，见到秦伯时说："且君尝为晋君矣。许焦、瑕，朝济而夕设版焉，君之所知也。"汉代杜预注释说："焦、瑕，晋河外五城之二邑。"江永认为此说不确，他在《春秋地理考实》一文中指出，杜注与《左传·僖公十五年》晋惠公"赂秦伯以河外列城五，东略尽，南及华山，内及解梁城"之语不相符，经过缜密地考证，指出烛之武所说的"焦"、"瑕"是从晋河外的焦邑至晋河内的瑕邑之间的一片土地，并不是指焦、瑕两个城邑，从而纠正了杜预的错误。

在古训和创新的问题上，戴震虽主张宁信古，勿轻疑，但同时也强调不株守前人之说，而要实事求是，积极推求。戴震对前人之说，既不盲从附会，也不肆意贬斥，采取的是"实事求是，不主一家"的态度。如戴震著《屈原赋注》，对汉宋两代可信的研究成果兼收并蓄，对文字训诂和义理阐述采取了两无偏废的态度。《赋注》是从朱熹的《楚辞集注》入手的，不仅继承了《集注》在考释方面的成果，而且借鉴了它在阐发作品意义方面的可取

---

① 段玉裁：《戴东原年谱》，商务书馆《国学丛书简编·戴东原集》，第 85 页
② 《清史稿》，局卷四百八十一《江永传》，中华书局 1976 年版

之处，却并不株守前说，有了疑问，必经思考、鉴识，然后提出己见。

朴学家程瑶田所著《通艺录》42卷，充分体现出他学问的淹贯精博，更可贵的是，他治学不为前儒之陈言所蔽，能亲自耳征目验，调查研究，坚持尊重客观事实的实事求是的研究方法。例如《诗经》中有一句诗"螟蛉有子，蜾蠃负之"，汉代毛亨、郑玄注释为"蜾蠃养螟蛉之子"，意思是细腰蜂蜾蠃养育螟蛉的幼虫，视螟蛉为子，后人信以为真，遂有"螟蛉之子"为养子的代称。程瑶田为此对"螟蛉"、"蜾蠃"目验、观察了3年，之后得出了蜾蠃背负螟蛉不是养育它，而是把它作为美食喂养自己幼虫的科学结论，纠正了前人传注之误。程氏作《鸬鹚吐雏辨》则取证渔人之说，了解到鸬鹚亦能生卵，从而推断"鸬鹚吐雏"之说是谬说。他撰写《释草小记》解释"藜"，取证山野之人的解说；释"芸"，则自己在盆中植一标本，目验其枝叶的变化，检验其中拆甲与未拆甲的花胎，从而订正了《夏小正》的说法。瑶田考证名物，不拘泥传注，唯是之求，取证于目验或调查研究，这种精神已深合现代自然科学研究的精神。

治学要求真求是，还涉及治学的态度和原则。戴震曾提出了"不以人蔽己，不以己自蔽"①的"去蔽"观点。所谓"以人蔽己"是指被别人的见解所束缚，而看不见真理；所谓"以己自蔽"是指由自己的主观臆断而产生片面的看法。因此治学的态度必须首先要去"人蔽"，除"己蔽"，要排除治学时干扰、蔽塞认知能力的各种消极因素，这样才能在观察、认识事物时获得真知灼见。"去蔽"的目的，戴震认为是要获得研究中的"十分之见"。在戴震看来，研究的开头只是假设，初得一义，未敢信为"真"，其"真"的程度，或仅一二分而已，几经考求，逐渐增至五六分、七八分，最终达到"十分"。于是认为定理而主张之。本着"去蔽"的态度和"求真求是"的精神，徽派朴学家始终保持着朴质的学风，他们竭力反对宋儒"空疏"的学风，主张一切立论应当建立在牢固的考证基础上，做到"有一字不准六书，一字解不通贯群经，即无稽者不信、不信必反复参证而后即安"②。

3. 严谨科学的治学方法

徽派朴学不仅有着严谨的治学作风，而且具有科学的治学方法。章太炎在谈及皖派朴学的治学时，评价其学风是"综形名、任裁断"。"综形名"

---

① 戴震：《答郑丈用书》，《戴震全集》（第五册），清华大学出版社1997年版，第2678页
② 赵玉新点校《戴震文集》末《附录》，中华书局1980年版，第269页

指的是从小学之语言文字音韵入手研究经学；"任裁断"指的是经过比较、综合的方法，凭自己的识见，作出是非的判断，不墨守旧说，有创新精神。所以章氏把以江、戴为代表的皖派朴学称之为创新派。

创新，很大程度要借助科学的方法。徽派朴学的治学方法，突出地表现为三点：其一是从文字训诂音韵入手，讲究治学伦理；其二是善于归纳条理，长于科学的推断；其三是综合研究，旁通互证。

徽派朴学十分讲究学术研究的条理性，主张由文字训诂到经典研究，再到义理哲学的探索。也就是说研究儒家经典，首先应当明了文字本来的意义，其次还应当知道字在经书中使用过程的意义，因此，弄清"字义"是治学最基础的起点。如何通晓"字义"，关键在于精研小学。研究小学的方法主要有三点：一是通晓"六书"。六书是前人总结汉字的六种条例，即象形、指事、会意、形声、转注、假借。通晓六书，对了解字之本义是十分有益的。二是研究应当从《尔雅》开始，因为《尔雅》是六经的通释，是用来通晓古今异言的重要工具书，读懂了《尔雅》，明白了字词的意义，才能真正读懂六经，求得其中的至道。三是把故训和音声相结合来考察字义。故训和音声是统一于文字（词语）之中互为表里的两个方面，两者"恒相因"。戴震认为："六经字多假借，音声失而假借之意何以得？故训、音声互为表里。故训明，六经乃可明。"因此，从文字音韵入手，考证字义、辨别名物、弄清古制、疏通传注，便成了徽派朴学人人必备的基本功夫。

徽派朴学科学的治学方法还表现在善于归纳条例（研究规律）和长于推理。刘师培在《近代汉学变迁论》中指出："江戴之学，兴于

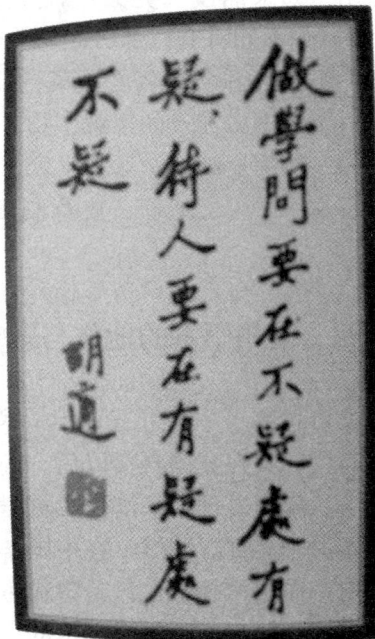

胡适题词

徽歙，所学长于比勘，博征其材，约守其例，悉以心得为凭。且观其治学之次第，莫不先立科条，使纲举目张，同条共贯，可谓无征不信矣。"可见充分地占有材料，分别综合、比较、辨析，最后归纳出其条例，再形成结论，这种在实证基础上推演成科学结论的方法是大可称道的。《水经》是古代的一部重要的地理著作，北魏郦道元曾为之作注释，撰《水经注》40 卷。此书传抄到南宋时已残缺不全，错误歧出，严重到经文与注文混杂，分辨不清。戴震考校《水经注》时，"独寻其义例"，从中分析出注文与经文的规律，归纳出三条区分的条例。遵循这些条例再进行推断，经注混淆的问题豁然而决。戴震也因此在古地理考证中取得了突破性的进展。

综合研究、旁通互证也是徽州朴学治学的重要方法。徽派朴学家认为研究经学是一个"系统工程"，不但要具备文字训诂、名物制度方面的深厚知识，而且对天文、地理、历算也应当深有研究，只有把各方面的知识综合起来，旁通互证，才能达到真正明了经义的目的。戴震在《与是仲明论学书》中指出，如果诵读《尧典》而不了解恒星的运行，那么掩卷不能卒业；谈《诗经》如不知古音，那么龃龉失读；读礼学经典如不知古代宫室、衣服等制度，不知晓古今地名之沿革，那么就会"莫辨其用"、"失其处所"。因此，只要经书中涉及的客观事物，都必须全面、综合地加以研究和考证。这也从另一侧面反映了徽派朴学家严谨的治学态度，他们在学术研究中广泛涉足语言文字、天文地理、典章制度，正是这种严谨学风和治学方法的具体表现。

四、徽州学术的地位与影响

梁启超在《中国近三百年学术史》中指出："有思潮之时代，必文化昂进之时代，其在我国自秦以后，确能成为时代之思潮者，则汉之经学、隋唐之佛学、宋明之理学、清代考据学，四者而已。"在这四大学术思潮中，徽州学术关乎其二，诚然，在中国学术发展史上，新安理学只是宋明理学的一个分支，而徽派朴学也只是清代考据学的一个流派，但它们无一例外地以璀璨的学术建树，成为主流学术的代表，并在中国学术思想的发展中，享有极高地位。

1. 新安理学的作用与地位

徽州作为理学发展的重镇，儒家观念影响特深，"先儒名贤比肩接踵"，

普通老百姓中"肩圣贤而躬实践者"也所在多有。因而被比为孔孟故里，获得"东南邹鲁"的称誉，就不足为怪了。

（1）深刻影响了徽州社会教育

徽州本为教育发达之所。道光《休宁县志》称："自井邑田野，以至远山深谷，居民之处，莫不有学、有师、有书史之藏。其学所本，则一以郡先师朱子为归。凡六经传注、诸子百氏之书，非经朱之论定者，父兄不以为教，子弟不以为学也。是以朱子之学虽行天下，而讲之熟，说之详，守之固，则惟新安之士为然。"这既说明了徽州教育的繁荣，也说明了程朱理学对徽州教育的影响。实际上理学与徽州教育之间是相互影响、相互促进的。重视教育的传统是理学得以在徽州发扬光大的温床，而理学的发展一方面需要教育的发达，另一方面也进一步繁荣了徽州教育。

徽州教育发达最突出的表现是徽州在宋、明、清三代出了数量众多的进士。这种科举的成功不仅造成了社会地位很高的地方性家族集团，还有力地促进了徽州社会的儒教化。为了科举，教育的内容一开始就充满了理学家的说教，无论是广泛流传的《三字经》、《千字文》、《神童诗》一类的蒙学课本，还是父兄为教导子弟而编撰的教材莫不如此，科举产生的进士、举人和秀才成为现实的表率，他们热心于以纲常伦理约束影响众人和乡人。

（2）儒家伦理道德思想深蕴于社会生活

开始于宋代，作为社会教育组织的乡约，集中地反映了士大夫阶层和理学家们对平民教育的重视，把道德教育作为重要的活动内容。乡约宣讲的内容主要是皇帝圣谕，目的是为了广教化而厚风俗。宣讲圣谕是一件庄严的事情，开讲前先由约正率领约人整肃衣冠赴约所，列班行礼如仪。讲完圣谕后，还要评论约人善恶，"有善、过彰闻者，约正副举而书之，以示劝戒"。

伴随理学思想影响的逐步扩大，社会教化逐步加深，徽州人越来越自觉地以儒家伦理指导自己的日常行为。正如光绪《婺源县志》卷3《风俗》所云："至朱子得河洛之传，以居敬穷理启迪乡人，由是学士争自濯磨以冀闻道，风之所渐，田野小民亦皆知耻畏义。"在徽州，《朱子家礼》最受器重，各宗族均以此书作为补充和改造所行家礼的规范。徽州各族祭礼多准《家礼》而行，《寄园寄所寄》卷11云："新安各族聚族而居，……姓各有宗祠统之，岁时伏腊，一姓村中千丁皆集，祭用朱文公家礼，彬彬合度。"其他礼节如冠礼、婚礼等无不如此。

朱熹在徽州礼俗的教化方面之所以发挥这样大的作用，与他对礼所持的原则性和灵活性有关。打开《朱子语类》有关礼的内容可以看到，贯穿其中的精神实质是"礼时为大"和制礼"必须酌古今之宜"。在实际行动中，朱熹重视的不是礼的具体形式，而是礼所体现的原则，他主张在现时通行的礼俗的基础上，删去"碍理"的内容而保留不碍理的仪节，以形成一种新的规范化的冠婚丧祭礼节。这种态度比食古不化的一味要求恢复繁琐的古礼的立场更易为人接受。徽州各宗族正是在朱熹的礼仪原则指导下，以《朱子家礼》为蓝本，将原先流行的习俗加以因革损益而成为符合儒家理论的"家礼"，完成了礼俗的儒教化。通过对各种礼节的参与，徽州人的伦理意识不断深化，日常生活也逐步礼化。

儒家伦理物化象征的牌坊更说明程朱理学在徽州的影响。在徽州，牌坊是与民居、祠堂并列的名闻遐迩的建筑。建筑牌坊以表彰儒教价值观所判定的优秀人物是传统社会里的惯常举动，不独徽州为然，但其他地区的牌坊不可能像徽州如此众多。这一方面是由于拥有众多富商大贾的徽州容易筹集建坊所需经费，另一方面则是由于礼教对徽州社会的影响特别深。综观徽州各地牌坊，大体上可以分为三类。一类为"科举纪念碑"式的牌坊。其典型代表是矗立在今天歙县解放街与打箍井十字路口的"大学士牌坊"，其主人是明代的许国，他于嘉靖四十四年（1565）考中进士，从此步入仕途，万历十一年（1583）以礼部尚书兼东阁大学士入内阁赞机务，旋即加封太子太保，授文渊阁大学士，次年九月又晋升少保，授武英殿大学士。这座石坊显示了许国科举成名及为官的显赫，同时也表彰了他是盛世的贤才，朝廷的忠臣。因此，牌坊象征着官本位的传统社会中读书入仕的崇高地位和科举成功为家族带来的无上荣誉。一类为慈孝里坊。它赞扬的是父慈子孝，"慈孝里"是对孝道的最高礼赞。在徽州有关孝子的记载相当多，如《歙县志》中就有"歙人素崇礼教，又坚守程朱学说，孝友庸行，割肝伐臂者不可胜记。"据统计，明清二代仅歙县割股、臂、肝、指甲疗亲者就达 162 例。程朱理学在徽州的影响由此可见一斑。最后一类为贞节牌坊。在"饿死事小，失节事大"的理学家们看来，贞节是妇女的头等大事。理学思想影响深远的徽州对节烈的提倡更是不遗余力，广大妇女耳濡目染，铭刻于心，失去丈夫者"动以身殉，经者，刃者，鸩者，绝粒者，数数见焉，或称未亡人而代养，而扶孤，嫠居数十年终。"① 婺源县城一座建于道光十八年（1838）的孝贞节烈总坊，

---

① （万历）《休宁县志》卷1《风俗》

所载自宋以来的贞烈女 2658 人，到光绪三年（1877）重建时，人数又增加到 5800 多。民国修订的《歙县志》共 16 本，其中《烈女传》就占 4 本。据歙人赵吉士评论，"新安节烈最多，一邑当他省之半"。[①] 徽州这一座座用妇女血泪凝铸的节孝牌坊为不幸的妇女带来了无上荣光，更影响了千千万万的妇女甘愿受礼教的摧残。另外还有乐善好施坊与颂扬廉洁耿介贞节里坊，在此不再一一叙述。

（3）贾而好儒的徽商风范

徽商的儒贾形象给世人留下了极其深刻的印象。徽商家庭出身的大儒汪道昆云："新都（徽州）三贾一儒，要之文献国也。夫贾为厚利，儒为名高。夫人毕事儒不效，则弛儒而张贾；既侧身飨其利矣，及为子孙计，宁弛贾而张儒。一弛一张，迭相为用，不万钟则千驷，犹之转毂相巡，岂其单厚计然乎哉，择术审矣。"[②] 毫无疑问，这种亦儒亦贾的独特风格是深受儒学思想影响使然。这也可从徽州商人在各地建立的会馆中，必将朱子牌位与本地保护神汪华牌位一同供奉得到佐证。据张海鹏、唐力行分析，儒学对徽商的影响表现在以下方面：

第一，在"儒学之盛"的徽州，很多徽商受过儒学教育，掌握了一定的文化知识，这大大促进了徽商商业活动的开展：在经商活动中，大都善于审时度势，决定取予；运以心计，精于筹算；善于分析市场形势，分析自然和社会诸因素对供求关系的影响，从而在取予进退之间不失时机地作出正确的判断，以获得厚利；具备了一定的管理和组织才能，增强了经商才能。

第二，"业儒"出身的商人在经营活动中，多以儒道经商。这是徽商舍小利而谋大利，从而迅速起家的一个"奥妙"所在。徽商自幼受儒学教育，儒家的一些道德说教成了日后立身行事的指南。他们能"以诚待人"、"以信接物"、"以义为利"，当然这些"诚"、"信"、"义"，只不过是他们求得"快快发财"、"一本万利"的手段。以儒术建立起来的商业道德，利于生意兴隆和发财致富是不容置疑的。

第三，儒学思想深深影响了徽籍学者的经济思想，而这些思想又对商业的发展起了积极的推动作用。生活于商贾之乡的徽州名儒，冲破传统思想的藩篱，提出了商、农"交相重"的思想，否定了农为"本"、商为"末"的

---

① 徐卓：《休宁碎语》卷 1

② 《太函集》卷 52

观念，认为商与农不存在"轻"、"重"之分，而应该是"壹视而平施"①的"交相重"。这虽然是在商言商，为商人谋利的思想，却大大促进了商业的发展。

正由于徽商贾而好儒，因此，徽商都大力支持教育事业，关心徽州的文化建设，从而为徽州文化的发展作出了重大贡献。

不容忽视的是，浓重的儒学氛围和深深的儒学思想，尤其是程朱理学的影响，也禁锢了徽商的视野和经商活动，阻碍了徽商的进一步发展。首先，促使徽商得以直接攀缘封建政治势力，凭借封建政治特权在流通领域谋取厚利，从而影响商业资本向生产领域的投入，导致徽商带有更加牢固的封建性。其次，进一步促使徽商与封建宗族势力的紧密黏合。徽商的封建宗族观念极深，他们乐意将其一部分商业利润用于资助维护宗族统治的各项事业，这势必消耗了一部分可以用于扩大商业经营的资本，使其输入到封建性的非流通领域，使徽商资本的出路多了一条刻有封建印记的管道。

2. 徽派朴学的作用与地位

以考据为治学特征的徽派朴学，不但在经学研究方面成就斐然，而且在哲学、历史、地理、天文、历算、典制以及音韵训诂等多个学科领域有着骄人的成果，可谓人才辈出、名著如林。徽派朴学在中国学术史上所起的作用主要表现在三个方面。

（1）求真求是，开创一代朴质的治学风气

朴实的学风，是一种以实事求是为原则的治学学风。正是这种实事求是的治学精神，徽派朴学家都具有优良的学德，师生关系往往又是师友关系，"所见不合，则相辩诘，虽弟子驳难本师，亦所不避，受之者从不以为忤"②。戴震和段玉裁是师生关系，二人相与论韵，先后达15年。段玉裁分古韵十七部，与其师戴震定古韵九类二十五部不同。戴震曾写信给段玉裁，希望他能"降心相从而参酌"，改一改。可是段玉裁却回信说："不敢为苟同之论，唯求研审韵之真而已。"在这件事上，戴震并没有摆老师的架子，只是希望弟子"降心相从"，而弟子则本着"吾爱吾师，吾尤爱真理"，没有改动他的古韵十七部说，戴震也不以为忤，后来还欣然为弟子的著作作序，显现了朴学"求真"的优良学风。

---

① 《太函集》卷65《虞部陈使君榷政碑》

② 梁启超：《清代学术概论》，上海古籍出版社1998年版，第47页

由徽派朴学直接导源而产生的皖派学风，对后继而起的扬州学派有着直接的影响。扬州学派在治学中仍然遵循了徽派朴学从古文字入手，重视声音训诂，以求经书原意的原则，继续保持了实事求是的学风，同时坚持了徽派创新的精神，开拓了新的研究领域，一反前人支离零碎的研究之弊，开系统研究之先河，在文字、音韵、训诂、校勘、辨伪、辑佚等方面都取得了超越前人的显赫成就。

（2）深邃的义理学说，在清代学术思想界独树一帜

出于"明道"的治经目的，徽派学者十分重视对义理的阐述，主要人物有戴震、程瑶田和凌廷堪。戴震以其深邃而富有战斗性的义理学说，在清代学术思想界独树一帜。

面对理学后儒以"理"杀人的残酷现实，戴震作了深刻而尖锐的批判，指出"此理欲之辨，适成忍而残杀之具！"戴震对程朱理学的批判闪耀着智慧的光芒，他大胆地规劝统治者要"体民之情、遂民之欲"，更是显现了他的叛逆精神。诚然，戴震抽象地把人性归结为自然的情欲，表现了其思想存在着一定的局限性，但他能从朴素的唯物论出发，批判程朱理学人性的二元论，在清代学术思想界独树一帜，其战斗精神及其对后世的影响是绝对不可低估的。

戴震去世后，他的同学程瑶田撰写了《诚意义述》、《述性》，《述情》等文，一方面对戴震的义理提出了修正，另一方面对戴震义理中强调实践、重视人情等主旨，加以阐扬和发展。他承继了戴震追求"理"的公认性、客观性和不逆忤人情的两个原则，但更趋于具体，提出追求"理"应当通过学去认识"物则"。所谓"物则"，即是指物理、事理，亦即人在行事时所应依循的准则。客观地说，程瑶田论"理"、论"性"并没有摆脱先验论"性善"的束缚，只是为了追求"理"的客观性、公认性，而走上建立具体事物作为准则的道路，然而他正确阐述了"理"和客观实际的关系，不但对戴震的义理说起了一定的深化作用，而且直接导源了后来凌廷堪"以礼代理"的思想的产生。

凌廷堪在戴震义理思想的启迪下，进一步提出了"以礼代理"的思想，目的是要把儒学思想从宋明理学的形而上的形式，转向礼学治世的实用形式。这是徽派朴学家又一次向宋明理学的挑战。

凌廷堪先从文献考据上证明了先秦儒家只言礼而不言理，并作为立论的基础，提出了通过五伦关系的实践，以整顿伦常秩序，并经由丧祭等日常典

礼的推行，以净化风俗，达到正人心、厚风俗的思想主张。这种以"礼"来治世的思想，着眼于社会效应，把重点诉诸伦理规范和典礼仪节，试图从改良社会风俗和实践伦理道德两方面来重整社会秩序。显现了把道德问题放在社会秩序层面上讨论的思想特色和浓厚的复古色彩。

戴震石像

总的说来，徽派朴学所倡导的实学思想，自戴震建立以"欲"为首出之义的新思想，到程瑶田的"有物有则"的"物则"观，直至凌廷堪"以礼代理"的提出，标志着徽派朴学家通经致用、重欲务实的思想，有了前后承启的完整体系。

（3）语言文字研究的创新，将中国古代语言学推向高峰

徽派朴学的中坚人物，大都出现在乾嘉时代，而乾嘉时代的语言学又是中国古代语言学最后一个高峰。徽派朴学在推动并形成这个高峰的过程中，起着至关重要的作用。

中国古代的语言学，即传统的"小学"，其范畴大致可分三大块：文字、音韵和训诂。徽派朴学家在这三个方面都取得了令人瞩目的成就。

第一，以"六书"体用说为创新内容的文字研究，对汉字的理论研究产生了深远影响。

对于六书的性质，江永第一个悟出要从本义、引申义、假借义这些全面解释词义的角度来考虑"转注"和"假借"的思路。认为"转注"是本义的引申，"假借"则是同音或相似之音的替代，然而他却碰到了"转注"和"假借"相互交叉而本义难以确定的难题。戴震在与老师的讨论中，从解决"转注"问题入手，通观整个"六书"系统，认为字书中的"转注"，犹如训诂中的互训，即字与字之间意义的相互训释，两者可以互相补充。在此基础上，他进一步提出了"四体二用"的体用说。此说认为"象形"、"指事"、"会意"、"形声"四书是字之"体"，即造字的方法，而"转注"、"假借"两书是字之"用"，即古人运用文字的方法。分六书成为"四体二用"，六书的性质从此为之一变，这就使得文字理论研究中一个长期争论不休的问题得到了解决。其意义在于：划清了造字方法和用字方法的界限，使研究文字的本义与引申义的关系有了明确的界说，在我国古代汉字理论研究中产生了巨大影响和作用。

第二，以审音兼重考古为特点的古音研究，把古音研究引向科学的道路。

在古音研究中长于审音，是徽派朴学家的一大特点。他们注重把审音和考古两种方法结合起来运用，探幽发奥，提出了诸多研究古音的科学理论，从而把清代的古音研究导引向一条科学的道路，在中国音韵学中书写了重重的一笔。

汉语科学的古音研究是自清初顾炎武开始的。顾氏用系联法（属归纳法）系联诗经韵字，创造性地分古韵为十部，然而他重在"考古"，疏于"审音"，因而分部粗疏而明显不足，缺乏历史发展的观点。到了江永就大大前进了一步，江永躬行研究语音的两条重要的科学原则，那就是科学地研究语音的发展变化，不仅要注意古今时间的区别，而且要注意南北地域的不同。他以代表中古语音体系的《广韵》为研究对象，以宋代"等韵图"作为钥匙，展现了《广韵》的全部音系，著《四声切韵表》，除了四声、阴阳、开合口外，还把深藏而没有被人揭破的秘密——洪细音揭示出来，且加以解释。在当时的历史条件下，他还不懂得今天的发音学，又没有国际音标这一套新的记音符号，而能区别汉语音节的洪细音等，甚至至今还基本可取，这实在是了不起的一大进展。江永也成为第一个把等韵理论运用于古音研究的朴学家。

戴震师承江永，同样精于审音。汉语的古音研究在戴震又进了一大步。戴震重在研究语音的流变，提出了阴、阳、入相配，并以入声韵为相配枢纽这个重要的学说，把汉语中入声韵真正独立起来，为构建汉语科学的古音体系，起着重要的推动作用。在此基础上，戴震还提出了著名的"对转论"，即以双声之理说明语音自然流转。"对转论"（或称"通转"）的学术价值极高，有了这一理论，就如同有了一把破解古文献中大量假借现象的钥匙，藉此可以打开训诂科学的大门。

徽派朴学的后起之秀，清代古音学集大成者是江有诰。他吸取了前辈诸家古韵分部的优点，能以"字母"、"等"、"呼"诸音理分析古韵，考古与审音兼重，分古韵为二十一部，在韵部的排序次第上，以音之远近为宗旨，再以古韵通转系联为标准，所以他的古韵分部，是清代最为合理的，近代学者也多从之。

第三，以"从声原义"理论为核心的训诂革新，为后人研究汉语训诂开辟了新的途径。

传统的训诂方法，主要依据古训。古训则主要来自《尔雅》、《说文》以及前人在古籍中的传注。随着语言的发展，字（词）的意义从一个本义出发，往往滋生出诸多与这个意义有关联的引申义，因此要训释经籍中字（词）的引申义，必须要弄清字（词）的本义。汉唐以降，人们常把力点放在以"六书"为准则，通过字形结构的分析来探求该字（词）所表示的本义。然而这种方法只能解决与字形有关联的本义及其引申义的问题，却难以处理古籍中用字假借的字义问题。所谓用字的假借，指的是运用汉字时用音同或音近的字代替本字的现象。古书中假借用字现象很多，遇有假借而不能以本字读之，则会以文害辞甚至望文生训。而假借字义的获得，主要应通过声音去破解，因此由声而原义就成为解决这一问题的重要途径。徽派朴学的前驱——黄生，早在明末清初就开始在训诂实践中通过音转的分析与阐发，揭示音义之间的联系，考释词义，是徽派朴学"从声原义"的发轫者。

真正在理论上有建树的是戴震。戴震对汉字的音义关系有着深入的研究并具有独到的见解，他在《古经解钩沉序》里着重指明在书面上以文字定声音，从声音而得到意义的道理。而在《论韵书中字义答秦尚书惠田》一文中，则明确提出了因声求义的理论和方法，从根本上改变了历来把书面语言

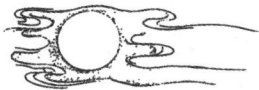

"音"、"义"的对应关系理解为单值关系的传统观念。戴震24岁时就立志写"转语"一书，目的就在于"各从乎声以原乎义"，他在《转语二十章序》中把声义变迁的法则归纳为正转、变转两类：正转是指声母发音部位相同，变转是指声母的发音方法相同，声虽变，则其义可比之而通。戴震于晚年所撰的《声类表》，则进一步制订了适应转语需要的一百四十六个等韵图，具体地阐述了转语之法的实际运用，总结了"从声原义"的理论和方法，完善了"从声原义"这一重要的训诂原则。

自戴震始创"从声原义"的训诂理论之后，高邮王念孙、王引之父子继承了戴氏的学说，致力于声音训诂的研究，尤能以古音得出本义，证实了训诂之旨本乎声音的道理，使清代训诂学登上了古代语言学又一个新的高峰。当代语言学家黄侃曾深有体会地说："清代小学即戴学"。由此可知徽派朴学，尤其是戴学在中国古代语言学中的地位与作用。

新安理学和徽派朴学产生于中国封建社会中后期，它们对社会的稳定，传统文化的发展，曾经有着积极、进步的作用，但同时也产生过一定的消极影响。新安朱子理学所构建的庞大的思想理论体系，其根本目的还是在于按照封建伦理道德，尽心尽力地去建立一种和谐、太平的理想社会。为此，理学家身体力行，率先垂范，注重个人品格修养，将儒家积极入世的人生要旨融入自己的立身行事中。在民族矛盾和社会矛盾的尖锐的状态下，积极参与政治，这无论在当时，还是对后世都产生过积极的作用。但是，我们也应当看到，把理欲之分和义利之辨强调得过头，就会产生重理、义，压抑欲、利的流弊。尤其当理学成为维护封建社会的意识形态时，容易被统治者歪曲、改造与利用，不断存"理"去"欲"、重"义"轻"利"，不断加强对人民大众的制约，从而演化成束缚人们思想的礼教枷锁，成为禁锢人民、甚至残害人民的工具。正因如此，我们在解读程朱理学时，既应该把理学家的理学与作为统治思想的理学加以区别，也应该把真理学与假理学、理学主流与理学末流区分开来。唯有如此，才能正确地认识与看待理学，才能在批判的基础上进行继承，也才能正确地审视徽派朴学的主帅——戴震反理学，却又是对理学的否定性继承和发展的问题。

中国传统学术自产生之日起，就表现出紧紧依托于政治的倾向，往往在思想上、宗旨上表现出强烈的政治色彩。正是从徽派朴学开始，以其执著的实事求是的精神，摒除了学术直接从政治需要出发的宗旨，有效地摆脱了政治婢女的角色，从而增强了学术的独立性，这在中国学术史上是值得大书一笔的。在语言文字音韵研究方面，徽州朴学家撰写了很多有着相当学术分量的语言论著，如江永《音学辨微》、《古韵标准》、《四声切韵表》，戴震的《方言疏证》、《声韵考》、《声类表》，程瑶田的《通艺录》等等，正是这些专门化的、系统的语言研究，为文字、音韵、训诂成为独立的学科，奠定了坚实基础。当然，我们也应当看到其负面影响。作为以考据为特征的徽派朴学与清代朴学的其他学派一样，总体上都是偏重于对历史文献中名物制度及一字一句的考证与注疏，大多数朴学家对于社会提出的重大思想理论问题，对于关系国计民生的社会实际问题，都没有给予应有的关注，致使当时的学术思想界，从宏观方面对思想理论的探讨和对现实问题的研究比较贫乏，思想文化领域一时显得枯燥和沉寂。这虽然与清统治者推行文化专制有关，但与考据的推波助澜也不无关系。考据所带来的厚古薄今的价值尺度，被单纯从史料学的角度扩充为观察一般事物的眼光，曾经产生了十分明显的消极作用，引导了大多平庸的后学，孜孜考求支离碎屑的内容，在猥杂的故纸堆中消耗精力等等。正是这些原因，促使朴学渐渐退居学术的非主流地位，学风再次发生转变。

历史的卷轴一页一页地翻过，但徽州学术留给我们的思索却常常深烙在我们心中。新安理学和徽派朴学所赖以产生、生存的时代背景已消失，其具体的学术主张和思想观点也多失去了原有的意义和价值，但是蕴含在这些学术思潮中的活生生的学术精神，一方面已浸润于我们民族的肌体与血液里，积淀于我们民族的心理结构之中，另一方面这一学术精神还有待我们进一步地去体认、开发和创新。

【思考题】

1. 为什么说徽派朴学是对新安理学的否定性继承与发展？

2. 简述新安理学形成与发展的四个阶段。

3. 简述新安理学的地位与作用。

4. 作为乾嘉考据学重要流派的徽派朴学具有什么样的性质和特点？

5. 徽派朴学的学术特征有哪些？它在哲学和传统小学上有哪些重要学术建树？

6. 徽州学术在中国学术思想上有哪些巨大贡献？它对当代学术研究有哪些重要启示？

第八讲 "划出了中国文化发生、发展与变异的线路"

——朱熹、戴震与胡适

地灵人杰、文风馥郁的古代徽州，历来名家如星、大师辈出，朱熹、戴震与胡适就是其中品位最高、贡献最大、影响最广的代表人物。他们的思想与学术具有各自不同的时代精神和文化特质，不仅标志着徽州文化发展的三个历史阶段，而且正如白盾所说，他们"划出了中国文化发生、发展与变异的线路"①。

一、"理学之集大成者"——朱熹

徽州素有"东南邹鲁"、"程朱阙里"之美称。早在 12 世纪，徽州得天独厚的大好山水就曾孕育了一位中国历史上屈指可数的杰出人物——朱熹。众所周知，朱熹是南宋时期的一位大学问家、大教育家，一位广集前贤之成的理学大师。

（一）朱熹生平及其思想

朱熹（1130—1200），字元晦，仲晦，号晦庵，别号紫阳，徽州婺源人。

朱熹自幼聪敏好学。4 岁时他父亲指着天对他说"天也"，他马上问道："天之上何物？"父亲觉得孺子可教，就教他读《孝经》。他读后便在书上题写："不若是，非人也。"朱熹 14 岁死了父亲以后，依照父亲的遗嘱，拜胡宪、刘勉之、刘子翚三人为师。

朱熹读书的目的不在科举，他 19 岁考中进士之后依然勤读不懈。他说：

---

① 白盾：《一个巨大的否定之否定》，《徽州学研究》第一卷，中国文史出版社 2006 年 12 月版，第 9 页

"学者都不肯自去读书，熹登科后要读书，被人横截直截，熹只是不管，一面自读。"他埋头攻读《论语》、《孟子》等经典著作，为后来注释经书打下坚实的基础。

1160年，朱熹怀着十分诚意，步行几百里前往延平，向著名的道学家、程颐的四传弟子李侗求学。李侗对他赞赏有加，替他取字曰"元晦"，把自己一生的研究心得传授于他。自此之后，朱熹不但接受了程颐、程颢的思想，还综合了北宋各家的哲学，逐步形成了自己学说的基本架构。

古语常道"学而优则仕"，但是朱熹一生却仕途坎坷。生逢乱世，权奸当道，加上他品性耿直而得罪权臣，因而始终无法实现他的政治抱负。他历经南宋高帝、孝帝、光帝、宁帝四朝，先后曾任泉州同安县主簿、知江西南康军、提举浙东常平茶盐、知漳州、知潭州等地方官。直到绍熙五年八月，他65岁时才被推荐为焕章阁侍制兼侍讲，为即位不久的宁宗皇帝进讲《大学》，但是仅仅40天即被罢免。从19岁考中进士，到71岁离开人世，朱熹在此50多年中，只任过卑官微职五六个，从政时间也仅六七年。

宦者不幸学者幸。朱熹平生大部分岁月都在讲学授徒、著书立说之中度过。他在经学、哲学、史学、文学以及自然科学方面都有着他人难以企及的成就，特别是在教育上、哲学上，朱熹的成就震烁千古，成为中国古代屈指可数的大教育家和大思想家。

作为伟大的教育家，朱熹一生长期从事教育活动40余年。在40余年的教育实践中，他致力于教育机构的建设和发展，先后修复了白鹿洞书院、岳麓书院等20多所书院，并且亲手创建了寒泉精舍、武夷精舍、竹林精舍等多所精舍，实实在在地推动了南宋书院教育的兴盛。据现代研究者不完全统计，朱熹曾有受业门徒467人，私淑弟子21人，此外因为仰慕朱熹盛名而求教于他的人则数以千计。

作为伟大的教育家，朱熹在长期的教育实践中，注重教育理论的创新。他广泛借鉴前人的经验，科学总结自己的体会，在教育的思想理论、教学的原则方法等方面都有杰出的建树；从教育的内容与方法到教学的风气与风格，他都深刻地影响了当时以及后来的教育，从而成为中国历史上继孔子之后一位最有造诣、最有影响的教育家，堪称中国古代的"杏坛亚圣"。

在中国古代教育史上，朱熹第一次着眼于人的年龄层次及其心理特点，将教育分为"小学"和"大学"两个阶段。他认为，小学应该让人"学其事"，大学应该让人"明其理"。"小学之事，知之浅而行之小者也；大学之

道，知之深而行之大者也。"他把"小学"和"大学"看做是统一的教育过程中相互衔接的两个阶段，既要求明确两者的区别，又注意考虑到两者的联系。这些思想观点反映出人类思维发展以及教育自身固有的客观规律，对中国教育传统模式的形成产生了极为重要的作用。

在教育思想上，朱熹非常强调教育的宗旨与学习的目的。作为一名理学教育家，他认为"先王之学以明人伦为本"，因而明确指出："圣贤教人，只是要诚意、修身、齐家、治国、平天下。所谓学者，学此而已。"① 本着这样的教育思想，朱熹严厉批评当时以科举晋身为目标的教育，他尖锐指出，科举教育使人"所以求于书，不越乎记诵、训诂、方词之间，以钓声名、干利禄而已"，完全违背了圣贤创立教育的本意。

在教育实践中，朱熹又非常注重教育的原则与学习的方法。他反复强调说："为学之道，莫先于穷理；穷理之要，必在于读书；读书之法，莫贵于循序而致精；而致精之本，则在于居敬而持志。"② 在教学过程中，他所着力的重点不是简单地传授知识，而是精心地指导学生读书，传授自己的学习经验。他的弟子依据他在教育和治学方面的言论和实践，总结概括出"朱子读书法"六条，即循序渐进、熟读精思、虚心涵泳、切己体察、着紧用力、居敬持志。在这些实践经验的理论总结中，包含着许多深刻而精辟的见解，至今值得我们深入研究并加以借鉴。

作为伟大的思想家，朱熹集理学之大成，是首屈一指的理学大师。

理学是北宋时期产生的一种社会思潮。理学的原旨在于打破汉儒章句注疏之学和笃守师说的传统局限，冲击以破注为非法、以疑经为背道的传统观念。作为那一特定时代的理论思维形态，理学借助于三教合流的发展趋势，集中先前儒、释、道三家的思想资料，以儒学为基础，进行某些扬弃与变革，从而建立了一种新的哲学逻辑结构。在儒、释、道三教和合的基础上，理学吸收了佛、道主张逆来顺受、随遇而安的准则，而否定了佛、道宣扬超凡避世，因而有碍君臣、父子、夫妇等宗法伦理的形式；吸收了佛、道"主静"、"禁欲"以及思辨哲学的宇宙生成的图式，而否定了佛、道鼓吹成佛、成仙以在彼岸世界获得解脱的倾向，从而在三教同源的机运中，将儒学建构成为一种崭新形态。

---

① 《续近思录》卷二
② 《朱文公文集》卷四十

这种儒学新形态萌芽于唐代中叶，以韩愈、李翱和柳宗元为代表，其后经过北宋周敦颐、邵雍、张载、程颢和程颐等人的发展而臻于成熟，到了南宋则由朱熹总揽大要、集其大成。朱熹在继承和发展程颢、程颐理气学说的基础上，将前人各种学说兼收并蓄，融合一体，形成一个博大精深、相当完备的理学体系。

朱熹的理学体系以"理"作为自己的思想核心，以"理—气—物—理"作为其哲学上的逻辑结构①。所谓"理"，在朱熹看来，它既是先于"气"以及由"气"所派生出来的万事万物而存在的精神本体，又是"气"以及万事万物发展的根据。"宇宙之间，一理而已。天得之而为天，地得之而为地，而凡生于天地之间者，又各得之以为性。"② 所谓"气"，它是"理"的"挂搭处"、"安顿处"、"附着处"。朱熹说："无是气，则是理亦无挂搭处。""若气不结聚时，理亦无所附着。"③ 正是由于"理"乘"气"而行，"气"据"理"而变，宇宙间万事万物才得以形成和发展。在朱熹理学体系中，说"气"生万物，其实就是"理"生万物，因为在朱熹眼里，归根到底，"理在先，气在后。"④ "理"是"物"的本原，而"气"只是"理"生万物的中介而已。所以他说："未有天地之先，毕竟也只是理。有此理，便有此天地。若无此理，便亦无天地，无人无物，都无该载了。"⑤ 既然"物"由"理"而生，那么如何认识"物"、对待"物"？朱熹强调的是"格物穷理"。正是这个通过"格物"达到"穷理"的思想主张，使朱熹的哲学由"物"返回到"理"，从而构成一个起始由"理"出发而最后又归结到"理"的完整的哲学体系。"始言一理，中散为万物，末复合为一理。"起始于"理"，终归于"理"，由此足以见出"理"在朱熹哲学思想体系中的核心地位——可以说，这也就是理学之所以称之为理学的根据所在。

在朱熹的理学思想中，"理一分殊"是个至关重要的命题。何谓"理一分殊"？朱熹说："理一分殊，合天地万物而言，只是一个理；及在人，则又各自有一个理。"⑥ "天地之间，理一而已。然乾道成男，坤道成女，化生万

---

① 张立文：《朱熹思想研究》，中国社会科学出版社 1994 年版

② 《朱文公文集》卷七十

③ 《朱子语类》卷九十四

④ 《朱子语类》卷九十四

⑤ 《朱子语类》卷一

⑥ 《朱子语类》卷一

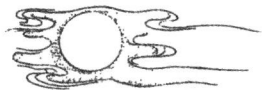

物，则其大小之分、亲疏之等，至于十百千万而不能齐也。"① 朱熹还借用佛教的"月印万川"为喻，对"理一分殊"进行形象的论证。他说："本只是一太极（理），而万物各有禀受，又自各全具一太极尔。如月在天，只一而尔，及散在江湖，则随处可见，不可谓月已分也。"② 朱熹论证"理一分殊"的目的在于说明："理只是这一个，道理则同，其分不同。君臣有君臣之理，父子有父子之理。"③ 这就是说，自然界的天地万物由"理"而生，社会上的等级名分也都由"理"而生；因而所谓君臣之理、父子之理也都是"天理"。按照"理一分殊"的理论，人们必然自觉安守本分，遵守封建纲常，否则就是伤害天理，大逆不道。由此可见，这种理论适应了当时统治阶级的政治需要，为维护封建秩序提供了有力的理论支持，因而自然成为中国封建社会后期的正统思想与主流思潮。

然而，朱熹哲学在阐述"气"化生"物"的过程中却充分体现了辩证法的思想。朱熹继承了邵雍的"一分为二"、二程的"万物莫不有对"以及张载的"一物两体"等等命题与观点，他不仅认为"气"是在阴阳对峙、动静交替的运转流通中化生万物，而且特别指出"气"的运动变化从不停歇、无端无始。"一元之气，运转流通，略无停间，只是生出许多万物而已。"④"动静无端，阴阳无始。今以太极观之，虽曰动而生阳，毕竟未动之前须静，静之前又须是动，推而行之，何自而见其端与始。"⑤ 明确认定宇宙间事物的运动时空无限，这表明朱熹已经发展了理学前辈的辩证思想。

朱熹所强调的"格物致知"在认识论上也有很多非常合理的因素，具有重要的认识意义。从"天下之物莫不有理"，"若不格物，缘何得知"，到"因其所已知而及其所未知"，"用力之久，一旦豁然贯通"，如此等等，朱熹的不少观点都在相当程度上反映了理论思维的客观规律。由于朱熹的"格物致知"在认识论上长期处于主导地位，因而在南宋以后人们的思维方式上有着集中的反映和深广的影响。

总之，从学术进步和文明发展的历史角度来看，朱熹的理论贡献应该得到充分的肯定。

---

① 《西铭解》，《张子全书》卷一
② 《朱子语类》卷九十四
③ 《朱子语类》卷六
④ 《朱子语类》卷一
⑤ 《朱子语类》卷九十四

（二）朱熹对徽州文化的影响

尽管朱熹出生于福建尤溪，并且他的故乡婺源现今划归江西，但是当年朱熹死后先是被封"信国公"，后来朝廷认定他是徽州人因而特地改封"徽国公"；正如 1958 年毛泽东曾对张治中所说，"七八百年来，他一向被认为是安徽人。"

朱熹的父亲朱松，字乔年，号韦斋，世居徽州婺源之永平乡松岩里。朱松为人正直，对北宋周敦颐、张载、程颢、程颐等人的哲学颇有研究，考中进士后曾在朝廷供职，后因反对秦桧和议，外调福建尤溪。因此，从血缘来看，朱熹实为徽州婺源朱氏九世孙。正缘于此，朱熹平生"知本思源"，素以徽州为父母之邦，对徽州故土一往情深。他在《名堂室记》中曾称其父"未尝一日而忘归也"。在给徽州人汪楚材的书信中，朱熹对故乡思念之情的表白更为直接，他说："熹与足下虽得同土壤，而自先世流落闽中，以故少得从故里之贤人君子游，顾其心未尝一日而忘父母之邦也。"还有更为重要的事实是，朱熹在 1151 年考中进士之后立即赶回徽州祭扫祖墓，居留直至数月，并将父亲离徽赴闽之时典卖的祖田尽数赎回，利用田租充当祖墓祭扫之资。徽州之地本属汉代丹阳郡，三国吴时分置新都，西晋平吴之后改为新安。朱熹平生在自己所作序跋和论著中，使用最多的署名是"新安朱熹"，文集卷七十五至八十四，就至少有 50 次。其次他又常常署名"丹阳吴郡朱熹"。另外因为徽州境内有山名叫"紫阳"，所以朱子又号"紫阳"，也是出于对徽州的眷恋。

正是由于朱熹与徽州有着不可分离的血缘关系，朱熹对徽州有着一往情深的故乡情结，所以

朱熹像

戴震像

胡适像

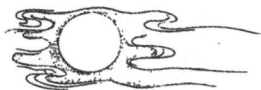

徽州地区自然成为朱熹开展教育活动、传播理学思想的一个重要地区，朱熹学说也就在徽州文化的形成与发展中产生了至深至广的影响。

朱熹每次回归故乡祭扫祖墓，总会逗留徽州，开席讲学授徒，传播理学思想。即使居闽期间，他也往往招纳徽州学人至于门下，倾情地予以培养和扶持。另外他还通过大量书信来往，解惑释疑，悉心地指导徽州学者致力于"圣贤之学"。

徽州原来属于越文化圈，唐代以前盛行武劲之风。唐朝中叶以后，北方大族不断迁入徽州，带来中原的儒学风尚，促使徽州习俗"益向文雅"，实现由"尚武"转而"尚文"的文明变迁。宋室南渡之后，徽州地方官绅尤重文教，他们热心创建书院，延请名儒讲学，由此徽州境内"早夜弦诵……有洙泗之风"，奠定了"人文渊薮"的基础。不过，在朱熹亲入徽州讲学、普及理学教育之前，徽州人文风气虽然已经兴盛，但是学者所学以及所务，偏重于科举进取之途。徽州学者注重于儒教理学，确实是由于朱熹的讲学与倡导而形成新的潮流。

由于朱熹的讲学、倡导和推动，徽州区域之内研究儒学、传播理学蔚然成风；学而有成的理学家大批涌现，自南宋之后学派绵延日趋兴盛；直至清代中后期，朱熹理学在徽州文化中的主流地位始终不可动摇。以朱熹为旗帜的新安理学，在数百年的发生、发展过程中，始终有着一以贯之的学术宗旨、一脉相传的理学道统和一帜独树的学派特色。作为社会的灵魂、意识的内核，新安理学始终影响并决定着12世纪以后徽州地区社会形态的特征和经济文化的发展。

徽州文化的发展历程中，呈现着一个极其重要的文化特征，即朱熹与徽州的双向认同。一方面，朱熹情系、学系父母之邦，开创徽州思想文化之新风；另一方面，徽州人士又普遍尊崇朱熹，自觉认同并且弘扬朱熹的理学思想。清代休宁《茗州吴氏家典·序》就曾写道："我新安为朱子桑梓之邦，宜读朱子之书，取朱子之教，秉朱子之礼，以邹鲁之风传子若孙也"。正是由于徽州本土对朱熹思想特别强烈的认同，因而"在明清，朱子之学行天下，而讲之熟，说之详，守之固，则惟推新安之士为然。"① ——于是徽州以"理学第一"而为世人所称道，历来享有"理学之邦"的称誉。

朱熹思想对徽州文化的影响，亦即徽州文化对朱熹思想的认同，其最为

① （道光）《休宁县志》

重大的意义体现于徽州商业经济与商业文化的高品位和大发展。

徽州商人或者由贾入儒，或者由儒入贾，大多亦贾亦儒，世人号之为"儒商"。他们熟悉孔孟程朱的典籍，特别推崇徽州的"先师朱子"。无论是在徽州本土之内，还是海内经商之地，徽商都非常热心地建有许多朱子祠、朱子庙，各地的徽商会馆与公所往往也都供奉着朱夫子。比如明代湖北汉口的新安会馆、清代景德镇的新安会馆、明清时期吴江盛泽镇的徽宁会馆，以及安徽芜湖、山东临清、江苏扬州、江西九江、浙江湖州等地的徽商会馆和公所，莫不如此。可以说，朱熹不仅是徽商地域归属感的一种表征，而且成了徽商精神思想上的一种皈依。

在朱熹思想和徽州文化双向认同的特殊氛围之中，徽商从思想到实践都特别自觉地"一以郡先师朱子为归"。他们切实地将朱熹集大成的儒家的哲理思想和道德观念融入自己的经营之道，在商业经营的实践活动中，特别注重"以儒术饰贾事"，在那些特定的历史时期，成为有一定文化理想、有一定道义担当的"儒贾"，从而赢得"虽为贾者，咸近士风"的美好声誉。

遵奉先贤朱子"不急功利"、"以义制利"和"仁义为先"的思想，徽州商人本着"财自道生、利缘义取"的经营理念，坚持"宁可失利、不得失义"的商业准则，诚信无欺，艰苦创业；并且"本大道为权衡，绝无市气；协同人于信义，不失仁风"，热心公益事业，慷慨奉献社会，执著追求最高层次的行业理性和行业道德，追求"仁商"的人格尊严，追求"仕商"的社会地位。

排除"无商不奸"的行业偏见，摆脱"四民之末"的社会地位，徽商能够开辟自己发展的广阔空间，足迹踏遍大半个中国，称雄商界数百年之久，这一重大的历史事实值得我们深入研究，其中包括朱熹思想与徽商发展的关系也还值得进一步探索。

（三）朱熹在中华文化中的地位

中华民族源远流长的传统文化素以儒、佛、道为主干而综合诸子百家，其间先因汉武帝独尊儒术，后有孔颖达重解五经，儒家经典的阐释相对而言成为显学。然而汉唐儒学在其承传演变的过程中，由于严守师承家法而路径日益狭隘，沿袭章句注疏而解说日显空虚，因而发展深受遏制，逐渐趋于停滞。但是与此同时，佛教自外传入流布迅速，道教自身发展势头强劲，无不挑战和动摇着儒家文化的主导地位。面对时代思潮的挑战，适应社会现实的

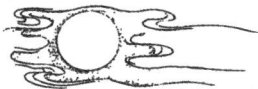

要求，在朱熹等人的创造性努力之下，宋代理学作为儒学思想体系发展的新建构、新形态应运而生。这种理学思想体现了历史的脉搏、时代的精神，成功地回应了当时所面临的重建价值理想、外来文化冲击和理论形态转型的挑战。宋代理学正宗，一般列举有濂（周敦颐）、洛（程颢、程颐）、关（张载）、闽（朱熹）四大学派，其中朱熹则被公认为宋代理学的集大成者。

作为中国古代不可多见的大学者，朱熹学识极其渊博，无论是先秦时期的诸子哲学、在他之前的佛道思想，还是传统学术中其他领域如史学文学、天文地理、文字音韵、训诂考据等，几乎无所不窥，而且造诣很深。与此相应，他著述极丰，超过前人，他的著作在《宋史·艺文志》中已经著录者有40余种，未被著录的有20余种，另外由其弟子或后人编纂的著作还有20余种。其中影响最巨者就有《四书章句集注》、《周易本义》、《诗集传》、《楚辞集注》等等多种，《朱文公文集》和《朱子语类》等至今在海内外广为流传。

朱熹既是一位大学问家，更是一位大思想家。他凭借着广博的学识和超凡的气度，广泛吸纳北宋诸子的思想养料，全面、系统地实现思想变革和理论创新，因而成为中国新儒学最重要的代表人物，成为中国封建社会后期影响最大的思想巨子。朱熹理学坚持以儒学思想为主体，大胆地消化吸收了佛道思想，形成一种既维护儒学传统，又富于思辨性能的理论体系，使之成为三教思想融摄一体的结晶与升华。融摄三教思想，集理学之大成，推动儒学发展步入新的历史阶段，从而完成中国经学由汉学向宋学的转型，这无疑是朱熹对中国传统思想文化作出的卓越贡献。

全祖望在《宋元学案》中曾经称赞朱熹"致广大，尽精微，综罗百代矣"，其辞并非溢美。而朱熹理学从南宋末年到元、明、清三代，在儒家传统文化中一直居于正宗地位，成为中国封建时代后期的统治思想，那也决非偶然。朱熹思想不仅融合了儒、释、道以及诸子百家之学，把自然、社会、人生，以及生存世界、意义世界和可能世界都已统摄在极其博大的逻辑结构之内；而且还站在时代的高度，体现时代的精神，提出了求实、求理的实学思想，坚持以实为主，虚实结合；以阐发义理为主，将义理与考据相结合，从而把儒家思想实理化，把儒家经学实学化，完成了理论形态的转型和理性主义的文化超越，不仅创新发展了儒家学说，而且把中国文化发展到一个新阶段。这也启示人们，任何思想理论必须适应现实社会的发展，而不是让现实社会的发展去适应某种思想。

朱熹是遍注群经的思想家，最能集中体现儒家思想实理化、儒家经学实学化，从而充分反映朱熹理学基本特征的，就是朱熹正式把《大学》、《中庸》、《论语》、《孟子》汇编而成的那一部"四书"，并以毕生精力著成的《四书章句集注》。朱熹理学以"四书"为基本经典，正是因为这部"四书"，既具有哲学的思辨性质，又富有理论的实用价值，既具有社会政治的功用，又具有人生指导的意义。从数百年的历史事实来看，由于朱熹的注释和推崇，"四书"不仅成为儒家经典，其地位甚至超过了"五经"。南宋之后八百年间，"四书"与"五经"同时用作科举考试的标准教材，也正反映出朱熹思想在漫长历史时期无可替代的重大影响。

朱熹的四书集注，成为中国思想上的圣经；朱熹的穷理学说，成为儒家文化中的灵魂。有人曾把他比之于西方哲学家康德，因为没有康德，近代西方哲学必然大为改观；假如没有朱熹，中国宋、元、明、清800年的儒家思想也将缺乏重心。的确，朱熹理学是中国哲学发展的一个高峰，朱熹是自南宋以来中国思想史上最重要的代表人物，是中国封建社会后期贡献最为卓越、影响最为广大的经学家、哲学家。

朱熹的思想学术连同他所从事的教育活动，既是集大成的，又是开创性的。无论思想造诣还是教育业绩，在中国历史上，能够直追孔子的人应该说只有朱熹。而事实上也正是"自有朱子，而后孔子以下之儒学，乃重获生机，发挥新精神，直迄于今"。[①] 所以从思想史以及教育史的宏观角度看，正是孔子和朱熹一先一后的创造与承传共同塑造了中华民族心理结构、思维方式和生活方式的基本形态，直到现在我们仍然深受影响。著名史学家钱穆说："在中国历史上，前古有孔子，近古有朱子，此两人皆在中国学术思想史及中国文化史上发出莫大声光，留下莫大影响。旷观全史，恐无第三人堪与伦比。"[②] 蔡尚思也曾言简意赅地寓论于诗："东周出孔丘，南宋有朱熹。中国古文化，泰山与武夷。"[③]

封建制度崩溃以后，朱熹学说作为封建社会意识形态的性质功能俱已消亡，而且也不可能重新成为当代中国的哲学思想和理论指导；但是作为珍贵的文化遗产，朱熹的学术与思想中仍有大量具有普遍意义和永恒价值的内

---

① 钱穆：《朱子新学业》，巴蜀书社1986年版
② 同上
③ 杨青：《武夷胜境理学遗迹考·自序》

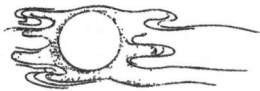

容，值得当代人们重视。我们应当善于从中提炼出智慧的结晶、文化的成果，以利于当今中国现代化的思想文化建设。

二、"八百年来思想界之一大革命"——戴震

作为主流思想的程朱理学在长期盛行中出现诸多消极现象和不良后果，于是就在"非朱子之言不敢言，非朱子之家礼不敢行"的徽州本土，产生出"八百年来思想界之一大革命"，那位揭竿而起、挑战程朱而终结理学者就是戴震。戴震是清代的大学问家、大思想家，中国学术史上的考据大师。

（一）戴震的人生道路及其学术成就

戴震（1724—1777），字东原，一字慎修，徽州休宁隆阜（今属黄山市屯溪区）人。

戴震一生可谓"家屡空而励志愈专，学日进而遇日益穷"。

戴震出生清贫商贩家庭，很小的时候就随父亲戴弁东奔西走，贩布糊口。33 岁时输了官司，为逃避豪强的迫害，只身闯荡京城，其后辗转南京、扬州等地，颠沛流离近 10 年。在科举仕途、功名前程上，戴震也时运不济、困窘潦倒。他 29 岁时才考上秀才，39 岁才考上举人。此后 6 次参加会试，始终未能考上贡士。年至 51 岁，经纪昀推荐，被朝廷召为四库全书馆的纂修官，曾奉命与当年贡士一起参加殿试，结果获赐同进士出身，被授翰林院庶吉士。最后贫病交加，死于北京，终年 55 岁。

戴震"生十岁乃能言"，但是他读书聪敏好问。一次学习《大学章句》，读到"右经一章盖孔子之言而曾子述之，其传十章则曾子之意而门人记之"两句，他便问先生何以知道如此，先生说是朱子讲的；他问朱子是哪朝的人，答曰宋朝人；又问孔子、曾子是哪朝人？曰周朝人；他进而问周朝与宋朝相去多少年，先生说将近两千年；于是他则质疑说："既然如此，朱子又何以知道情况就是这样呢？"先生竟被问倒了，不由得赞叹道："此非常儿也！"

戴震治学非常勤奋刻苦。他能流利地背诵《十三经》的全部经文和全部注释。30 岁那一年，休宁遭遇大旱，家中濒于断炊，每天去面店买些面头面屑苦度饥荒。但是，就在这种艰难的处境中，他却孜孜不倦地写成《屈原赋注》一书。

避难京都之初，他缺衣少食，生活异常艰苦，但是他却坚持钻研学问，

以文会友，当时人们称他为"狂生"。然而为时不久，他便以过人的学问见识赢得了当时学界众多名家的赞赏，随即名重京都。

戴震学识渊博，著述丰富，造诣高深，堪称"有清一代学者第一人"（梁启超语），是个百科全书式的大学者。

他在数学方面，撰有《策算》、《勾股割圆记》以及《准望简法》、《方圆比例数表》等专著，还校勘了《九章算术》、《五经算术》等古典算书多种，为中国古代数学的承传作出杰出的贡献。在天文学方面，他著有《原象》、《续天文略》、《迎日推策记》、《古今岁实考》、《九道八行说》、《记夏小正星象》，在天文研究上用力甚勤，尤其可贵的是能够积极参照并借鉴西洋新法，体现出近代科学的求是精神。在史地学方面，他对古代乐器、服装以及典章制度做出过大量研究；他主修的《汾州府志》、《汾阳县志》等，当时人称"修志楷模"；他曾撰著《水地记》，主修《直隶河渠书》，并且倾注大量心血校勘《水经注》，影响极大。在机械考工方面，他著有《自转车记》、《嬴旋车记》以及《明堂考》等文，他的《考工记图》是对古代科技名著《考工记》最杰出的研究，200多年来他的研究成果接二连三地被遗存实物或考古发现所证实。

通观戴震学术与思想，其造诣最深、影响最大者，一是朴学，二是哲学。

论其朴学，戴震精通音韵、文字、训诂、考据，成就卓著，是皖派创始人，是乾嘉学派的领袖人物，是名冠一代的考据大师。

乾嘉学派讲究考据，他们研究的范围十分广泛，涵盖经学、史学、文字学、文物学、天文历算学、地理学、校勘目录学、音律学等诸多领域。乾嘉学派著述如林，人才济济，涌现出大批著名的学者，如吴派的惠栋、江声、钱大昕、汪中、江藩等，皖派的戴震、段玉裁、王念孙、王引之、卢文弨（弨）等。当时吴派以惠栋为代表，皖派则以戴震为领袖。吴派和皖派交互影响，各自都有显著成就。比较学术与思想——尤其是思想方面的贡献，后人多认为皖派高于吴派，戴震高于惠栋。在研究方向上，吴派多治周易、尚书；皖派则擅长三礼，尤精小学、天算。在学术特色上，惠栋以详博见长，戴震则以精密取胜。在学术思想上，惠栋认为凡古必真、凡汉皆好，因而他恪守汉人所谓通经家法；戴震则主张反复考证，不主一家，因而他基本能够超越汉人传注的范围。所以当时学者王鸣盛说："方今学者，断推两先生，惠君之治经求其古，戴君求其是。"在惠栋逝世以后，吴、皖两派学者几乎一致推崇戴震。吴派学者汪中就曾经评论说："国朝（清朝）古学之兴，亭

林（顾炎武）始其开端；河图洛书，至胡氏（胡渭）而绌；中西推步，至梅氏（梅文鼎）而精；力攻古文者，阎氏（阎若璩）也；专治汉易者，惠氏（惠栋）也。凡此皆千余年不传之绝学，及戴震出而集其大成。"①

作为一代考据大师，戴震创立了中国考据学的理论体系。戴震本人致力于考据，有着十分明确的研究目的，有着十分严谨的学术态度，也有他自己独到的途径、原则和方法。他很清醒地把考据作为手段，目的则是通经明道。他说过："仆自十七岁时，有志闻道，谓非求之六经孔孟不得，非从事于字义、制度、名物，无由以通其语言。"② 正是为了通经明道，他治学态度极其严谨，力求"十分之见"：凡故训、音声、算数、天文、地理、制度、名物、人事之善恶是非，以及阴阳、气化、道德、性命，莫不究乎其实。"所谓十分之见，必征之古而靡不条贯，合诸道而不留余议，巨细毕究，本末兼察。"③ 他的考据途径就是由字通词、由词通道，他说："经之至者道也，所以明道者其词也，所以成词者字也。必由字以通其词，由词以通其道，乃可得也。"他的考据原则如他所说就是："一字之义，当贯群经，本六书，然后为定。"④。他的考据方法比较科学，也切实有效，概括地说主要有因声求义，声义互求，形声义互求等方法；利用古训求义，利用语法求义，利用归纳求义，利用演绎求义等方法。这一系列的考据方法都是他在借鉴前人经验的基础上，通过实践、体会而提炼、总结出来的。胡朴安说："二百年来，确有治学之方法，立有清一代考据学之基础，衣被学者至今享受之而未尽，则休宁戴东原先生其人也。"⑤

今天立足于语言学科来看，戴震在文字、音韵、训诂诸方面的造诣都值得重视。他首创六书"四体二用"之说；他提出声转说，以补《尔雅》、《方言》、《释名》之阙；他阐发了"训诂声音相为表里"的训诂原理和"疑于义者以声求之，疑于声者以义正之"的音义互证方法；他在实践中坚持了义理、考据、辞章三者统一，训诂与校勘紧密结合的主张；他还撰有《答段若膺论韵》、《转语二十章》以及《声韵考》四卷、《声类表》九卷、《方言疏证》十三卷、《续方言》二卷等重要专著。特别值得注意的是，中国古韵

---

① 《清史稿·汪中传》
② 段玉裁：《戴东原先生年谱》
③ 《与姚孝廉姬书》
④ 《与是仲明论学书》
⑤ 胡朴安：《古书校读法》

研究的审音一派始于江永而成于戴震。戴震《答段若膺论韵》中有一段著名的文字就被后人称作"审音派的宣言"。他从分析《广韵》入手，创造性地分古音为九类二十五部，建立了一套较为严整的古韵系统；他确立了韵类正转与旁转之例，后代学者所谈韵转的主要内容，戴震当时都已经提出；他还利用汉字标音，为二十五部规定了韵母读音，因而将古韵研究从音类的区分推进到音值的区分，成为古韵研究史上注重音值的第一人。难怪近人黄侃认为："清人及今人的小学，其实质是戴学。"①

（二）戴震的哲学思想

梁启超说："戴东原先生为前清学者第一人，其考证学集一代大成，其哲学发二千年所未发。"不过他又说："东原学术，虽有多方面，然足以不朽的全在他的哲学。"②

身为"前清学者第一人"，戴震确是著作等身，但其哲学著作却极其精要。他的哲学著作主要有：《孟子字义疏证》、《原善》、《答彭进士允初书》、《与某书》等，其中要数《孟子字义疏证》一书的地位最为重要，影响最为深远。戴震自己说过："仆生平著述最大者，为《孟子字义疏证》一书，此正人心之要。今人无论正邪，尽以意见误名之曰理，故《疏证》不得不作。"③ 章太炎也曾经说："（戴）震为《孟子字义疏证》，以明材性，学者自是薄程朱。"④《孟子字义疏证》一书以复古为旗帜，以革新为目标，利用传统的疏证形式，假借阐释孟子学说，发表自己的哲学思想，尖锐地批判了程朱理学，有力地抨击了专制统治，在中国古代思想史上闪耀着不可磨灭的思想光芒。

在自然观方面，戴震肯定"气"在"理"先，根本否定程朱理学认为"理"在"气"先的观点。他认为"气"是物质的本原，世界是"气"的变化过程。"气"的内容是"阴阳五行"，而"气化流行，生生不息"就是"道"，"道"以"阴阳五行"为实体。正是"气"的阴阳变化产生和发展着万事万物。所谓"理"，他认为其实就是事物的法则，是科学的定律。"理者，察之而几微必区以别之名也，是故谓之分理；在物之质，曰肌理，曰腠

① 黄侃：《文字声韵训诂笔记》
② 《饮冰室文集》第 14 册
③ 段玉裁：《戴东原先生年谱》
④ 《訄书》

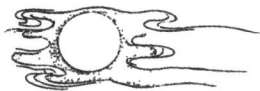

理，曰文理；得其分则有条而不紊，谓之条理。"① 因而，"就事物言，非事物之外别有义理也；有物必有则，以其则正其物，如是而已矣。"② 他尖锐地指出，程朱理学把"理"从"气"中分离出来，看作先于万事万物的本原、高于万事万物的主宰，说什么"理"是"如有物焉，得于天而具于心"，这是大谬不然的；其谬误在于"借价于老、庄、释氏"，"以理为气之主宰，如彼以神为气之主宰也；以理能生气，如彼以神能生气也"。③

在伦理观方面，戴震肯定"理存乎欲"，明确否定程朱理学主张的"理欲对立"的观点。朱熹曾经断言："人之一心，天理存则人欲亡，人欲胜则天理灭。"④ 在"理欲对立"论基础上他极力强调，"学者须是革尽人欲，复尽天理，方始是学。"⑤ 程朱理学的这些思想理论归结为"存天理，灭人欲"的社会主张。这种思想和主张在宋代以后产生极其严重的社会影响。到了清代，戴震耳闻目睹封建专制以理学言论代替法律，随意罗织罪名致人杀身之祸的残酷现实，于是决意"专与程朱为水火"，"发狂打破宋儒家中太极图"。他坚决批判"存天理，灭人欲"的思想理论，沉痛指斥"饿死事小，失节事大"的极端主张，明确提出"体民之情，遂民之欲"⑥ 的社会理想。在《孟子字义疏证》一书中，戴震反复申明"理存乎欲"的观点。他认为："理也者情之不爽失也，未有情不得而理得者也。"他肯定："今以情之不爽失为理，是理者存乎欲者也。"由此基本的理欲观点出发，他联系当时的社会现实而尖锐地指出，程朱理学的"理欲之辩，适成忍而残杀之具"；正如酷吏以法杀人，后儒乃是"以理杀人"。他揭示其中的要害就是："尊者以理责卑，长者以理责幼，贵者以理责贱，虽失谓之顺；卑者、幼者、贱者以理争之，虽得谓之逆。"所以，他为之感慨道："人之死于法犹有怜之者，死于理其谁怜之！"

戴震哲学思想的产生有着深远的历史渊源，它是传统之树绽开的时代之花。我们向历史的深处望去，上溯到战国时期，便可以看到，作用于戴震思想而形成戴震哲学的至少有三个源头：一是孟子的民主思想，二是荀子的唯

① 戴震：《孟子字义疏证》
② 同上
③ 戴震：《孟子字义疏证》
④ 《朱子语类》卷十三
⑤ 《朱子语类》卷十三
⑥ 戴震：《孟子字义疏证》

物主义，三是屈原的斗争精神。戴震哲学不仅忠实地继承了荀子的唯物主义传统，极大地发挥了孟子的民主思想精华，而且还充分体现着屈原的无畏斗争精神。常识告诉我们，凡做大学问成大事业者，胆识才学缺一不可。作为"八百年来思想界之一大革命"，戴震哲学的问世，离开了思想家所必需的胆识那是绝不可能的。

戴震哲学思想的产生更决定于当时社会生活的现实需要。正如马克思主义所认为的那样，"一切划时代的体系的真正内容，都是由于产生这些体系的那个时期需要而形成起来的。"① 戴震哲学的产生，正是由于当时自然科学某些成果的启迪，由于当时新兴市民阶层思想因素的诱导，更是由于当时"在位者"强权暴虐政治高压的反弹，尤其是"以理杀人"罪恶现实的反激。章太炎说得十分明白："戴震生雍正末，见诏令谪人不以法律，顾摭取洛闽儒言以相稽，觇习隐微，罪及燕语……故发愤著《原善》、《孟子字义疏证》，专务平恕，为臣民诉上天。"② 可见戴震是针对当时的专制统治及思想高压，为了"矫正时弊"而发愤著成《原善》与《疏证》。

请看煌煌《原善》与《疏证》，戴震对理学的批判具有清算的性质：（一）剥落了理学的外衣，暴露其虚伪的本质。他指出所谓"理"，只有条理之"理"，而没有什么"得之于天而具于心"的所谓"理"。（二）摘除了"存天理、灭人欲"理论骗人的字号招牌，指出这种理、欲对立的理论，并非儒家孔孟之正道，而是老庄释氏之杂说，从而从根本上颠覆了理学的神圣地位。（三）阐述以"意见"为天理的严重危害，揭露理学实属欺压残杀之具的本质。

从批判"以理杀人"的现实出发，通过哲理层面上的思辨和演绎，又归结到对"以理杀人"现实的批判，戴震的反程朱理学的新"理"论，以鲜明的立场和明确的目标，迥然区别于埋头故纸堆的枯槁经学与藏身于象牙塔的空洞学说，显示出它令人瞩目、无与伦比的现实意义和战斗锋芒。立足于皇权至上、思想一统的专制社会，出生于"程朱阙里"，戴震反对程朱理学的哲学思想犹如一道闪电撕开了黑夜，可谓石破天惊！在历经两个半世纪沧桑巨变之后的今天，我们仍然不能不钦佩这位伟大思想家的批判精神和理论创新气概！

---

① 《马克思恩格斯全集》第 3 卷
② 《太炎文录·释戴》

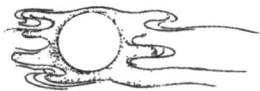

（三）戴震在中华文化中的地位

作为有清一代的大学问家、大思想家，戴震生命的全部意义在于他对真理的追求，用他自己的话说就是"立志闻道"、"务在闻道"。为此，他不仅树立了超越汉学宋学、唯重实证考信的朴学新范式，而且创建了否认理在气先、确认理存乎欲的哲学新体系。"树风声于当时，标新学于后世。"① 在中华文化的发展史上，戴震这样两个方面的贡献都占有着非常重要的地位。

戴震朴学的地位早为时人看重，更为后人所公认。

戴震朴学主张以词通道而力戒空疏，致力名物考证以博物求知，孜孜以求的是"征诸古而靡不条贯，合诸道而不留余议，巨细必究，本末兼察"② 的"十分之见"。尽管具体地就他本人而言，他在平生较长一个时期内的努力事实上都还没有能够突破治经通道的传统范围，他在主观的治学目标上说到底也不过是为了探寻儒家经典的本义与前代圣哲的本心，但是如果比起历来多如过江之鲫的所谓经学家，尤其是比起那些他所鄙视的"曲士拘儒"，他的"知之为知之，不知为不知"的学术态度，他的"必空所依傍"③、唯考证求是的学术原则，他的求信求真、求"十分之见"的学术精神，以及他关注现实、经世致用的学术取向，都显得特别地难能可贵！

如果宏观地着眼文化发展而言，戴震自身具备的学术品位、学术精神和学术方法，使他超越了个体意义和主观定位，使他不仅以文字、音韵、训诂、考证的杰出成就为当时传统学者普遍看重，而且以他在诸多领域里的造诣，尤其以他的朴学新范式，在中国学术文化由传统走向近代的历程中体现出特有的价值。所以李开在《戴震评传》中指出："戴震不仅属于乾嘉学派，而且在若干领域内还是我国近现代科学的拓荒者和奠基人之一，例如近代天文、近代数学、数学史、古天文研究、上古音研究、中古音研究、文字学、汉语词源学、方志学、史地学等，以戴震的考证求实的学术精神而论，他实在是我国近代实证科学的奠基人。"④

戴震哲学的反响当时褒贬不一，近代以来地位突显。

戴震是当时少有的既擅长考据又富有思想、既注重朴学又注重哲学的大

---

① 转引自《徽州学概论》，中国社会科学出版社 2003 年 9 月版
② 戴震：《与姚孝廉姬书》
③ 戴震：《与某书》
④ 李开：《戴震评传》，南京大学出版社 1992 年版

学者。有意义的是，正是他求信求真、求"十分之见"的朴学精神，使他后期的求知闻道能够立足社会、直面现实，合乎逻辑地发生了根本变化，如其所愿地实现了自我超越，义无反顾地突破了专制社会的思想藩篱，毅然绝然地举起反对理学、张扬人性的理论旗帜。他的哲学理论弘扬了中国文化中民本传统的思想精华，包含着特定层面上个性解放的思想因素。如果说在18世纪的中国，资本主义萌芽产生之后，曹雪芹等一批文学家以其文学作品传达了反抗封建专制、追求人性解放的时代脉搏的话，那么，在思想领域里，正是以戴震为代表的一批思想家吹响了与之呼应、与之共鸣的时代号角。

戴震不但继承、发展了中国早期儒家思想中某些潜在状态的启蒙意识，使之成为自己阐发、弘扬启蒙思想的精神土壤和意识渊源，而且又站在近代思想的入口处为传统的儒家学说导入新的思想潮流。他的义理哲学所蕴涵的内在价值、启蒙意义，在当时尚未被人们普遍认可，因而众说纷纭褒贬不一。但是进入近代以后，思想文化界愈来愈加看重戴震反理学、反专制的思想内涵。清末民初章太炎首先发现戴震《孟子字义疏证》等论著中蕴涵着强烈反对封建专制的思想观念，特撰专文《释戴》，为之阐发，予以评说。他认为戴震哲学"舍名分而论是非"，其思想解放的意义不亚于卢梭和孟德斯鸠。其后梁启超在《清代学术概论》一书中，对戴震的哲学思想及其启蒙意义给予特别评价和高度肯定。他称赞"《疏证》一书，字字精粹"，"综其内容，不外欲以情感哲学代理性哲学。就此点论之，乃与欧洲文艺复兴时代之思潮之本质绝相类"。在他看来，戴震"情感哲学"从理学独断论的樊篱下挣脱出来，可以比之欧洲文艺复兴思潮从中世纪基督教禁欲主义的束缚中解脱出来，这就揭示出戴震思想的独特价值和时代意义。他认为："（戴震）其志愿确欲为中国文化转一新方向。其哲学之立脚点真可称二千年一大翻案。其论尊卑顺逆一段，实以平等精神，作伦理学上一大革命。其斥宋儒之糅合儒佛，虽辞带含蓄，而意极严正，随处发挥科学家求真、求是之精神，实三百年间最有价值之奇书也。"① 另外他在《戴东原生日二百年纪念会缘起》一文中曾这样说过："稍为研究过中国近世学说史的人，都应该认识戴东原先生的位置和价值"②。最后，还有新文化运动的主将胡适也高度重视戴震思想，专门著有长文《戴东原的哲学》，深入探讨戴震哲学的思想渊源

---

① 梁启超：《清代学术概论》，东方出版社1996版
② 《饮冰室文集》第65册

220

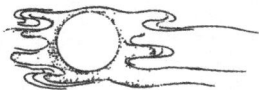

及发展轨迹。在该文中，他肯定地认为，戴震论理、论道、论性、论情、论欲，结果是"摧毁五六百年推崇的旧说，而建立他的新理学"；他明确地指出，"戴震的哲学，从历史上看来，可说是宋明理学的根本革命，也可以说是新理学的建设——哲学的中兴"。①

近代学者高度重视、高度评价戴震的哲学思想绝非偶然。

19 世纪中叶，中国由传统社会进入近代社会，进入了近代的启蒙时期。一般说来，近代启蒙运动是人类历史上一次全面、深刻的思想观念大变革，其价值核心就是对封建时代盛行的专制主义、蒙昧主义、禁欲主义作根本否定，在社会生活的各个领域提倡一种新的价值观念、新的道德规范。近代启蒙运动有两大任务：一是反对宗教蒙昧主义，宣扬理性与科学；一是反对封建专制主义，宣扬民主与法制。从这种时代背景及历史意义上看，戴震的义理哲学作为 18 世纪具有代表性的思想理论，不但"复活了 17 世纪清初大儒的人文主义的统绪"，而且还"启导了 19 世纪的一线曙光"②。这也就是说，18 世纪的思想家戴震，既是 17 世纪早期启蒙运动的继承者，同时又是 19 世纪近代启蒙思潮的先驱者。由此可见，在传统社会向近代社会、传统价值观向近代价值观的嬗递转变过程中，戴震的确是一个非常重要的代表人物，他的思想对于中国近代思想界来说的确具有重要的启蒙意义。即使立足于今天来说，研究戴震思想特别是戴震的义理思想，汲取他的思想中那些积极的、进步的内核因素，对于当代社会转型时期的思想文化建设，仍然具有重要的理论意义和现实意义。

三、新文化运动的旗手——胡适

在中国传统文化向现代文化转型的历史进程中，新文化运动无疑发挥着关键性作用；作为新文化运动的一名旗手，胡适在这场思想文化大变革中创建了不可磨灭的历史性功绩。历史已经确认，胡适无愧为中国现代文化大师、世界文化巨匠。

---

① 胡适：《戴东原的哲学》，《中国现代学术经典胡适卷》，河北教育出版社 1996 年版，第 320 页

② 侯外庐：《中国启蒙思想史》，人民文学出版社 1956 年版

（一）胡适与新文化运动

胡适（1891—1962），乳名嗣穈，原名洪骍，后来改名胡适，字适之，别号自胜生、藏晖室主人，徽州绩溪上庄人。

胡适父亲胡传任职淞沪时生他于上海大东门外。胡适从4岁开始识字读书，在绩溪老家接受过9年乡村传统教育。1904年就读于上海新式学校，随后考取中国公学。1910年通过考试留学美国，先入康乃尔大学学习农科，后转文学院；1915年进了哥伦比亚大学，追随实用主义哲学家杜威研习哲学。1917年，他完成博士学位论文《古代中国逻辑方法之进化》以后回国，受聘为北京大学教授。1938至1942年他曾担任中国驻美大使。1946年后任北京大学校长。1949年去美国，后去台湾，担任中央研究院院长。最终他猝然病故于台北。

胡适平生引以为无尚荣耀的名山事业、现代学界公认他不可磨灭的历史功绩，都在于上一世纪初期所发生的那一场决定中国近现代文明走向及其命运的新文化运动。

从普遍意义上说，中国新文化运动肇始于文化刊物《新青年》的面世，《新青年》创刊之初即提出"科学"和"民主"两大主题。但是要以特定标志而论，胡适的《文学改良刍议》一文则被视作中国新文化运动最先"发难的信号"。[①] 胡适的《文学改良刍议》写于1916年9月，发表于1917年《新青年》第2卷第5号。他在文中提出八条作文准则：言之有物；不摹仿古人；须讲求文法；不作无病之呻吟；务去烂调套语；不用典；不讲对仗；不避俗字俗语。胡适文章最核心的意旨就是提出了运用革命性的文体亦即运用白话文的重要主张，就此他明确列出三条论断：一、今日之中国当造今日之文学；二、今日之文学真正与世界第一流文学比较而无愧色者独有白话小说；三、以今世历史进化的眼光观之，则白话文学之为中国文学之正宗，又为将来文学必用之利器，可断言也。当时，陈独秀读了胡适的文章之后拍案叫绝，称赞它是"今日中国文界之雷音"，并且坦言："白话文学将为中国文学之正宗，余亦笃信而渴望之。吾生当亲见其成，则大幸也。"[②] 为了支持胡适的主张，陈独秀很快在第2卷第6号《新青年》发表一篇《文学革命

---

① 郑振铎语
② 转引自胡明《胡适传论》

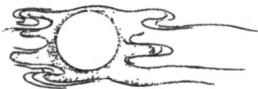

论》，自称"愿拖四十二生的大炮为之前驱"。文章写道："文学革命之气运，酝酿已非一日。其首举义旗之急先锋则为吾友胡适。余甘冒全国学究之敌，高张文学革命军之大旗，以为吾友之声援。旗上大书特书吾革命三大主义，曰推倒雕琢的、阿谀的贵族文学，建设平易的、抒情的国民文学；曰推倒陈腐的、铺张的古典文学，建设新鲜的、立诚的写实文学；曰推倒迂晦的、艰涩的山林文学，建设明了的、通俗的社会文学。"在胡适和陈独秀的联手推动之下，径由一场文学革命引领起一场新文化运动，浪潮汹涌、势如破竹地在中国大地上蓬勃兴起。

作为新文化运动的领袖，胡适的首要功绩就是：反对文言文，提倡白话文；反对旧文学，提倡新文学。以白话文运动实行文学革命，这是胡适潜心思考、倾心探索的结果。早在1906年他就开始写作白话文章，1915年他的一篇《论如何使吾国文言易于教授》曾经提出改进古文教授方法的问题。1916年他写了一篇《白话文言之优劣比较》，指出文言文是一种半死的文字，主张用白话来作文写诗。随后在与当时留学朋友的论争中，胡适不仅首次提出了"文学革命"的口号，而且特别注意到"文字形式"的问题。他认定，"一部中国文学史便是一部中国文学工具变迁史——一个文学或语言上的工具去替代另一个工具。"同时他认定，"那已产生的白话小说戏曲，都可证明白话是最配做中国活文学的工具的"，"有了新工具，我们方才谈得到新思想和新精神等等其他方面"。胡适不仅以第一流白话文学作品的经典地位证明了提倡白话文的现实意义，"而且决定努力做白话诗的试验"，"要用试验的结果"证明自己"主张的是非"。经过理论上的再三探讨和实践中的认真尝试，胡适终于将他的文学主张归结为一个系统的方案，这就是申述"新文学之要点约有八事"的《文学改良刍议》一文。

其后不久，胡适成为《新青年》的重要撰稿人，发表《历史的文学观念论》等多篇影响广泛的文章。尤其是在第4卷第4号的《新青年》上，胡适发表了"文学革命的最堂皇的宣言"即《建设的文学革命论》，对应他《文学改良刍议》所论的"八事主张"，正面提出文章写作的四条要求：（一）要有话说，方才说话。（二）有什么话，说什么话。话怎么说，就怎么说。（三）要说我自己的话，别说别人的话。（四）是什么时代的人，说什么时代的话。这些要求显然已经不限于文字形式，而是更加注重于新文学的思想内容，他的意图显然是把白话作为创造新文学的工具，以求实现他所提出的"国语的文学，文学的国语"这一建设性目标。胡适的这篇文章事实上已将白话文运动提高到了一个新的理论层次。

胡适在新文化运动中的又一贡献是输入西方现代思想，推动中国文化转型。胡适一向都将新文化运动视作"中国的文艺复兴"，他在1919年发表《新思潮的意义》一文，认为当时新思潮的根本意义只是一种新态度即"评判的态度"；新思潮的唯一目的是"再造文明"；而新思潮的两个手段，一是"研究问题"，二是"输入学理"。他自己就曾在输入学理和研究问题方面，亦即介绍西方的新思想、新学术、新文学、新信仰，讨论社会上、政治上、宗教上、文学上种种问题，作过很大的努力。

令人关注的首先是他对杜威思想的宣扬和躬行。他在留美期间即已成为杜威的及门弟子，1919年杜威来中国巡回演说宣传实用主义，他一直陪伴左右并且自任翻译。他把杜威哲学定名为"实验主义"，自称是"实验主义信徒"，写有《实验主义》、《杜威哲学的根本概念》、《杜威论思想》、《杜威的教育哲学》等一系列文章予以宣传，他自己则终生不渝地身体力行之。在他看来，一切学理都是"用来解释问题的意义"，"寻求解决问题的方法"，实验主义注重思想的应用，注重实际的效果，本身就是一种可以应用的思想，所以它正是"吾国之急需"的"起死之神丹"。从事实看，胡适不仅认同实验主义的实用态度，而且还以实用态度来接受实验主义。也就是说，他并非单纯就学术层面去整体把握实验主义，而是按照中国国情择取其思想方法，用来解决中国的现实问题。

胡适大力宣扬的另一种思想是易卜生主义。在《新青年》"易卜生专号"上，胡适发表《易卜生主义》一文全面介绍和评论了易卜生的思想。他宣扬易卜生的批判精神。他说易卜生"睁开眼睛来看世间的真实现状"，把家庭社会的实在情形写出来，让人看到其中的黑暗腐败，觉得不得不实行革命。他宣扬易卜生的自由思想。他对青年们说："争你们个人的自由，便是为国家争自由！争你们自己的人格，便是为国家争人格！"他的理由就是"自由平等的国家不是一群奴才建造得起来的"。他宣扬易卜生的个人主义。他引述易卜生的话说："你要想有益于社会，最好的法子莫如把你自己这块材料铸造成器。"胡适的介绍与评论显然立足于中国社会现实，意在借鉴和利用易卜生的思想着手问题的研究和社会的改良。与之相关，他所发表的《贞操问题》等不少文章，当年都是震聋发聩之作。

胡适在新文化运动中还有第三项贡献，那就是整理传统文化遗产，拓展现代学术领域。胡适倡导整理国故根本用意在于打倒一切成见，解放中

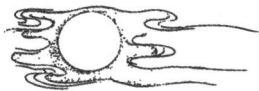

国学术。在他的构想中，整理国故本是文艺复兴的一项使命，对于思想启蒙很有必要。他在《国学季刊发刊宣言》中系统提出国故整理的意见，认为研究国故一要用历史的眼光来扩大研究的范围，二要用系统的整理来勾勒国学研究资料，三要用比较的研究来帮助材料的整理与解释。由于他的倡导与努力，整理国故蔚然成风，收获多多。以顾颉刚为代表的"疑古派"的崛起及其《古史辨》的问世，显示出国故整理的卓越成就。胡适本人的《中国哲学史大纲》和《白话文学史》影响更大，对于转变中国学术风尚无疑具有特殊的意义。还有关于古典小说的整理与研究，胡适也开创了时代新风。

遵循历史原则而实事求是地说，胡适当年处于特定时代背景下，本着"西乞医国术"的志愿，躬行"西市问新制"的主张，积极自觉地引进新的理论方法与思想观念，对于推动中国的文化转型乃至社会变革显然都是卓有成效的。

（二）胡适的学术与思想

在学术上，胡适一生就文、史、哲各个领域所从事的研究十分广博，特别是在史学领域中他所耗费的心血最多，他在哲学史、文学史、文献史等方面的研究成果最为突出、学术影响最为深远。在哲学史研究方面，他 1917 年在北京大学教授中国哲学史时，便自编成一套大纲讲义。他的大纲讲义打破"经学"与"子学"的界限，直接从老子、孔子讲起，这在当时可谓骇世惊俗，令人耳目一新。1919 年他的《中国哲学史大纲》上卷出版，引起空前强烈的反响。蔡元培高度评价其四大特长，即"证明的方法"，"扼要的手段"，"平等的眼光"，"系统的研究"，并且称赞说它"为后来学者开无数法门"。[①] 在《中国哲学史大纲》上卷出版以后，胡适还编撰有《中国中古思想史长编》和《中国中古思想小史》两种重要著作。在文学史研究方面，他的重要论著《白话文学史》上部于 1928 年出版后，同样受到读者广泛欢迎。当时评论文章指出该书主要贡献有三：新方法，为我国文学史著作开辟了新蹊径；新材料，在旧有史著之外增加了未曾有过的新内容；新考证，别开生面地表现出完全的新见解。作为一部开山之作，《白话文学史》不仅巩固了"五四"时期白话文运动的成果，而且为历代平民文学确定了应

① 见蔡元培为《中国哲学史大纲》写的序言

有的历史地位。在文献考证方面，他对《水经注》、《红楼梦》都作出过很深入的专门研究，对有关的版本目录如数家珍，其中校勘、订正、审辨等等方面达到的水准都为学界所瞩目。

真正把古典小说的考证和研究当作一种学术，并且置之于传统经学与史学的同等地位，确实始于胡适。1920 年经过整理的《水浒传》、《儒林外史》出版，胡适写了《水浒传考证》、《吴敬梓传》作为序言。随后他又对《红楼梦》、《西游记》、《三国演义》、《官场现形记》、《老残游记》、《宋人话本八种》、《醒世姻缘传》等十几部古典小说进行了考证，并且以序言或导论的形式发表数十万字的考证文章，提供了前人未曾有过的学术成果。其中成就最大者是他的《红楼梦》研究。关于《红楼梦》，他先后发表有《红楼梦考证》、《跋红楼梦考证》、《重印乾隆壬子本红楼梦序》、《考证红楼梦的新材料》等一系列文章，考定了《红楼梦》的作者曹雪芹及其家世，考证了脂本提供的佚文"后之数十回"的信息，还考定了前八十回与后四十回的"非出一手"等等。这些考证在中国小说研究史上具有破天荒的性质、划时代的意义。胡适用他"科学的方法"研究小说《红楼梦》，将索引猜谜派的悠谬之说、揣测之词一扫而空。胡适"新红学"的创立，震撼当时，影响当今，实属中国学术史上的重大事件。

在思想上，实事求是地说，胡适平生未曾着力于创建那种逻辑意义上严格周密的思想体系，也未热心于移植那些脱离社会现实不能解决问题的本体哲学。作为独具风采的近现代思想家，他只是立足于中国社会实际，致力于研究和解决问题，所以他以文艺复兴、社会改良为己任，潜心寻求传统思想的切实转折点和中西思想的最佳契合点，致力于民族思想的世界化和西方思想的中国化。从事实上看，他选择了拒斥形而上学、注重行为效用的实验主义和关注社会文明、切近现实人生的自由主义。

胡适的实验主义与当时"科学"精神相呼应，是建立在相对真理论和历史进化论基础上的实用主义和经验主义。胡适曾在《介绍我自己的思想》一文中说，他的思想接受两个人的影响最大，一个是赫胥黎，教他怎样怀疑；一个是杜威，教他怎样思想。正是这两个人使他明确了科学方法的性质和功用，因而他反对"'目的热'而'方法盲'"，反对"迷信抽象名词"，反对"把主义用作蒙蔽聪明停止思想的绝对真理"。胡适平生从事思想学术活动，特别注重的是科学方法，而不在具体的学说内容。他将科学方法概括成十个字，即"大胆的假设，小心的求证"。这个"十字经"

中蕴涵着三个方面：历史的态度——研究任何人、事、物、问题，必须弄清其形成、发展的历史；实证的态度——不轻信他人的判断，必须求得证实，如果被证否了就要提出新的假设再求证实；重视思想的能力——思想能力训练，就是多观察、多疑问、多假设，在此基础上耐心地求证实。胡适的科学方法实质上是存疑主义、实验主义与中国学术传统、特别是考据方法相互结合的产物。

胡适的自由主义与当时的"民主"精神相呼应，是建立在自由、平等、民主、独立、人权、法治、博爱、宽容等近代启蒙精神基础上的个性主义和民主主义。自由主义原本是一个内涵极其丰富、外延尚未固定的范畴。考察胡适现存文本可见，胡适理解和诠释的自由主义，是一场思想解放运动，这与他身为新文化运动旗手的角色密切相关。在此界定的前提之下，胡适赋予自由主义四大要义，那就是尊重自由、坚持民主、主张宽容以及实施和平渐进的改革。纵观胡适的一生，从倡导新文化运动之初，直到猝然去世为止，他坚持其自由主义的立场始终如一坚贞不渝。因为他坚信，中国社会的政治、经济、文化的进步，必须建立于自由、民主、法制与科学的基础之上。

胡适关于实验主义和自由主义的理解与诠释，无疑都立足于他自身的存在方式和生存状态；过去人们论及胡适及其实验主义和自由主义多有批判与否定，无疑也与人们自身的生存状态、存在方式密切相关。时代早已发展，社会大不相同，在新时期改革开放的现实之中，重新审视胡适的实验主义和自由主义，我们完全可能获得一些新的感悟和见解。

（三）胡适在中华文化中的地位

美籍学者余英时在其所著《中国近代思想史上的胡适》中说过：胡适是20世纪中国学术思想史上的一位中心人物。从1917年因正式提出文学革命的纲领而"暴得大名"，到1962年在台北中研院的酒会上遽然逝世，他真是经历了"誉满天下，谤亦随之"的一生。在这40多年中，无论是誉是谤，他始终是学术思想界的一个注意的焦点：在许多思想和学术的领域内——哲学、史学、文学到政治、宗教、道德、教育等——有人亦步亦趋地追随他，有人引申发挥他的观点和方法，也有人和他从容商榷异同，更有人从各个不同的角度对他施以猛烈的批评，但是几乎没有人可能完全忽视他的存在。这一事实充分地说明了他在中国近代史上所占据的枢纽地位。① 这段话客观地道出一个事实，那就是，要研究中国近现代学术文化史就无法回避胡适的问题。我们也可由此而换言之，要评论胡适的地位也就离不开中国近现代学术文化的发展历史。

五四新文化运动是中国近现代历史上一次最重要的思想启蒙运动和文化革新运动，胡适就是这一新文化运动的领袖人物之一。正是由他与陈独秀联手领导的新文化运动，对整整一部中国近现代思想史、文化史发生了巨大而且深刻的影响。在胡适和以胡适为代表的一代启蒙大师的努力下，中国的思想文化告别了一个旧时代，开创了一个新时代。胡适就是中国思想文化的新旧时代转变中一个显赫的标志。

况且，胡适不仅是新文化运动的倡导者和引领者，他还是那场思想文化运动实绩的体现者和代表者。从 1917 年倡导文学革命开始，胡适以他"但开风气不为师"的文化个性，体现"重新估定一切价值"的时代精神，在中国现代的文学、哲学、史学、教育、道德、文化等诸多方面都作出了开拓性的贡献，其中许多贡献都属中国思想文化史上的"第一"，比如：

胡适编撰出版了第一部运用近代科学方法研究中国哲学史的著作《中国哲学史大纲》（上卷）和第一部运用近代科学方法研究中国文学史的著作《白话文学史》（上卷）。这两部书不仅为人们研究和撰写中国哲学史、中国文学史搭起了框架、开辟了道路，成为奠定两个学科基础的经典性专著；而且因为他当时在其中所运用、所体现的科学方法和全新观念，它们都被看做是建立新典范、开创新风气的学术著作。事实上，这两部著作与其说是向人展示中国的哲学史和文学史，不如说是教人如何研究中国的哲学史和文学史。由此我们不难理解，胡适这两部专著的影响根本就不限于两个学科的具体范围，它们对整个中国现代思想学术的发展都产生了不容否定的推动作用，在中国思想学术的发展历史上具有划时代的意义。

胡适第一个将中国传统小说正式作为学术课题进行研究，以其科学考证的方法及成果成功地颠覆了"旧红学"，开创了"新红学"。

胡适第一个有目的地大量尝试白话诗的创作，以中国现代文学史上第一部白话新诗《尝试集》开创了现代自由体新诗创作流派。

胡适创作了中国戏剧史上第一部现代白话散文剧本《终身大事》，以之

---

① 胡颂平：《胡适之先生年谱长编初稿》第一册，联经出版公司 1984 年版

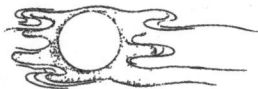

确立了中国现代话剧的新形式。

胡适最先采用白话文翻译介绍莫泊桑、契诃夫等西方文学诸多名家名作，出版了第一部白话译本《短篇小说》。

…………

尽管随着时间的推移、社会的变迁、实践的深入、科学的发展，胡适作出的种种实绩都已成为过去，他取得的种种成果都已为别人所超越，但是以历史的原则而论，在中国文化的现代转型过程中，胡适的拓荒性功绩是不可磨灭的，他的奠基性地位是不可动摇的。

若以当代的立场而论，在中国社会远离了内忧外患的处境、救亡图存的形势之后，在中华民族选定了改革开放的目标、科学发展的途径之时，胡适留给人们的思想文化遗产也就弥足珍贵。当年他面对社会转型、文化冲突提出的种种主张和见解，曾经有过某些不合时宜之处，如今却已突显着重要的现实意义；甚至是他曾引起激烈论争的那些政治意见，今天看来也都具有某些合理的因素。至于他叱咤时代风云、倡导文化革新所体现出来的那种勇开风气的首创精神、注重问题的务实精神、强调方法的科学精神、反对专制的民主精神、主张开放的自由精神，更是理所当然地成了中华文化极其宝贵的精神资源，完全可以用来支持和推进改革开放新时期的学术创新和文化建设。

著名学者唐德刚说："胡适之先生是现代中国最了不起的大学者和思想家。他对我们这一代，乃至今后若干代的影响，是无法估计的。"[①] 中国现代思想文化建设的进程雄辩地告诉我们，作为现代思想文化大家，胡适还远远不曾过时。即使将来会有多少代人成功超越了他，历史也将永远铭记他的名字、传导他的启迪。

横向观照，徽州文化三大家朱熹、戴震与胡适，他们在不同的领域，以不同的方式，顺应着不同时代的诉求，作出了卓越不凡的贡献，各自代表着他们所处历史时期的思想文化的最高水平。纵向观照，从朱熹到戴震再到胡适，充分体现着"与时俱进"的文化精神，切实反映出文化发展进程中"正—反—合"抑或"正—反—变"的基本规律。朱熹集理学之大成，建构了主流文化的思想体系；戴震以复孔孟为旗帜，以反程朱为宗旨，宣告了"理学的终结"，显示出一定的启蒙意义；胡适则主张对传统文化、对包括朱

---

① 唐德刚：《写在书前的译后感》，见《胡适口述自传》，华东师范大学出版社 1993 年版

熹、戴震在内的儒家思想，彻底进行价值重估和系统整合，借鉴西方的民主思想和科学理论，再造现代中国的思想文化。由此可见，微观而言，朱熹、戴震与胡适都是出自徽州本土的文化大师，都是徽州文化的领军人物；宏观而论，朱熹、戴震与胡适又都超越了徽州文化的具体范畴，在中国文化发展史上具有代表性和标志性的特殊意义。

【思考题】

1. 从历史观点出发，应该如何评价朱熹的理学思想？
2. 在哲学思想方面，戴震与朱熹的基本区别是什么？
3. 在新文化运动中，胡适曾经作出过哪些重大贡献？
4. 从徽州文化三大家的历史演进中，我们可以获得哪些启迪？

第九讲 "科苑之奇英，神州之至宝"

——徽州科技与工艺

中国山水画大师、新安画派传人黄宾虹曾对丰富灿烂的徽州工艺发出由衷赞叹："艺苑之奇英，神州之至宝"。徽州的工艺其实与徽州发达的科技密不可分，我们可借用大师的话语而称为"科苑之奇英，神州之至宝"。

一、明清中医药"硅谷"——新安医学

新安医学是产生和兴盛于古徽州地域带有浓郁地域特色的中华中医药史上的一个医学流派。自宋代至民国，"徽州卓然成医家者819人，其中420人撰集和汇编医籍约729种"①，新安医学医家之众，医籍之夥，创获之多，影响之大，"在以地区命名之中医学派中，堪称首富"②。

（一）新安医学的产生和兴盛

地处中亚热带北缘的古徽州气候湿润，四季分明，万山丛中有丰富的药物资源。史志统计徽州产药材多达180多种，《新唐书》就有"徽州新安郡贡黄连"的记载。古徽州又是"程朱阙里"，儒学"仁者爱人"、"不为良相，便为良医"的济世爱人思想在民间深入人心。发达的徽州教育大大提高了民众的文化素养，为中医药得以广泛普及提供了文化基础，而崛起于宋、兴盛于明清的徽商为新安医学的发展提供了重要的物质基础。

晋代新安郡守羊欣撰辑《羊中散方》30卷，唐代吴人杨玄操任歙县尉注释《难经》，这是有关新安医学的最早记载。北宋以来新安医学开始

---

① 张王才：《新安医学·序言》，安徽人民出版社2003年5月版
② 余瀛鳌：《新安医籍丛刊》，安徽科技出版社1990年12月版

兴盛，据统计，北宋神宗元丰年间到宋末，新安就有名医 14 人，并有 3 部医学专著传世。歙县的张扩、张杲是新安医学世家，前后几代承传 110 多年，张杲积 50 多年从医经验，著《医说》10 卷，这是我国最早的医史传记。元代新安有休宁徐道聪、歙县鲍同仁、婺源王国瑞等新安名医 12 人，写就 6 部医著。

明清时期，随着徽商经济的繁荣，新安医学兴盛发展。明初至明正德末年，徽州涌现名医不下 21 人，9 人撰著医著 11 部。明嘉靖至清末是新安医学的全盛时期，涌现新安名医 137 人，45 人撰著 96 部医著。其中最著名的有祁门人汪机，不仅精通医术，活人数万，医名冠于全国，而且著有《石山医案》等医书 13 部 76 卷，对中医基础理论多有建树。歙县人吴昆，不仅医名远播，而且著有我国第一部注解医方的专著《医方考》。歙县人方有执，倡《伤寒论》"错简"说，是新安医学"错简"学说的首发者。歙县人江瓘辑成我国第一部总结历代医案的医学名著《名医类案》。祁门人徐春甫曾任太医院医官，发起组织了我国第一个民间医学学术团体"一体堂宅仁医会"。休宁人孙一奎医术高超，著《赤水玄珠》30 卷，在海内外医学界很有影响。歙县人郑梅涧出身喉科医学世家，对攻克白喉难症有重大贡献。这一时期的新安医学在中医各个领域全面发展，对中医学的承传和创新贡献很大，名医辈出，成为中华中医学的一个比较突出的地域学派。

（二）新安医学的主要特色

新安医学是在祖国中医药发展史上富有地域特色的一个医学流派，其主要特色是儒医多、医官众、医籍夥、科属齐、创获大、家族链、重师承，是徽州文化中的靓丽篇章。

新安医家大多由儒而医，许多人以儒家仁本学说规范自己的从医实践，大多有高尚的人文理性追求，医德医风高尚，自宋至明清涌现了一大批"妙手回春"、"功同良相"的儒医。这些儒医，治学上能深研医理医技，考据严谨缜密，拜师会友广博，善于博采众长；作风上务实求真；诊治上诊断重脉诊，审证重求因，取法重温补，用药倡轻灵，重防倡养生。新安医家不少人以自己的精湛医技成为御医、太医、医博、太医院医官，各级医官有 50 多人。

许多新安医家从小习儒，由医而儒，基于对儒学的崇仰和理解，"仁者爱人"的熏陶，都把从医作为治病救人的"仁事"，"医以活人为心，故曰

医仁术"。许多人把治病救人作为对"仁"的一种践行，作为一种高尚的人文理性追求。汪溥就认为"医药以济众"、"功能被乡国"。歙县西溪南名医胡其重，其父潜心理学，孜孜求索孔孟真义，日以求仁为事，在父亲的督教熏陶之下，胡其重以医为求仁手段，精研治病之术，著有《医药先规》、《医门博要》、《古方韵括》等书，还有《急救危症简便验方》和《续集》行世。歙县棠樾鲍集成，父早逝，习儒未第，由儒而学医，其母教导他说：要用治儒那样的努力来学医，医业才可以达到专精；要用服侍亲人那样的态度来治病救人才算尽了心。鲍集成谨遵母教，专心拜师学医，览遍家中医籍，遇疑难之症，废寝忘食必究其致病之由，直到有疗救为止。休宁丰大基村的程公礼，孝顺父母，常常念及自己家庭贫苦，"无以济人"，于是日夜钻研医书，学习医道，

明代名医徐春甫画像

用医来为乡亲服务。不少新安医家为了笃诚践行儒学这种"仁者爱人"的理念，不惜倾家荡产，甚至献出生命。清代歙县旅钱塘（杭州）名医吴志中在瘟疫流行、百姓遭难时，毅然破产施药，救活的人很多。而清代歙县名医殷安涛不仅平时为人治病一丝不苟，医术精湛，每天诊病上百次，而且在1910年歙县南乡疫痢流行时，日夜救治乡亲，终因积劳染病，在救人时倒下，留下了一部《殷之舫医案》和人们对他的无尽思念。

新安医家把治病救人看做是行仁做好事，许多人一般都不把医业作为赚钱发财的职业。婺源桃溪潘文源，由儒而医，为人宽厚仁慈，医术高超，求诊者盈门。他诊病概不责酬报，对贫寒之士还多有惠赠，借医行善，业医30多年，家无数亩之蓄。黟县名医史谋，以针灸出名，游于江浙，每天求诊者百余人，对于患者不收诊费。婺源陈进庠是当地名医，早晚尽心为人看病，

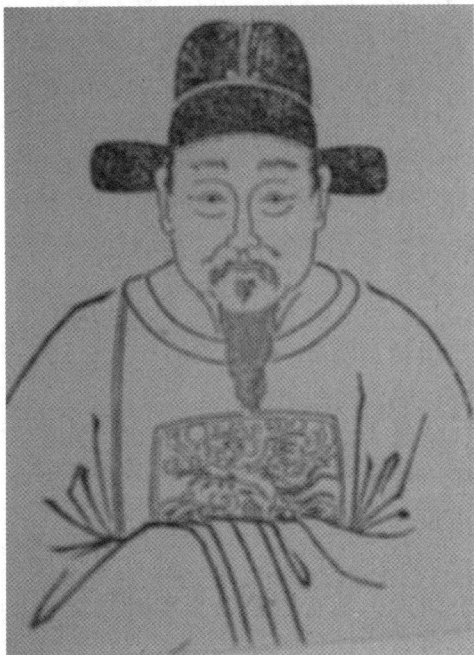

对于贫者施药济财物，亲疏远近视同一体。本来他家境丰裕，晚年因业医施舍而致贫。

为了更好地治病救人行"仁事"，帮助乡亲百姓解除病痛，新安医家大多对医业研钻非常专注，精益求精。明代歙县名医吴昆为了求得济世医术，竟先后在吴、浙、鄂、赵之间遍访中医名家，先后拜师"不减七十二师"。清代寓苏州歙县名医叶天士在 10 年中先后从师 17 人，医术精湛，医著多有创新。休宁名医孙一奎怀着"葆和吾亲无恙"、"为人者不可不知医"的赤子之心，苦研医籍，竟花了 30 多年时间走遍半个中国学习医术。他广吸博纳，医名远播，所著《赤水玄珠全集》成为影响中外医学界的重要医著。祁门饶进在本邑丁姓名医家中学医，丁氏有奇术，不轻易外传。饶进在丁家当学徒，每天白天种园忙家务，夜里勤奋研读医籍，非常刻苦又诚恳谦虚，3 年中毫不懈怠，丁氏为之感动，亲自口授奇术，饶进以之诊人生死无不应验，成为祁门名医。

过去徽州山区山高林密，多瘴疠之气，潮湿日子多，卫生条件差，瘟疫一类流行病是对百姓生命安全的重大威胁。新安医家自古以来就专注于瘟疫一类常见流行病的诊治研究，许多新安医家在治瘟病方面医术精湛，还形成了"温补培元"等重要的医学流派。对于天花、麻疹等疫病的诊治和研究，新安医家也非常用力，医著成果多而突出。据统计，明代新安医家医籍中探讨总结诊治天花、麻疹类医著达 15 部，占十分之一。歙县郑氏西园喉科，对小儿白喉这种难治之症有独到的诊治方法。郑梅涧医学世家首创的"养阴清肺汤"为百十万患白喉小儿解除了生命之忧，郑梅涧"一腔浑是活人心"的爱人情怀，在力克白喉难症中得到了生动体现。歙县槐塘程玠著《眼科良方》，实用价值大，在海内先后被翻刻 16 次之多，而其《松崖医案》不仅对伤寒病诊治论述详备，而且内、妇、儿科都有研究，开列了许多秘传效方，都是百姓之所急需。产科诸病最关系百姓日常生活，新安名医对此也十分着力。叶风《达生篇》，汪嘉谟《胎产辑萃》，黄予石《妇科衣钵》、《妇科秘要》，潘文元《妇科证治》等等都是新安医家急百姓所急的心血结晶。徽州山民斫山垦荒，劳力伤寒是常见病。歙南张守仁医学世家在长期的诊疗实践中，专攻此症，创造了对百姓劳力伤寒、寒热吐泻有特效的"十八罗汉方"，农人用此药一剂见效，"张一帖"因此名声远扬。程履丰、占元吉、洪奇达等则目睹鸦片对国人的毒害，不仅努力撰成《戒烟全法》、《蘖海新书》等戒烟医书，而且在四川治愈了

40 多名中鸦片烟毒者。

　　许多新安医家不仅自己努力掌握疾病诊治技术，而且无私心，不保守，非常重视医学的普及。明代新安名医祁门汪机行医 40 年，治人数以万计，不仅精通内、外、妇、儿各科，在中医学理论探究上成果卓著，是温补培元派代表人物，医著丰富，而且特别关心中医的知识普及。新安医学名家休宁汪昂在行医实践中专注于中医学理论研究，所著各种医学著作，在重视普及方面下了许多功夫。其《素问灵枢类纂约法》，择《灵枢》、《素问》之精要适用者，条分缕析，参酌诸注，简明易解，使学者一目了然。而《医方集解》、《本草备要》等则理论联系实际，至今仍是中医学入门教材。特别是其所著的《汤头歌诀》、《经络歌诀》，将方剂、经络编成通俗歌诀，既适用又易记，成为中医普及通俗读物，大大方便了百姓对中医的了解。明代祁门名医陈家谟，晚年用 7 年时间，五易其稿撰成《本草蒙荃》12 卷，载中药 800 多种，并对这些药的产地、采集、辨别、贮藏、炮制、性味归经、主治运用都有较详细的记载，而且用对语编写，易诵易学，李时珍极赞其"便于初学"的中药普及之功。歙县吴谦主持编著的《医宗金鉴》，切合实用，先歌诀，后注释，便于习诵，教者易教，学者易学。

　　新安儒医大多有良好的医风。江瓘就主张医者应以患者为念，救人甚于救火，"凡来请召，急去勿迟"，而且要不避风雨，还要做到"勿问贵贱，勿择贫富，专以救人为心"。休宁名医程国俊医术高超，家贫而广施药物。特别是乡亲有病急请，他从来不因为雨雪寒暑而推辞。婺源方一乐为人诊病，即使严冬深夜，有疾告者，也必起而往救。歙县张柏不仅诊病不取厚报，而且凡有人请，即使夜起十几次

新安医书

也不怕麻烦。岩寺名医吴桥早上在村中巡诊，白天四处出诊，得知患者延误诊视而病危，即使病家未请，他也立即上门诊治。婺源太医张明征"视天下犹一家，救路人如骨肉"。一天回家，发现一痢疾患者病倒路上，就命仆人抬回家中，诊治调养月余，康复后给路费回家，并不问其为谁。婺源施道焕诊治病人，无论贵贱贫富，都能尽心尽力。有一10岁乞丐患痈疽而病笃，施道焕不嫌其卑贱秽浊，亲为之诊治一个多月。20多年后，昔日乞丐变成了大富翁，其人备厚礼往谢救命之恩，此时施道焕已逝多年。

新安医家对于专以医为赚钱发财手段、不以患者为念、不讲医德、学艺不精、欺世盗名、假冒伪劣等等俗医陋习和歪风深恶痛绝，十分重视医业自律。1568年，新安医家徐春甫等在京倡集46位名医（其中新安医家21名）成立了我国历史上第一个民间学术团体——一体堂宅仁医会，其医会大家共同约定22条要求，其中就特别提出"深戒徇私谋利之弊"，要求会友之间"善相劝，过相规，患难相济"，要"诚意、明理、格致、审证、规鉴、恒德、为学"，做爱人无私的好医生。祁门叶起凤则在乡里授徒之暇，广采医家嘉言懿行，除养生治病用药之法外，还特别列出"古来良医心存济世，救人适以自救；俗医只为谋利，害人适以自害"的事例，比照劝诫。他所编《医家必阅》成为医者的自律手册。

新安医学产生在徽州民间，广涉内、外、儿、妇、伤、眼、喉、针灸推拿等各个医学科目，特别是对百姓常见病、疑难病症勤于研探，出现了"西园喉科"、"蜀口外科"、"正口妇科"、"黄氏妇科"、"吴山铺伤科"等等著名医学专科，惠及四方百姓。新安医学专科齐全、世代相传，其家族链、师承链特色突出。

（三）新安医学的突出贡献

自宋至明清，新安医学对祖国中医药事业的突出贡献，主要有以下几个方面：

第一，历代以来从徽州民间步入医林的数百上千新安名医和医家，大多是在儒学熏陶教化中成长的"儒医"，他们以医为"济世救人"的职业，努力以自己的高超医术和精湛医技，为百姓解除病痛，拯救了千千万万百姓的生命，造福百姓。有的新安医家为救百姓于疫病灾难，倾家荡产在所不惜，有的甚至为百姓而以身殉职。新安医家中大量"济世良医"、"国手"、"急诊妙手"、"神医"，提高了中华医学在百姓心中的地位，扩大了中华医学在

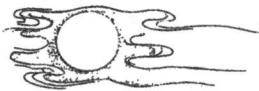

海内外的影响。

第二，新安医家在医学实践中对中华医学基础理论不懈探索，努力发展中医理论，勤于总结医学经验，写下了大量医学典籍，推进了中华中医药学的发展。新安医学早期代表人物张杲著医史传记《医说》很早就传入朝鲜、日本。新安名医汪机等人精研和发展朱丹溪的医学思想，形成了"固本培元"中医学说，是我国明清以至近代中国医学史上的一大创造和发明。方有执《伤寒论条辨》对中医代表作《伤寒论》进行了创造性的研究，提出"错简驳正"之说，对后世影响很大。清初吴谦与当时的喻昌、张璐并称清初中医三大家，他主编的《御纂医宗金鉴》是清代乾、嘉、道、咸以来医家必读之书、太医院教材，与歙县程文囿所著《医述》同被世人称之为"医林之宝筏"、"医宗之孔孟，方书之六经"。喉科名医郑梅涧著《重楼玉钥》创"养阴清肺汤"，对中医治白喉作出了创新性贡献。历代新安医学所撰著的近 800 部医学著作，极大地丰富了中华中医药学的理论宝库，对中医药学众多领域作出了开拓性的奉献，成为中华传统文化精华的一个组成部分。

第三，新安医家在普及中医药和养生基础知识方面也作出了很大贡献。新安医家大多勤于总结和写作，目的就是将宝贵的医理探索成果和临床经验教训传之后世。典型如医学名家汪昂的医籍《素问灵枢类纂约法》、《医方集解》、《本

百年老字号——同德仁

草备要》、《汤头歌诀》、《经络歌诀》等著作，理论联系实际，便于理解和传颂，对后世影响深远。

第四，新安医家大多坚持儒学"仁者爱人"理念，坚持"医以活人为心"①，有高尚的人文理性追求，以己的高尚医德和医风，塑造了一代"儒医"的"医魂"，为我们奉献了宝贵的精神财富。②

（四）新安医学的地位和影响

新安医学千百年来，数百上千的名医和医家塑造的儒医形象名垂医史，他们对祖国中医药学在理论和实践两方面的发展和创新有重大贡献。新安医家的许多医学名著，有的当时就名传天下，被译介到国外。日本丹波元胤撰著的《中国医籍考》，收辑中华医籍 3000 多种，其中就有新安医家 63 人所著 139 种③。许多新安医籍，不仅在中国中医药史上占有重要地位，而且至今仍是中医大专院校的入门教材。新安医学从宋以来，其影响不仅是国内广大区域，而且扩大到朝鲜、韩国、日本等海外各国。新安医学在中医理论上有不少突破性的创新，有的医技，像明末清初新安名医程邦贤之妻所做的我国第一例小儿肛门再造手术，处于当时医学的领先地位。新安医学对百姓中常见疑难杂症的攻关，特别是对瘟病的探讨和发挥，对中草药的探究，对养生学的关注，对于治病诊断法的摸索总结等等，都丰富和发展了祖国中医药事业。新安医学在中国中医药史上有着举足轻重的地位，是明清时期中国中医药的"硅谷"。承传和弘扬新安医学这份宝贵财富，继承新安医学文化遗产，学习新安医家的高尚医德，不仅是徽州学研究的重要内容，也是光大中华国学精华的需要。

二、珠算之翘楚——《算法统宗》

被称为"珠算之翘楚"的程大位《算法统宗》，全称为《新编直指算法统宗》，是中国古代数学名著，对我国普及珠算和数学知识起到很大作用。清初传入朝鲜、东南亚和欧洲，成为东方古代数学名著。

① 徐春甫：《翼医统考》
② 徐春甫："一体堂宅仁医会"规条
③ 黄孝周：《从中国医籍考探新安医学》

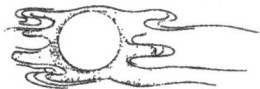

（一）程大位与《算法统宗》

程大位（1533—1606），字汝思，号宾渠，休宁县率口（今黄山市屯溪区前园村）人。

据《程氏宗谱》记载，程大位精于卜算，擅算术。程大位少年时随父经商，足迹遍布吴楚地域，因没应科举之试，未入仕途。由于"士农工商"，商居末位，当时县志找不到他的名字，《中国人名词典》对他也只有两行极为简单的记载。

程大位不仅物质生活依靠商业，而且思想和治学方法都与商业息息相关。

据记载，程氏幼年聪明好学，尤其爱数学，常"不惜重赀，以购求遗书"。20 岁左右，他利用经商机会，"遨游吴楚，博访闻人达士"，"普通数学者，辄造请问难，孳孳不倦"，接触了许多实际问题，深感学习数学之重要。用他自己的话说："远而天地之高广，近而山川之浩衍，大而朝廷军国之需，小而民生日用之赀"，无不需要数学。他少年出外经商，分析毫末，较量锱铢，加之好学不倦，因而从中养成了认真细致、精核严谨的精神。另一方面，他身居农村，田亩丈量、谷仓计算等又使他的研究有很大的实用价值。他不仅深入实际，搜集问题，而且帮助群众解决问题。就以丈量田亩来说，他研究了各种形状的田积计算，还创造了携带方便、比木直尺实用的"丈量步车"。从他画的立体图和视图来看，步车用竹篾制成，外套以木制十字架，可以撇开和收卷，很像现在用的钢卷尺。对这一发明创造，他感到非常自豪。

40 岁以后程大位倦于外游，带着满脑子的数学问题回到了故里，在商务往来中切身感到传统筹码计算的不便，决心编纂一部简明实用的数学书。"归而覃思于率水之上二十年"，认真钻研古籍资料，绎其文义，审其成法，遍取各家之长，加以自己的心得体会；程大位终于完成了影响深远的《算法统宗》一书。《算法统宗》是他毕生心血的结晶。

（二）《算法统宗》的主要内容

《算法统宗》17 卷，卷 1、卷 2 介绍数学名词和度量衡单位以及珠算盘式图、珠算各种算法口诀等，并举例说明具体用法；卷 3 至卷 12 按"九章"次序列举各种应用题及解法；卷 13 到卷 16 为"难题"解法汇编；卷 17

"杂法"为不能归入前面各类的算法，并列有 14 个纵横图；书后附录"算经源流"一篇，著录了北宋元丰七年（1084）以来的数学书目 51 种，于明万历壬辰（1592）刊行。他又对该书"删其繁芜，揭其要领"，写成《算法纂要》四卷刊行。

《算法统宗》主要内容可分为十一个部分，除了加减乘除及难题之外，其余九个部分（从第三卷起）基本上以《九章算术》的九章为篇名（其中《粟米》改为《粟布》，《盈不足》改为《盈》），书末附载《算经源流》一篇。《算法统宗》列有 595 个应用题的数字计算，结合实际，富有趣味，且都附有详细的解法，都不用筹算方法，而是用珠算演算。

全书从启蒙到应用提高，循序渐进，系统性强。许多算法、例题，均以歌诀形式出现，浅显易记，便于学习。如："当年苏武去北边，不知去了几多年。分明记得天边月，二百三十五番圆。"（答曰：一十九年）；"庐山山高八十里，山峰顶上一粒米。黍米一转只三分，几转转到山脚底？"（答曰：四百八十万转）；"三寸鱼儿九里沟，口尾相衔直到头。试问鱼儿多少数？请君对面说因由。"（答曰：五万四千个），等等，无不趣味横生。

明代研究古典数学的人很少。宋版《九章算术》几乎失传，《永乐大典》虽有抄本，但一般读者不易得到。程大位以《九章》篇目为纲，列章分论，结合实际，系统介绍理论，启示后人，振兴数学，特别是联系当时社会实际，注重知识应用，尤为可贵。

《算法统宗》很注意形数结合，利用首开变换来论证算法的依据，即所谓"演段根源图"。以程氏的话说："夫算之说，入则诸问，出则直田。盖直田能致诸用，……故立演段，盖欲演算之片断也。知片段则能穷根源，既知根源而心无蒙昧矣"。[1] 特别是在学了珠算开平方、开立方之后，许多二次、三次方程都经巧妙配方归结为开平方、开立方的问题而得到解决。

13 至 16 卷中的"难题"，作者自己则认为"难题"不难，都是"追认难而实非难，唯其巧捏，使算师一时迷惑莫知措手"而已。对"难题"，"惟在乎立法，法既明，则迎刃而破，又何难之有哉！"从根本上给学习者指出了分析问题、解决问题的关键。

---

[1] 梅荣照、李兆华校释：《算法统宗校释》，安徽教育出版社 1990 年 10 月版，第 486 页

1598 年，程大位又刊行了《算法统宗》的简明本《算法纂要》4 卷，成为后世民间算家最基本的读物。程大位在著作中所叙述的整数、分数及加、减、乘、除、乘方、开方等基本知识在当时都有着领先的作用，尤其是书中全面介绍了珠算的各种方法和归除口诀，具有相当的实用性和指导性。

程大位石像

（三）《算法统宗》在日本的流传与影响

《算法统宗》于万历二十七年（1592）初刊后，不断被翻刻和改编，风行海内外，其影响之大非常少见。特别是在日本的广泛流传和影响令人瞩目。

关于《算法统宗》传日的经过，在日本和中国数学史论著中多有论及，但说法不一。过去长期流行的是远藤利贞《大日本数学史》的说法："丰臣秀吉的家臣毛利勘兵卫重能由明朝得《算法统宗》一书"。这种说法的依据之一是成书于 1878 年的《文艺类纂》。《文艺类纂》说，毛利重能受丰臣秀吉之命赴明朝，因身份低下受到明朝冷遇，归国后向秀吉报告，秀吉命他为出羽守，再度赴明。第二次赴明正值日朝发生战争，明朝政局动荡，无法学习，故将程大位的《算法统宗》带回日本。这一说法被我国学者广泛接受，影响很大。

13 至 17 世纪，是《算法统宗》传入日本的第二个时期，对日本数学的发展有着重要影响。

《算法统宗》传入日本后，很快产生了影响。江户时代初期统一后的日本进入了封建社会的高速成长时期，社会发展对数学也提出了更高的要求，日本原有的数学基础知识已远远不能满足社会和经济发展的需要。明代中国数学由于其商业性和实用性的特点，首先在日本受到了重视。《算法统宗》作为明代数学的代表性成果，首先成为日本人学习的范本。

出生于吉田家族的吉田光由（1599—1672），从小就从其长辈那里学到了《算法统宗》知识，后以《算法统宗》为蓝本著成《尘劫记》，明代中国数学由此在日本得到广泛传播。《尘劫记》自宽永四年（1627）初版后，多次增删再版，发行量极大，而冠以"尘劫记"之名的各种改编著作更是层出不穷，并且持续到明治初期，以至版本种类超过了400多种，其影响之大，可见一斑。《尘劫记》使中国珠算术在日本迅速得到普及。吉田光由说了一句："我难得有幸从师受汝思（程大位）之书，并以此书为指南，且略有心得。"明确指出他的书是以程大位的书为蓝本的。

《算法统宗》对日本初期和算发展中的作用主要通过对《尘劫记》的影响体现出来。一是丰富了和算的内容。在《尘劫记》中，虽然当时日本原有的数学内容占了更大比例，但从《算法统宗》中吸取的内容为数不少，丰富和规范了日本固有的数学知识。引进新的数学内容，成为《尘劫记》对日本数学发展重要性地位的一个体现。二是对初期和算发展的示范作用。在《算法统宗》影响下，吉田光由对日本当时原有的数学知识进行了整理和总结，《尘劫记》采用了《算法统宗》的方式，首先对数学基本概念和基本运算原理及计算工具的操作方法加以说明，然后采用应用问题集的形式汇总了各种实用算法。这种编写方式为后来的和算家广为接受，成为和算的规范。《算法统宗》对日本传统数学的形成、对和算的发展和对日本数学的体系化、规范化都起了积极的促进作用。

（四）《算法统宗》的主要贡献

《算法统宗》是明代数学的代表性著作，对中国古代筹算向珠算的转变起了决定性的作用。在明代数学落后的情况下，它又是最高水平的著作，对明代商业数学的发展起了巨大的推动作用。明末清初数学家徐光启、李之藻、梅文鼎、梅毂成等，都是从《算法统宗》中学习《九章算术》等古算书知识的，他们所从事的数学研究也多以《算法统宗》为基础，如李之藻的《同文算指》、梅文鼎的《勾股举隅》等即是如此。《算法统宗》还是一部良好的数学入门书，在清代对普及数学知识和造就数学专门人才起了很大作用。

对于《算法统宗》在珠算和数学方面的巨大贡献，李仲谋在《徽州文化综览》一书中作了具体阐释：

一是程大位在继承和总结前人成果的基础上，将珠算的加、减、乘、除、开方运算的口诀系统化、完备化，使之简便易行，使珠算成为一种完全成熟的计算方法，在计算速度、准确性和算盘方便携带等方面，珠算远远超过筹算。在此之前，如果说筹算还能与珠算并行存在的话，那么在《算法统宗》问世不久，珠算大为普及，使筹算这种在中国使用了两千年的古老计算工具和方法，最终被取代了。

二是中国古代，特别是宋、元时期曾高度发展的科学技术，到明中叶以后逐渐衰落，传统数学古算书几乎散失殆尽。明万历年间汇刻古书的《秘册汇函》和《津逮秘书》中，数学书仅有《周髀算经》和《数术记遗》两种。由于程大位在经商和研究中悉心搜求，征集到一批稀世算书，并采其精华，编入《算法统宗》。这对于保存、继承我国古代数学优秀成果，使中国古算得以薪火相传，不致中断，功不可没。

三是《算法统宗》不仅是继承前人成果的集大成之作，而且程大位有很多新的创造。主要有：对珠算口诀的规范化、口语化，易懂易记，便于流传；发明"丈量步车"，这是结合当时全国测量土地需要而发明的一种丈量田亩的工具，主要部分用竹篾制成，在书中对它的构造和用法都有详细说明，类似于现代的皮卷尺，使用便利、精确；详细论述了开平方、开立方的方法，对前人的口诀和方法加以改进，使之更简便易行；把二次方程和三次方程解法搬到珠算中；大量使用诗、词、歌谣编写算题，使原本深奥、枯燥的数学生动有趣，通俗易懂。

程大位的《算法统宗》，不仅代表了明末数学的最高水平，而且对其后来时代数学研究产生了重大影响。英国李约瑟对中国科技史深有研究，他说："在明代数学家中，最引人注目的是程大位"，"在程大位《算法统宗》之前，没有任何关于近代珠算算盘的完整叙述。"《算法统宗》推动了中国珠算的大普及，并使之走向世界。

三、"明清社会文化传播的枢纽"——徽州刻书

（一）徽州刻书中心的形成

徽州刻书始于中唐。宋代，黟县汪纲为全国七大私人刻书家之一，刻有

《越绝书》、《吴越春秋》、《参同契分章通真义》等。

元代，徽州刻书业得到进一步发展。方回虚谷书院、郑玉师山书院、汪仲鲁商山书塾、郑氏丛桂堂以及屏山书院、紫阳书院均以刻书著称于当时。官刻图书则有《历代蒙求》1卷。家刻本有马肃《竹庄吟稿》，程若庸《增广字训》，朱升《五经四书旁注》、《地理五行书》、《小四书》、《墨庄率意录》等。

明代徽州刻书盛极一时，万历年间达到鼎盛。据周宏祖《古今书刊》载，明万历以前，徽州刻本有31种，占安徽刻书的1/3强。明正统至万历年间，歙县仇村黄氏一族刻本就有60余种。明万历至崇祯年间，徽州刻书业突飞猛进，跃居全国之首，私家坊刻众若繁星，刻铺比比皆是。如果说在中国刻书史上曾有过杭刻时代、苏刻时代的话，则明末是徽刻的时代。徽州刻书成为当时全国最具影响的一大派别，世称"徽版"。徽版图书以坊刻最为有名，以校勘精湛、刊刻精良著称，以插图页为特征。此间，徽州坊刻耀目，相形之下，书院刻、官刻、家刻本黯然失色，几乎无人提起。其实彼时徽州书院、官刻图书还是很多的。

明代后期徽州已经形成宗族社会，各氏族为了纪世系，叙昭穆，辨亲疏，明确后裔辈分及其尊卑嫡庶等级，还普遍撰修氏族家谱。赵万里指出："传世明本谱牒，大都是徽州一带大族居多，徽州以外绝少。"这些谱牒的刻印，是明代徽州刻书的重要组成部分。

清初大兴文字狱，私人刻书有禁，坊刻骤降。康熙时期书禁稍缓，但徽州坊刻再也没有恢复到明万历崇祯时期的繁荣。从有清一代整个刻书业的状况来看，徽州刻书仍是积极而活跃的，依然是全国刻书中心之一。这主要表现在书院刻书的发展，家刻的兴旺，志书宗谱编纂刻印的发达。

道光二十年（1840）鸦片战争以后，西方机器印刷技术传入，中国传统刻书业急剧衰落，南京、苏州、杭州、广州等刻书中心的雕版刻印业相继遭淘汰。但徽州地处山区，新的印刷技术一时难以传入，雕版刻书仍然盛行。尤其是同治年间以后，徽州的一些商人、学者，纷纷呼吁搜集、刻印因太平天国战乱而散佚的先贤著述，于是光绪时期徽州刻书又出现了一个小高潮，涌现出绩溪世泽楼、抱吟馆，黟县宝文堂、藜照堂，休宁新安味经山房，屯溪茹古堂、蓝田项氏等刻坊。绩溪王子乾抱吟馆为了向近代小学堂提供新学教材，先后编辑刻印了《地学》、《矿学》、《力学》、《数学》、《珠算速成课本》等新式教材。直到近代，徽州仍不断出现雕版书籍。如祁门宗教团体明

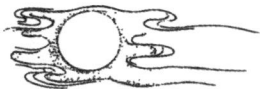

珠乩坛、明善乩坛编辑的《明珠辑要》、《明善宝训》，又如民国十二年（1923）编纂的《黟县四志》，民国十七年（1928）休宁程锡颖撰著的《金正希年谱》等，均为木刻本。

徽州最早的刻坊为元代歙县郑氏丛桂堂，至正二十二年（1362）刻有陈栎撰《通鉴续编》24 卷。明万历以前徽州刻坊有歙西鲍宁耕读书堂，于天顺年间刻《天原发微》5 卷，今存北京国家图书馆；歙县岩寺汪济川主一斋，嘉靖二十四年（1545）刻有《注解伤寒论》等。万历以后，徽州商人看好刻书出版业，开始大规模进入这一市场领域，涌现出一大批著名的刻坊和刻书名家。刻坊和刻书名家主要有：

吴勉学（明万历前后在世），字师古，歙县丰南人，世代业商，博学藏书，坊名师古斋；吴琯（明万历前后在世），字仲虚，歙县人，坊名西爽堂；汪廷讷（1573—1619），字昌朝、无如，号坐隐，休宁汪村人，寓居南京，坊名环翠堂；胡正言（1584—1674），字曰从，号十竹斋主人，休宁县城文昌坊人，寓居南京，坊名十竹斋。张潮（1650—?），字山来，歙县柔岭下人，坊名诒清堂。

一些徽商大贾，是既不为求利而设书坊，也并非想使自己著述留传世人而刻书的学者。他们家有巨资，属于雅好诗书，老而归儒，以求高名儒商。所刻书籍不惜重金，精益求精，是为至宝。鲍廷博（1728—1814），字以文，号绿饮，歙县长塘人。家世业盐，寓浙江桐乡邬镇，清乾嘉时期著名的藏书家与刻书家。汪启淑（1728—1800），字慎仪，歙县人。业盐于浙，侨寓钱塘。工诗好古，藏书甚富，斋名"飞鸿堂"。乾隆三十七年（1772），四库开馆，广征图书，汪启淑应诏进献精醇秘本 500 余种；生平搜罗秦汉图章甚富，晶玉瓷铜、金石犀象，无一不备。马曰琯（1687—1755），字秋玉，一字懈谷，祁门城里人，业盐扬州。生平酷爱典籍，有未见之书，必重价收购，并刊行于世。鲍漱芳（?—1807），字惜芬，歙县棠樾人。幼随父在扬州经营盐业，聚资百万，急公好义，颇有声誉。毕一生精力搜访收集唐宋元明诸贤书法墨迹，经鉴定评跋，择其精者，汇为《安素轩法帖》，并于嘉庆四年（1799）延请扬州著名雕刻家党锡龄勾摹镌刻。工未竣，漱芳去世，其子冶亭、约亭继承父志，至道光九年（1829）方才勒成。李宗媚（1827—1891），一名金榜，黟县南屏人。幼年家贫，以砖工谋生，后至大通以经营盐业致富，对访求刻印徽州先贤著作不遗余力。

（二）徽州刻书兴盛的原因

1. 环境影响

徽州位于万山之中，地狭人稠，耕作收获只能满足百分之三十的需要。为了寻求生活出路，人们不得不从农田以外去想办法，于是"百工之作皆备"。唐宋以来，与印刷业有关的造纸、制墨工艺一直很发达。宋苏易简的《文房四谱》载："黟、歙间多良纸，有凝霜、澄心之号，复有长者，可五十尺为一幅，盖歙民数日理其楮，然后于长船中以浸之，数十夫举抄以抄之，傍一夫以鼓而节之，于是大薰笼周而焙之，不上墙壁也。由是自首至尾，白薄如一。"南唐李超及其子廷珪开始制墨，宋时潘谷继之。嘉靖后，罗小华、程君房、方于鲁、吴去尘，皆名重一时。与刻版密切相关的砚雕和墨模制作，唐宋也已得到高度发展。徽州地区山多，又盛产檀树、梨树、枣树、银杏树等，这些树种木质坚韧、经久耐磨，是雕版印刷用的极好材料。一个雕版往往经历数十年，甚至上百年而字不漫漶。

徽州刻书

到了明清时期，专事书籍雕刊的徽州刻工大量涌现，尤以汪、黄、仇、刘四姓最为突出。除了专业刻工外，徽州还有大量的业余刻工，忙时务农，闲时刻书。徽州大量的家谱、族谱便是出自这些业余刻工之手。

另外，徽州毗邻杭州、苏州、常州、金陵、吴兴等刻书中心，这些地区

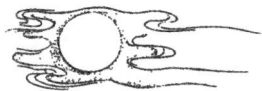

刻书业的发展，对徽州刻书业也产生了刺激和促进作用。

2. 学术促进

新安学术对于徽州刻书的促进很大，学术的倡发赖于著述，著述的流传赖于刻印。南宋徽州学子三番五次雕刻朱熹著作，无疑对徽州的刻书事业是个推动。另外，朱熹提倡读书，在朱熹影响下，徽州读书著述之风盛行，"自井闾田野，以至远山深谷，居民之处，莫不有学有师"①。

要读书必须有书，要有书必须藏书。宋以来，徽州藏书家代不乏人。藏书与刻书互为促进，互为因果。程敏政藏书不富，不会有《新安文献志》的辑刻；吴勉学刻的书所以精善，也是因为他能从众多的藏书中，择善本而付梓，广采捃而校雠。

学术兴旺，造就了徽州众多的学者，结果是著述宏富。据道光《徽州府志·艺文志》著录，宋至清道光间的徽州学者著作就有4000余种，7万余卷。徽州素称"文献之邦"，确非虚语。徽州学子，一方面要使自己的著作流传于世，一方面又要维护学术师承，保存先贤著作，促成了徽州家刻书籍的兴旺。这些家刻书籍，一般都比较精善。

学术对于书籍的需求，还有一个重要方面就是课蒙需要。清康熙年间，徽州全府有社学562所。至于私塾、义塾、家塾、蒙馆、经馆虽无统计数字，但从"十户之村，无废诵读"看，其盛况可知。课蒙通俗读物需求量大，损耗也大，于是有些人就专门刻印蒙童书出售。

3. 徽商推动

徽州古代经济，是以商业为特征的地方经济。明人汪伟曾说："天下之民寄命于农，徽民寄命于商。"② 属于商品经济范畴之内的刻书出版业，必然会引起徽州商人的注意。特别是明中叶，社会经济经历过一个较长时期的休养生息之后，出现了相当繁荣的局面，产生了一批市民阶层，他们追求精神享受，需要书籍。加之王守仁主观唯心主义的哲学体系对保守的程朱理学的冲击，出现了一大批蔑视封建传统和封建礼教，表现男女平等、妇女解放的戏曲、小说等通俗文学，反映了当时市民生活和他们的思想感情，受到广大群众特别是市民群众和进步文人的欢迎，使图书出版物有了空前广阔的市场。明万历时期，徽州众多的书商坊贾就在这样的历史

① （道光）《休宁县志》卷一《风俗》。
② （康熙）《徽州府志》卷八《蠲赈·汪伟奏疏》。

条件下应运而生。

徽商一进入刻书出版业，立刻显示出其固有的精明干练。他们在刻书方式、方法和雕版印刷技术上都大胆革新。他们大量编辑出版丛书，大量刊刻插图，增加阅读兴趣与理解，引诱读者购买，采取联合作战，缩短出版周期，快出快售，改革印刷和雕版技术，把彩色套印木刻画推向新的高峰。

徽商是一个文化修养水平较高的社会阶层，刻书便典型地反映了徽商"贾而好儒"的特色。部分巨商在物质财富达到极点时，便转而广求天下奇书、珍本，收藏刻印，以求高名，追求精神财富。如马曰琯刻《经义考》、鲍廷博刻《知不足斋丛书》，鲍漱芳刻《安素轩法帖》等。这些富商财资雄厚，校勘写刻都不肯苟且，对中国古代文化建设之功不可埋没。

除了环境影响、学术促进和徽商推动以外，对徽州刻书起重要作用的还有宗法观念下谱牒的撰修与出版，几乎没有无谱之族。徽州地区至今留存下来的谱牒之多，是全国任何一个地区都不能比拟的。

（三）徽州刻书的特色与贡献

1. 校勘认真，刊刻精良，推动了我国版本学、校雠学的发展

徽州刻书以校勘认真，刊刻精良著称于世，版本价值极高。无论坊刻、书院刻、官刻和私刻，都极讲究版本的精善，写刻校雠都不肯苟且。如《汉魏丛书》有3种刻本：明徽州程荣刻38种，何允中刻6种，清王谟刻86种。版本学家范希曾称"程刻最善"。吴勉学所刻《二十子》中《庄子》和《楚辞集注》、吴继仕所刻《七经图》，其精审常使书贾剜改冒充宋版。徽刻以精善名于世，以至外地的家集都拿到徽州来刻。《袁中郎先生全集》原来已有袁氏家刻和苏州刻两种版本，但袁中道觉得这两种本子都不够理想，于万历四十七年（1619）把全集拿到徽州重刻。王重民评价《袁中郎先生全集》万历本"刻于新安，剞劂极精"。

徽刻图书不仅写刻校雠认真细致，在辑佚补缺上也颇见功力。元至正二十四年（1364），临海陈基著、金华戴良编《夷白斋稿》，久无刻本，仅有抄本流传，且遗失甚多，明弘治间张习为之刊刻时，或有衍文，或有脱漏，非常不理想。于是鲍廷博非常留心该书，后访得一明抄本，并取他书与张刻本相校，墨笔眉批触目皆是，均谓某字应抄入，某字该去云云。稍有所得，痛快非常。如卷6眉端记云："此一行刻本亦脱去，今从《草堂雅集》补入，

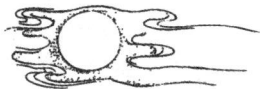

真快事也！"

2. 大量刊刻插图，发展了中国的版画艺术

图书有插图，能够增加读者的阅读兴趣和理解，徽版图书便是以大量精美动人的插图占据刻书出版市场的。徽刻插图在明末各地发行的图书中，不仅量多，而且格调新颖，式样翻新，丰富多彩。有上文下图，如《蹶张心法》，明休宁程宗猷撰，天启元年（1621）程氏刊《耕余剩技》4 种本；有文中嵌图，如《天梯日记故事》，明昭阳何胤宗校，徽郡书林周氏刊本；有图文混一，如《性命双修万神圭旨》，明尹高第撰，天启刊本，丁云鹏画，黄伯符刻；有图中嵌文，如《醊醢斋酒牌》，明高阳酒徒茂先撰，黄应绅刻，万历歙西唐模许氏醊醢斋刊本；有双页连图，如《大雅堂杂剧》，明汪道昆撰，万历大雅堂刊本等，真是琳琅满目，美不胜收，但最多的还是单页插图。

明万历时期，北京、建安、金陵等地的刻本插图基本上都是上承宋元遗风，采取上图下文的形式，线条粗壮，构图简略。徽刻插图形式多样，风格上也一扫粗壮雄健之习，成为工整、秀丽、缜密而妩媚的情调。尤其单页或双页插图，使得图版加大，徽州刻工缠绵精致的刀法得到淋漓尽致的发挥。《程氏墨苑》、《十竹斋书画谱》和《十竹斋笺谱》的出现，使徽刻插图的绘刻技巧，尤其是彩印技术达到了一个新的高度，发展了中国的版画艺术。

3. 编刻丛书、类书，保留了大量有价值的文献

丛书、类书便于学习，一部丛书或类书，可概括群籍，搜残存佚，为功尤巨。欲多读书，买丛书或类书最为便捷。于是吴勉学《古今医统正脉全书》、《二十子》，吴琯《古今逸史》，汪士贤《汉魏六朝诸家文集》，张潮《昭代丛书》、《檀几丛书》，江旭奇《朱翼》类书等便如雨后春笋，相继推出，很多稀见典籍就是借丛书、类书形式保存于世。明末婺源人江旭奇编辑、歙人吴养春校阅梓行的《朱翼》一书，杂采谱书，以类排纂，间有言论。不仅有江旭奇自己的言论，还载入江旭奇师友的言论，更尽量载入当时的通俗读物，对了解明末的社会思潮具有重要价值。王重民认为此书"正是期刊之先河"。

除了丛书、类书外，徽刻单本图书也保存了不少珍本秘籍和通俗读物，使很多有学术价值的著作和文学作品得以传世。如郑之珍编刻的《目连救母劝善戏文》，对徽剧、川剧、汉剧、婺剧、桂剧、昆剧、湘剧等剧种、剧目的发展都产生过重要影响。马曰琯千金刻《经义考》，使这部文献巨著得以保存。我们现在喜爱的几种古典小说，最初也是徽州刻印的。如 120 回本

《水浒全传》，最早的刻本是明代新安刊刻的。《红楼梦》书成后，仅有抄本流传，乾隆五十六年（1791）和五十七年，徽州程伟元两次用活字印出，即后来的程甲程乙本。《聊斋志异》成书之后，蒲松龄无力印行，藏之于家，直到乾隆三十二年（1767）才由鲍廷博为之刊行。

4. 创制"饾版"和"拱花"，实行多色套印，改革印刷和雕版技术，推进了中国印刷技术的发展

明万历三十三年（1605），歙县程大约用四色或五色赋彩印刷《程氏墨苑》，图版精丽动人，程度大大超过一般雕版插图。休宁胡正言又在总结前人经验的基础上，将彩色画稿分别用各种颜色勾摹下来分成数块小版雕刻，叠套彩印，创制"饾版"。又特制凹凸版，把纸在版上压印，凸现无色图像，形似浮雕，时称"拱花"。并采用这两种印刷方法，分别于天启七年（1627）和弘光元年（1644）印制了《十竹斋书画谱》和《十竹斋笺谱》，把彩色套印木刻画推向新的高峰，以至精美的雕版插图成为徽版图书的特征。

为了改变手写字体不便操作的弊病，徽州刻工还创造了一种统一的横细竖粗的长方体字，这就是我们现在所说的仿宋字。仿宋字的出现，带动了中国刻书史上的一场革命，大大加快了刻字进度，其影响所及一直持续到现代印刷业。

四、"工艺文化的极致"——徽州雕刻

（一）徽州雕刻的形成与发展

徽州的雕刻艺术约始于唐代。唐开元时，婺源猎人叶氏追逐野兽来到长城里，见层层叠叠的龙尾石堆在一起，如城墙一般，石质细润，莹洁可爱，便拿了几块粗粗雕刻成砚，温润程度大大超过端砚。后来叶氏子孙把砚献给了县令，县令非常喜欢这种龙尾石砚，又请名雕工精雕细琢，遂使龙尾砚名声大振。南唐中主李璟喜欢翰墨，重视歙石，专门在歙州设置砚务，选砚工高手李少微为砚务官。

墨模印版的雕刻始于南唐奚廷珪。奚廷珪之前，墨多为手制，称"握子"。后改模制，有椭圆形、柱形、扁长条形等。奚廷珪最初制墨也是手制，改模制墨以后，一面龙纹，一面字款。龙纹有"特龙"、"双脊特龙"、"蟠

龙"等，文字为"歙县李廷邽墨"、"新安香墨"。同时奚氏还在他认为最好的墨上捺盖上"珪"、"邽"、"宽"的名印，作为记号。

宋元时期，砚雕、书版雕刻、墨模印版雕刻得到发展。宋代砚雕以插手为特征，也有圆形。宋代书画家米芾曾得一长方形歙砚，砚雕极为精细，有大小山峰36座，重峦叠障，明暗相间，一直延伸到砚边；当中琢成砚池，池中碧水荡漾，别有一番情景。米芾以这方砚竟然换得了苏仲恭的一座豪华宅邸，可见雕刻艺术是何等高超。墨模雕刻则更趋精细。

刻碑始见于宋代，齐云山现仍留存13处宋代摩崖石刻，镌于悬崖绝壁之上，有的字大逾丈，有的字小如拳，正草隶篆俱备，笔姿潇洒遒劲，镌刻工艺精湛。元代著名学者郑玉等也在屯溪花山留下摩崖石刻。

明清是徽州雕刻的鼎盛时期，不仅砚雕、墨雕刻、刻碑有了飞速发展，竹雕艺术也走入人们的生活，精美的砖、木、石三雕更是把徽派建筑推向极致。

明代砚雕由技术向艺术方向发展，不仅体现雕刻的精与细，而且注重艺术构思，体现情趣。明中叶以后，随着邵格之等四大制墨名家产生，徽墨在配料上已趋定制，墨商的角逐便放在了形制上，墨模印版的绘刻愈来愈精细。刻碑更是向碑帖石刻、摩崖石刻和碑文墓记全面发展。齐云山则有碑刻和摩崖石刻537处（块），其中摩崖题字305处，碑刻232块，其中明清两代的占总数的80%。竹雕又名竹刻，常见器物有笔筒、帽筒、笔搁、扇骨、竹筷、筷筒、竹联、竹杯、签筒等。竹面润滑，笔画需纤巧细腻，故雕刻技艺较木雕为难。徽州竹雕最为常见的为"竹刻烟筒"，特别是文人雅士所用烟筒，多有题咏，或刻有梅兰竹菊图案，尤为精巧。

砖、木、石三雕工艺主要应用于祠堂、牌坊、民居等建筑物的装饰和家具上面。

砖雕是徽州盛产质地坚细的青灰砖上经过精致的雕镂而形成的建筑装饰，广泛用于徽派风格的门楼、门套、门楣、屋檐、屋顶、屋瓴等处，使建筑物显得典雅、庄重。它是明清以来兴起的徽派建筑艺术的重要组成部分。相传砖雕由明代徽州窑匠鲍四首创。鲍四跟父辈学会了烧窑活计，砖瓦生意非常好。当时，一些徽商发财致富后，纷纷回故乡大兴土木，修祠堂，建宅第，往往不惜重金。为了迎合徽商奢侈的需求，鲍四在砖上刻上花木、虫鱼、人物、楼阁，以求高价。谁知这些雕了画的砖特好卖，于是鲍四便收了几个徒弟专门研究砖雕，技艺越来越娴熟。于是秀丽精美、清新淡雅的砖雕被广泛应用。

木雕在"三雕"中数量最多，遍布民居、祠堂等建筑物木结构的各个部位，如梁架、隔扇、槛窗栏板、栏轩、挂落等，艺术质量也最精。明代初期，徽州木雕已初具规模，雕风雅拙粗犷，以平面浅浮雕手法为主。明中叶以后，随着徽商财力的增强，炫耀乡里的意识日益浓厚，木雕艺术也逐渐向精雕细刻过渡，多层透雕取代平面浅雕成为主流。入清以后，对木雕装饰美感的追求更强，涂金透镂，穷极华丽，极为精工。民居木雕取材以柏、梓、椿、楠、榧、银杏、杉树为主，家具木雕则以红木、乌木和楠木为贵。木雕题材以江南民间吉祥图案、宗教人物、戏曲故事、山水、花鸟虫鱼等为多，少数由艺术家参与的木雕在选材上显示出较鲜明的文人绘画情调。绩溪县龙川胡氏宗祠内的木雕作品堪称现存徽派木雕的代表作品。

徽州木雕

石雕大部分是在石结构的建筑物上，如牌坊、桥梁或民宅的基础部位以及祠堂的石栏板、云鼓、须弥座上。西递村西园、呈坎宝纶阁、北岸吴氏宗祠、黟县胡文光刺史坊等处的石雕是徽州石雕中的精品。石雕所用石料多为褐色的茶园石和青黑色的黟县青石，质地坚硬，虽历经几百年风雨

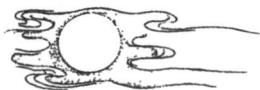

剥蚀仍栩栩如生。除了建筑物上的石雕以外，一些名宦达贵的墓葬石刻也颇为精美。

（二）徽州雕刻的技艺特色

徽州雕刻领域众多，技艺精湛，主要表现在：

1. 砚雕技艺

歙砚雕刻历代砚式风格各异，唐砚多箕形，宋砚多抄手形，均以朴拙务实见长。明清两代渐趋精雕细琢，造型变化丰富多彩，但仍保持着简洁大方的本色，主要有以下造型：仿古式，即仿照历代砚式，如圭式、风字、风池、古钱、古瓶、钟鼎、合璧、笏式、龟式、琴式、荷叶、蟾蜍、日月式、抄手式等，淳朴古拙，多作收藏鉴赏；自然式，按照砚石的形状、花纹，因材施艺，巧作而成；大冠式，上端砚边稍宽，下端砚边稍窄，砚边雕各式回纹图案，砚池开砚舌，背刻复手，内镌铭文、人物、山水等图案；玉堂式，又称素边砚，长方形，不刻图案文饰，砚池可开砚舌，也可雕淌池，为实用型砚式。现代以来，除传统几大砚式继续存在，仿古式和自然式逐渐成为中高档砚的主流形式。

砚雕是绘画、书法和石雕技艺的综汇，要求图案布局得当，整体造型形神兼美，砚铭得体内含气韵，刀法刚柔相济，能掩疵显美，不露刀痕。

2. 墨模雕刻技艺

墨模又称墨范、墨印，墨的成形由墨模嵌压而成。墨模由内模和外模两部分组成，外模又称外框，是框束内模的框架；内模又称印版，长方形的印版由6块组成，正、背版分别有文字和图案，两边称边版，上、下头谓之横头版。圆型、六角形、立体型的内模则为四版或两版组成。墨模印版一般采用石楠、棠梨、杞树等坚细的木料制作，也有用铜板制作的。在形制样式上有长形、方形、圆形、圭形、璋形、璧形、舌形、碑形、琴形、蝉形、蛙形、砚形、印玺形、各种果实、各种动物、书卷形、人物造形、古钱币形、鼎形、杂佩形等。无论采取什么形式，用哪种技法都务求精工。

其雕刻技法有浅刻、浮雕、圆雕、立体深雕、阴文、阳文、平刻、双刀平刻、单刀平刻、卧刀、逆刀等。名墨的墨模是先由名画家绘图而后由名师雕刻。

根据墨实物的遗存及流传下来的墨形图案可以看出，墨模雕刻重自然情趣，得山水灵气。雕刻技艺精工，讲求神韵，表现合度却不失自由，精雕细刻又具自然神韵。

3. 刻碑技艺

为了保存名家真迹，刻碑不仅要得其形，还要得其神。在将原作双钩上石后，那细如游丝的书法韵味都要通过刻工的刀法还原，这就要求刻工有一定的文化，尤其要懂得一些书法知识，具有书法欣赏能力，才能够刻出书法的妙处来。郑逸梅曾对刻碑技艺作过详细介绍：刻碑工序第一是阅稿，仔细端详书稿的大小、行距、结构、排列等；然后选择合适的石料，用砂石粗磨平整，继用砂皮打磨，然后用精砖磨光，直至腻滑为止。接着以研磨好的上等墨汁覆在石上，称之为上墨。待碑上的墨汁干后，用烙铁烫上白蜡，务必均匀，再用细铲削去厚层和多余部分，使碑墨黝然生光。接着把透明拷版纸覆在原件上，用线描笔双钩。墨线双钩之后，再用银硃做红线条双钩，称为过硃。再下一个手续是上样，用过硃的双钩子拷版纸，平铺在上过蜡的碑石上，必须上下左右安置妥适，用木榔头垫着羊毛毡，敲击钩本字样，这样过硃的红线很清楚地落在碑石上，便可以镌刻了。刻法还分阴文、阳文及双龙（双钩线）。

4. 竹雕技艺

竹雕以刀代笔，因材施艺，运用线刻、浅浮雕、深浮雕等工艺，雕出各种书画。这些作品，有名人的书法墨迹；有名胜古迹的山川风貌；有民间传说的神话故事；有珍禽异兽的千姿百态，题材极其广泛。竹雕主要用于摆设装饰，如常见的工艺品，包括屏风、挂屏、插花瓶、文具盒、牙签盒、烟灰盒、茶叶筒、帽商、笔筒、筷筒、楹联、腕枕、餐具等。将竹子从中剖开，形成两块半弧形竹片，可以用来制作包柱的雕刻楹联，一般将字雕成阴文，填以石绿色料，悬于厅内，古色古香。有的还在半弧形竹片上雕成画面，用作建筑物的装饰部件，但多数是独立成画，雕刻较为精细。竹雕有的用漆，有的保持竹质本色；即使用漆，一般也都用浅色，或用桐油涂于表面，既有光泽，又能透出竹质纤维的脉理，以达清新淡雅的审美效果。徽州竹雕盛于明清。入清以后，随着整个徽雕工艺的发展，竹雕无论在内容、形式、技术各方面都日趋丰富和完善。由于拼接工艺的创造和使用，竹雕突破了原幅大小的限制，使较大面积的竹雕成为可能，使竹雕器具的制作更加方便灵活。祁门有一把竹制茶壶，通身竹质，自底至盖以及盖上的纽，均为竹子做成，盖上的纽系小水竹所制，竹节雅致可爱；壶上雕刻精细，通身为八面柱体形，面面有雕刻，其中四面为画，皆各类花草；三面为字，一曰"客到相待时"，一曰"茶来渴者多"，一曰"竹壶世间少"，行书流畅。八个面均以黑漆凸线勾勒，上下另刻连效，与画面刻纹同一风格，无论字画，用刀均细

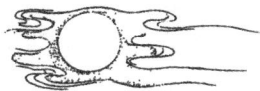

腻，线条流畅。

5. 砖雕技艺

徽州砖雕的用料与制作极为考究。一般采用经特殊技艺烧制、掷地有声、色泽纯清的青砖为材料，先细磨成坯，在上面勾勒出画面的部位，凿出物象的深浅，确定画面的远近层次，然后再根据各个部位的轮廓进行精心刻画，局部"出细"，使事先设计好的图案一一凸现出来。砖雕图案具有浓郁的民间色彩，较为常见的是戏曲故事和花草动物，诸如"古城会"、"打金枝"、"梅兰竹菊"等。艺人在尺余见方、厚不及寸的砖坯上雕出情节复杂、多层镂空的画面，令人产生精妙无比的美感。砖雕有平雕、浮雕、立体雕刻，题材包括翎毛花卉、龙虎狮象、林园山水、戏剧人物等，具有浓郁的民间色彩。明代砖雕的风格过趋粗犷、朴拙；明末清初，由于富商们对豪华生活的追求，因此清代砖雕的风格渐趋细腻繁复，注重情节和构图，透雕层次加深。歙县博物馆藏有一块灶神庙砖雕，见方仅尺的砖面上，雕刻着头戴金盔、身披甲胄、手握钢锏的圆雕菩萨。据考证这块精巧绝伦的砖雕花费了1200 个匠工，堪称徽州砖雕艺术的经典作品。砖雕一般装饰在民宅的门罩、门楼以及官邸、祠庙的八字墙上。

徽州砖雕

6. 木雕技艺

木雕在徽派古建筑上，通常用于架梁、梁托、斗拱、雀替、檐条、楼层栏板、华板、住棋、窗扇、栏杆等处，特别是沿天井四周一圈齐整的程板，是明宅装饰化大显身手的地方，雕花撰朵，富丽繁华。木雕的边框一般又都雕有缠技图案，婉转流动，琳琅满目。这些宅第民居多用原柏、梓、椿、银杏、楠本、框树、甲级杉树等特种木材建造。为炫耀本材品质的高贵，均不加油漆，以免影响雕刻的细部，同时可以显出木材的本色柔和及木纹的自然美。木雕既考虑美观，又要重视实用，大凡窗子下方、天井四周上方栏权、檐条，采用浮雕较多，在梁托、斗拱、雀替以至月梁上使用圆雕较多。在家具方面，应用木雕较多的是床与衣橱，主要用高级木材制作。一般均用朱漆和金箔装饰木雕的表面，使其更加鲜明生动。明代初年，徽派木雕已初具规模，雕风拙朴粗犷，以平面淡浮雕手法为主。明中叶以后，随着徽商财力的增强，炫耀乡里的意识日益浓厚，木雕艺术也逐

徽州木雕

渐向精雕细刻过渡，多层透雕取代平面浅雕成为主流。入清以后，对本雕装饰美感的追求更强，涂金透镂，穷极华丽，虽为精工，但有时反而限于繁琐。现在原徽州辖县内木雕精品仍然随处可见。歙具黄村一家民宅，在梁、枋、斗拱、雀替上全部精雕细刻，装饰着灵兽、百鸟、蝙蝠和回文图案，布局严谨，造型优美。楼下围着天井的 24 扇镂花隔扇门，上半部是连续图纹

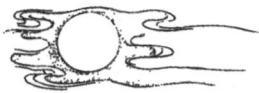

漏窗，下半部是浮雕花鸟隔板，连接上下两半部的中间横板，全雕着戏曲故事，内容皆出自《三国演义》戏文。在堂前右侧登楼的门口上方有一幅用浮雕与镂空相结合的木雕画，背景是山石岗峦、竹林曲径，画中人物有一位年轻妇人倚闾眺望，一个男子夹着伞，背着包袱，在山道上走来。这是一幅反映建房远祖在外经商发迹回乡的"商旅回归图"。画面人物长仅盈寸，却刻得眉眼毕现，栩栩如生，倚闾妇人凝眸远望，神态忧戚而专注，流露出盼人归来的脉脉情思；行旅男子，则是风尘仆仆，行色匆匆，归心似箭。构图精巧，造型生动，堪称现存徽派木雕中的精品。

7. 石雕技艺

石雕主要用于寺宅的廊柱、门墙、牌坊、墓葬等处的装饰，有圆雕、浮雕、浅圆雕、透雕等。石雕题材受雕刻材料本身限制，不及木雕与砖雕复杂，主要是动植物形象、博古纹样和书法，至于人物故事与山水则较为少见。但西递村原水口亭的主体建筑凝瑞堂内的石礅础上，却有以佛经故事为内容的雕饰；堂前石阶中央，有斜照嵌双龙戏珠石雕，背景衬以山石波涛、琼楼玉宇，宛若仙界天国，显出小中见奇。徽州石雕在雕刻风格上，浮雕以浅层透雕与平面雕为主，圆雕整合趋势明显，刀法融精致于古朴大方，

徽州石雕

没有清代木雕与砖雕那样细腻繁琐。黟县西递凝瑞堂大道旁有一对保存完好的黟县青大理石石雕宝瓶，其瓶身所饰山水云雾花纹图案，采用了浮雕与镂空雕刻相结合的手法，令人叹为鬼斧神工。

徽州石雕取材来源有二：一是青黑色的黟县青石，二是褐色的茶园石。它们色泽有别，观感亦有差异。具有代表性的有黟县西递村宅居和胡文光刺史牌坊、歙县许国石坊、休宁县汪由敦墓地诸处的石雕。石雕精品比较常见的是宅居的门罩、院墙的漏窗和各种石牌坊。西递村"西园"中有一对漏

窗，左为松石图案，奇松从嶙峋怪石上斜向伸出，造型刚劲凝重；右为竹梅图案，弯竹顶劲风，古梅枝婆娑，造型婀娜多姿，刀工精美至极，堪称石雕艺术精品。歙县北岸吴氏宗祠天井水池后壁上方，镶嵌着一副石雕百鹿图，由9块石料雕就拼成，采用圆雕、透雕、浮雕技巧，立体感很强。其中有栩栩如生、大小不等的100只山鹿；有石壁生辉、矮而粗壮的黄山松；有重重叠叠、高高低低的奇岩怪石；有淙淙流淌、弯弯曲曲的小溪；有路旁溪畔、疏疏密密的小草；有飞鸣嬉戏、前后觅食的小鸟，宛如一幅清新隽永的深山野趣图，可谓徽州石雕一绝。

徽州雕刻技艺的高度发展，终于形成了世所公认的"四雕"（石雕、砖雕、木雕、竹雕）艺术，在创造工艺文化上进入了最高境界，在雕刻艺术史上占据了独有地位。

（三）徽州雕刻的地位与影响

徽州雕刻是徽州文化中的重要元素，在诸多领域都有雕刻技艺的体现，如徽州刻书、徽派版画、徽派篆刻、徽派建筑、徽州文房四宝、民间工艺制作等。可以说，徽州文化离开了雕刻技艺，不可能形成今天这般博大精深、辉煌灿烂的局面，徽州雕刻在徽州文化形成过程中创下了不朽功绩。同时，徽州雕刻艺人持一技而走四方，形成庞大的徽州工匠集团，把徽州雕刻技艺带到全国各地，对当地的文化艺术领域又产生影响。如徽州刻书雕版工艺对金陵版画、杭州版画的影响，徽州竹雕工艺对嘉定竹雕的影响，徽州砖、木、石三雕工艺对江南建筑工艺的影响等等。

明、清两代是竹刻发展的黄金时期。竹刻艺术主要流行于我国南方的产竹地区，比如浙江、江苏、上海、四川、湖南和广东等地。在明代正德、嘉靖时期形成了金陵（今南京）、嘉定（今属上海市）两大竹刻中心，而且形成了各种竹刻流派，名家辈出，空前繁荣。其中嘉定派受徽州竹刻影响颇深，其开派祖师朱松邻即为徽州人。黄宾虹说："刻竹名手，世称嘉定。有明以来，朱松邻自新安居此，乔梓相承，已擅绝艺，然皆品谊高尚，姿禀颖异，不肯同流逐污以随世俗。故虽一技之微，往往具有郑虔三绝，迥非庸俗子所能梦见。"[①]

徽派建筑是中国古代社会后期成熟的一大古建流派，它的工艺特征和造

---

① 《黄宾虹文集·杂著编》，上海书画出版社1999年版，第69页

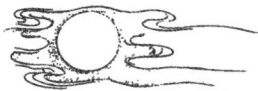

型风格主要体现在民居、祠庙、牌坊和园林等建筑实物中，其中砖、木、石三雕是徽派建筑艺术的集中体现。明中叶以后，随着徽州缙绅和商业集团势力的崛起，徽派园林和宅居建筑亦同步跨出徽州本土，在大江南北各大城镇扎根落户，如江苏的扬州、金陵，浙江的杭州、金华，江西的景德镇等地，当年都是徽式建筑相对密集的城市。作为设计和实施者，江南民间的"徽州帮"工匠集团对中国建筑艺术的贡献是不可忽视的。

五、传统文化发展的助推器——徽州文房四宝

中国书法的工具和材料大致上是由笔、墨、纸、砚构成的。古代文人大都离不开它们，通常称之为"文房四宝"。文房四宝和徽州地域有着密切的关系，伴随着徽商在经济领域的辉煌，文房四宝也成了徽商经营的重要领域之一。徽州文化流光溢彩，其中一个重要标志就是作为文化载体的文房四宝的发展。文房四宝在徽州文化中的重要地位，足以让世人注目。

（一）徽墨的起源和地域风格

我国的"四大发明"（火药、指南针、造纸和印刷术），对世界历史的发展产生了重大影响，其中造纸和印刷术的发明大大普及了文化，加快了人类文明的进步。然而纸和印刷术的使用要有墨的加入，才能使它们变为现实。中国早期使用的墨是天然矿物质的。《说文解字》对墨的解释是："书黑也，从土从黑"①，而徽州地域在秦朝所设的黟县，就是以石墨命名的。罗愿《新安志》介绍黟县时说："黟，紧县，自秦以为县，属鄣郡，县居黟山之阳，故名或曰黟，与黳同，以县南墨岭出石墨故也"②。有关黟县石墨情况，宋太宗时的苏易简（958—997）在其《文房四谱》中记载："新安郡记云，黟县南一十六里有石岭，上有石墨，土人多采以书。有石墨井，是昔人采墨之所，今悬水所淙激，其井转益深矣"③。《新安景物约编》也记有："墨岭在黟邑南，产石墨可供书画，县名黟以此。又有石墨井，云是昔人采墨之所。"这几则文献明确记载了古代黟县产石墨可供书画之用，又是黟县

① 许慎：《说文解字》，中华书局 1963 年版，第 287 页
② 罗愿：《新安志》卷五"黟县沿革"
③ 苏易简：《文房四谱》，上海科技出版社 1994 年版，第 35 页

得名的原因，可见徽州墨的历史源远流长。但今天所说徽墨一般指的是用人工炭黑如松烟、油烟合成之墨。

说到松烟制墨，唐朝易水有位叫祖敏的墨官擅用此法。之后还有王君德、奚鼐、奚鼎，以及奚鼐的儿子奚超、奚起也都传其衣钵。到唐末战乱，中原居民纷纷从北方逃难到皖南山区。奚超也带着他的儿子廷珪、廷宽渡江到歙，当看到黄山一片古松，就定居了下来，专门从事制墨。进入五代后，奚家制出"丰肌腻理，光泽如漆"的佳墨，被南唐后主李煜视为珍宝，遂令奚廷珪为"墨务官"，并赐姓李，徽墨顿时名扬天下。徽墨以松烟为基本原料，渗入20多种其他原料精制而成，具有色泽黑润、坚而有光、入纸不晕、经久不褪、馨香浓郁及防腐防蛀等特点，宜书宜画。

宋时，随着制墨业的繁荣，形成了"徽人家传户习"以及"新安人例工制墨"的盛况。黟县的张遇、黄山的沈桂、歙州的潘谷、新安的吴滋等等，都是10—11世纪制墨业的著名人物。张遇是油烟墨的创始人，以制"供御墨"闻名于世，其"龙香剂"为历代收藏家追求的瑰宝。沈桂用脂、漆淬烧之，得烟极黑，名为漆烟，人称其墨"十年如石，一点如漆"。吴滋所造之墨的妙处在于"淬不留砚"。风靡一时的制墨高手潘谷，被世人誉为"墨仙"，他制的"松丸"、"狻猊"等墨品，具有"香彻肌骨，磨研至尽，而香不衰"的优点，被称为"墨中神品"。自此以后，徽墨制造变成了传统工艺，各朝制墨高手纷纷涌现，徽墨不断推陈出新。

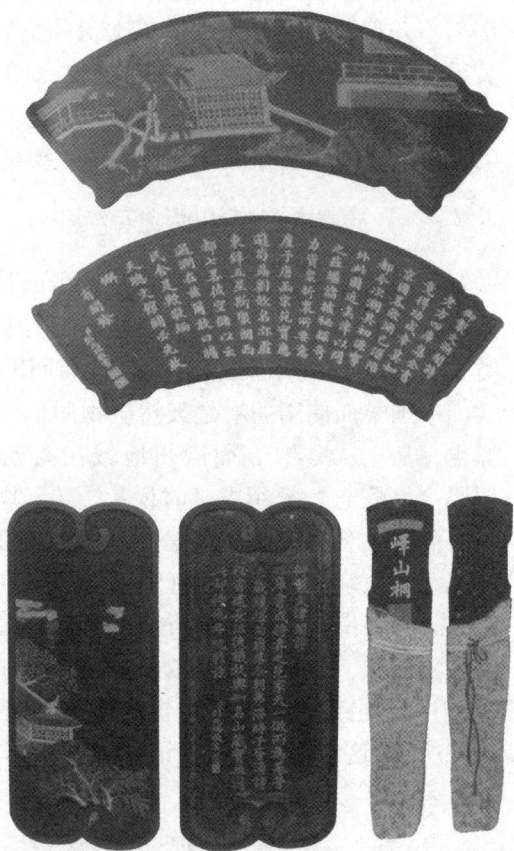

徽墨

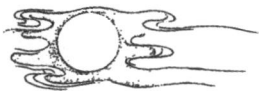

元代虽然徽墨作为徽州一种富有特色的手艺并没有中断，甚至还出现了像歙人制墨名家陶得和专制桐油烟墨，曾得到当时的名公大卿赏识，大画家倪瓒对他就很推崇，但因社会动荡，徽州墨业还是让人有"今不如昔"之慨。

明初随着经济空前发展，商业繁荣，以及科举教育和文化艺术发展的需要，徽州墨业得到了更大发展，并出现了与以前的墨业生产不同的情形：一是在原料上，原来普遍使用松烟为原料，也有以"桐油烟"和"漆烟"制墨，但却是秘而不传的，这时却广泛使用；二是无论在五代还是在两宋，徽墨生产主要是以进贡和满足官府需要为主，此时虽然也还进贡，但因社会对徽墨的需求量增大，徽墨生产以满足社会需要为主，更多地走向了市场；三是书画家作品的商品化，刺激了徽墨的生产。明代徽州所涌现出来的墨工和名家之多，都是空前的，可谓群星璀璨。

百年老字号——胡开文

到了清代，徽墨制作出现了四大名家，即曹素功、汪节庵、汪近圣和胡开文，其中曹素功和胡开文是一直延续至今的中国墨业老字号。胡开文墨庄的创始人胡天柱，因见南京贡院明远楼悬有匾额"天开文运"四字，即把自己名字改成"胡开文"，并为自己的墨店命名。胡开文自立旗号之后，精益求精，在创新上下大功夫。他摸索出了一套"岭耀彩"墨模，用它制出的墨，因其图案精美异常，震动了制墨界和文坛，他所制的墨分成二大类：一类是实用的锭墨，品种繁多，多以镌有"苍佩室"者深受用户欢迎；一类是集锦墨，长期被当作贡品进入宫中。1915年胡开文墨店所制的"地球墨"，获巴拿马博览会金奖，徽墨开始享誉世界。

（二）歙砚的源流和文化内涵

砚和墨的产生几乎是同时的。砚出现的历史很早，作为研磨的工具，它伴随墨的出现而发展。它是我国独有的调墨器具，被称为"文房四宝"之首。从唐宋以来，我国出现了端、歙、洮、澄泥四大名砚，徽州则以歙砚和漆砂砚最为著名。

歙砚，主要是指以产于婺源龙尾山之石所制之砚。龙尾山地处婺源县东溪头乡砚山村，因婺源长期以来为徽州管辖，而徽州又是在宋宣和三年由歙州而改，故称为歙砚。歙砚有石质优、发墨好、雕琢精致、耐人品鉴等特点，长期以来为骚人墨客所珍视。歙砚的纹理星晕有27种之多，如细罗纹、粗罗纹、暗细罗纹、金花罗纹、金晕罗纹、金星罗纹、算条罗纹、瓜子罗纹、细枣心等等。据地质专家考证，歙砚的纹理星晕主要是古徽州地区特殊的地质构造运动所形成的。在古徽州范围内，形成以龙尾山为中心，

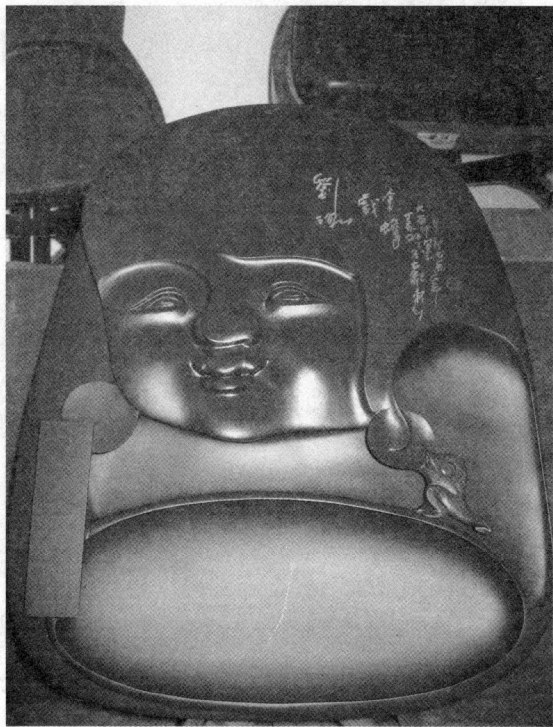

歙砚

周边地区成星罗棋布的歙砚矿藏分布，为一千多年的歙砚制作提供了丰富的原材料。

早期歙砚以实用性为主，主要以发墨润笔如何为标准，当时以云雾金星、牛毛纹和罗纹等砚为上品，而较少人工精工雕刻的花纹。由于歙砚石包青莹，纹理缜密，坚润如玉，磨墨无声，深得南唐元宗李景的喜爱，故在歙州设置了砚务，并把砚工高手李少微招为砚务官，专理制砚事宜。南唐后主李煜称澄心堂纸、李廷珪墨、龙尾枣心砚为天下之冠，使歙砚声名益振。五代末，江南战乱，砚坑淹没，制砚业日趋衰落。直到宋朝景祐年间，校理钱芝到歙县任职，遣人找到了被淹没的砚坑，并采取措施，疏浚溪流，石乃复出，制砚业重又兴起，歙砚生产又一次呈现繁荣景象，精品砚不断问世，并涌现出以周全为代表的一批雕砚高手。

北宋时期是中国文风繁盛时期，这时的"文房四宝"对于文人已不再是以实用为主的文化工具，而是心照不宣的"知音"，是难舍难离的"侣伴"，是自我的影子和生命的延续，体现出中国文人修身齐家治国平天下的生活理想和以文治国的传统文化特色，也表现了文人的生活情趣。民族文化精神和士大夫情操与歙砚的融合，构成了特定而强烈的文化内涵。这种内涵首先表现在铭文上。

铭是一种文体，古代常刻铭于碑版和器物，或以称功德，或以申鉴戒，以后则形成铭刻学，为考古学之一种。撰写砚铭是历代文人所乐之事，同时也为砚台增添了文化和价值。因砚可铭刻的地方有限，这就决定了砚铭具有文辞简练的特点。北宋时期的歙砚有不少刻有收藏者所写的铭文。苏东坡所刻歙砚铭文很多，有一方写道："彤池紫渊，出日所浴；蒸为赤霞，以贯阳谷。是生斯珍，非石非玉。因材制用，譬水环复。耕予中州，艺我玄粟。投种则收，不炊而熟"。他还有"吏民莫作官长看，我是识字耕田夫"的铭文，以一种平易胸怀，看待自己的文字生涯，足见为人坦荡。到了明清，这种在砚石上刻铭文的风气越来越盛行，连乾隆皇帝也乐此不疲了。

明代以后，徽州砚雕艺人开始在砚胚上精工细琢各种花纹、虫鸟、人物。歙砚对雕刻的要求很高，它要求雕刻者既是雕刻家又是画家。比如在刻画人物上，要把人物的形态和心理活动栩栩如生地刻出来。雕刻的眼上功夫最重，谋篇布局，就如同画一幅精美的画，要有很完美的构图，而且雕刻只能一次成型，不能有丝毫闪失。砚雕的功夫主要在手上，手劲要匀，持刀要稳，下刀要准，推刀要狠，同时在布局上要掩疵显美，不留刀痕。徽州历代都出现过一批雕刻大师，他们雕刻浑厚朴实，美观大方，图案均匀饱满，刀法刚健，体现了徽州版画的风格，其中精品，鬼斧神工，师法自然，堪称国宝。徽州除了歙砚闻名遐迩之外，值得关注的还有漆砂砚。

漆砂砚是非石质砚，质地轻巧，适合外出经商和赶考的举子们使用。它始于明代，盛于清初，当时以扬州和徽州制作的最为有名，但是在清末已经失传。1978年屯溪黎阳老街老漆工俞金海经过反复实验，恢复生产久已失传的"漆砂砚"。漆砂砚制作工艺复杂，以木材为胚，集螺甸、镶嵌、菠萝、退光各种漆器之大成，经几十道反复髹漆和打磨工序，制成后的产品似石非石、坚实凝重、发墨润笔，深受海内外书画家的喜爱。

（三）徽纸与徽笔的特色

制纸是徽州的传统工艺。从文献记载可知，古徽州早在唐代进贡朝廷的物品中就有徽纸，徽州的所有志书在记载古代"物产"一项中也都有纸，可见造纸在这里有着悠久的历史和传统。宋代罗愿《新安志》卷二《物产》记载："而纸亦有麦光、白滑、冰翼、凝霜之目。今歙县、绩溪界中有地名龙须者，纸出其间，故世号龙须纸。大抵新安之水清澈见底，利以沤楮，故纸之成，振之似玉雪者，水色所为也。其岁晏敲冰为者，益坚韧而佳。"我们在此不仅知道了当时徽州的一些名纸，而且知道了这些名纸大多出产于歙县与绩溪之间的龙须山。龙须山在绩溪岭南龙川村南，隔登源河相望。这里的纸好，除了原料外多为水质所为。徽州山溪清冽，尤其冬天敲冰所造之纸，则更为坚韧优佳，这是可以想见的。南唐时期，由于南唐后主李煜擅诗词书画，对古徽州生产的名纸非常宝爱，就特辟了南唐烈祖李昇节度金陵时的宴居、读书、阅览奏章的日常活动场所——"澄心堂"来贮藏，所以古徽州生产的优质纸被称为"澄心堂纸"。由于徽州纸工这不同寻常的技艺，才制作出"自首至尾，匀薄如一"的举世闻名的佳纸。

北宋初与澄心堂纸有关的当数《淳化阁帖》。该帖是在北宋淳化三年，由宋太宗赵光义下旨镌刻的一部古代书法丛帖，被誉为法帖之祖。侍书学士王著奉旨编选了宫廷收藏的历代帝王、名臣和书法家的墨迹，共108人420帖，分作十卷镌刻在枣木板上，然后用徽墨和澄心堂纸拓印成少量墨本，赐给亲王大臣。淳化阁帖的原版在宋仁宗庆历年间的宫中火灾焚毁，只有极少数零星散本流传下来。时至今日，这唯一幸存的第四卷、六卷、七卷和八卷

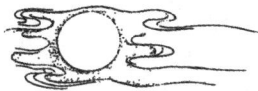

残本为美国收藏家安思远收藏。2003 年上海博物馆斥资 450 万美元从安思远处购得，可谓完璧归赵。由于《淳化阁帖》用的是徽墨和澄心堂纸这优质材料，才使艺术珍品流传千年。据说澄心堂纸到了明代很少能够看到，董其昌曾偶得一张，鼓足勇气也舍不得写。清代乾隆御制的仿造品，如今每开张拍卖也达 3 万元人民币。

除了澄心堂纸外，徽纸还有很多品种，这不仅在南唐如此，在北宋和南宋初也是一样。因为徽纸质量好，从唐代以降就被定为进贡之物。《新唐书·地理志》载古徽州有贡纸。宋代淳熙年间，徽州上贡朝廷的有七色纸，大概在纸上加了颜色，工序要更复杂一些，每年为 100 多万张。而且在南宋定都杭州后，徽纸曾被征用造过纸币。这一事实见之于洪迈的《容斋三笔》，说是绍兴年间，南宋政府为了发行会子，一次就向徽州采购了印造会子的纸50 万张。元代徽州贡纸，据弘治《徽州府志》记载：常年供官有赴北纸、行台纸、本道廉访司纸等，仅赴北夹纸每年就有 300 万张。由此看出徽州的贡纸任务很繁重。明朝的进贡纸歙县每月解纳榜纸 4800 张，休宁县每月解纳榜纸 3800 张，绩溪县每月的榜纸 1000 张，其余各色纸每年也还有些任务。这里的榜纸，即是指发榜用的纸，一是大，二是坚韧，这也是纸中优质者。由于历代贡纸叠年加重，使得徽州的纸业不堪负担，质量也每况愈下。到了清代后期，徽州纸竟无佳者，就连进贡的纸都要从外边购进。据道光《徽州府志》记载：徽州进贡的纸往往在浙江省常山、开化等地采购。这一商机也造就了有些徽商，如歙县蓝田叶家、婺源虹关詹家，他们在徽州周围山区经营纸业，使徽州附近的一些山区县生产的纸仍是产量最高、质量最好的。

至于文房四宝中的笔，在徽州以及附近一带自古也有制作传统。韩愈所著《毛颖传》记载，秦时大将蒙恬和王翦，在中山地区以竹为管，兔毛为柱，制作第一批改良的毛笔，而中山地区正是指的皖南一带的泾县。自此之后，这一带的制笔工艺，慢慢流传到不远处的浙江湖州，而湖州同样也是徽商聚集的地方，因为有着广泛的买方市场，这才使得湖笔大为兴盛。

徽州出笔，见之于志书："新安四宝，谓澄心堂纸、汪伯立笔、李廷珪墨与枣心砚也"[①]。早在宋代徽州府内就筑有"四宝堂"，如果当时不出笔，

① 许承尧：《歙县志》卷十六《杂记·拾遗》

就不会筑"四宝堂"。徽州笔没有其他"三宝"名气大，抑或数量不大没有形成规模是可能的。到南宋理宗时，谢塈到徽州当知府，又曾以汪伯立笔与澄心堂纸、李廷珪墨和婺源枣心砚一同入贡，这是徽州有好笔的明证。徽州有些文人自己参预制笔，清代汪韫辉写的一幅制笔的条幅："制笔当用古法，笔成饭甑中蒸之，一炷香为度；悬水于瓮中，三月后可用。"这样制成的笔适合书画家自己把玩，由于周期太长，不大可能形成商品。这也可能是徽笔没有其他三宝名气大的另一原因。民国九年（1920）歙县鲍乾九设在河南省开封市内"瀹润斋"的笔店广告中大部分是湖笔，其中也有自制的羊毫笔，如净细羊毫、书家乐、柳公书、柳条、纯羊毫、小羊毫、上羊毫等品种，售价从四十文到一百文不等。这些都说明徽州出产毛笔。

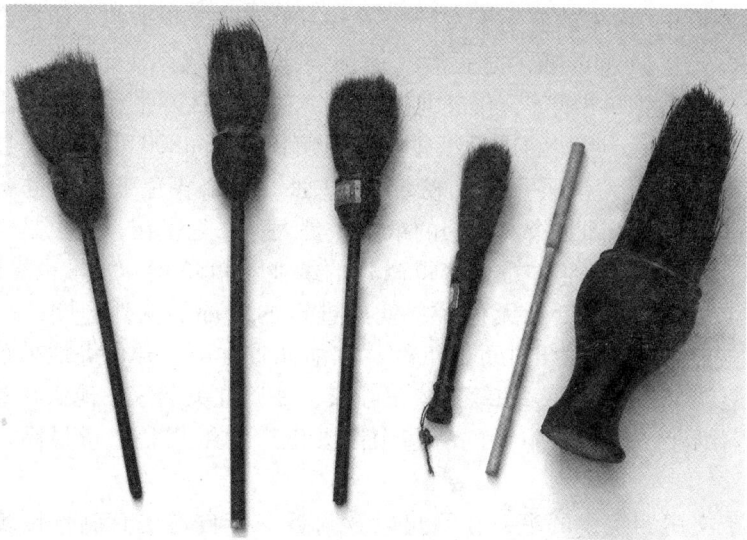

清代徽笔

因为徽墨的关系，有不少徽笔依附制墨业，如徽州的曹素功、胡开文两家，他们以制墨起家，但同时也监制毛笔，通过他们遍及各大商埠的分支机构，成为颇有影响的笔墨庄。还有徽州的詹斗山、詹素文、查艺林阁等，或以制笔为主，兼营纸墨；或以制墨为主，兼营纸笔，虽各有侧重，但都不同程度地推动了制笔业的发展。直到抗战时，歙城中还有两家毛笔店，自产自销。可见毛笔的制作和生产在徽州从来没有停止过。

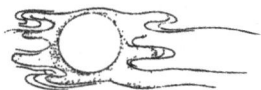

（四）徽州文房四宝的历史地位

徽州的文房四宝，历史悠久，影响广泛，在中华文明的发展中占有重要的历史地位。秦代建置黟、歙两县以来，作为文房工具和材料的生产陆续在徽州落根并获得发展。徽州物产为笔、墨、纸、砚等生产工艺对原料的特殊要求提供了自然条件，徽州文人和工匠的智慧为文房四宝提供了丰厚的文化内涵。唐末宋初徽州社会相对的政治稳定、经济日趋繁荣为文房四宝的发展创立了优良的环境。至南宋偏安江南建都临安时期，徽州就以澄心堂纸、汪伯立笔、李廷珪墨、枣心砚为"新安四宝"在全国立于领先地位。明清时期，随着徽商称雄全国数百年，徽州成为文房四宝的集散地，文房四宝成为徽商经营的重要商品之一，文房四宝店铺几乎遍布全国城镇。

徽州"文房四宝"是一笔宝贵的历史财富，是珍贵的文化遗产。"歙砚制作技艺"和"徽州胡开文墨制作工艺"已列入首批国家级非物质文化遗产名录。徽州文房四宝与其他手工工艺一样，大都以经验相传，由于社会环境的改变，会不会人亡艺绝，主要看市场。只要有市场就会继续得到发展。比如歙砚、徽墨，虽然因为书写工具的改变，原来的市场已缩小，但毕竟还有不少人从事或爱好书画艺术，因此还有着一定的市场。尤其是歙砚，由于开采和制作工具的改变，降低了工作难度，使得今天的歙砚制作规模比过去大，生产数量比过去多，技艺也不比过去逊色。所以歙砚和徽墨不仅为海内外书画家所热购，也因为其工艺性而为人们作为馈赠友人的礼品和收藏，成了黄山市旅游纪念品的主角，在现代生活中发挥了很大的社会和经济效益。

六、"八大菜系"中的明珠——徽菜

徽菜即徽州菜肴的简称，它是安徽省具有代表性的菜肴，我国八大菜系之一。一种菜系的形成，在于选用不同的原料、不同的调配料和运用不同的烹调方法，最后形成自己独特的风格。其雏形大多来自于民间的土菜、家宴，并在长期的饮食流传中融合各种菜肴的有益成分，形成一种派系，徽菜的形成也不例外。

（一）徽菜形成的过程和原因

1. 形成过程

自秦始皇设置黟、歙二县，唐建歙州，至宋改歙州为徽州以后，徽州便成为皖南山区政治、经济、文化的中心，当时虽出现了徽菜但未形成自己的派系。随着徽商足迹遍及大江南北和"无徽不成镇"格局的出现，徽州菜肴也带到了全国各地。徽商把吃家乡菜作为思念家乡和招待客人的一种特殊方式，从而在居住地和社交圈中产生了积极影响。

由于徽商的财大气粗使他们的言行举止罩上一圈光环，人们自觉不自觉地模仿他们的生活方式，并以此为时尚。由于这种"爱屋及乌"的心理作用，徽商们偏爱的徽州口味也成为人们竞相效仿的对象。扬州有名的点心"徽州饼"就是歙县的"石头馃"。石头馃在徽州并非精美细点，而是一种耐保存、耐咀嚼的大众食品。据说当年乾隆皇帝曾品尝此馃，十分称赏，赐给店家一枚"福"字小章，此后石头馃果然福星高照、销路大开，后来以"徽州饼"的名字在扬州立足。这除了与乾隆皇帝的影响有关外，更与徽商的作用分不开。时至今日，徽商早已从扬州退出，他们精心构筑的一些豪宅园林也都旧迹难寻，但"徽州饼"却依然在扬州街头巷尾散发着香味。

徽商对于徽州饮食文化的影响并不止于零星地将几样菜肴介绍给徽州以外的地区，他们是将整个徽州菜系从穷乡僻壤带出去，并予以适当地改进创新，并最终使得徽菜进入中国八大菜系之一。

从本性而言，徽州人是俭朴持家的，不习惯于玉馔珍馐，这从文献上可以得到印证："家居务为俭约，大富之家，日食不过一荤，贫者盂饭盘蔬而已，城市日鬻仅数猪，乡村尤俭。羊惟大祭用之，鸡非祀先待客罕用者，鹅鸭则无烹之者。"① 山区居民尤以杂粮为主，蔬菜也大多利用边角零星土地自种，正如《新安竹枝词》所说："红苋调灰种旁田，落苏扁荚竹篱边，枯松高架北瓜络，羊角（即豇豆）牵排豆蔓牵。"

外出经营的徽商随着财富聚集，以至富可敌国，不少人在饮食上也逐渐"食不厌精，脍不厌细"起来，"侈饮食"是徽商奢侈生活的重要内容。造成这种现象的原因有两个方面。一是奢风浸染所致。从明代中后期开始，人们在饮食上极力追求奢华，尤以东南地区为甚。在这种风气下，侨居此地的徽商们自然会受到影响。二是徽商社交的需要。商人在封建社会没有政治地位，有时甚至还会受到轻蔑，因此徽商不得不与所在地的官员和缙绅拉关系以图保护和支持，因而在饮食上追求奢华，实含有"社会性投资"的公关成

---

① 《歙事闲谭》第 18 册《歙风俗礼教考》

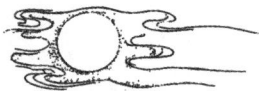

分，以求获得在社会地位和心理上的平衡。

一些徽商对饮食的精益求精，在主观上是为满足个人的口腹之欲和社交之需，在客观上却培养了一批技艺高超的徽菜厨师，促进了徽菜烹调方法的改进，为徽菜发展起到了推波助澜的作用。在我国著名的食谱，如袁枚著的《随园食单》中，可以见到许多菜肴的烹调方法同徽州商人的名字联系在一起，有力地说明了徽商对徽菜的贡献，同时这些徽商也以美食家而名传后世。

徽菜馆的兴起较徽商从事的其他行业要晚，大约在清末年间。据说徽菜馆的始祖是上海小东门的大铺楼。清光绪十一年（1885），以绩溪上庄村的胡善增为首集资每股收银 100 元开设大铺楼。大铺楼开张后生意兴隆，其名菜有方块肉、仔鸡、蹄髈、鳜鱼、火龙锅等，并很快增开了"东大铺楼"和"南大铺楼"两家分店。其他徽菜馆在上海也陆续涌现，最多时达 130 家。曹聚仁在其《上海春秋》中说："本来独霸上海吃食业的，既不是北方馆，也不是苏锡馆子，更不是四川馆子，而是徽菜馆子，人们且看近百年笔记小说，就会明白长江流域的市场，包括苏、杭、扬、宁、汉、赣在内，茶叶、漆、典当都是徽州人天下，所谓徽州人识宝，因此，饮食买卖，也是徽馆独霸天下。"可见徽菜馆的发展随着徽商的足迹遍布海内外，从事徽菜馆的徽商更有"一根擀面杖打到苏门答腊"的美誉。

徽菜由徽商从本土带到全国各地，并推上上流社会的筵席，促进了徽菜同全国各地菜系的交流，使徽菜日臻完善。经过漫长岁月，由于徽派烹饪大师的不懈努力，兼收并蓄，开拓创新，使徽菜自成体系，形成了自己独特的风味，在我国的烹饪百花园中独树一帜。

2. 形成原因

（1）独特的地理环境

居住于崇山峻岭的徽州人，历来以农林为主要谋生职业。他们或田间劳作，或上山砍伐、种植、狩猎，比平原地带的居民要耗费更多的体力和汗水。为此山民们在日常饮食中，需要补充更多的盐分。由于物质匮乏，家家都有腌制蔬菜的习惯，几乎一年到头都能吃到腌制食品，且家家都有熬酱油，制豆腐酱、生面酱的习惯，故口味偏重。

徽州人经常采集野菜佐餐，以起到消暑、清凉、解毒的保健作用，而烹饪野菜又十分费油，故徽州人在烹饪中多讲究"重油"。

徽州是产茶区，无论男女老幼均有饮茶习惯。茶既可解渴，又可提神，尤其茶叶又有"解油腻"的作用，久而成习，致使徽州人的饮食口味在"耐油"方面比平原地区更强。

徽州山多林密，具有丰富的燃料资源。在菜肴烹调中，徽菜既讲究旺火快炒，又喜以木炭文火慢炖，得益于地域的燃料条件，从而形成了徽菜烹饪中重火功的特点。俗话有"吃徽菜要能等"一说，即指徽菜需要文火煨炖的特点。

（2）丰富的徽州物产

徽州的丰富物产为徽菜的形成创造了良好的先天条件。徽州境内四季分明，冬无严寒，夏无酷暑。境内水资源较为充盈，由森林、草木丛、农林作物构成的植被占总面积87.34%。各类植物有200余科、3000多种，其中可食用的蔬菜、果品、真菌、淀粉、竹笋、野菜、鲜花、药材等八大类占800多种。动物资源中除了家庭饲养的10余种禽畜外，爬行类20余种、两栖类10余种、鱼类30余种，多数禽兽、水产皆可食用。有此条件，故徽菜以烹制山珍野味而著名。

在名目繁多的可食植物、动物中，徽州山区可说是取之不尽、用之不竭的资源宝库。每年春季，暖雨过后，竹海里苗笋竞相生长，随之又有燕笋、江南笋、金笋、水笋、木笋等先后出山。在徽州民间食谱中，有干笋炒肉丝、干笋炒辣椒、笋干八宝酱、障笋（大障山茶笋）老鸭煲及干笋炖猪蹄等笋菜。盛夏时节，采撷金黄色的黄花菜洗净蒸熟晒干，即可食用。蕨类植物在徽州随处可见，其嫩茎可与肉丝同炒，称龙爪肉丝；采其嫩茎入沸水汆过后晒干制成干蕨菜，易于存放。在徽州海拔800米以上的山崖上，还生长着灰褐色石耳，经受着烈日的暴晒、干旱的炙烤、风雨的吹打和冰霜的封冻，在恶劣的生存环境中吸纳着大自然的日月精华，徽菜中有石耳炖鸡、石耳老鸭煲、石耳豆腐丸等地方名菜。在高山峡谷地带的水溪石洞中，栖息着与蛇为伍的石鸡，其肉鲜嫩；在徽州东部的沙质河道清凉的深水中，有生长缓慢、全身有斑马纹的石斑鱼，肉质厚实、细腻，此鱼红烧、清蒸皆可。石耳、石鸡、石斑鱼被称为徽州"三石"，以"三石"烹制而成的菜肴皆为徽菜中的上品。

（3）徽商的特别偏好与需要

徽菜的形成和发展与徽商的兴起、发展有着密切关系。由于徽商的特殊地位，徽商们偏爱的口味也成为人们竞相效仿的对象。而徽商对于徽州饮食文化发展的影响并不止于零星地将几样菜肴带到徽州以外的地区，他们是将

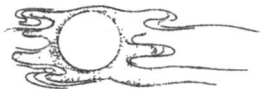

整个徽州菜系带出去，并予以适当改进创新，使徽菜进入了中国八大菜系的行列。

徽商出于个人偏好和交际需要，无意间促成徽州饮食文化的传播，而专门从事饮食行业的徽商们在全国各地崛起，才真正促使徽菜兴盛。由于徽州绩溪人制作的菜肴、点心很精致，风味特佳，故而绩溪厨师制作的徽菜流传甚广，加上全国各地徽菜馆的老板和主厨大多出自绩溪县，全国徽菜馆几乎被绩溪人垄断。提到徽菜，不能不提徽菜馆及徽厨，提到徽厨就不能不提到绩溪伏岭村，伏岭村被称为徽厨之村，徽厨十之八九都出自该村。

屯溪老街——老徽馆

（二）徽菜的烹饪特点

徽菜以烹制山珍海味而著称。徽州名菜有"沙地马蹄鳖"、"雪天牛尾狸"、"黄山炖鸽"、"清蒸石鸡"、"火烤鳜鱼"、"双爆串飞"、"炸麻酥"等。徽菜的总体特征是重油、重火、重色，擅长烧、炖、焖、煨等烹调方法，喜用冰糖提鲜，火腿佐味，制作成的菜肴各具特色，正如《随圆食单》

中所述的："使一物各献一性，一碗各成一味。"不论哪种方法，都十分讲究运用火候，注意火功。

徽菜经徽商带出本埠、徽菜大师在吸收了各大菜系特点后，徽菜馆就地取材，用传统的徽菜烹饪法创作新名目的徽菜，如武昌的鳊鱼很有名，开在武昌的大中华酒楼用鳊鱼清蒸制成的"武昌鱼"名噪长江南北。毛泽东主席1956年畅游长江，吃的"武昌鱼"就是徽厨制作的佳肴。

徽菜中有洋洋壮观的"凤炖牡丹"等大菜，也有像"杨梅园子"等小菜。徽菜总体来看，以大众菜肴为主，并不以豪华奢侈取胜。徽菜馆的特点是实惠，因此能赢得寻常百姓的青睐，在市民阶层中拥有大量顾客。

徽菜，在其悠久的历史发展过程中，博采众长，兼收并蓄，逐渐形成了自己的特色。

1. 以咸鲜为主，突出本味

徽菜对"味"历来有很高的认识和追求，十分注重烹饪原料的自然味性，讲究菜肴的隽美之味。在烹饪过程中，徽菜最大限度地保持和突出原料的本味，使有味的原料出"味"（如鸡、鸭等），无味的原料入"味"（如鱼翅、海参等）。这不仅使菜肴保持原汁原味、汁醇味浓的特点，还使菜肴具有较好的营养价值和很强的滋补作用。如名菜"黄山炖鸽"、"清炖马蹄鳖"等，都是整形烹调，整形上桌，原汁不耗，原汁不失，充分彰显菜肴本味，是徽菜形成独特风味的一大特点。

2. 讲究火功，巧控火候

徽菜烹调方法很多，除擅长烧、炖、焖、蒸、熏等技艺外，还有爆、炸、炒、熘、烩、煮、烤、炝、卤、煸等技法。徽菜在长期发展过程中，积累了一整套烹调技法，特别是对火候的运用，更是一绝。徽菜继承"熟物之法，最重火功"的传统，或旺火急烧，或小火慢炖，或微火浸卤，或用木炭小炉单炖，或几种不同的火候交替运用烹调同一种菜肴。不仅如此，徽厨们还在长期的烹调实践中，精心研究和创造了多种巧控火候的技艺，例如"熏蒸淋水"、"烤中涂料"、"中途焖火"等。由于火功到家，既保持了菜肴的原汁原味，又使菜肴更加鲜美。如"金银蹄鸡"，因小火久炖，汤浓似奶，火腿红如胭脂，蹄膀玉白，鸡色奶黄，味鲜醇芳香。徽式烧鱼方法更是独特，鲜活之鱼，不用油煎，仅以油滑锅，旺火急烧5—6分钟即成。由于水分损失少，鱼肉味鲜质嫩，脍炙人口。再如"郑林如意鸡"，先由大火高温卤煮，后用小火回酥，肉烂脱骨而不失其形，味透入里而骨有余香。不同火

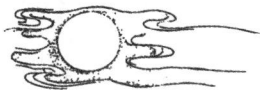

候的运用，是徽菜形成独特风味的一大特点。

3. 文化渊源深厚

徽菜具有丰富的文化意蕴。

一是把人们对生活的美好祝福融入菜名中去。如"鸡"与"吉"谐音，鸡菜寓意"吉祥"；"鱼"与"余"谐音，鱼菜意味"有余"；鱼圆或肉圆，则寓"团圆"之意。所以在徽州各地宴席上，必有鸡、鱼、圆三道菜。祭祀祖先时，必有一道笋菜。"笋"与"醒"在古徽州方言中是谐音，意为祈祷祖宗醒来，以便受纳供仪，保佑子孙平安。古时绩溪盛行赛琼碗活动（祭祀），各种各样的食品都分别有"五谷丰登"、"吉祥如意"、"洪福无边"、"福寿绵长"的寓意。宴席的名称档次也往往以"吉"数来衡量，如六大盘，八大盘，十大盘，九碗六，九碗八，十碗八等。

二是很多菜肴在其形成过程中，衍生了一个个美丽动人的故事。如"一品锅"、"屯溪臭鳜鱼"、"徽州毛豆腐"等。"一品锅"来源于这样的一个传说：200多年前，乾隆到江南一带微服私访，来到绩溪乡村一农户家里，请求惠食疗饥。好客的主妇就把家里所剩食物放在锅中一起煮。乾隆皇帝吃后，觉得味道鲜美，便问此菜名称，农妇答曰"一锅煮"。乾隆说此名不雅，不如叫"一品锅"。后来当地居民按这种烹制方法，加入其他配料，制成徽州名菜"一品锅"。近代著名学者、徽州绩溪人胡适的夫人尤其擅长烹制徽菜，经常烹制"一品锅"招待中外宾友，"一品锅"遂闻名中外，后来称为"胡适一品锅"。

三是很多菜肴带有浓郁的地域和人文色彩，甚至连烹调方法都折射出某种文化内涵。如"问政山笋"、"茴香豆"等。"问政山笋"所用原料为苗笋，取自歙县县东的问政山，因土质之故，其笋呈象牙色，笋质细嫩，掷地即碎。"茴香豆"是皖南地区流行的菜点，古时做茴香豆一般不放茴香，但因"茴香"与"回乡"谐音，茴香豆中放入茴香，表示在外营商者不忘回乡之意。可见，徽菜不仅是流行民间数百年的一种美食派系，还是一种妙趣横生、耐人寻味的美食文化。

4. 讲究食补与养生

徽菜注重食补与养生有它的历史根源。徽菜在发展过程中，继承和发扬了我国悠久独特的食物养生和中医学"医食同源，药食并重"的传统，无论在原料的选择和搭配上还是烹调方法上，都十分讲究食补与养生。徽菜重烧、炖、焖、蒸，常以整鸡、整鸽、整鸭、整鳖煮汁熬汤，源于滋补养生之道。徽菜各式滋补菜肴品种繁多，如"黄山炖鸽"、"凤炖牡丹"、"清炖马蹄鳖"等，均具有蕴温养生之功。徽菜注重食补，讲究以食养生，但却不同于在菜肴中配以药材烹调的"药膳"，从而形成徽菜的一大特点。

（三）徽菜的地位与影响

1. "八大菜系"之一

地方菜肴流派是我国悠久饮食文化的传承载体，从稍早的四大菜系到后来的八大菜系，都充分表现了饮食文化在不同时期的领军角色与魅力。现公认的八大菜系通常指鲁菜、淮扬菜、川菜、粤菜、湘菜、闽菜、徽菜和浙菜。徽菜由于经过长期的发展和完善，以其选料严格，制作精细，讲究用油用色重火功，善于保持原汁原味的特点，形成了完整的体系，跻身于中华八大菜系之一，对中华饮食文化作出了重要贡献。

2. "无绩不成馆"

早在宋代就有绩溪人开灶设肆于长安，明代随着徽州商帮的兴盛，绩溪人又陆续将民间土菜推向更多的地区。乾隆五十五年（1790）徽班进京时，绩溪烹饪业始登足京都，所设徽菜馆始称为徽馆，后来用于绩溪菜馆业的统称。

明末清初，绩溪人多营菜馆业于徽州府（歙县）、屯溪一带，均是些面食小店。后随徽商其他各业的不断辗转迁徙，一支经宣城、郎溪、广德至浙江一带；一支由新安江进入杭州、嘉兴、湖州各重镇，后在长江中下游一带乃至发展至西南，形成本籍族外经济一大产业则在清代中叶之后。

早在咸丰初年，绩溪人率先将徽菜从浙北打入上海市场，当时"在杭州办盐务，且考察饮食"的绩溪人程氏，在上海南门创设长和馆，同年又于十六铺盐码头开办松鹤楼。光绪至宣统年间，徽馆数量激增。

苏州徽菜馆也始于清代咸丰初年，时有绩溪盐务人程氏于苏州的阊门外首创万通馆。杭、嘉、湖徽菜馆大约始于清代同治年间。清末绩溪人始于武汉设立徽菜馆，民国十年（1921）至抗战初，是绩人旅汉徽馆的鼎盛年代，设有大中华、新兴楼、新苏、大中国、大江等馆店 39 家。我国大西南的绩溪徽菜馆，始于抗战期间，多从沪、宁、汉一带迁入。民国二十七年（1938）10 月，武汉沦陷，徽馆分别向西、南两路转移，伴随着"无徽不成镇"格局的形成，"无绩不成馆"的格局也随之出现。

3. "徽菜"之乡

中国烹饪协会分别于 2005 年 8 月和 2006 年 10 月授予绩溪县和黄山市

"中国徽菜之乡"的荣誉称号，绩溪县又于 2007 年 8 月被中国烹饪协会授予"中国厨师之乡"的荣誉称号。这些称号都表明了公众对徽菜的认可，也是对徽菜历史作用的肯定。可以说徽菜的传承与发展既是繁荣饮食文化和餐饮市场的需要，也事关本地区产业发展的格局，如何大力发展徽菜及相关产业，是摆在我们面前的重要任务。徽菜发展应从饮食文化本身特征加以考虑和设计。地方菜的发展必须回归到饮食本身，由厚重饮食文化积淀出的积极成果要勇于接受市场的调整和完善，在市场的洗礼中发展壮大。作为地方菜的代表，徽菜的发展也同样需要依据这一思想来指导。

【思考题】

1. 新安医学有哪些主要特色？
2. 新安医学的主要贡献是什么？
3. 《算法统宗》主要贡献有哪些？
4. 中国刻书史上的"徽刻时代"是在什么时期？
5. 徽州刻书有哪些特色与贡献？
6. 歙砚雕刻分哪三道工序？
7. 砖、木、石三雕主要应用在什么上面？
8. 胡开文墨庄出品的墨有哪两大类？各有什么特色？
9. 歙砚矿藏资源产生的地质条件是什么？
10. 为什么说徽州的文房四宝是宝贵的历史财富？
11. 简述徽菜的形成及其特点。
12. 简述徽菜在中国菜肴中的地位和作用。

第十讲 "天开神境"
——徽州艺术

徽州艺术以其绚丽多姿的风格，不断为徽州这片古老的土地增光添彩。这其中以新安画派、徽州戏剧、徽州文学、徽州篆刻和徽州版画最具代表性。

徽州艺术的发展离不开得天独厚的地理环境和自然资源。徽州秀丽的自然景观和灿烂的人文景观吸引着一代又一代文人墨客，成为艺术的肥田沃土。艺术家只有不断领受徽州自然风光和人文积淀的熏陶，才能沉浸在人与自然的和谐相处中，感受生命存在的意义和哲理，找到艺术灵魂的家园，创造出冷峻孤高、清新淡雅的山水风物作品。而竹、木等丰富的自然资源为徽州工艺的发展奠定了物质基础。

徽州艺术的发展离不开独特的地域文化。徽州文化是一种综合文化，是对历史上中原文化的包容整合的产物。这是一种"主张顺应自然，与自然和解、与万物共存共荣、以退隐耕读为主要生活方式，喜安静、爱稳定、重山林田野情趣，甘于过恬淡人生，但也能在其选定的领域奋发进取，向外开拓，阴柔与阳刚相济，不断追求中和之美的文化"①。

徽州地灵人杰，朱熹开创的新安理学，作为儒家思想的新发展，深深地影响了徽州人，是徽文化思想的内核，徽州教育的源远流长、读书风气浓郁，使得徽州名人辈出。与此同时让人惊奇的是，戴震、胡适、陶行知等一批思想家、教育家又能够从传统保守的程朱理学中解放出来，为徽州带来先进的思想意识，从而使徽州成为现代启蒙思想发源地之一。

徽州艺术里的许多内容涉及忠孝节义，以形象生动的图式阐释着朱子之学和孔孟之道。由此可见，艺术在成为服务于宗法观念工具的同时，也为社

---

① 姚邦藻：《徽州学概论》，中国社会科学出版社 2003 年 9 月版

会的和谐稳定作出了贡献。家族的兴旺发达对艺术的发展有极其重要的作用，许多艺术技艺如刻板印书，都是世代相传，宗族圈的扩大，也为地域社会家族的生存和发展创造了新的可能。

明清时期徽商的兴盛为徽州艺术的繁荣奠定了丰厚的物质基础。徽商在商品经济领域的巨大成功，给徽州的文化艺术发展提供了物质基础和观念支持，徽州三雕中的梅兰竹菊及各种历史故事、神话传说无不体现出徽商的艺术品位。徽商将自己的价值观念、文化品位注入艺术作品当中，留下诸多具有地方特色的文化遗产，促进了徽州文化艺术的繁荣。正是徽商对文化的重视，直接促进了徽州艺术的发展；徽商的大气和奢华改变着当地的民风民俗，影响了徽戏的舞台美术效果，形成了一种排场宏大、气派不凡的气势；徽州艺术的精致和巧夺天工，徽班进京的轰动和影响力都是中国文化和艺术史上的奇迹。

一、"开山水画一代宗风"——新安画派

新安画派是明末清初形成，以徽州籍画家为主体，以黄山、白岳及徽州山水为主要创作题材，画风崇尚清逸简淡，意境追求幽远冷峻的画坛流派。它在中国绘画史上占有重要的地位，历来受到国内外绘画界和学术界的重视。

（一）新安画派的形成与发展

明末的徽州已是经济、文化十分发达的地区，社会繁荣带来教育和绘画的兴盛。万历年以后，徽州地区的制砚、墨、笔、纸等文化产业已很发达，成为全国重要的"文房四宝"产地；发达的教育体制和文化产业，为社会培养了大批科举出身的官宦文人和商人。传统的中国画是以毛笔为工具在宣纸上绘画的，其基本功夫包括书法和吟诗。中国画工具的材料和性能为多数读书人所掌握，这在客观上为文人成为书画家创造了条件，所以自古就有文人画家这一群体，诗书画也随时成为文人、书家、画家们的立世之选，这在客观上孕育了新安画派。徽州商人以儒雅闻名天下，拥有丰富的藏书和藏画为新安画家学习传统名画、提高绘画水平和修养提供了必要条件。

新安画派最初称为天都画派。晋、唐以后，随着中原文化的融入和徽商的兴起，徽州文风日渐郁盛，绘画艺术成了人们修身养性的一大追求。元代

程政以新安山水入画，描摹家乡大好山光水色。明代徽籍画家程嘉燧，工画山水，学元代画家倪云林、黄公望笔意，深静枯淡，厚重清温。程氏曾客居嘉定，与当时家居嘉定的徽籍画家李流芳以及嘉定籍画家娄子和、唐叔达过从甚密，且都是著名山水画家，风格又秉承元代画坛四家（倪云林、黄公望、王蒙、吴镇），因而被称为"嘉定四先生"。其时徽籍画家李永昌也工于山水，仿倪云林笔法，用笔简淡，意润峻拔，在当时画坛上颇具名气。程、李同为徽籍，同工山水，在画风上同师元人倪云林笔意，而所画山水又以黄山为主要题材，这种画风在当时的画坛上别开了一种逸迈之气，因而引起中国画家和中国画研究者的关注。其后徽籍画家方式玉、王尊素、渐江、吴岱观、汪之瑞、孙逸、程邃、查士标等继程、李二人踵履，纷纷仿效，因而形成一个天都人画天都、画风独具的画家群体，清代画家龚贤在一幅山水画卷的自跋中说："孟阳开天都一派，至周生始气足力大，孟阳似云林，周生似石田仿云林，孟阳程姓名嘉燧，周生李姓名永昌，俱天都人，后来方式玉、王尊素、僧渐江、吴岱观、汪无瑞（之瑞）、孙无逸（逸）、程穆倩（邃）、查二瞻（士标），又皆学此二人者也。诸君子并天都人，故曰天都派。"① 由此可见，天都画派就是以程、李为先路，以渐江等八人为继踵而形成的黄山人写黄山，仿元人笔法，师法自然造化，注重神韵淡逸俊迈的画派。天都画派的形成是徽州绘画艺术发展的一个重要标志，也为徽州文化的繁荣作出了贡献。

徽州的山水以黄山为中心形成众星拱月之势，除黄山之外，还有齐云山、新安江等闻名遐迩的自然景观。特别是新安江，发源于徽州，流经黟、休、歙三县，入浙江，沿江汇聚多条河流。新安江是古徽州联系外界的主要通道，是徽州的母亲河，江流曲折，两岸群山逶迤，山光水色，渔歌帆影，如诗如画。历代文人墨客，流连忘返，赋诗吟咏。以黄山为主脉、以新安江为主流的徽州山水构成一条美不胜收的艺术画廊，这也必然引起天都画派的向往和思考，同时也开拓了他们的艺术视野，丰富了他们的艺术灵感，他们把艺术眼光从仅仅关注黄山，拓宽到关注整个徽州。这种绘画题材上的拓展与追求，主要表现在程嘉燧、李永昌之后作为天都画派第二代执钵者的渐江等人的绘画创作中。绘画题材的改变，实则表明了绘画对象的改革，这也意

---

① 张国标：《也谈"天都"、"新安"、"黄山"画派之称谓》，《徽州师专学报》第 7 卷第 2 期

味着天都画派的绘画风格在悄然发生变化。

　　渐江等人生活在明末清初，当时的社会结构发生了很大变化，满、汉矛盾激化，被推翻的明王朝的一些达官显贵不愿屈尊于清王朝的新贵，一些明王朝的学者士人也不愿与清王朝合作，他们以此来表明自己忠于明王朝的气节。而深受程朱理学影响的徽州人向来倡导儒家的忠、孝、节、义，更是主张"饿死事小，失节事大"的价值取向。正是在这种背景下，渐江将其心中的怅失与苦痛，寄予家乡山水之间，融于丹青之中。渐江崇尚倪云林笔法，笔画简峻瘦劲，气韵峭拔，风格冷冽。渐江的人品与画风深刻影响着新安画人，尤其是汪之瑞、孙逸、查士标，他们处于同一时代，绘画理念趋同，画风几近，因而被后世画坛称为"新安四家"。"新安"一词用于画坛流派称谓，始见于清初张庚之语："新安自渐江师以云林法见长，人多趋之，不之结，即失之疏，是亦一派也。"清代著名画家石涛在他的《晓江风使图卷》跋中也写道："笔墨高秀，自云林之后罕传，渐公得之一变，后诸公皆学云林，而实是渐公脉"。可见渐江画风对新安画坛影响之深远，同时也可以看出渐江画风师云林而不泥云林的开拓精神。渐江画风的确立，从绘画的题材和立意上已远远超出"天都画派"的旧制，渐江绘画不仅拓宽了画家对自然环境的取材与感受，也从纯自然的描绘中赋予了绘画主题的社会意义和人对理想境界的追求。新安画派的形成以渐江画风为中坚，

查士标画作

以"新安四家"的出现为鼎盛。

在新安画派峭然独立之时，其影响日益扩大，与新安毗邻的宣城梅清、梅羽中、梅庚、梅蔚也崇法新安笔法。以黄山为题材，描绘黄山松、石、云、泉，其中以梅清为最佳，梅氏善画松，所画山泉气度雄浑。稍后广西全州画人僧元济，字石涛，游于苏、皖，居宣城敬亭山近十载，与梅清相交甚契，画风类似，再加上与石涛秉性相投的徽州画人戴本孝，他们均以黄山为友，描摹黄山，风格相近，所以后人称之为"黄山画派"。

纵观"天都画派"、"新安画派"、"黄山画派"的形成特点，我们可以看到他们之间有许多共性：一是都以"元四家"，特别是倪云林画风为法度，都是黄山人或旅居云游黄山的人，都钟爱以黄山为主体的新安山水；二是画中都寄寓了不媚俗因世的遗民气节；三是题材大部取于黄山及周边山水，风格都以苍凉、峭拔、寒峻见长，尽管有一些区别，但隐含其中的有一种主流的脉承关系。这些似乎符合中国传统的艺术流派认定标志：其一有一个地域相近、审美观念和社会观照相同的画家群体；其二有一系列的题材、主题、结构、章法（包括笔法、墨韵、色彩）相近的画作和观点相同的画论。另外，从一个流派的发展过程来看，其必然会经历起源、发展、鼎盛、延伸和衰落几个阶段。鉴此，我们认为"天都画派"、"新安画派"、"黄山画派"都归属于新安画派，天都画派是先声阶段，新安画派是鼎盛阶段，黄山画派是延伸阶段。到近现代黄宾虹、汪采白为代表的新安画派已发展到了极致。黄宾虹融前人山水画技法之精华，独辟蹊径，笔意于苍茫中见神韵，空濛中显华滋，被画坛称为"北齐（白石）南黄（宾虹）"，独领风骚，而且他的画论精辟独到，影响深远。汪采白秉承渐江笔意，简洁练达、峻峭遒劲。从系统美学的观点来看，将天都画派、黄山画派，归属于新安画派是科学的，也是贴切的。

（二）新安画派的代表人物

程嘉燧（1565—1644），字孟阳，号偈庵，松圆老人，歙县长翰山人。早年随父寓于杭、嘉，文、诗、书、画皆工，在文学上作为"公安派"的代表人物，反对当时的一味拟古的形式主义，时人称之为"嘉定四先生"之一。他的绘画，又与当时画坛代表人物董其昌等被称为"画中九友"。76岁返回故乡，皈依于黄山云谷寺一斋法师座下，法名海能。程嘉燧的归来，凭借其在绘画和诗书方面的造诣和影响，对处于成长期的新安画派的中坚人

物，诸如渐江、查士标、汪之瑞、孙逸等颇有影响。程嘉燧在绘画上"以简淡为宗，取法倪黄"，其简淡的画风直接影响新安画派的风格形成；其学习倪云林、黄公望画法，使包括渐江在内的新安画家，将倪云林的画"岁岁供作师"。

李永昌，休宁人，字周生，号黄海。主要活动于明崇祯到清顺治年间，侨居嘉定，与程嘉燧同属"嘉定四先生"之一，画风"似石田，仿云林"，《休宁县志》称他是"新安画派先锋"。

弘仁（1610—1664）俗姓江，名韬，字六奇，号渐江，新安画派的奠基人。少时曾随父寓杭州，为杭郡诸生。父故，随母回原籍歙县。36岁那年参与抵抗清军的战斗，兵败后随师汪无涯往福建，一年后出家为僧，法名弘仁，自取字无智，号渐江，一心致力于诗书画。悲凉的身世，无望的民族情怀，造就了渐江作品中冷和静的审美情感，有着与倪云林相似的情怀，在程嘉燧、李永昌等的倡导下，倪云林画中简约的构图，冷峻的风格，正好表达了渐江的"家事全非肯作僧"的心境。渐江是第一个画黄山的人，他以云林笔法写黄山，"得黄山质"而走出云林风格，自成一家，绘画史上，与石涛、髡残、八大山人合称"清四僧"。弘仁在31岁画5人联作《冈陵图卷》中已露出明显的云林风格倾向，但他不仅仅重复云林一河两岸式的景观，他需要画身边的切身感受，寻找独特的视角，以做到学倪而不同于倪。就在这时，普门和尚开辟了登览黄山的道路，使得普通人游览黄山成为可能，弘仁经常饱览黄山。黄山裸露的岩石，奇特的松树加上流动的云海，其点、线、面构成了极具形式感的画面，成了弘仁最好的表抒性情和心境的题材。弘仁凭其对宋元名画广泛阅览与研究的功基，非常个性化地处理了画面中石、松、云的关系，使画面具有极简约处见丰腴的特征。黄山作为天下名山，其风格特征十分明显，加上弘仁以云林之冷峻、清逸的画风画出，表达了清初一大批遗民画家逸世傲骨的心态，也符合时人尚倪黄、崇文人画的社会风气，因而其画一出便独树一帜，成为画坛典范，很快弘仁受到徽商们的追捧。正如周亮工在《读画录》中说弘仁之画："江南人以有无定雅俗，如昔之重云林然，咸谓得渐江足当云林"。弘仁貌写家山的选题和画法，在新安地区得到广泛的尊崇与模仿，凭借其与金陵的龚贤、石涛，客居扬州的查士标，芜湖的萧云从、汤燕生，宣州的梅清以及活动在新安地区的画家戴本孝、程遂等的交往，使其画风得以名扬海内。弘仁一生都沉浸在清逸、冷静、简约的家山家水之中。

查士标，字二瞻、梅壑，又号懒老等，休宁人，侨居扬州。查士标出身名门望族，家藏丰厚，精于鉴赏，画风颇宽。流寓扬州后，经常往来于金陵、镇江、杭州等地，与当时艺坛名流交往甚密，其诗、书、画均得当时人的青睐。当时的歙县令靳治荆在《思归录》中称："画（指查士标的画）品尤能以疏散淹润之笔，泼舒倪黄意态，四方争购为屏幛光。"其书法更为人称道，徐玑在他的《啸虹笔记》中写道："查二瞻以书法名世，画尤工。"查士标又是一位诗家，留有《种书堂遗稿》4卷。

汪之瑞，字无瑞，号乘搓，又号瑞道人，休宁人。师李永昌，常以渴笔焦墨作画。张庚在《国朝画征录》说他："气宇轩昂，豪迈自喜，土苴轩冕，有不可一世之慨。善画山水。"

孙逸，字无逸，号疏林，也号石禅，休宁人。画法兼南北宗各家，终师法倪黄，多画黄山。长居芜湖，与画家萧云从、汤燕生等交往密切。周亮工在《国朝画语录》中称他："其人庭户萧然而有坦然自得之致。"孙逸一生勤奋，以贫苦自怡，不以利欲干攘，醉心于诗文、书画，时人亦将其与萧云从合称为"孙萧"。

徽籍画家程邃，字穆青，号垢道人，亦称青溪，歙县人。早年在家乡度过，后长期定居扬州，常以"江东布衣"为号，过着不入仕的逍遥生活。精于诗文，尤善篆刻，是"徽派"篆刻的奠基人。

戴本孝为明末抗清义士，安徽和州（今和县）人，与渐江交往甚密，共同的志趣爱好使他们成为密友。戴本孝多年往来于金陵、和州、区湖（芜湖）与徽州之间。画山水擅长枯笔，有元人意味，他在画中自题诗道："最分明处最模糊"，表明他擅长以枯笔干墨表现山川沟壑的生动效果。渐江远游庐山，戴本孝特意为他贺行；渐江染病前，与戴本孝一起荡舟唱和，薄衣于船上作画；逝世时，戴本孝为渐江料理丧事。

（三）新安画派的绘画风格

作为一个画派，必然有其典型的有别于其他画派的系统的绘画风格。新安画派自程嘉燧至黄宾虹，在其350年的发展历程中，形成了比较鲜明完整的绘画风格体系。绘画风格的形成必须具备传统法度、社会观照、审美理念三大要素，新安画派在这三个方面都有独特的个性。

1. 取元四家画风内质，推倪云林为宗师

新安画派在汲取前人的绘画法度时，不师古泥古，重在表现不同物体各

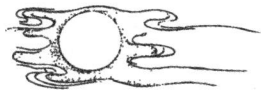

自具有的外部体形特征的逼真程度的量感和表现不同物体各自具有的本质特征的逼真程度的质感的有机结合。新安画派崇尚倪云林笔法，到渐江时已成宏大气候，并注入了新的个性。主要表现在：构图上讲求疏密相衬、山水相生，动与静、远与近、清晰与苍茫的结合；笔法洒脱，或清峻峭拔，或枯涩高古；用墨以枯涩简淡为主。

黄宾虹画作

2. 绘画中注入了作者的社会认识和人格追求

他们大多出身豪门望族，身为大明遗民，不满于社会变革，采取与清政府不合作的态度，或浪迹山野，或隐匿市井，以恪守节操和骨气。这种心态自然也渗透到自己的绘画作品中，寄寓着画家对社会心理的观照。寂寥、清冷、荒莽、萧瑟，也就成了新安画派画风的主题内涵。新安画派的画风蕴含着画家比较浓烈的社会观念和人格追求，因此更富有时代性和大众化，这种画风将文人画推上了一个更高的境界。

3. 创作中注意从大自然汲取营养

名山大川一直是人类崇拜的对象，更是文人审美的对象。山水画的出现，实际上就是人们对山水审美的结果。新安大好山水为当地画家提供了很好的范本，更是他们从中汲取创作灵感的源泉。新安画派注重对自然的细致观察，画家多次深入新安山水之中，观察、体验，积累创作素材。在新安画派的作品题款中可以看到，许多画就是描写某一景观的。当然，新安画派的画并不是对自然的直接描摹，而是师法自然，高于自然。

4. 以深厚的学养功夫突现作品的艺术品位

新安画派画家深受徽州文化的熏陶，都具有深厚的学养，很多人既是诗人、书法家、篆刻家，同时又精通儒、释、道。一幅完美的作品，诗文、书法、篆刻的艺术品位都很高。

（四）新安画派的地位和影响

"新安画派"直接承继了宋、元山水画家健康纯正的品格，在明清文人绘画风行的氛围里，这一画派堪称审美境界最高的地域性画家群体，人品艺品均开山水画一代宗风。新安画家得天独厚地生养在黄山、白岳之间，神奇秀丽的徽州山水是他们写生作画的"范本"，变幻莫测的云海霞雾给了他们创作灵感；在画风上，他们深究画史，广征博采，融合众长，变清简淡远为浑厚华滋。

新安画派的主要人物在当时的中国画坛已十分注目。当时的徽商对渐江的画十分追捧。就影响而言，清初四僧中石豁、八大都比不过渐江。官方和宫廷提倡的是以四王为代表的传统"正脉"，民间对渐江的画是"江南人以有无定雅俗，如昔人之重云林然。咸谓得渐江足当云林"①。当时收藏家以缺渐江画为恨事，家藏丰富的商人不惜重金求购渐江画，视为珍异。

新安画派的画家们不愿与新朝统治者合作，甘当布衣遗民，用手中的画笔貌写家山，借景抒情，表达自己心灵的逸气，极力描绘冷静的超现实之境界，表达遗民的高洁品格。他们这种民族气节，得到了社会底层平民的认可。

新安画派的画家们在绘画范畴、绘画作品和画史画论方面，有着自己的特色。程穆倩曾说："吾乡画学正脉，以文心开僻，渐江为独步"。萧云从在

① 　周亮工：《读画录》

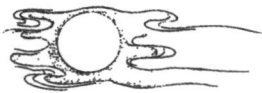

渐江《黄山图册》上题跋："余恒谓天下至奇之山，须以至灵之笔写之。渐师归故里，结庵莲花峰下，烟云变幻，寝食于兹，胸怀浩乐。因取山中诸名胜制为小册，层峦怪石，老树虬松，流水澄潭，丹崖巨壑，靡一不备。天都异境，不必身历其间，已无不宛然在目矣。诚画中之三昧哉。"黄宾虹"观诸公之论，可知渐公之画，全从学问文章甄陶而出，又得多见古人真迹，心领神会，上下千载，无所不通，名山奇境，日新月异，变化万端，莫非其妙"。今见渐公画以庚子后为多，实质上渐江 50 岁左右的作品，在继承传统，宗尚倪黄，虽非渐江导其先路，然渐江效法云林，貌写家山，独创新意，影响所及，远出新安诸家。"笔墨高秀，自云林之后罕传，渐江得之一变，后诸公皆学云林，而实是渐公一脉"①。由此可见，这一脉相承的画风，影响尤深。

二、京剧诞生的先声——徽州戏曲

戏曲是徽州文化的重要组成部分，徽州文化是戏曲艺术赖以生存和发展的土壤。自明代中叶以后，各种戏曲声腔曾在这里流传，各类大小戏班也曾在这里演出。徽州戏曲家和评论家不断地创作戏曲作品，总结艺术规律；徽州商人以雄厚的经济实力，支持和推动着戏曲艺术的传播和发展；徽州乡民对戏剧特别嗜好，促进了徽州戏曲艺术的发展。

（一）徽州戏曲的形成与发展

徽州古老的戏曲包括傀儡戏、傩戏、目连戏和闻名全国的徽戏。

傀儡戏。傀儡戏即木偶戏，始于明末清初。据清代乾隆年间编纂的江村村志《橙阳散志》记载："中秋夜民演傀儡戏于社坛。"可见，傀儡戏是祭祀活动中的一个项目。戏台用竹竿横成方形，四周用布围住，台前遮一短围，木偶有七八十个，生、旦、净、末、丑角色一应俱全，演员一般只有三至四人，文武场各一人，分别操纵各行当木偶角色及各种乐器，唱腔为徽腔。表演的节目有《玉堂春》、《二进宫》等 30 多个。

傩戏。傩是一种古老的祭祀仪式，源于原始社会对图腾的崇拜，成形于商周，距今已有 3000 多年的历史。傩，最早是驱疫逐鬼的祭祀，即傩祭。

---

① 石涛跋《晓江风便图》

祭祀时，为了娱神，"手之舞之，足之蹈之"，就发展成了傩舞；傩舞有了简单的剧情之后，就进而发展成傩戏。

徽州傩，作为一种古老的带宗教迷信色彩的祭祀活动，一直在演化和变异着，它融合了徽州地区的传统文化和风俗民情。自宋以来，徽州傩已由原始的驱除疫鬼的初衷，发展成包容驱邪扶正、祭祀祖先、祈福求安、祝祷丰收等众多形式的迎神赛会活动，娱乐成分不断增强，几乎一年四季都有傩祭活动。

自明清以来，祁门、黟县、歙县、休宁、绩溪各县都有关于傩戏的记载，如《明嘉靖徽州府志》说："歙休之民，于正月三月间，迎神赛会，舆土神及悉达多太子以游。设俳优狄革是，胡舞假面之戏。"这里的"假面之戏"即是傩戏。不过徽州傩的表演，有的戴面具，有的不戴面具。有研究者认为：徽州的傩，主要是傩祭和傩舞，还没有发现符合现代观念的、可称之为戏剧的傩戏。过去祁门县农村二都班、五都班、六都班、八都班等傩班演的"地戏"，休宁县农村演的"舞鬼戏"，虽都是傩戏的俗称，且称之为"戏"，其实都应算做"舞"①。

目连戏。目连戏是一种宗教题材戏剧。"目连救母"的故事，在我国家喻户晓，它是随着目连戏的流传而传遍全国的。徽州目连戏产生于明万历年间郑之珍创作的《新编目连救母劝善戏文》。郑之珍（1518—1595），字汝席，号高石，祁门县清溪村人。他屡试不第，因撰著《目连救母劝善戏文》而一举成为戏剧家。

郑之珍集明中叶以前目连故事之大成，设置了傅家向佛刘氏开荤堕地狱——目连西行求佛——目连地狱寻母救母的情节框架。全剧共一百出，分上中下三卷，篇幅可谓空前。目连戏的宗旨是宣扬孝义，提倡行善。它描写傅相行善而升入天堂，刘氏作恶被打入地狱，其子傅罗卜行孝，出家得道，历尽艰险，终于将母亲从地狱中救出。剧本不仅宣扬了儒家的礼教，还以大量篇幅宣扬了佛教的"因果轮回"和道教的"阴阳二气"、"天命"以及"程朱理学"的"贞节"等观念，内容相当庞杂。剧本反映了徽州的风土民情，有着浓郁的地方文化色彩。

郑本目连戏一经产生，就在原徽州所属各县流传开来。最早组织班社演出的是祁门西乡的栗木村，接着徽属六县目连戏班社纷纷建立并组织演出，

---

① 《中国民族民间舞蹈集成·安徽卷》

且流传到江苏、浙江、江西、湖南、福建、四川等地,使目连戏的影响不断扩大。

作为一个剧种,目连戏在剧本、声腔、表演形式上都有其独特之处。它的基本唱腔是"弋阳腔"——明中叶流行于徽州一带的"徽池雅调",即徽州腔、青阳腔,还有很大一部分唱腔是来自当地或外地流传的民歌小调,有的唱腔与齐云山的"道士腔"非常相似。以鼓击节,锣钹伴奏,不用管弦,上寿时则用唢呐。

目连戏的演出形式与徽州民俗有着密切的联系。它的演出时间一般都与庙会、迎神、祭祀等活动相结合,有着强烈的宗教色彩。目连戏的表演形式和徽州民间的一些民俗活动融为一体,一般在开演之前要进行"祭猖"、"清台"或"跑马"。正戏当中,要穿插爬杆、结网、打拳、窜火、叠罗汉等民间杂耍;正戏将结束时,要出"吊死鬼",并举行声势浩大的"赶鬼",全部结束时还要进行"退猖"。所有这些表演形式,自古以来就是徽州民间的一些风俗习俗。值得称道的是,目连戏具有的武技高超的特点,为后来徽班武戏表演奠定了基础,也使各地观众惊叹不已。

祁门渚口倪氏宗祠古戏台

徽戏。徽戏亦称徽剧,是徽州最有影响的剧种,也是闻名全国的一个大剧种。徽戏是徽班演出的戏曲。徽班不仅吸取了明末清初四大声腔(余姚腔、海盐腔、弋阳腔、昆山腔）剧种的优秀戏曲艺术，形成了自己特色，而且追寻着徽商的足迹走南闯北，把徽戏的艺术带往全国四面八方。

一个地域性的地方剧种能够得到社会的承认并产生影响，就因为有其独特性，尤其是在声腔艺术方面。徽戏的声腔最初起源于徽州，成形于以安庆为中心的安徽南部地区。它以弋阳腔为底子，在不断吸取各种外来优秀戏曲艺术的基础上，逐步发展成熟起来。宋元南戏中的弋阳腔，源于江西广信府弋阳县，明嘉靖年间，弋阳腔流传到徽州一带，很快就被徽州艺人所吸收，发展成"徽州腔"。徽州腔的显著特点是在曲词当中增加了大量的滚唱。"滚唱"是一种节奏鲜明、带朗诵性质的唱腔，即在曲前、曲中、曲尾另加五言、七言诗句或惯用成语夹附其中连唱带颂。由于滚调的形成，徽州腔通俗易懂，能够表达真情实感，深受广大观众的欢迎。

明万历十年前后，南方四大声腔之一的"昆山腔"传到徽州一带。昆腔是当时士大夫所推崇的剧种，而徽州的儒商大贾颇多，他们对有着"高雅品味"的昆曲自然热衷。于是昆山腔在这里流传并对徽州腔产生影响。徽州腔融合了昆曲的因素，形成四平腔，而后又形成了昆弋腔。在唱腔的节奏和旋律上，有着昆山腔那样"一波三折"的音乐效果，在伴奏上取消了靠锣鼓和人帮声腔，改用笛子或唢呐伴奏，使曲调显得更加优美、华丽和细腻，并擅长表现载歌载舞的场面。明末清初，西秦腔（山、陕梆子）传到南方，对昆弋腔产生了巨大影响。当昆弋腔受到山、陕梆子和其他声腔的影响后，逐渐衍变成"吹腔"和"拨子"。吹腔委婉柔和，以七字或十字句为主，是一种由联曲体向板腔体结构过渡的形式；拨子保留了梆子的一些特点，高亢激越，是徽戏各种声腔中最具有完整板式结构的声腔。两者常结合使用，俗称"吹拨"，又称"枞阳腔"、"石牌调"、"安庆梆子"。在此基础上，徽班艺人不断创新，先后形成了"二黄平"、"老二黄"、"二黄"、"反二黄"四种腔调。至此徽戏的声腔已形成较为完整的体系。到"四大徽班"进京前后，青阳腔、四平腔、昆弋腔、吹腔、拨子、二黄、徽调西皮及花腔小调等，并存于徽戏舞台。"戏庄演戏必徽班"，徽戏不仅称雄于京城，并且逐渐成为影响全国的大剧种。

徽戏的舞台艺术多姿多彩，其特点是动作性强，武技高超，排场宏丽；风格古朴淳厚，乡土气息浓郁。徽戏高度重视表演的动作性，从现存的徽戏选本中可以看到许多配合人物性格的动作性提示。这些动作具有写意性，以十分简练的态势，传达出内涵丰富的意蕴。

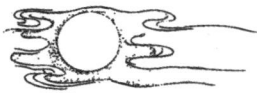

（二）徽戏与徽商

徽商在商品经济的竞争中需要文化，在商品经营成功之后，也需要文化来保持和发展已有的财富。为了使自己的经营广泛而又稳定，商人们要同社会的各个阶层取得联系，而最常见的手段便是文化活动，徽戏正是这种文化活动的重要载体之一。

在许多徽商看来，戏剧可以作为炫耀自己、"竞尚奢丽"的资本，以提高自己的地位，获得精神上的满足。由此，蓄养家班竟成为一种风气，在徽商中普遍兴起。徽商在蓄养家班娱乐交往的同时，还以自己的艺术修养启发帮助演员，提高演出水平。也正是徽商这种"虽为贾者，咸近士风"的特点，哺育出像汪道昆、汪廷讷、潘之恒、方成培、汪宗姬、吴大震、程丽先、程巨源等等这样一批徽州戏曲家和理论家。

徽商把戏曲作为一种公关活动和外交手段，在客观上也促进了徽戏艺术的发展。徽班和西北戏曲的关系，充分地映射了这种商业交往的轨迹。在徽州商人和山陕商人的商业往来中，跟随他们活动的徽班艺人和山陕艺人之间的艺术交流，也就频繁起来。乱弹腔的南来，吹腔、拨子以及西皮二黄的形成和发展，可以说都是这种商业交往相互渗透的结果。"商路即戏路"，徽商是徽班巡回演出的向导和桥梁。徽戏的腔调之所以能兼收并蓄，诸腔杂陈、不断发展也正与此有关。因此，随着徽商的足迹的所到之处，徽戏的艺术也流传到祖国各地。

徽商原本"性节俭，甘淡泊"，而当他们积累了相当的财富之后，为了经营的需要，又形成了竞相奢丽的风尚，造就了徽班不仅讲求排场，还追求新奇。这种对争奇斗胜，排场宏丽的追求，在客观上也促使了戏曲舞台美术的发展，构成了徽戏表演重排场的显著特点。

剥去层层功利色彩，徽商真正喜爱戏剧则出于内在情感的需求。徽商经营在外，浪迹天涯，远离故土，远离亲人，心境的寂寞，生活的孤独，竞争的残酷，使他们内心感到十分空虚和疲惫。在他们有了较为丰厚的资产之后，往往不惜重金蓄养家班或邀请戏班来演家乡戏，聊以慰藉寂寞的心境，寄托浓浓的思乡之情。而且徽商的宗族、同乡观念很重，"同是天涯沦落人"，一句熟悉的家乡方言便把他们的情感联结在一起。他们在外埠经商相互支持、结成徽帮，在聚集的重镇建造"会馆"，会馆内修缮大型戏台，每逢神诞或团拜，都要邀徽班演戏，供徽商们团聚享乐，在客观上却扩大了徽戏的影响，促进了徽班的发展。

徽班所演的剧目极为丰富，据说有 1000 多出，内容十分庞杂，但一些保留剧目却是徽商以自己的思想情感、道德观念进行审美选择的结果。因此，徽班所演的剧目大都反映出时代的审美意识和精神需求，寄托了徽商的思想情感和审美理想。

剧本是戏曲活动的重要依据，徽商的版刻、刻工、印刷、书坊等商业经济的发展，为徽戏的演出提供和积累了脚本，也使剧作家所作的剧本得以刊刻流传，从而促进了戏曲活动的发展。汤显祖写的《牡丹亭还魂记》，最早排演的是徽班，最早刊行传世的是徽州的出版商，先后刊行有二部，一部题作《牡丹亭》，一部题作《还魂记》。此外，杂剧汇编《阳春奏》、《新编女贞观重会玉簪记》、《琵琶记》、《北西厢》等剧本，也都由徽州人刊刻而得以流传。

综观徽戏演出和发展的历史，它和徽商始终保持着千丝万缕的联系。它们都崛起于明代中叶，兴盛于清代，衰落于清末民初。徽商雄厚的经济实力，为徽戏的发展提供了必要的物质基础。可以说，没有徽商就没有徽班，没有徽商就没有徽戏艺术的广泛传播。

（三）徽州戏曲的地位和作用

在中国戏曲发展史上，徽戏起过承前启后，继往开来的作用。

京剧是经过徽班在漫长的岁月中孕育而成的。清乾隆五十五年（1790）开始，四大徽班陆续进京演出，在嘉庆、道光年间同来自湖北的汉剧艺人合作，相互交融，并接受了昆曲、秦腔的一些剧目、曲调和表演方法，还吸收了一些民间曲调，逐渐形成具有完美的艺术风格和表演体系的剧种。唱腔基本属于板腔体，节奏鲜明，以西皮、二黄为主要腔调，用京胡、二胡、月琴、三弦、笛、唢呐等管弦乐器和鼓、锣、铙钹等打击乐器伴奏，在表演艺术上唱、做、念、打并重，多用虚拟性的程式动作。这一切，都是在徽戏的基础上逐渐演变而成的。第一代著名京剧演员就是来自四大徽班的老生"三鼎甲"。从老三鼎甲程长庚、余三胜、张二奎，到小三鼎甲谭鑫培、汪桂芬、孙菊仙，可以说，京剧的成名离不开徽班，没有徽戏也就没有京剧。

徽戏入京发展为京剧之后，南方的徽戏仍在流行，不过都不同程度地受到京戏的影响而逐渐衰落。徽州是徽戏的最后据点，班社多，联系观众广，活动十分频繁。据统计，当时在徽州的班社有 47 个之多，其中有职业性的

正规戏班，还有临时性的"鬼火班"。庆升、彩庆、同庆、阳春被称为"京外四大徽班"。规模最大的是大寿春，艺员有 180 多人。徽州徽戏，多为敬神祈福活动之用。后来徽州的徽戏也衰败了。直到新中国成立后，徽戏又得到重新发展的机会，1957 年，在徽州屯溪建立了安徽省徽剧团。1959 年徽戏又一次进京，演出了《借靴》、《赠剑》、《水淹七军》等剧目。20 世纪 80 年代初，中国艺术研究院等单位还主持召开了"徽调皮黄学术讨论会"。

徽戏不仅为京剧的形成奠定了艺术大厦的基石，南方许多主要剧种如滇剧、粤剧、闽剧、桂剧、湘剧、赣剧、婺剧、淮剧等都与徽戏有着血脉相连的渊源关系。

云南的滇剧中主要声腔是胡琴和襄阳调，其实就是二黄和西皮，是徽剧与襄阳调结合的产物。据徽班子弟、安徽望江檀萃所著的《滇南草堂诗话·梨园宴集相和歌》记载，乾隆五十五年（1790）檀萃在云南任山长，便召来以"阳春班"为首的 7 个徽班进云南演戏，演出的节目有扫花、脱靴、醉酒、惊梦等。他们排挤了云南原先的唱腔，在云南站稳了脚跟，并对滇剧产生重大影响。

粤剧是徽班将皮黄艺术传入广州后，与当地唱腔结合，并改用当地发音而产生的一个新剧种，徽班在乾隆时期就大量南下广州活动。广州乾隆五十六年（1791）所立《梨园会馆工会碑记》中记载的徽班就有上升班、春台班、荣升班、保庆班、宝名班、贵和班、裕升班和胜春班，其中前 3 个是老班子，后 5 个是新班子。粤剧艺人不但在唱腔上吸收了徽戏的二黄、西皮曲调，还十分喜爱并接受了徽班重武戏的传统。

徽戏对福建闽剧的形成也起过一定的作用。福建本地的戏班有来自于民间的平讲班和士大夫倡导的儒林班，但由于福州的外省籍官员听不懂当地戏班的演唱，于是请来徽班给他们唱戏。辛亥革命后，徽班因失去外省籍官员的支持，只得宣告解散。但徽班的主要演员大都留在了福建加入了平讲班，并融合了徽班和儒林班，逐渐演变成现代闽剧。

广西桂剧的腔调分为北路和南路。北路相当于西皮，南路相当于二黄，也有类似反西皮和四平调等曲调，其中吹腔即是安庆的石牌腔。可见桂剧乃是本地的小型歌舞剧"调子"和徽调等外来戏曲相融合的产物。

湘剧的形成较晚。太平天国后，长沙商业的控制权由江西帮转到苏帮和徽帮手中。在长沙经营的徽商经常在家中唱堂戏，提倡徽戏，因而徽戏的影响不断扩大，唱徽戏的班子也越来越多，并逐渐和原先流行于湖南乡村的各种高腔相结合而形成了湘剧。

江西的赣剧、浙江的婺剧、江苏的淮剧更是直接受到徽戏的影响。赣剧所形成的上饶、玉山一带与徽州邻近，徽调成分非常明显；婺剧就是高腔、昆曲、徽调等剧种的混合，徽调是其中的重要组成部分；扬淮一带是徽商的聚居地，徽班演出活动极为频繁。淮剧不仅吸收了徽戏的声腔曲调，而且采用了徽班的演出形式。

由此可见，徽州戏曲不仅直接促成了京剧的诞生，而且为其他地方剧种提供了丰富的养料。徽戏在表演、声腔、剧目等方面为中国戏曲留下许多弥足珍贵的艺术遗产。

三、夯筑文人篆刻地位的基石——徽派篆刻

（一）徽派篆刻的兴起与发展

文人篆刻是文人学者将自己的审美意趣投诸印章方寸之间的一门造型艺术，其创作过程有篆文与刻印两道工序。文人篆刻作为完整的艺术体系，必须要有一定数量的创作队伍、一批作品、一定的创作理论来支撑。

徽派篆刻地位的确立以何震为标志。何震（1535—1604），字主臣，一字长卿，号雪渔。休宁县前街人，晚年寓居南京。何震一生以刻印为生，刀法娴熟，注重临摹先秦刻石、金文。在当时印坛注重宋元而忽略秦汉的大趋势下，何震率先对先秦刻石、金文进行研究，从先秦刻石金文中汲取印学营养，不能不说是一大进步。他以刻工"指节通灵"之妙，以刀代笔，再现秦汉印章中的凿、铸、镂、琢之美，气韵流畅，成为明末印坛上的领袖人物，成为"海内推第一"的人物。

根据现有资料统计，明嘉靖至崇祯，徽州一府六县共有印人 50 余名，以何震为旗手，吴良止、罗南斗、苏宣、金光先、朱简、汪关、李流芳、吴正旸、汪徽等为中坚，构成了一个印人群体。他们互相学习，互相提高，震动当时的印坛，成为印坛上最早的篆刻流派。

清代印人同明代相比，有一个显著的特征，就是文人气息更浓了。清代的印人或为官，或为商，或从医，或善于诗，或长于画，或从事经史研究，甚至集儒、商、医于一身，熔诗、书、画、印于一炉，这样一来从事篆刻创作的人也就更多。明末清初是中国画独一无二的表现形式——诗文、书法、

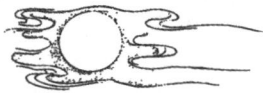

印章和图画有机结合在一起的定型阶段，所以对文人画家来说不仅画要画得好，诗文、书法功底要厚，最好能自己刻印；就是不会刻印，也一定要找篆刻高手为自己刻上几方精美的印章，为书画作品增辉。清初至道光间徽州涌现出 100 多位印人，其中相当一部分就是书画家兼篆刻家，其中程邃、郑旼、戴本孝、黄吕、汪士慎不仅在印坛名盛一时，在画坛更是誉隆天下。项怀述、巴慰祖、胡唐则是书坛大家，诗、印两栖的大家有汪炳、汪镐京、吴麐等。

乾隆、嘉庆年间的汪肇龙、巴慰祖、胡唐加上程邃，被世人称之为"歙四子"，是清代早中期徽州印坛上的中坚力量。程邃与汪肇龙、巴慰祖、胡唐三人相距一个世纪，休宁程芝华对这四人特别推崇，精心摹刻四人印作，并汇辑为《古蜗篆居印述》4 卷行世。由于程、汪、巴、胡四人虽名声较著，但印谱流传不广，人们难以见到他们的真迹。程芝华的摹作颇得原作风采，遂使世人赖此书一睹四人风貌，"歙四子"的名号也由此叫响。

从程邃到胡唐，徽州印人沿着追踪秦汉，从钟鼎尊彝款识和玺印形式上吸取营养的创作道路上不断进取，终于趋于成熟，形成风格。

从明嘉靖、万历文人篆刻艺术体系的确立到清雍正时代，除了文彭以外，还没有人能拥有与何震、苏宣、朱简、汪关、程邃相抗衡的印坛地位。乾隆以后，"浙派"和"邓派"的兴起，给徽派篆刻带来了极大的冲击。

到了光绪时期，蛰伏中的徽州印人终于又产出一个能够同浙派和邓派相抗衡的篆刻奇才黄士陵，带动了徽派篆刻的振兴。继之绘画大师黄宾虹兼及篆刻，为徽派篆刻再添薪火。

（二）徽派篆刻艺术特征

1. 一以贯之的"崇古"思维

篆刻历来以秦、汉印章为最高境界。魏、晋以后，篆刻艺术一直走下坡路。宋、元以降，文人参与篆刻，创造了圆朱文印。可是由于此时的篆刻处于篆、刻分离的状况，印章浅陋怪诞、篆文舛误不经的情况仍然充斥印坛。

明隆庆六年（1572）顾氏《集古印谱》及随后《印薮》、《印统》的行世，为复秦、汉古法提供了便利。除何震身体力行外，很多人开始在刀法上对秦、汉印章进行探讨。明代徽州印人对秦、汉印章的尊崇根深蒂固。金光先篆刻的印章不下千枚。汪关酷好古文奇字，收藏金、玉、玛瑙、铜印不下二百余方。

程邃开创的以金文大篆入印的这一条道路,徽州印人一直走了下来。戴本孝、吴万春、方成培、黄吕、汪成都一直进行着金文大篆入印的实践。到汪肇龙、巴慰祖、胡唐三人手中,程邃的印法逐渐成熟,终于在乾隆、嘉庆之间在印坛上别张一军。

黄士陵时代是上古器物和金石文字大量出土,金石学非常昌兴的时代,这给黄士陵的艺术借鉴提供了便利,他对三代金文的研究是很深的。汪启淑、黄宾虹嗜好秦、汉印章和三代古玺,更是有"印癖"之称。

徽州印人"崇古"思维,从何震一直到黄宾虹,一以贯之。他们从借鉴乡贤印风入手,追踪秦、汉,一直到追踪三代。印外求印,师从而不守旧,崇古而不泥古。用不同的方式,从不同的层面,汲取古代印章的营养,形成个人印风面貌多样的格局,成为徽派篆刻艺术特征之一。

2. 注重学养的创作取向

提高学问和修养,是文人艺术审美意趣的普遍规律。徽州印人则把自己学养的提高紧密结合篆刻艺术创作实践,不断自我完善。何震为了提高自己在文字上的学养功夫,主动向文彭请教有关六书方面的知识,刻苦临摹石鼓、钟鼎文字,并仿吾丘衍《学古编》体例,著《续学古编》,对篆隶文字演变和印史进行探讨。

吴良止不仅博通六书,还长于诗,精佛学。金光先深通儒学,擅长文翰。徐上达对于印文的要求已完全是一个文字学家的态度。所著《印法参同》熔文字学、美学、印史、治印技法于一炉,为明代重要的印学著作。朱简精通古文字,能读三《坟》、五《典》、八《索》之类的上古文籍,而且精通诗词、散文;不仅是一位卓越的篆刻家,同时也是一位具有很高水平的印学理论家,所著《印品》、《印章要论》、《印经》、《印学丛说》等理论著作,对古玺考证、章法艺理等多有论述,见解独特,立论精辟,并敢于对当时的名家篆刻展开有理论依据的批评。汪肇龙由篆刻起家,追求学问,最终成为经学家,是徽州印人注重学养的典型代表。

黄士陵早期在南昌、广州鬻印为生,颇有名声,但他并不以取得的成就而满足,为了增加自己的学养,到全国最高学府——国子监去读书,致力于金石学的学习与研究,眼界大大提高,视野更为开阔,印艺也相应得到新的滋养。他曾刻过一方"万物过眼即为我有"的印章,表达了他汲取知识的广泛性和自豪感。

徽州印人注重学养,既得力于徽州文化的深厚底蕴,又善于融汇各种学

问于篆刻之中，是造成徽派篆刻 400 年不衰的重要原因之一。

3. 追求雅逸平和的审美意趣

追求雅逸平和的审美意趣最早在金光先、朱简的印章中就已见端倪。金光先和朱简两人都反对以锈蚀破损为古雅的审美观。字体破损，何来雅逸隽秀？印面缺蚀，更不会平和光洁。从两人的创作实践来看，金光先印章篆法多儒雅之气，如"武德长印"；朱简印章体现刀趣笔意多些，但有些印刀法效果也很平和，印面洁净，如"呆叔"。

到了汪关手上，徽州印人追求雅逸平和的审美意趣得到了淋漓尽致的反映，周亮工称汪关的印章是"和平"的代表。我们从汪关朱文印"春水船"、"七十二峰阁"和白文印"徐汧私印"中可以明确领略到这种雅逸隽秀、平和光洁的风格。胡正言的印风以工稳见长，篆法雅逸，刀法平和但缺乏力度，追求的也是这种雅逸平和的审美意趣，如"玄赏堂印"。

程邃在篆法和刀法上都进行了新的探索。他引金文款识入印，以冲、披相兼的刀法，令线条凝重，呈现力度，确有其独到之处。巴慰祖、胡唐同样承续了徽州印人追求雅逸隽秀、平和光洁的审美意趣，印风更趋雅妍细润、端庄纯正。

黄士陵更是以光洁挺劲、雅逸隽秀的印风闻名于世。

需要提及的是作为徽派开创者的何震与苏宣，他们处于文人操刀的初级阶段，其审美意趣还在于用刀再现秦汉印章铸、凿、镂、刻之风貌，故作品书体较杂，刀味颇浓，呈现出一种猛利刚劲之气，同 400 年来徽州印人追求的雅逸隽秀、平和光洁的审美意趣稍有不同，这是他们所处的时代使然。毕竟篆刻是通过刀与石碰撞之后产生出来的艺术，力的表现是其魅力所在。猛利是力的一种表现形式，平和是力的另一种表现形式。印面的猛利不一定有力度，印面的平和也并不是没有力度，这种力度的把握是篆刻艺术成功的关键，最初徽州印人对这两种审美意趣都进行了实践，但最终采用了雅逸平和，并从明万历后期一直延续到民国。

4. 突出个性的印学理念

每一个篆刻家都是独立的创作主体，徽州印人一开始就体现出强调创新，突出个性的印学理念。何震的印章之所以能卓立印坛，自成一家，就是因为他能"会八代之精，成一家之制"，形成自己的风格。苏宣对个性的追求更是孜孜不倦，他说：开始学习篆刻，可以从摹拟着手，但摹拟只是学习篆刻的手段，不是目的，目的是强调变化，形成自己的个性风格。朱简也是非常强调个性的，曾在《印经》中说："文人之印以趣胜，天趣流动，超然上乘。""天趣"即个性。他以草篆入印，以切刀刻石，自成面目。

吴迥初摹何震，后来走自己的路。吴正旸则干脆宣布："我得之为我耳！"强调个性可谓痛快淋漓。江皜臣篆刻完全以己意为之。程邃篆刻力变文彭与何震的印风，上追秦玺汉印，保持传统之精髓，下效苏宣印风，浑朴古雅，苍劲隽逸，创新求变，又引大篆入印，从而自立门户，于文彭、何震、苏宣、朱简、汪关之外别树一帜。比程邃稍小一些的吴麐，不仅不屑于摹拟当时的名家篆刻，就是对秦、汉印章也不机械地摹仿。

巴慰祖所处的时代正是丁敬印风盛行之时，但巴慰祖不为所动，仍从追寻先贤汪关、程邃的印风入手，进而追踪秦、汉。

黄士陵为一代篆刻大师，自称"篆刻无所师承"他虽未拜过名师，但私淑之众，取法之广，变人为己，化古为今，走出一条自己的路。

徽州印人在突出个性的印学理念指导下，不断地在篆刻领域推陈出新，推动了篆刻艺术的发展。由于个性的差异，在共同的"崇古"思维、审美意趣、创作取向的基础上，体现出来的个人风格也有所不同，这种不同反映了徽派篆刻欣欣向荣的景象。

（三）徽派篆刻在文人篆刻史上的地位

1. 确立了文人篆刻艺术体系

在明嘉靖以前，虽然有朱珪、王冕等个别篆刻合一的文人篆刻艺术实践者，但只是个别现象。创作基础薄弱，缺乏大量的作品，缺乏理论。

嘉靖以降，涌现出一大批自篆自刻的文人篆刻家，其中徽州印人群体人数最多，名气最大。徽州印人多，作品也多。韩天衡《中国印学年表》著录明隆庆六年（1572）至崇祯十六年（1643）各种印谱93部，其中徽州人参与辑钤、摹刻、自刻印谱45部，占全部印谱的48.9％。明代印坛复古运动点火者之一的罗南斗，辑钤、辑刻了《集古印谱》、《印薮》和《秦汉印统》，为复古运动摇旗呐喊。而这三部集古印谱的行世，也为文人篆刻艺术体系确立，造就千千万万篆刻人才立下大功。

徽州印人不仅努力创作篆刻作品，还注意把自己的创作经验上升为理论。何震撰写的《续学古编》，除了对印章史、篆法、章法有所探索外，第一次在篆刻著作中对刀法、刀法与笔法的关系进行了阐述，这是前无古人的。徐上达不仅是一位印人，更是一位篆刻理论家。所著《印法参同》有论

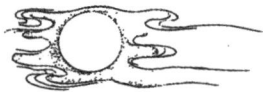

（理论）、有据（古今印谱）、有实践（自刻印章），叙述详细，通俗明畅。尤其在技法理论上有突破，是明末印学界具有代表性的学术著作。潘茂弘《印章法》提出篆刻时必须有愉悦、饱满的心境和充分、完备的艺术构思，也颇有见解。朱简《印品》、《印经》则完善了篆刻理论。

正是由于徽派篆刻的崛起，才真正确立了文人篆刻艺术的地位，实现了由实用印章向篆刻造型欣赏艺术的转变。

2. 徽派篆刻始终影响着文人篆刻风格的发展衍变

在何震的影响和带动下，徽州涌现出一大批篆刻家，形成了一个篆刻群体。苏宣印风典雅雄健、朱简印风生涩刚劲、汪关印风平和清丽、程邃的凝重厚朴、巴慰祖的工致挺秀、黄士陵的光洁挺劲，一直是当时和后人临摹学习的典范，影响着文人篆刻风格的发展衍变，徽州以外的文人篆刻流派无一不与徽派有着千丝万缕的关系。邵潜继承了何震篆法、刀法的多样性，传许容、童昌龄，形成如皋派。林皋篆刻得汪关平和精髓，成为莆田派的领军人物。丁敬继承了朱简生涩刚劲之风，把朱简的切刀法运用得娴熟自如，开创了浙派。邓石如广收何震、苏宣、汪关、朱简、程邃各家长处，融以自己擅长的篆书入印，形成邓派风格。广东刘庆嵩、李茗柯、易孺、邓尔雅等直接师从黄士陵，开创粤派。

3. 徽派篆刻对篆刻艺术创作的贡献

篆刻的主要表现形式是篆字造型，对于篆字的了解、研究和书写是篆刻艺术区别于实用印章的关键。深入系统的对篆字造型进行研究始于徽派篆刻。徽派篆刻家治印，很注重从篆字入手，精研六书钻透汉字结构，同时扩大入篆字体范围，从金石、碑版、法帖、钟鼎、泉币、砖瓦等篆字造型上吸取营养，构思篆法与章法。明万历时朱简以古玺文字仿战国小玺格式篆刻，涉笔成趣，灵活多变。但由于对先秦大篆文字不认识，这一创作形式一直没有得到很好的表现。篆刻家们在用大篆入印，用古玺形式创作时，往往不得要领，影响了印章的审美意趣。清乾隆、嘉庆时期程瑶田以其深湛的考据学功底，解决了这一问题，先秦文字开始被印人们所认识，也为人们认识古玺形式美扫除了障碍，使篆刻艺术创作进入一个新的天地。另外，朱简以草篆入印，程邃印文大小篆混用，苏宣用草书刻写边款，这在篆刻艺术创作中都属独创。

徽派篆刻还开创了冲刀、切刀和边款单刀雕刻技艺，增强了篆刻艺术表现力。篆刻运刀方法明清时有13种、12种、19种之说，其实概括起来只有

3种，即冲刀法、切刀法和冲切结合。冲刀法启发于传统的"凿印"，运刀时持用正锋或侧锋向前推进，刻出来的笔画爽利劲健，是篆刻时的常用刀法，其发明权应归于何震。切刀法却始于朱简，他篆刻时改变运刀方式，持刀向下压切，稍微前推，进刀的长度较短，长的笔画需用数刀连接刻成，刻出来的笔画由于线条呈现不规则的弯曲，长的显得苍老，短的显得平实。从而使笔画线条产生一种跌宕起伏的节奏感与韵律感，具涩滞苍莽的金石效果，开启了以刀见长的"刀笔结合"的新风气。这种刀法被后来的丁敬所吸收，又经浙派群体日臻完善推向顶峰，成为篆刻艺术中的主要刀法之一。何震的另一项发明是以单刀刻边款，欹斜错落，奇趣横生，兼具笔意刀趣。这种刻法后来被丁敬、吴昌硕等印学大家用来刻印文，极大地提高了篆刻艺术表现力。

在章法处理上，汪关提炼个别汉印和烂铜印形成的笔画粘连效果，开创"并笔"手法。他站在新形式的立场上，在保留基本字廓的前提下，变化白文线条的粗细轻重，并且重新留朱，使之产生整与碎的变化。这种篆刻章法上的并笔手法，是印章方寸之间表现艺术创作魅力的一种特别有效的方式，后来广泛地被篆刻艺术创作者所采用。由何震首倡，汪关发扬光大，在印面笔画接处留"涨墨"点的章法处理，在篆刻艺术创作中也是别具一格。

4. 徽派篆刻对篆刻艺术理论的贡献

除了在创作实践中推动篆刻艺术的勃兴，徽派篆刻家还从理论上展开探索，对文人篆刻艺术的发展具有启迪和指导的作用。

何震以前，文人们能篆不善刻，不懂刀法。何震不仅能篆，更善刀法。尤其可贵的是，他把自己对刀法的理解上升到理论高度，进行归纳，提出了6种用刀的害处，对当时的篆刻艺术创作具有指导意义。朱简提出的刀法表现笔意来评定印章品级的标准，非常实在，也易于掌握，把篆刻艺术中刀法的运用提到了理论高度。徐上达对字的方圆、疏密、主客，笔的动静、巧拙、奇正、丰约、肥瘦、顺逆，刀的中锋偏锋、阴刀阳刀、顺刻逆刻、浅深、工写等矛盾的两个方面，都能辩证地加以剖析。矛盾的双方，既对立又统一，这样就把篆刻技术理论研究引入更高层次。

朱简还首创篆刻艺术批评风气，他在《印品》一书中采取论点与论据（印作）相引证的编排法，文图并存，互为发明。该书评论印作的优劣，论说犀利，颇具胆识。并提出了以"神品、妙品、能品、逸品、外道、庸工"六项篆刻批评的标准，指出"篆病、笔病、刀病、章病、意病"五种篆刻创

作上常见病。还单列"谬印"一章，对当时的一些名家篆刻作品进行有理论依据的批评，开创了篆刻史上印学批评的先河。

四、中国版画"光芒万丈"时代的标志——徽派版画

（一）徽派版画的兴起与发展

徽派版画伴随徽州刻书而产生，早期徽州雕版印刷中的"图经"一类著作，有"图"有"文"，应该属于最早的版画作品。唐代徽州有《新安图经》、《新安图》、《歙州图经》、《黟县邑图》，宋代《黄山图经》曾四刻，元代和明代早期的《黄山图经》也有三四个版本。可惜的是，这些早期徽派版画作品都已亡佚。现在最早的《黄山图经》是明天顺六年（1462）曾全宁的辑刻本，图目作36峰，使我们可以从中得见唐宋徽州版画的一些影子。

现存最早的徽州版画有三幅：《□武威源流世家朝代忠良报功图》、《新安胡氏历代报功图》、《胡延庆克服城都报功图》。它们有一个共同特点，就是多处出现线条重叠，类似敦煌《千佛像》分版捺印不准造成的迹象，而且都是宣传祖先功德的报功图。

早期的徽派版画作品还有明弘治十二年（1499）《休宁流塘詹氏宗谱》中的詹氏历代祖宗肖像，明正德元年（1506）《余氏会通谱》中的《余岸尤溪八景图》，嘉靖三十年（1551）《欣赏编续》中的文房四宝和古玉图，嘉靖四十一年（1562）《筹海图编》中的骑射图等。这些作品虽构图简略，线条也显得较为粗壮，但还是凸显了徽州早期刻工版画的稚拙美。

明万历至崇祯（1573—1644）是中国版画史上划时代的时期，绘图、镌刻、印刷均有重大突破，把版画艺术提高到一个新的境界，郑振铎称万历、崇祯时期是中国版画"光芒万丈"的时代。而这一"光芒万丈"的时代，就是以徽派版画的崛起为标志的。

明代中叶以后，随着徽州社会经济经的繁荣，图书出版物有了空前广阔的市场。附有插图的书籍大量涌现，从经、史、子、集到一般的儿童读物，都刊刻有插图。甚至一些与内容毫不相干的精美图画，也作为书籍的封面出现。一些小说、戏曲以及文学、历史、地理类的书籍，更是附有大量的精美插图。万历时期，北京、建安、金陵版画基本上都是上承宋元遗风，采取上图下文的形式，线条粗壮，构图简略。徽州木刻画则一扫粗壮雄健之风，富

有工整、秀丽、缜密而妩媚的情调。其插图形式也趋多样化。

如果说，万历以前的徽州版画作品，构图极其简略，线条板滞，刀法亦欠活泼，那么，万历以后的徽州版画作品开始形成自己的独特风格，各种出版物都崇尚豪华，讲究气魄，不惜工本，务求精工。万历十七年（1589）的《方氏墨谱》，雕刻精美，线纹细入毫发，飘如游丝，造型效果纤丽逼真，具有极强的装饰美感；万历二十三年（1595）的《程氏墨苑》，图稿精丽绝伦，刻工勾凝断顿，线条细若胎毛、柔如绢丝，曲尽其妙，同时首创四五色套色印刷，精美绝伦；崇祯十七年（1644）的《十竹斋笺谱》，结构严谨，笔法简明，画面匀称工整，加以赋彩套印以及用拱花方法所显现出来的浓淡分明的效果，给人以简朴、典雅的印象，郑振铎先生评价"雅丽工致，旷古无伦"。万历三十八年（1608）的《人镜阳秋》插图，双页连式，规模宏富，雕刻精工。乾隆二十二年（1757）的《古歙山川图》，全部是歙县境内实景。绘刻者仿国画技法和布局，或以大面积的黑白对比，或以劲涩的线条皴擦，刀笔纵横动流畅，书法、印章俱全，可称为清代徽派版画的杰出代表。

清嘉庆、道光以后，徽派版画的规模和技艺都开始走下坡路。其主要原因在于鸦片战争以后，西方机器印刷技术传入，传统的雕版刻书业逐渐被淘汰，作为雕版印刷伴生物的版画必然也会走向衰落。但由于徽州地处偏僻的山区，交通不便，新的印刷技术一时难以传入，雕版刻书仍然盛行。

晚清民国时期，徽派版画虽然在刻书业上走下坡路，但在民间民俗木刻画方面却仍有市场，呈现繁荣的局面。民间民俗木刻画主要体现在套版简帖，绣花谱、契约、信简、鸳鸯礼书上的底图，以及上天诸神等宗教宣传品上，题材有花鸟图案、仙佛、戏剧故事、典故、博古图案、民俗等。徽州民间木板画根植于百姓之中，人们在平时的生活中经常用得上，因此也显得异常活跃，出现不少优秀作品。

（二）徽商对徽派版画的贡献

中国传统版画是画家、刻工和印工通力合作的产物。首先版画所具有的意境和艺术构思是画家须要考虑的；其次画家的构思（底稿）通过刻工的操作，真实地刻在木板上；最后由印工精心印刷完成。

绘、刻、印分别由画家、刻工、印工独立操作完成，怎样才能够使他们有机结合，统一到一个艺术风格里来呢？这里必须要有一个中介人、一个协调人、一个主持者。而这个中介人、协调人、主持者就是出版商。

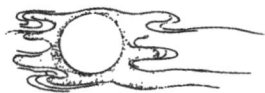

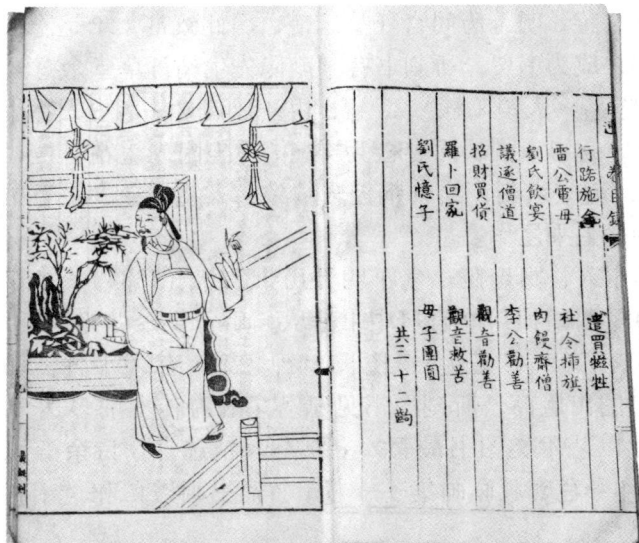

微派版画——
　　目连戏剧本（明代）

　　谈到徽商对徽派版画的贡献，我们要提到程大约、方于鲁、汪廷讷、胡正言。

　　程大约，歙县岩寺人，约生于明嘉靖中期，经营钱业，富裕以后，又专攻儒业，其嗜好古玩，犹癖好古墨。闲暇钻研古人制墨之法，亲手试制，终于掌握了"搜烟和胶之法"。所制墨比当时的制墨名家罗小华墨更为优良。

　　方于鲁，与程大约同乡。因贫困寄食程大约门下，并由程大约传授制墨之法用来谋生。后来方于鲁想纳程大约的侍妾为妻，同程闹起了矛盾，另起炉灶开起墨店，并同程大约在制墨技艺上展开竞争。万历十一年（1583），方于鲁首先亮起自己的旗帜，将自己几年来的墨模图型绘刻为《墨谱》，广泛散发以扩大影响。当时程大约的主要精力还是在科举上面，对制墨还顾不上。

　　万历二十一年（1593）京考，程大约落第。不久回到岩寺，将原先经营钱庄的资本利润全部投入墨业。第二年（1594）着手编辑刻印《墨苑》，同方于鲁一争短长。《墨苑》前后花了 10 年时间，于万历三十三年（1605）完成，并彩印行世。

　　方、程两家利用刻书的形式进行广告宣传，扩大产品影响，打开销路。为了宣传效果，他们争奇斗妍，在刻印质量上下功夫，促进了雕版刻印技术的发展，对徽派版画技艺的提高功不可没。

汪廷讷，休宁人，寓金陵。明万历间官任盐运使，因此致富，于是隐居不出，以著书、刻书自娱，成为书贾。所刻书有《坐隐先生精订草堂余意》、《环翠宫乐府》等。版画作品《人镜阳秋》22卷，由汪廷讷自编历史人物故事，汪耕绘画，黄应组刻，每事一图，内容极为丰富；《坐隐先生精订捷径棋谱·坐隐图》，汪耕画，黄应组刻，绘刻都极为精致，人物线条，山石皴点一丝不苟，是徽派版画的上乘之作。

胡正言，字曰从，休宁人，寓金陵。生于明万历十二年（1584），卒于清康熙十三年（1674年）。明崇祯年间官居中书舍人，后曾供奉弘光宫廷。他多才艺，精研六书，著有《六书正伪》；擅长金石篆刻，有《十竹斋印存》行世。他是一位著名的出版商，所刻图书见于著录和有传本的多达30余种，经史子集俱备，尤以艺术类图书最著。主要有《精选古今诗余醉》、《石谱》等，尤以两部水印彩色套版画画集——《十竹斋书画谱》和《十竹斋笺谱》而闻名于世。

出版商介入版画领域，为了产品的销路，他们要找最好的画家、最好的刻工和最好的印刷工，方于鲁在辑刻《墨谱》时，为了压倒程大约，便延请擅长白描、画风工细的丁云鹏为其《墨谱》绘图。这些人一旦投入到版画这一新的艺术品种的创作中以后，便把自己的全部精力和才华都注入进去，为版画艺术的提高和繁荣立下汗马功劳，功不可没。

在版画创作过程中，出版商有时不仅仅是中介人和协调者，他们还直接参与创作。如据程家珏《门外偶谈》介绍，胡正言十年如一日地与刻印工人朝夕相处，对他们不以工匠相称，使得"诸良工技艺，亦日益加精"，在落稿或付印时，"还亲加检点"。

商人既然主导了版画艺术的创作，他们的思想与价值观必然也会渗透到版画的艺术风格中去，尤其是那些反映当时市民生活和市民思想感情的戏曲、小说等通俗文学读物，因为商人本身就属于市民阶层。

另外，商人本身在激烈的商战和过度的紧张之余，他们感到疲倦和劳累，想要脱离喧嚣的尘世，追求恬静和安乐。他们便将自己这种心境通过徽派版画体现出来，商人已经把他们的追求融入了版画。

（三）徽派版画的艺术特色

1. 纤丽、秀劲的线条

"线条粗壮，构图简略"是明万历以前所有版画的基本特征。如果说北

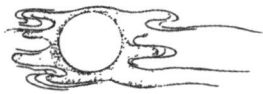

方版画同南方版画有什么区别，那也只是"粗壮"与"简略"的程度稍有不同而已。徽派版画一扫粗壮雄健之风，形成工整、精致的画风。

这种工整、精致的画风首先体现在线条表现手法上的细腻和多样性。由于文人画家参与版画创作，他们把国画对线条的处理表现手法带到版画中来，万历以前的版画线条之所以显得粗壮而无生气，缺少的就是国画线条那多种多样的皴法。《维摩说法图》选自《程氏墨苑》卷六《缁黄》，由程士芳构图，江世会摹绘，黄铸等刻。这是一幅国画理论和技法运用于版画的成功之作，也是徽派版画的代表作之一。画家和刻工在处理山石线条时用的是短促的牛毛皴，用刀疾速、锋利逼人，刻松针也是刚劲有力，柏叶则圆润隽永，行云流水，线条如丝，刀法细腻。这充分表现出徽派版画刚柔相济、动静结合的特色。

对版画线条像国画一样来进行处理，对画家来说难度并不大，但对刻工来讲就很不容易了。然而具有悠久雕刻传统的徽州，书版刻工明代已是名震寰宇。尤其是歙县虬村黄氏刻工，世代相传，长期寻求雕刻线条表现力的功夫，锻炼自己的雕刻技艺，他们力求把握刀刻的刚柔、轻重、急速转换的技巧，以线条的粗细、曲直、动静相照、繁简互衬等对应统一的规律来刻画人物。同时虬村黄氏刻工本身也具有一定的艺术修养，对画家的线条处理有着深刻的领会能力，这也是徽派版画能够达到精致程度的保证。

2. 富丽、精工的构图

构图简单是万历以前所有版画的通病，主要原因就是绘图工匠的技艺不精，无法绘出布局完美的图画。徽派版画构图从简单到繁缛的脉络是：嘉靖四十一年（1562）黄銮、黄铉等黄氏刻工的《筹海图编》，万历十年（1582）黄链、黄钫等黄氏刻工刻的《目连救母劝善戏文》中的人物插图，画面突出人物，几乎没有背景图案衬托，但雕刻的线条却极为流畅有力。尤其《目连救母劝善戏文》有图版57幅，单面、双面或多面连式不一，刻工利用大片墨板、阳线与阴线交相运用的技巧，使线条活泼简劲，消除了由于构图简单而形成的单调，增加了生动性，因此很多版画评论家把《目连救母劝善戏文》当成徽派版画风格形成之初的代表作。

丁云鹏等文人画家进入版画绘图领域后，这种构图简略的状况才得到彻底改观。如丁云鹏在绘《程氏墨苑》"列子御风图"时，为了增加构图的完整和美观，背景衬有山、水、树、石、草，层次分明，线条优美。加上刻工流畅的刀法，水的流动、风吹草动，使画面呈现出生动的气象。"百子图"

绘100个儿童嬉戏游乐，形态各不相同。构图上，丁云鹏将这100个儿童的游乐背景置放在皇家园林之内，有高台、有流水、有栏栅、有假山、有树木、有小鸟，图像布满整个画面，线条一丝不苟，繁而不密，富丽精工，堪称徽派版画的代表作。

这种富丽精工的构图特点，到万历后期被发挥到极致。万历三十八年（1610），汪耕画，黄一楷、黄一彬镌刻的《北西厢记》插图，构图富丽精工，没有一个地方被疏忽，地面、鼓架、锈墩、窗棂、桌帏均用装饰性界格花纹铺满，甚至老和尚身上所披袈裟也用缛密的图案加以点缀，显得极有特色。

3. 绚丽多姿的彩印

赋彩印刷是版画艺术的最高境界，从万历中期开始，徽派版画就在不断地尝试彩印。万历三十年（1602），由黄尚文撰文、程起龙绘图、黄应瑞刻版的《闺范》，用朱墨两色套印，这是徽派版画最早的彩印本。万历三十三年（1605），《程氏墨苑》施彩印图55幅，大部分虽为四色、五色彩印。实际上，沿用的只是原始的单板彩印，只是色彩更丰富，印刷更精致。而《十竹斋书画谱》和《十竹斋笺谱》的出现，则是版画印刷技法上的彻底革新。饾版和拱花的出现，把版画印法提高到前所未有的水平，开创了后世"木版水印"方法和套色木刻艺术的先河。

4. 诗文、书法、印章和图画的有机结合

诗文、书法、印章和图画的有机结合，是中国画独一无二的表现形式。国画的这种表现形式在文人篆刻艺术尚未成型时并不稳定，明万历以后自篆刻艺术形成，国画的这种表现形式趋向固定。明万历时期恰好是徽派版画风格形成，版画艺术的鼎盛时期，而且为版画作图的画家多为国画大师，国画的这种表现形式自然而然地也影响到版画的表现形式。徽派版画的早期作品如《筹海图编》、《新编目连戏救母劝善戏文》，仅仅作为书籍的插图，画面上没有诗文也没有印章。万历二十三年（1595）开始刊刻的《程氏墨苑》，已经不是书籍插图，而是单独的画谱，但它的诗、书、印也大多还是在画外。如"北岳恒山"一图有空疏之处，但"南羽"一印仍放在画面的外面。但万历四十四年（1616），黄桂芳、黄端甫所刻《青楼韵语》的很多插图，诗文已溶入画中。如"舟中自叹"一图，附有月仙的诗句："羞归月月渡，懒上载花舡"的句子。万历末刊，蔡冲寰绘《丹桂记》"鬼辨"插图，开始用文字点题并署款："画堂烛光辉，忽然见魑魅。冲寰笔。"这已是国画的典

型表现形式。万历末刊，歙县江修绘、黄伯符刻的《四声猿》"玉楼春色"插图，不仅有题、有款，也有了印章。

（四）徽派版画的地位与影响

1. 彩色套印把版刻艺术推向新的高峰

彩色套印是中国印刷史上的一项重大发明，它起源于徽州，从赵汸的《春秋集传》到《女范编》、《程氏墨苑》、《风流绝唱图》，再到《十竹斋书画谱》，就是徽派版画彩色套印发展过程中的实物证明。徽州刻工下杭州，去苏州、常州、金陵、吴兴，北上北京等地从事刻书画事业，把彩色套版印刷传到全国各地，才有吴兴闵凌氏五色版的"千古传颂"。明末胡正言在金陵首创饾版和拱花印刷新工艺，把版刻艺术推向新的高峰，创色彩套印技术新纪元。

徽派版画丰富了中华民族艺术宝库，徽派版画以它的细腻、工整、精确的手法，用线的刚柔、强弱、深浅的技艺，体现画面内在精神。人物秀丽，尤重性格描写，享誉海内外。

2. 徽派版画代表了中国传统版画的最高成就

徽派版画是中国版画艺术最为优秀的代表，它以纤丽、秀劲的线条，富丽、精工的构图，绚丽多姿的彩印在中国版画史上占据至高无上的位置。《程氏墨苑》、《十竹斋书画谱》和《十竹斋笺谱》彩印本的出现，使徽派版画的绘刻技巧达到一个新的高度，所刊花卉、蔬果鲜翠欲滴，晶润如生；禽鸟羽毛和草虫网翼，脉络清晰，一笔不苟；雨后柳枝，风前荷盖，滴露未晞，流转欲掷；枯叶、虫齚，痕迹宛然，虫丝亦袅袅粘牵未断，穷工极巧，功媲造化。笺谱上的各种图画，以没有色彩的凸版压印花瓣脉纹鼎彝图案与水波云痕，更是胡正言的创造。人物潇洒出尖，水木澹淡恬静，蛱蝶花彩斑斓，欲飞欲止，博古清玩典雅清新，"实已跻彩色版画至高之界"①。它所体现的套版印刷法，是我国在世界印刷史上的第二大贡献。

3. 徽派版画影响了全国版画艺术风格的发展方向

明嘉靖以后，徽州刻书业蓬勃发展，刻工队伍徒增，多达数百人，他们的刻印技巧和独特的地方风貌日趋成熟。同时徽州书商高瞻远瞩，延请著名画家丁云鹏、吴左千、郑重、黄应澄、汪耕、陈洪绶、肖云从等绘画，请名

---

① 郑振铎：《西谛书话》，三联书店 1983 年版，第 499 页

刻工镌图，使徽派版画出现了崭新局面。由于作品刻技精工细腻，人物个性化，情景交融，风格突出，比之外埠版画，优劣分明，赢得赞誉。当时的版刻印刷界纷纷邀请徽州刻工雕刻版画，使其他地区的版画风格也向徽派版画靠拢。另外徽州地处偏僻，交往不便，于是徽州书商、画家、刻工中一部分纷纷向外埠发展，重新开辟战场，使徽派风格传播外地，引向全国，其结果扩大了徽州版画阵地，也影响了各地版画，形成了明末清初以徽派版画为主流的中国传统版画全盛时期。

五、地方文学的耀眼宝库——徽州文学

（一）徽州文学的形成和发展

1. 形成于南北朝

徽州文学初显于南北朝时期。

最早的徽州籍作家为南北朝齐时的程茂和梁时的程瞀父子。程茂写有《责萧衍犯顺书》一文。这是目前见到的有史记载的徽州籍人士所写的第一篇议论性散文作品。程瞀，程茂之子，与南朝梁诗人柳恽齐名，所写《东天竺赋》铺写从容，文笔婉致，极具才情。这是有史记载的徽州籍作家所写的第一篇抒情性散文作品。

梁时的徽州文学家有任职徽州的外籍文学家任昉、徐摛和吕文达等。其中曾任新安内史的吕文达的《吕偈记》，文笔精练，层次清晰，不仅具有史料价值，而且具有较高的文学价值，是现存外籍在徽州任职者中的第一篇记叙性散文作品，也是徽州历史上第一篇记叙性散文作品。

游历徽州的文学家有南朝宋诗人谢灵运和梁诗人沈约。谢灵运游历新安江写有《新安桐庐江》诗。这是今存最早的有关新安山水的诗篇，也是徽州文学史上第一首吟咏徽州山水的诗歌作品。沈约写有《新安江水至清浅深见底贻京邑游好》一诗，为今存最早有关新安江山水的诗篇之一，以其特有的意境之美产生了深远影响。

徽州文学在南北朝齐、梁时显出端倪，并呈现出一定的多彩格局，预示了未来徽州文学的发展方向与格局。

2. 发展于唐代

徽州文学进入唐代以后，出现了蓬勃发展的态势。文学家队伍进一步壮

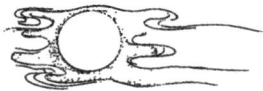

大，文学作品质量进一步提高，文学影响日益增强。

徽州籍文学家主要有吴少微和定居新安的张志和等。吴少微与晋阳尉富嘉谟、太原主簿谷倚一起被称"北京三杰"，为扭转文坛浮靡之风，以内容充实、气格高迈的创作实践倡导新风。他所创作的《崇福寺钟铭》和富嘉谟的《双龙泉颂》等作品被时人称为"吴富体"。吴少微是有史记载以来的第一个享誉全国的新安籍文学家。张志和祖籍浙江金华，晚年定居祁门张村，所作《渔歌子》五首，咏渔钓隐逸之乐，清丽远韵，为早期文人词之名作。

唐代在新安任职的文学家主要有伍乔、李敬方、任宇、于德晦和张途等。伍乔的《寄张学士泊》诗流溢出对新安山水的由衷喜爱之情。李敬方的《题黄山汤院》诗传诵一时，其中后者是抒写黄山温泉之美的最早篇章之一。张途的《祁门县新修阊门溪记》一文，叙事翔实有味，行文跌宕多姿，是唐代徽州文学中叙事性散文的一篇佳作。

唐代游历新安的文学家主要有权德舆、释岛云、许坚和李白等。权德舆写有著名诗篇《新安江路》，言浅近而境深长，为吟咏新安江的著名诗篇之一。僧人释岛云，为有记载以来最早登上黄山天都峰的人，又是唐代诗人中写黄山诗最多的人。许坚的诗《入黟吟》描绘了具有桃源性质的古黟民风醇厚、山川灵异、政事简淡的情状，流露出对桃源社会的向往之心。伟大诗人李白也以其生花妙笔为徽州文学的发展点染出灿烂篇章，留下了《赠黄山胡公晖求白鹇》、《送温处士归黄山白鹅峰旧居》等诗篇，新安从此以后弥漫着诗仙的气息和精神。

3. 繁盛于宋代

徽州文学进入宋代以后，才真正变得名副其实起来，从此走向繁盛局面。

徽州籍文学家主要以胡仔、朱熹、方岳等为代表。胡仔先后编著成《苕溪渔隐丛话》100 卷，历代备受推崇。朱熹现存诗作 1200 余首，词 19 首，狭义散文 200 篇以上，其中诗如《春日》、《观书有感二首》，文如《记孙觌事》等都是宋代文学中的代表性作品。方岳诗歌以清丽天然著称，与刘克庄相为伯仲；词风类似苏轼和辛弃疾，气韵清健。

在徽州任职的文学家主要有苏辙和崔鶠。苏辙撰有《绩溪谒城隍文》、《将移绩溪令》和《绩溪二咏》等诗文 30 余篇，流露出对徽州的热爱之情。崔鶠所写《新安十咏》组诗，字里行间洋溢着对新安的一片爱恋之心。

游历徽州的文学家主要有范成大和杨万里等。范成大写下了数十首感慨民生和记述游踪的诗篇。杨万里所作《新安江水自绩溪发源》、《过闾门溪》等诗，表达了诗人游历徽州后的"平生快意"。

徽州籍文学家在宋代以前所未有的速度增长，形成了一支达百人以上的文学创作队伍；随之而来出现了一个前所未有的收获期，饱含创造才情的诗集、文集如雨后春笋般大量涌现。宋代文学是徽州文学发展历史上出现的第一座高峰。

4. 受制于元代

进入元代以后，汉族文人已完全失去像宋朝那样的地位，整个中国的诗文发展与当时新兴的戏曲相比显得暗淡无光。徽州文学也不例外折射出弱化的趋向。

徽州籍文学家主要以方回、汪克宽、赵汸等为代表。方回著有《桐江集》、《桐江续集》、《瀛奎律髓》等，其诗为"江西诗派"之殿军。汪克宽"其文皆持论谨严，敷词明达，无支离迂怪之习"，其诗有"濂洛风雅之派"。赵汸著有《东山存稿》7卷等。

元代游历徽州的文学家主要以著名散曲家张可久为代表，他写下了《霜角·新安八景》、《水仙子·黄山道中》等一系列曲作品，表达了对徽州的一腔真情。

元代主要靠徽州籍文学家自身力量来从事文学创作，创作队伍虽然显得有些单一，但仍可看出徽州籍文学家抵抗着时代的重压，表现出努力把徽州文学推向前行的刚毅精神。

5. 复兴于明代

明代徽州文学进入了一个全新的发展阶段，特别在戏曲方面得到了长足发展，涌现出了卓有成就的文学家、戏曲家和戏曲理论家。而且游历徽州的文学家空前活跃，所写作品显得丰富多彩。

徽州籍文学家主要以程敏政、郑之珍、汪道昆、汪廷讷、潘之恒为代表。程敏政创作诗歌数千首，各种文体散文1200余篇，其所写的100余篇"记"体散文，饱含情感，逸兴飞动，语言醇美，结构谨严，显示出杰出的艺术创造才能。郑之珍创作的《目连救母劝善戏文》曾风靡许多地区，使"目连戏"成了戏曲大家族中一个独特的品类。汪道昆与王世贞并称"两司马"，著有《太函集》120卷，杂剧《高唐记》、《洛神记》、《五湖记》等在中国戏剧史上有一定地位。汪廷讷著有诗文集《坐隐先生集》，杂剧《狮吼记》是杰出的喜剧作品。潘之恒曾编校《盛明杂剧》，收杂剧60种，今人辑

有《潘之恒曲话》，平生创作了大量诗文，风格清新简洁，有《鸾啸集》和诗集《涉江集》。

明代游历徽州的文学家主要有唐寅、汤显祖、徐弘祖等。唐寅登览了道教圣地齐云山，撰骈体长铭《紫霄宫玄帝碑铭》；所作《齐云岩纵目》诗，表达了通达的心怀和对名山的欣悦之情。汤显祖曾因厌恶别人劝他附庸富商，愤然写出"欲识金银气，多从黄白游。一生痴绝处，无梦到徽州"的著名诗句，时人以为是对徽州的讽刺。徐弘祖曾两次游历黄山和齐云山，撰有《游黄山日记》、《游白岳日记》等，对后代影响很大。

明代徽州文学创作队伍较为宏大，且在全国具有影响的文学家较多，文学作品也格外灿烂丰富，成为继宋代以后的又一文学发展高峰。

6. 繁盛于清代

清代徽州文学在明代基础上得到进一步发展，徽州籍文学家主要代表人物是李流芳、赵吉士、张潮、马曰琯、汪士慎、方成培等。李流芳诗文风格清新自然，读来别有意趣，有与程嘉燧等人的合集《嘉定四先生集》。赵吉士所著笔记《寄园寄所寄》12卷，为世传诵。张潮编有文言小说集《虞初新志》、杂著丛书《昭代丛书》、《檀几丛书》等，著有《聊复集》、《幽梦影》等，其《幽梦影》文笔清新可爱，思想自由活泼，影响积极。马曰琯喜爱写诗、藏书和结交文人雅士，于其家中结"邗江吟社"；著有《沙河逸老小稿》、《嶰谷词》等。汪士慎为"扬州八怪"之一，其诗歌清雅脱俗，有《巢林集》7卷。方成培在前人旧本的基础上完成了古典名剧《雷峰塔传奇》的改编，使白娘子成为古代文学长河里的经典形象。

清代任职徽州的文学家有靳治荆、刘大櫆等。靳治荆写有《游黄山记》等。刘大櫆写有语言隽永、意境清丽的《黄山记》等文。

清代游历徽州的文学家主要有袁枚、沈德潜、黄景仁、龚自珍等。袁枚写有《宿黄山狮子林晨起登清凉台看云铺海》等诗和《游黄山记》。黄景仁写有《春雨望新安江》、《重游新安杂感》等诗。龚自珍写下了《黄山铭》等一批记游诗文，赞美徽州河山。

清代文学家可谓群星灿烂，既有本土文学家，又有客居他乡的文学家，还有任职和游历徽州的文学家，不仅类型多样，而且数量众多；创作上百花齐放，多姿多彩。可说是继明代以后的一种极盛发展而终于到达光辉的顶点。

（二）徽州文学的性质和特点

所谓徽州文学，就是由徽州本土文学家和客居他乡的徽州籍文学家所创作的文学以及供职与游历徽州的外籍文学家所创作的有关徽州的文学的总称。

1. 徽州文学不局限于徽州

徽州文学首先自是产生在徽州本土的文学。徽州版图从北宋宣和三年（1121）设立徽州时所辖为歙县、休宁、婺源、绩溪、祁门、黟县，此后基本上都是一府六县的格局，因而徽州文学也主要是发生在这一地域格局之中的文学。

作为创造者的文学家是流动的。走出去的徽州人或经商或从政或从文，凭借自己的勤劳和智慧，在本土以外的广大区域创造了无与伦比的经济和文化成果，同时也涌现出了许多富有成就的文学家，创造了丰富灿烂的文学。对徽州文学的区域范围的认识，要立足"小徽州"而面向"大徽州"，只有把大、小徽州都纳入其中，才能全面反映徽州文学的全貌，才能真正体现徽州文学家的创造才情。

2. 徽州文学不局限于徽州时代

从徽州文学的发展历史看，也确实是在进入徽州社会以后徽州文学才有了长足发展。但徽州文学包含新安和徽州两个大的历史时期。应该说徽州文学始于新安时代，新安时代主要包括南北朝和唐代两个阶段，虽然无论从文学家数量还是从文学作品的质量来说还有限，但无疑是徽州文学产生与发展的基础和先声。

3. 徽州文学不局限于徽州籍文学家所创造

徽州文学的一大块天空是由徽州籍文学家撑起来的：一是徽州本土文学家，即如明代戏曲家郑之珍和清代戏曲家方成培等。这类本土文学家还可细分为两类：一是以创作雅文学为主的，一是以创作俗文学——民间文学为主的。民间文学大都为流传过程中的集体创作，所以这一类文学家大多无名无姓。二是非本土的徽州籍文学家，他们或求仕、或经商、或因祖父辈外出发展而旅居他乡，如唐代文学家吴少微等，宋代诗人方回等，明代文学家程敏政等，清代徽商诗人马曰琯等。由于他们突破了生活区域范围的局限，创作视野更加开阔，所写题材一旦涉及本土生活内容即表现出对本土特有的眷恋之情。

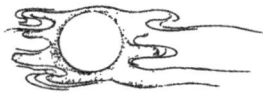

非本籍的文学家也创造了徽州文学：一是非本籍而在徽州任职的文学家，他们都来自外地，看徽州的一切都是新鲜别致的，这就使他们经常处在诗情激荡和文思勃发之中，所创作的有关徽州的作品无疑是徽州文学的精彩篇章；二是非本籍而游历徽州的文学家，他们或慕徽州山水之美而来，或钦徽商声名而来，或因寻亲访友而来，无一不被徽州大好山水所吸引和陶醉，无一不以优美的篇章咏歌之。

4. 徽州文学不局限于专业文学家所创造

徽州文学在一定程度上是专门从事文学创作的文学家所创造的文学。但总体来说，徽州文学更多的是非专门的文学家所创造的。

这些非专门的文学家主要有：一是社会活动家，有南宋大臣程珌撰有《洺水集》60 卷等，明代著名政治家朱升著有《枫林集》10 卷，清代著名大臣汪由敦著有《松泉文集》20 卷等；二是教育家，有南宋著名思想家、教育家朱熹著有《朱晦庵集》100 卷等，元代教育家郑玉著有《师山文集》8 卷、《师山遗文》5 卷等，元末明初理学家、教育家汪克宽著有《环谷集》8 卷等；三是学者，有宋代史志学家罗愿著有《鄂州小集》5 卷等，明末清初学者闵麟嗣著有《庐山集》、《闵宾连悟雪诗草》等诗，清代学者汪绂著有《双池文集》、《双池诗集》等；四是书画家，明代画家程嘉燧著有《松园偈庵集》2 卷、《松园浪淘集》18 卷、《松寥集》3 卷等，明末清初画家程邃著有诗集《萧然吟》、《会心吟》等，清代画家汪士慎著有《巢林集》7 卷等；五是医学家，明代医家江瓘著有《武夷游稿》等，明末清初医学家汪昂著有《𫗧庵文集》，清代医家曹若揖著有《诗韵启发》、《枕流诗集》等；六是科学家，主要有清代天文学家余煌著有《吹壶》、《北征》、《芝阳》各诗草等，曾创制浑天仪、中星仪的科技发明家齐彦槐著有《梅麓诗集》、《梅麓诗钞》、《双溪草堂诗文集》等；七是徽商，清代盐商、藏书家马曰琯著有《沙河逸老集》10 卷、《嶰谷词》1 卷等，清代盐商江春著有《随月读书楼诗集》、《黄海游录》等；八是另有专长者，宋代武术家程鸣凤著有《盘隐》、《梧冈》诗文集，明代制墨家方于鲁著有《方建元诗集》12 卷，清代收藏家汪启淑著有《撷芳集》80 卷、《兰溪棹歌》1 卷，清代古币研究和收藏家鲍康著有《诗集》8 卷。

正是各行各业的精英共同汇聚成了这一徽州文学家群体，以共同的理想和追求、以独特的个性和笔调谱写了徽州文学的灿烂篇章，汇聚成了徽州文学的浩荡长河。

（三）徽州文学的地位与影响

1. 徽州文学创作队伍的地区广泛性在全国罕有其匹

在徽州人中，把文学创作当作一种修养者有之，当作一种爱好者有之，当作一种交友之道者有之，当作一种自身才情显示者亦有之。文学创作在徽州人这里是一种基本修养和基本技能。

据对新版《中国文学大辞典》的统计，该书收录徽州籍文学家达 106 人。但经初步测定，出版有诗集文集的徽州文学家总数在千人左右，其中清代最多，达 500 人以上，其中不乏夫妻文学家、父子文学家、兄弟文学家、姐妹文学家和祖孙文学家。

不仅如此，在徽州有的乡村几乎成了"文学之村"。据史料记载，歙县江村仅有 100 多户人家，到乾隆四十年（1776），全村共有 78 位作者，编著之书多达 155 种，其中不少即是自撰的诗集、文集。就连村中妇女也成了诗中高手。即如村女吴昊，一时闺秀，酬唱成帙，著有《香台集》；村民江昱之妻陈佩，著有《闺秀集》，等等。一村如此，整个徽州文风之盛，于此可以想见。

在一个人口最多不过百万、区域范围不过 4 万平方公里的地区，有这样极其广泛的文学家队伍，在全国是极少见的。

2. 徽州文学家在艺术上的独创之功粲然可见

徽州文学家在创作中经常透逸出艺术的独创性，有的形成了自己独特的艺术风格，即如宋代诗人方岳诗歌的清丽天然和词作的平易清健的风格，明代文学家程敏政的宏博伟力和豪放奔逸的风格，清代"扬州八怪"之一的汪士慎诗歌的清雅脱俗，等等。与此同时，徽州文学家表现出的艺术独创性是多方面的，诸如唐代新安籍文学家吴少微与富嘉谟一起所创立的"吴富体"，在当时起到了扭转整个文坛的浮靡之风的作用，使得强调内容充实、追求气格高迈蔚成风尚。明代戏曲家郑之珍创作的《目连救母劝善戏文》，属可供连续多天演出的连续剧形式，曾被徽剧、川剧、湘剧、昆曲等剧种争相移植上演，风靡清代许多地区，使"目连戏"成了戏曲大家族中一个独特的品类，对中国戏曲的发展产生了重要影响。清代戏曲家方成培，在前人旧本基础上创作出新本《雷峰塔传奇》，不但洗去了旧本的妖气，而且加强了思想内涵，使白娘子成为古代文学长河里的经典形象，被列为中国古典十大悲剧之一。清代文学家赵吉士根据于汉翔所赠诗四首依韵酬答，后凡遇他题，皆

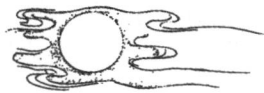

叠此韵，得诗凡1500余首，编为《林卧遥集》，成为一韵写千篇的佼佼者，为诗坛之创格。而清末文学家汪渊在词作创作上也勇于创新，以集前人佳句重组为词的形式来熔铸新词，所集各词不同调，不取断句，不录已句，同时声律谨严、清新自然，在词史上开出了一个新境界。如此等等，无不体现了徽州文学家的创新精神，所有这些无不是对中国文学的独特贡献。

3. 徽州山水文学品格独具，影响深远

自从梁武帝面对徐摛发出"新安大好山水"的赞语后，徽州文学就以自己的敏锐对新安山水的独特之美开始了强烈关注，并加以斑斓多彩地表现，形成了徽州文学的一个独特领域，令人拍案击赏。从南北朝谢灵运的《新安桐庐江》和沈约的《新安江水至清浅深见底贻京邑游好》诗以来，一个以新安江为主线、以黄山和白岳为中心的徽州山水文学的特定领域就突现了出来，并从此绵绵不绝，形成了一条徽州山水文学之河。

徽州山水诗歌作品的代表性作品主要有南北朝谢灵运的《新安桐庐江》和沈约的《新安江水至清浅深见底贻京邑游好》，唐代权德舆《新安江路》、释岛《登天都峰》、许坚《入黟吟》、李白《青溪吟》等，宋代范成大《天都峰》、《温泉》，杨万里《新安江水自绩溪发源》、《过闾门溪》等，元代郑玉《游黄山》、张可久《霜角·新安八景》、《水仙子·黄山道中》等，明代汪道昆《望天都》、许国《黄山杂咏》、唐寅《齐云岩纵目》等，清代袁枚《宿黄山狮子林晨起登清凉台看云铺海》、黄景仁《春雨望新安江》、《重游齐云山》、《重游新安杂感》等。

徽州山水散文主要有宋代吴龙翰《黄山记游》等，元代汪泽民《游黄山记》等，明代程敏政《游齐云山记》、徐弘祖《游黄山日记》《游白岳日记》，江瓘《游黄山记》、潘之恒《莲花峰记》、袁中道《游黄山记》、许楚《黄山游记》、《新安江赋》等，清代钱谦益《游黄山记》、袁枚《游黄山记》、刘大櫆《黄山记》、龚自珍《黄山铭》、施润章《黄山游记》、靳治荆《游黄山记》等。

徽州山水诗歌作品与山水散文作品的交相合唱，体现出徽州山水文学的独特风貌与艺术魅力，这是徽州文学中最可宝贵的文学创作，也是中国山水文学的一个耀眼宝库，在中国文学中拥有无可替代的地位。

总之，丰富灿烂的徽州文学是对源远流长的中国文学的一个创造性的丰富与补充，显示了特殊地位和影响。

【思考题】

1. 为什么说"天都画派"、"黄山画派"归属于新安画派？
2. 简述新安画派的绘画风格。
3. 简述徽戏声腔发展的三个阶段。
4. 简述目连戏在内容和表演方面的主要特点。
5. 徽派篆刻的艺术特征是什么？
6. 徽派版画有哪些艺术特征？
7. 《程氏墨苑》在中国版画史上的主要贡献是什么？
8. 徽州文学在徽州文化中有什么地位？
9. 徽州文学在中国文学中有什么地位？

第十一讲 "粉墙矗矗，鸳瓦鳞鳞"
——徽派建筑

　　粉墙黛瓦的民居小屋，清新幽雅的青山小河，整洁恬淡的村庄小院，放眼望去，蓝天白云，田野园林，小桥流水，青石板路，深深细巷，淡淡炊烟，构织成一幅五彩缤纷、浪漫抒情的美妙图画。这是徽州古村落、黄山脚下原生态乡村风貌的写照。它从古老的千年历史洗练中走出来，人们乍一见就似曾相识，好像从幽香的水墨画里濡泅出一样，乡情亲情都有了。

　　当初次接触到徽州建筑的时候，给人印象最深的就是那宽宏深美的的祠堂宅第、剥落斑斑走不到尽头的小石巷；水口处老树苍郁，桥亭翼然。难怪康熙末年寓居扬州的歙商后代程庭（且硕）在一次返回故籍时特写的《春帆纪程》中，记述亲眼所见到的情景："乡村如星罗棋布，凡五里十里，遥望粉墙矗矗，鸳瓦鳞鳞，棹楔峥嵘，鸱吻耸拔，宛如城郭，殊足观也。"

　　徽州建筑自成一个传统乡土建筑体系，融古雅、简洁和富丽于一体，其特色主要体现在村落的民居上，从选址、布局、造型、结构、功能到装饰美化都集中地反映出徽州的山地特征、风水意愿和地域美饰倾向，成为别具一格的徽派建筑艺术。徽州建筑也称徽派建筑，概指明清徽州府辖区内萌发和成形的一种以强化儒家伦理道德秩序为主要文化特征，具有鲜明的地域性特色的建筑。它既符合地理学意义上所界定的"徽州的建筑"，也涵盖文化意蕴中所呈现出儒家伦理道德精神风貌的"徽风"建筑。

一、徽派建筑的历史成因

　　徽派建筑作为一种极具特色的建筑文化现象而备受世人关注，究其萌发与形成的时空条件，可从徽州的地理环境和人文社会观念影响两个方面来看。

　　首先，从地质构造看，徽州属原始"江南古陆"的一部分。"徽之为郡在山岭川谷崎岖之中"①，十之八九为山地和丘陵。人常说徽州地理的明显特点是山高滩险、丘陵绵延、山水清明、奇峭秀拔：黄山白岳雄峙境内，新安江水系蜿蜒于山谷盆地之间。徽州处于亚热带，属湿润性季风气候，有利于林木、茶叶的生长，有着丰富的森林资源及多种土特产。正因得天独厚的大好山水和生态环境，决定了徽州这片古老土地上的建筑基本属于"山地建筑"，中国传统风水术中理想人居环境模式的所谓"风水宝地"几乎随处可觅得，为村落园林化铺垫下了广泛的基础。而森林覆盖率很高，充裕价廉的木材，决定了徽州房屋建筑形式多为木构架体系；山间所产各种优质石料，被广泛用于桥梁、牌坊和建筑装饰。

　　其次，从历史渊源上看，古徽州民居建筑大多是砖墙、木梁架和方砖铺地，结构牢固，与中国南方一带的"干栏式"建筑无大区别。早在公元前五千年的河姆渡新石器时代遗址中就有干栏式的条形建筑了。② 徽州与浙江余姚河姆渡的位置相距很近，自然也早采取干栏式建筑，即修建时先用石块安好基脚，以杉树原木为立栏，用枋条穿拉起来，形成离地五六尺高的底架，在底架上铺以宽厚的木楼板，然后在其上以竹木为骨架，用茅草盖顶建房屋，全为木结构，一般有正房三间加两头偏厢，外走廊围以木栏。这种干栏式高脚建筑的优点是下部开放，空气流通，适合于徽州古先民土著"山越人"的生活实用功能：可避潮气，防野兽之害，又防洪水。

　　东晋以后，中原士族三次大规模举家南迁徽州山区，带来了先进的中原文化，与山越文化交流融合时，徽州建筑形式就进入了一个培育和催生的状态。唐初，徽州隶属江南西道，时任江南西道观察使的韦丹见"民不知为瓦屋"，遂"召工教为陶，聚材于场，度其费为估，不取赢利……"③ 采取鼓励和优惠政策，并亲自劝导、督促，使砖木结构的瓦屋在徽州民间得到推广。早期的徽派建筑在楼层设计上仍沿用干栏式样：楼下低矮，栏栅外露甚至不加修饰；"楼上厅"宽敞，方砖铺地，望砖蒙顶。人们日常生活起居的主要场所在楼上。后来，随着砖墙防潮性能的改进和排水管沟的畅通，以及那些过去威胁楼下居住的恶劣因素随着地理环境改善和社会进步而逐渐消

---

① 　王安石：《孙抗墓碑》
② 　《试论河姆渡文化》，《中国考古会第一次年会论文集》，文物出版社1980年版
③ 　《新唐书·韦丹传》

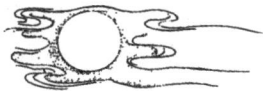

失，徽州民居建筑才逐步演变为楼下高大宽敞、楼上简易的形式。从时间上看，徽派民居建筑风格的形成，应当上溯唐宋时期，而从"楼上厅"演变为楼下厅堂高大的过程一直到明末清初才基本稳定下来。

徽州地狭人稠，随着人口繁衍，躬耕自给的桃源之乐享受不成了，产出与消费的矛盾刺激了"徽民寄命于商"① 以图生计的商业发展。南宋建都临安，徽州因其地利，水运日益活跃，徽商充分利用全国政治经济中心南移的有利时机大做生意，逐步形成势力。明中叶以后，随着徽州商帮和官绅的势力日益增强，财雄势大，将大量利润耗费于奢侈生活，"即回家修祠堂、建园第、重楼宏丽"。② 徽商崛起所引发的村镇大规模建设，使徽派建筑获得了徽商雄厚财力支持的背景，为之提供了坚实牢固的经济基础，其特殊建筑风格也逐渐形成体系，更加趋于文化性、装饰性；在白墙青瓦的外观里面，包含着日益丰富的文化内涵，同时显示出高超的集建筑、书画、雕刻于一体的综合艺术，徽派建筑工艺达到一个新的水平，明清是徽派建筑的鼎盛时期。

从祠堂、牌坊、宅第、院落、古井、街道、石巷、桥梁、亭榭、园林，到宅室内陈列的字画、家具、器皿，乃至徽刻的书籍、契约文书，无不浸透着独特的地域性的儒商文化和宗族文化气息。程朱理学在徽州的影响尤为深远，徽州人特别推崇朱熹，朱熹笃信风水之说，正与徽州民俗传统相吻合，于是风水说对徽派建筑艺术的形成在精神层面上有着直接的推波助澜的作用。两晋时风水中心在山陕，隋、唐之际，风水中心在江西，宋元以后，风水中心在福建，明清则传到徽州。徽州土风民俗对徽派建筑的影响，首推风水观念和徽乡祭祖习俗。徽州许多村落的选址、布局都是在风水术的指点下进行的。风水学说中的"水口乃地之门户"，"当一方众水所总出处也。"这一原本用于阴宅（坟墓）的观念转移到阳宅村庄环境上来以后，水口就被看成可以起到"藏风聚气"的作用。民间这种风水意愿在建筑上体现为"蕴藏生气"的空间布局，即根据"气乘风而起，介水而止"的风水理论，山区村落水口往往是两山夹持处，仅有溪流一线，故在水口处广栽树木，构建桥台楼塔等人工理念建筑物，增加锁钥的气势，扼住关口，以维护村庄这块风水宝地。由于林木与山水、建筑之间构成了精美的组合，特称之为"风水

---

① （康熙）《徽州府志》卷8

② （民国）《歙县志》

林"，而加以保护。

徽州祭祖习俗乃基于重宗法的传统，更因现实的商业竞争，为战胜竞争对手常借助宗族同乡的力量结成商帮。正是在商务活动中，徽商切实感受到依托宗族血缘纽带的紧迫，省悟宗族的力量及其带来的实际利益，所以大力投资建祠堂、社屋、文会、书院、文昌阁、风水塔、牌坊等家乡公益性建筑，目的就是为了振兴家族和巩固血缘关系这件头等大事。

至于徽商广建豪宅、园林，是将成家立业看作"富而显贵"的标志，希望用砖、木、石写成建筑形式的大块文章，能够以这种无声的语言提高身价，光宗耀祖，也为晚年构筑一个颐养天年的洞天福地，更为子孙置备一份不动产业。既然徽商费巨资建宅第园林，他们"贾而好儒"进而"官商互济"的本性，必然在徽州建筑上留下印记。商贾和官绅游走四方，广交文人墨客，见多识广，对外地各式各样的建筑格式、技巧十分敏感，吸收新事物颇为大胆，随着自身艺术鉴赏力的不断提升，将异地甚至异国建筑引入，经过取舍损益，加上明清前徽州建筑的"古风遗韵"，内外融合，不断创新，使徽派建筑日臻成熟，以浓郁的文化气息而别开生面地成为徽州文化实在的载体。

概括起来说，徽派建筑的历史成因除依托地理环境外，更由于徽州有一个特别的社会结构：中原士族人员与山越土著的融合；两个导致辉煌的法宝：经商为贾聚财和科举仕途做官互济；三个基本条件：徽商巨资奠定经济实力基础、官绅名士构成艺术文化基础、新安理学成为思想理论基础。

二、徽派建筑的形态与构造

徽派建筑包括民宅、祠堂、牌坊、庙宇、书院，还有桥、亭、廊、阁、台、榭等单体形态，以及由之组群的村落、城镇。先单从徽州民居建筑形态看其外观特征和装饰风格，整个宅居的布局以中轴线对称分列，面阔三间，中为厅堂，两侧为厢房，厅堂前方中部为天井，构成一座以天井为中心的三间两过厢组合长方形平面双楼层的内向小型三或四合院。房屋四周用砖砌高墙围护，坡面屋顶用鱼鳞小青瓦覆盖，马头形的山墙从屋顶面的两侧筑起一直高过屋脊，屋脊则用板瓦筑起脊筋和盘龙，覆盖蝴蝶瓦以防雨水冲刷墙头。宅内庭院铺设鹅卵石或青石板路，修筑花圃，林木盆景，小桥流水，和谐组合，构成了徽派民居建筑形态的基调。

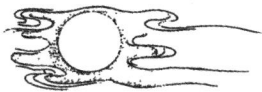

徽派民居的外观明朗，一般都是白墙、青瓦、黑墙边，给人一种淡雅明快的感觉，其整体色彩效果是黑白相间为主，间以黑、灰、白的层次变化搭配成统一的建筑色调。

徽派建筑是由堂、楼、廊、阁、桥、天井、墙、门、顶、阶等基本要素组合而成，这些要素的基本形态是稳定的，很少有大的变化，但其组合方式、方法却十分灵活多变，相应的也有一定的组成规则，其中最常见的如垂直叠加，则可成楼或阁楼、阁桥；水平连贯、重复、围合、穿插、偏置、遮掩等方式则可组合成各种不同类型的房屋。如一般民居入宅则依天井的位置和布局可分为四种：凹型、口型、H型和曰型。凹型宅，即俗称三间式，一明间为堂、两暗间为厢房，堂前天井，天井两侧也可各建廊房，为一进两层的楼房，楼梯设在明间背后或廊房任何一侧；口型宅，多为三间两进的楼房，实际就是两座三间式的凹型宅相向组合，楼下前一进的明间为前庭，两旁为卧室，后一进的明间作客厅，天井在前、后进的中间稍偏前；H型宅，其实是两座凹型宅的背向组合，前、后进各有天井，两旁有廊房，中间为正屋；曰型宅，也是三间两进，每进各有天井，各进之间两边均有廊房相连。房屋的多进式重复或偏置，或随地形而穿插、连贯，其或多单元纵横向延伸而围合成"多进堂屋"。每进一堂便递升高一级，沿山势陡度立台阶，俗称"步步高升"，最能体现徽州文化中"聚族而居"讲求"亲亲"思想和家族内尊卑有序的等级制度。

徽派建筑形态另一种单体建筑——祠堂，是村中最具规模、耸然高出民居的建筑，雄伟宏丽，蔚为壮观。祠堂内设敬奉祖先牌位的寝殿和祭祖的享堂，执族规的议事厅。一座宗祠从外形上看去，自南往北的中轴线上，展布着照壁、坪坦、坊门、碑亭、仪门、两庑、祭台、享堂、前后天井、寝殿、祀座等一系列建筑物，持有严格的均衡与对称，造成一种神圣肃穆又阴森可怖的气氛，表达出封建宗法制度的封闭性、保守性和神秘性。从坪坦、仪门到寝殿祀座自前至后逐级上升以抬高地面，使正门楼顶、大堂屋脊、寝殿屋脊在宗祠上空形成一个超过一个的高峰。这种前松后紧、上开下闭、深高宽大的比例关系，造就了整座祠堂的雄峙态势。

牌坊，徽派建筑形态中的又一种单体建筑，实属封建伦理道德的物化象征，是一种被广泛地应用于旌表功德、标榜殊荣的纪念性建筑。从形态构成看，它包括下部的仿木构基础单元和上部的楼两部分。命名常以间、柱、楼的数量而定，早期如"单间两柱三楼"、"三间四柱三楼"，后被更高大的

"三间四柱五楼"式取代。明代后期徽州石坊造型上出现立体式的，如歙县城内的许国"大学士"石坊，俗称"八脚牌楼"，整座牌坊采用围合方法由前后两座"三间四柱三楼"和左右两侧"单间两柱（柱与前后两坊共用）三楼"的牌坊组合而成，是四面八柱各联梁坊的矩形立体结构。前后长11.5米，左右宽6.8米，高11.4米。该坊为四柱三楼冲天柱的石坊模式，梁柱粗硕，结构紧凑，造型丰满，安稳牢固，庄重肃穆，壮丽巍峨。

人们常把古民居、祠堂、牌坊称作"徽派古建三绝"，当然这不仅仅指其单体的形态，而且还应概指其组群形态构成，包括建筑群整体形状、尺度、色彩、质感、轮廓线等要素的综合效果，以及其组群方式和规律或章法。

徽派建筑群体构成的古村落，其民居结体通常为多进楼层院落式集合型，大都是聚族而居，组群的基本方法是按徽州宗法传统的山庄形式，依据建筑单体本身形态、尺度的相互关系来构成序列的排置、叠放与组合。由于徽州民居建筑的采光通风，主要依靠屋内天井，排置、叠放很少受到朝向因素的影响。有建筑专家将徽州建筑这一基本组群方法的特征，概括为徽州建筑的有机性："徽州民居可以多方向地、灵活地生长：（1）建筑轴向前后生长，即一进—两进—三进，每长一进只需设置一个横向天井。（2）建筑对称轴向左右加接，即一幢—两幢—三幢，每接一幢只需在天井一侧设出入口。（3）建筑垂直向上生长，即一层—两层—三层，限于木结构材料最高到三层；叠加的楼层与底层只需在平面坐标以上用天井贯通。（4）建筑入口大门外可设置小院向外生长和加接。（5）建筑的左、右、后侧可根据地段加接厨房杂院等。"① 可见徽派建筑组群形态的基本特点是灵活地适应山区丘陵地形的起伏，因地制宜，以极有限、简洁的几种形态单体，相互巧妙结合而产生丰富生动的效果。大片民居层楼叠院，鳞次栉比，白墙青瓦黑墙边，三叠五叠式马头墙，嵌入锦峰秀岭、溪清湖碧的自然风光之中，呼应着山峦起伏、竹木丛林，映衬出蓝天白云、碧野翠屏，宛如一幅秀美绝伦的中国山水画。

徽州村落建筑组群形态的灵活多样、流动飘逸之中，往往蕴含着其形态构成的统一性。将杂多的各家各户先后筑起的、千姿百态的宅居趋于"繁中有序"的原生态村落统一整体，这当中必定历经了一个形成的过程。通常建

① 单德启：《村落·天井·马头墙》，《建筑史论文集》第六辑，清华大学出版社1984年版

村时，先请风水师卜宅，选择一理想的、依山傍水的"风水宝地"，根据地形、地貌、土质、气候、植被的情况，给村落位置和形态作出规划，进行设计，采用适当的建筑手法，沟通内外空间，以使房屋群体尽量达到与自然环境巧妙结合的意境。由于徽州群山环绕，川谷崎岖，山多地少，这就迫使徽州村落民居选址大都既要以天然山水为依托，同时又要利用自然条件：兼有山之静态与水之动态的交汇、山之封闭与水之开放的互补。用朱熹的话"冀都天地间，好个大风水"来说，"古时建立村庄之际，乃依堪舆家之言，择最吉星缠之下而筑之，可谓永世和顺也"。① 而戴震则说："吾郡少平原旷野，依山而居，商贾东西行营于外，以就口食。然生民得山之气，质重矜气节，虽为贾者，咸近士风。"② 足见徽州先民已注意到风候水土对民俗文化以及建筑的影响，自古即有"无山无水不成居"之说。按照民间风水观念对山、水的吉凶判定，"山厚人肥，山清人秀，山驻人宁"。所以山之厚、清、驻等就成了民居选址的约定标准；同时对水"取其势之高燥，无使水近，亲肤而已，若水势屈曲而又环向之，又其第二义也"。综合两方面的标准，就要求建筑的选地讲究靠山不近山，临水不傍水，地势要求高燥，视野开阔"望向好"，水源充足方便；左右有大山"关拦"，坐向以南北为宜，有"前朱雀，后玄武，左青龙，右白虎"的对景山，及符合"山管人丁水管财"的五行学说为好。

徽州村落选址布局与天然山水融为一体，大多枕山、环水、面屏，既考虑生产、生活上的便利，又满足风水说的精神上需求，力求贴近自然，将村落建成以"山为骨架，水为血脉"的有机整体。徽州建筑单体形态本身固然表现的是一种人工艺术美，但一旦众多单体建筑"大珠小珠落玉盘"似的融入山山水水之中，传达的就是一种"繁中有序"的自然美的延伸。看一下徽州村落的轮廓线，就会发觉这乃是一系列由马头墙边缘黑瓦强化的水平线所构成的轨迹，其交叉、重复、贯通、递进、跳跃、转折，主要反映的是地形的起伏、河流的走向。人们常以"错落有致"来描述马头墙的各种韵律，这个"致"，就是前面所讲的内在自然秩序和统一性，也正是徽州人所刻意追求的一种独特的既尊重保护自然，又赋予生机活力的空间模式。

徽州村落形态从平面上看，主要可分为块状、线状和复合式形状等多

---

① 《朱子语类》
② 《戴震文集》卷12

西递民居

种。风水师给村落规划时，往往形象地将村形比拟成某一实物，如黟县宏村被比拟成卧牛，有人据此称为仿生建筑，其实是将村落设计成有机整体，用一种易理解接受的话语表述出来而已。宏村东、西、北三面皆山，南面地势开阔，按风水说是"阳火太盛"，为此特意建成大面积的水域和广布村中的完整水系，使村落处于山环水抱之中，体现了"藏风聚气，负阴抱阳"的风水说法。以"山为牛头，树为角，屋为牛身，桥为脚，凿湖为牛肚，引泉为牛肠"。萦绕村中流过家家户户门前的水圳比拟成"牛肠"，从村西河中引西流之水，南转东去，九曲十八弯，贯穿"牛肚"月沼（塘）。后来隔了多年再次在风水师的指点下，又将村内近百亩良田开掘成南湖，即再造一个"牛胃"，体现反刍动物的牛有两个胃，并从风水角度表明月沼（塘）为"内阳水"，而以南湖为"外阳水"与之相合，相得益彰。

徽派建筑的构造包括承重的木构大木作体系，也包括墙、屋顶等围护构件，以及楼梯、台阶、隔扇、门、窗一类配件。徽州"山出美材"[①]，以木构架为主体的徽州建筑在用材技术上土著先民早有相当水平，北方士族引入中原梁柱为承重骨架的官式建筑做法，使得徽派建筑吸取了江南穿斗式、北

---

① 　罗愿：《新安志》，康熙四十六年刊本

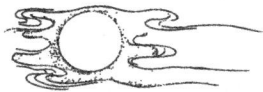

方叠梁式的优点，并结合山越人干栏式建筑技术而生成了新的木结构体系。叠梁式由柱上层层抬梁而得，能获得较大空间，硕大的横梁其形如新月平卧，故称月梁，因其粗壮且中部造型为略微起拱，俗又称冬瓜梁，通体显得恢宏壮美。穿斗式则柱间由穿枋连接，营造简易灵活，节省木材。宅第仅于厅堂处用叠梁，而生活起居处，尤其楼层间则用穿枋。徽派木结构中的立柱也很粗大，或圆或方，向上多有收分，显得粗而不笨，明代屋柱常加工成梭状，称为"梭柱"；屋柱与柱础之间的垫木称为櫍，其木纹呈水平状，可阻碍潮气顺柱底端竖状木纹上升。清代木櫍消失，只在屋柱与柱础接触处开出利于通气的小木槽，以防柱底部受潮霉变。徽派木结构的又一特征是其斗拱的铺设制度，"斗拱的功用在梁枋等与柱间之过渡及联络，盖以结构部分而富有装饰性者。"①

和义堂封火墙

徽派建筑的构造元素和方法中最具代表性的是天井、马头墙、门楼、隔扇、飞来椅，各自富有徽州特色。

天井是徽派建筑核心构造元素，也是徽州民居的一大特色。风水书《相宅经纂》上说："凡第宅内厅外厅，皆以天井为明堂，财禄之所。"屋面雨

---

① 梁思成：《蓟县独乐寺观音阁山门考》，《中国营造学社汇刊》第三卷，1932 年第 2 期

水从檐下天沟汇入水枧流到天井下的明堂坑（石池），称为"四水归堂"，寓意肥水不外流、招财图吉利。民居的天井多为窄条形，除泄雨水外还用以采光、通风，又是与建筑相互渗透、融合的补充空间。由于天井窄，且是高墙封闭的深院，采光多为二次折射光，光线柔和。天井内可种花养鱼置盆景，天井庭院还使院落相套，造就出纵深自足型大家庭的共享空间。

马头墙是徽派建筑天井上露出的封火山墙，其造型似马头形状，即将房屋两侧的山墙砌得高过屋面超出屋脊，并以水平线条状的山墙檐收顶，成为马头翘角的阶梯形叠落面，高低错落有致。马头墙有"坐吻"、"印斗"、"鹊尾"三式，因墙脊、墙檐砖的构件形状而得名。一般根据建筑物的进深尺寸确定山墙阶梯的级数和尺度，多为三叠和五叠，俗称三山屏风和五山屏风，由于其尺度合适，形状多样，给人以外部造型上的整体印象，形似跌宕起伏的五座山峰，俗名"五岳朝天"式马头墙。

门楼最早为门面上放避邪的"符镇"，如傩舞用的面具之类，进而演绎成固定的石砖雕；在功用上可挡墙面流下的雨水。门楼大体可分为门罩式、牌楼式和八字墙式三类。门罩位于门楣上方用水磨砖砌出向外挑的线脚，顶上覆以瓦檐。牌楼即门坊，有垂莲花式、字匾式、四柱牌楼式多种，其中三间四柱的贴墙牌楼有三层、五层不等，但黟县屏山一祠堂五间六柱七楼门坊已属罕见。常见于官宦人家和祠堂的门楼高大轩昂，雕饰精美的五层门楼被称为"五凤楼"。八字墙式门楼是门坊的一种变体，其变化处是将大门平面向后退少许，以增加门的深度感，从而能防雨水滴在门上。

槅扇，俗称"格窗"，是有些民宅沿天井一周回廊采用镂空的花窗门扇，具有采光、通风、防尘、分隔空间、装饰美化等功能。明代至清初的槅扇雕饰简朴，以木格（俗称满天星）和柳条窗居多。清中叶后，建筑奢靡风行，槅扇也日趋华丽，花格图案和裙板木雕多采用暗喻方式表现吉祥的寓意。

飞来椅，是徽派建筑楼层中常见的一种弧形栏杆。因其栏杆身稍向外临空悬置，超出天井拦板，形状略似椅靠背，古代徽州女眷倚此观望，故又名美人靠。飞来椅主要见于府第内部，正位在天井四周的楼厅边沿的视线集中处，其雕饰精美，与板壁、格窗等处的疏简形成鲜明对比。飞来椅也用于临街店铺的外立面以及水街的长廊上。

三、徽派建筑的工艺特点

徽派建筑的外观是朴素简洁的，不像皇家、官邸建筑那样施以浓漆重

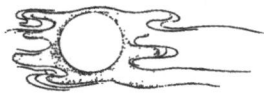

彩，而是在很大程度上凭借完善的工艺手段，配置各种精美的雕刻和彩绘，对建筑部位、构件进行艺术加工，使之格外增添美感，形成一种清丽高雅的艺术格调，反映出鲜明的地域美饰倾向和浓郁的乡土气息。特别是徽州"邑中多巧匠"，积累了丰富经验，建筑所用的木、竹、石、砖、瓦等材料几乎都可以艺术加工，每一建筑构件都可以施行雕刻。木、砖、石雕，谓之徽派建筑"三雕"，融装饰艺术与建筑结构为一体，可说是绮丽多姿、精美绝伦。

徽建三雕，顺应民居、祠堂、牌坊等建筑的需要而产生和发展，又与新安画派、徽派版画、篆刻、砚雕，乃至徽派盆景等艺术相互借鉴、共同切磋，大大提高了工匠的艺术修养；但表现形式与绘画不同，而是以"刀"代笔，在木、砖、石等之上，下雕刻的功夫。因此，工匠对取材用料、造型构图、刀法技巧和视觉效果等，须全盘考虑。一般先要确定雕刻对象的位置、比例、主次关系，再根据图案的对称、呼应、疏密、虚实、明暗、刚柔，以及立体感、节奏感等要求，分别采用平雕、浅浮雕、高浮雕、透雕、圆雕、镂空雕和线刻来造型。无论是木雕、砖雕还是石雕，都由模式化的两道工序完成：第一道为"打坯"，实即构思图样，在料面上凿出画面的轮廓，明确各部位的层次，区分前、中、远三景；第二道为"出细"，将坯进行精雕细刻，运用适当雕法使人物和景象凸现出来。

木雕，华美丰姿，在徽州古建筑上运用最普遍，是徽建三雕中数量最多的一种。徽州木雕俗有"大木雕"和"小木雕"之分。[①] 大木雕是木构架中的梁枋、斗拱、雀替、华板、托脚、蜀柱等建筑承重体系的组成部分；小木雕是槅扇、勾栏、内檐窗下栏板、檐条等多属建筑的维护部分。徽州木雕，尤其是大木雕，一般不施彩色，其原因之一是由于明俗："庶民庐舍，洪武二十六年定制，不过三间五架，不许用斗拱、饰彩色。"使得富而不贵的徽商，只能从封建住宅等级限制之外另辟蹊径，常用银杏、楠木、红木等名贵木材，保持本色以显其纹理色泽质地，使雕刻的细部更显生动鲜明。大凡月梁头上用线刻纹样；窗下栏板、屏门隔扇、天井四周的望头柱、檐条等用浮雕技法较多，内容有戏剧、故事、传说、花鸟、博古、八宝等图案；斗拱、撑头上的人物或动物，左右对称，尽用圆雕、透雕。木雕装饰中的卷草、虫鱼、云头、回纹变形的丰富多彩，民俗风情浓郁，充分体现出徽州工匠的创造性以及徽雕的独特风格。

---

① 姚光钰：《徽州明清民居工艺技术（下）》，《古建园林技术》1993 年第 41 期

砖雕，清新淡雅，是徽建三雕中最具魅力的一种。徽州砖雕所用的材料是特意烧制的质地细腻适于雕刻的水磨青砖。砖雕被广泛装饰于门楼、门罩、窗楣、照壁和八字墙上，一般采用高浮雕、圆雕和镂空雕的技法，明代砖雕风格粗犷古朴，刀法简练；清代砖雕风格渐趋细腻繁缛，注重情、景、形及构图，从近景到远景透雕层次往往有七八个，最多竟达九层。一块块砖雕排列成"组刻"，其内容由明代的几何形体为主发展到清代的以民俗图、戏剧题材大场面为主，如百子图、渔樵耕读图、游春行乐图、宴官图、九世同居图等。构图多用夸张手法，形象朗然，寓神于形，极大地提高雕刻图案的表现力。

徽州石刻

石雕，浑厚潇洒，凝重沉雄，多用于祠堂宅第的台基、勾栏、柱础、漏窗，牌坊的梁枋、柱头、花板，以及石鼓、石狮和龙凤、仙鹤、麒麟等奇禽异兽的形体造型上。徽州石材遍布四境，黟县有"黟青石"、歙县产"凤凰石"、休宁有"白麻砾石"、靠新安江附近的浙江淳安产"茶园石"。依据就地取材、因材施艺的原则，石雕技法主要采取浮雕、透雕、半圆雕等。

许国牌坊石雕，工整细腻，古朴豪放，堪称徽派石雕工艺中的神品杰作。整座立体式造型的八脚石牌坊上遍布雕饰，大梁两端如意头、缠枝、锦地开光；雀替上浅雕花鸟虫鱼，起着中间过渡作用，以使主次分明、层次丰富。大梁中部菱形柜内为高浮雕，图案四面八方都暗寓着许国一生经历和名望：东面"鱼跃龙门"暗示他科举出身，为嘉靖四十四年（1565）进士，

入翰林院庶吉士；南面雕刻"巨龙腾飞"，隐喻他平步青云，每两年升迁一级，从七品逐次升到从一品，仅次于首辅的二辅，还有"三豹（报）喜鹊"，暗指他万历十一至十二年（1583—1584）以礼部尚书（正二品）兼东阁大学士入内阁参赞机务，旋加封太子太保，授文渊阁大学士，接着又晋少保兼太子太保（从一品）武英殿大学士的三步高升；西面"龙庭舞鹰"则以与"武英"谐音隐喻许国位居"武英殿大学士"；北面冲天柱上平雕出"瑞鹤翔云"的图形，退为虚渺的背景，则寓意天下太平，又象征许国品格高洁脱俗。柱础外向的台基上，雕有蹲踞与奔跑着神态各异的大小石狮8座12只，形姿生动活泼。台基左右侧都刻有各式狻猊图案。牌坊四面额枋上分别刻有"大学士"、"少保兼太子太保礼部尚书武英殿大学士许国"、"先学后臣"、"上台元老"等形大如斗的馆阁体字，字迹端庄、雄浑凝重，是明代著名书法家董其昌的手笔。

徽州石坊

棠樾石牌坊群坐落在歙县棠樾村，明清盐商鲍氏家族在入村口处陆续建起7座石坊，构成一组群体，自西向东，矗立在略呈弧形弯曲的青石板甬道上，依次为鲍灿忠孝行坊、鲍寿孙慈孝里坊、鲍文龄妻汪氏节孝坊、鲍淑芳父子乐善好施坊、鲍文渊继妻吴氏节孝坊、鲍逢昌孝子坊、鲍象贤尚书坊，从旌表内容看，由两头向中间各按"忠孝节义"序列排开，昭示了宗法伦理秩序。7座石牌坊形式统一，均为三间四柱三楼式，仿木结构，前两坊草纹头脊式，余五坊为冲天柱式，突出了牌坊群体的整个形象。为了免除牌坊建筑空间序列上的单调，明隆庆年间在西起第三座牌坊后设置了四角攒尖小亭——骢步亭，该亭圮后重建于清乾嘉年间。7座牌坊中两座建于明代，五座建于清代，先后群立于村口，细看每座牌坊，结构严谨，石质厚实，榫接缝合，开合有间。构成牌坊的硕大梁柱，多用茶园青石，以洗练手法平琢浑磨，古朴凝重，气势轩昂。各座牌坊的雕饰物，均雕刻工丽、玲珑剔透，与梁柱成明显对比，充分表现出明清徽派建筑古韵的震撼力。

绩溪龙川"奕世尚书坊"是明嘉靖年间为户部尚书胡富和兵部尚书胡宗宪而立，因他俩是叔侄，历经一个花甲的时间差而任尚书，故称"奕世"。牌坊高大威严以石雕技艺精美著称，石坊的梁、柱、坊、抱鼓石等主体结构件都用花岗岩制作；屋面、斗拱、雀替、匾额、花板等装饰件则以茶园石雕刻。画面主要有瑞鹤翔云、鲲鹏展翅、二龙戏珠、双狮滚球；工艺上兼用半圆雕、浮雕、透雕手法，层次丰富，虚实对比强烈，奇禽异兽，栩栩如生，技艺特高，堪称建筑瑰宝。

黟县西递胡文光刺史坊石雕，通体采用"黟县青"石，主柱和柱墩，粗壮厚实。该坊为三间四柱五楼（檐）式结构，中间两柱前后雕有两对作为石柱支脚的倒匍石狮，造型逼真，威猛传神。梁坊、匾额、石柱、斗拱都装饰有对称的雕刻图案，且多有寓意：如檐下斗拱两侧，饰有32面圆形花盆，以象征花团锦簇，后竟应验了胡文光为官32年。另在雕花漏窗上，有牡丹凤凰、"八仙"和文臣武将，以及游龙戏珠、舞狮耍球、麒麟嬉逐、麋鹿奔跑、孔雀开屏、仙鹤傲立等石雕，刀技细腻生动，无不活灵活现。石坊前后都有题签镌刻：二楼额坊上刻有"登嘉靖乙卯科奉直大夫胡文光"字样，三楼匾额东、西面各刻"荆藩首相"和"胶州刺史"楷书大字。

祠堂宅第石雕精品颇多。歙县北岸吴氏宗祠天井下石栏板雕有"西湖风景图"和"百鹿图"。六方清代西湖"平湖秋月"等景，刻画精细逼真；七块并连的大理石上雕刻着山林溪涧之间姿态各异的百只野鹿，生机盎然，妙趣横生，显示出徽州匠师敏锐无比的观察力和想象力。黟县西递村堪称石雕艺术博物馆，大型花窗和小型窗户，多用整块"黟县青"石料透雕成各种几何图形或寓意图案，空间层次感极强，像一幅立体的图画。如西递村"西

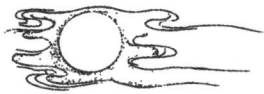

园"的石雕漏窗《松石》和《竹梅》：前者奇松侧立山石，遒劲奇险；后者竹影伴着古梅，古拙刚毅。徽州很多漏窗石雕，特点在于它"漏"，这有点像山水画中的"空白"，是突破有限空间而达到无限意境的手段，显得沉雄壮观、气势宏大，使内外景色融为一体。

徽州古代工匠帮内以砖木石三匠专管营造施工，均重视就地取材、因材施艺，对取材用料的理解尤为深刻。门罩、门坊、照壁，既要耐风雨侵蚀，又要装饰得清丽高雅，则以砖雕为宜。台基、栏板、望柱、柱础，都处于建筑底部，在材质上要求坚实稳定防潮，故取石料，施以石雕。建筑内部以木材为主，重点部位以木雕装饰，大多不施色彩。厅堂的外檐柱，可由石、木选用，因材取形：石柱取方，木柱取圆。

徽州明清时代的木、砖、石雕中的杰作还有很多，如黟县宏村汪定贵的承志堂木雕，休宁县五城古林贞节坊石雕，众多祠堂、民宅门楼上的砖雕等等，工艺精湛，堪为艺术瑰宝，令人叹为观止。

四、徽派建筑的风格与审美

徽派古建筑作为中国传统建筑艺术中的一朵奇葩，以山地环境为天然依托，以其中占主体的徽商社会文化作人文底蕴，呈现出其独特的建筑风格。风格一词，在建筑学中概指建筑内在特征的外部显观，是"建筑物或建筑设计的一种格调，以某种可以认识的方法与别的格调相区别"。[①] 有的专家认为"徽派建筑风格大体可概括为：古拙、敦厚、凝重、规矩、清逸、精致"。[②] 徽州山川秀丽，无需多修饰，村居园林化建筑敦厚质朴。土地资源短缺，便普建楼居，紧凑精致。徽州"东南邹鲁"、"程朱阙里"的文化氛围，使徽人恪守礼仪，好古守矩。明清徽商鼎盛，贾而好儒，欣赏雅文化简单自然之美，清逸古雅。商人普遍有精打细算的积习，喜好精致小巧的审美趣味。徽州匠师的制作工艺冠于全国，则更是对徽州建筑精致的支撑。徽派建筑风格所涵盖的各个方面及其成因，由表及里都可归结为对"徽风古韵"建筑风骨的理解及其外在表观。

---

① 托·哈姆林著，邹德侬译：《建筑形式美的原则》，中国建筑工业出版社1982年版，第196页

② 朱永春：《徽州建筑》，安徽人民出版社2005年版，第192页、295页

呈坎宝纶阁

徽派建筑风格，从局部到整体是一致的。小到民居庭院盆景的装饰，中为宅第厅堂的布局，大至祭祖的宗祠构建，其风格都是一脉相承的。如从祠堂的规模、形制和建筑工艺方面来看，徽州区呈坎的"贞靖罗东舒先生祠"是典型的徽派建筑风格的代表之一。东舒祠始建于嘉靖年间，至万历年间续建成，在后寝屋顶上立柱加盖一层阁楼，用以藏置历代恩纶（圣旨、诰命等），故名"宝纶阁"。祠堂共四进四院，沿中轴线依次对称，头门为棂星门，五间六石柱牌坊式木制黑栅栏，天井左右碑亭；二道门为仪门，侧有两庑。中门接甬道上露台，台前、左、右三方均由有两组三十八块雕有夔龙戏灵芝和奇花异草的青石栏板固定。大堂五开间，六柱并列，正间屏门上枋悬"彝伦攸叙"金字匾额，为董其昌题书。寝殿崇阁两层，十二柱并列，九楹外加两个楼梯间共十一开间。台阶、扶栏的望柱上均饰以浮雕石狮。后寝走廊前立十根方石柱于台阶之上，柱基为十六角形。七十二根大柱架起纵横交错的月梁、雀替，阁前高悬明代孝子吴士鸿手书"宝纶阁"巨幅匾额。这是一座极不寻常的祠堂，给人的第一印象是宏阔壮观，其面阔九开间（为避免超过封建社会营造等级的禁限，开间被分为三组三开间），与故宫太和殿相比，仅少两个开间。其高台基、三道饰以浮雕的台阶勾栏，错综复杂的木构，在祠堂中实属罕见。宝纶阁的装修，雕刻精美，彩绘炉火纯青，集明代

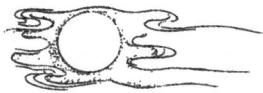

阁堂装饰艺术之大成，融古、雅、大、美于一体，夺中国祠堂之冠。①

　　见证徽派建筑风格的另一实例是绩溪龙川胡氏宗祠，位于瀛洲乡大坑口村南。该村古称龙川。东晋散骑常侍胡炎镇守歙州，后因联姻华阳汪氏，举家再迁于此。胡氏宗祠始建于宋，明嘉靖年间兵部尚书胡宗宪主持大修，清光绪中再次修葺，该祠三进七开间，由前至后依次升高。由照壁、广场、门楼、庭院、廊庑、祭堂、寝殿、特祭祠组成，建筑地面面积 1500 平方米。门楼为重檐歇山顶，戗角八只。仪门上彩绘以门神，石鼓相依、石狮对峙。门楼前后向，有十根方石柱、五根月梁和四块额枋。东西廊庑各有十二根方石柱，架二十四根月梁。越天井登台阶进祭堂，有四十八根立柱和五十四根梁枋，其屋架由十四根银杏圆柱和大小十二根冬瓜梁架构而成，圆柱由莲花枣木柱櫍和八边形石礩承顶。东西则各有十二扇高近四米的落地槅扇门，裙板上雕刻的"荷花图"，有含苞欲放的蓓蕾、高贵的出水芙蓉，也有以枯衬荣的折枝残荷，千姿百态，展示出一片枯荣交替、生生不息的自然态势，表明徽州工匠不凡的审美情趣。后进享堂上下两层，东西两廊，现存高近三米的落地槅扇二十四扇。祭龛前首槅扇上的"百鹿图"，塑造了一群姿态不同的鹿，洋溢着勃勃生机。胡氏宗祠整体建筑集徽派木、竹、砖、石"四雕"及彩绘之大成，尤以木雕之多、精、美著称，内容取材有古禽祥兽、花草竹木、山水云霞、天体水族、楼台亭榭、戏文故事、人物博古、风情习俗等，雕技有浅浮、深浮、镂空，浮镂相配，线浮并用。表现方法，或简练粗放、典雅拙朴，或精湛细腻、玲珑剔透，具有很高的欣赏价值，专家誉之为"木雕艺术博物馆"，可与北京故宫木雕相媲美，精妙之处故宫犹有不及。因此，龙川胡氏宗祠有中国"古祠一绝"、"江南第一祠"之美称。

　　徽派建筑的风格甚至在祠堂也有组群的体现，黟县西武乡的南屏村共有30 多座祠堂，形成一个风格古雅的祠堂群，村前横行街 200 米长就有 8 座祠堂。南屏村是聚集着叶、李、程三大姓氏，多族共居的小山村，同一姓氏的直系亲属围绕着"家祠"建筑住宅，而"家祠"建造在"支祠"周围，"支祠"又簇拥着"宗祠"。宗祠显得恢宏阔大，如叶氏宗祠"叙秩堂"有多种装饰性斗拱，木雕精美，而家祠则小巧玲珑，多由祖遗宅第改修成，装饰雅致。南屏村口，古树苍郁；村内众多大小祠堂和民居，形成高墙深巷，72 条巷道纵横交错、曲折幽深，形似迷宫。

---

① 　朱永春：《徽州建筑》，第 192 页、295 页

　　徽派建筑的审美，从建筑体自身形态（布局、造型、结构和装饰）方面看，再对照居住者心态（理想、意念和境界）方面看，两者达到适当的整合而构成一种有机的整体美。首先，徽派民居单体建筑那种"门罩山墙地铺砖，两进三间天井院，双层砖木结构楼，楼上阁厅飞来椅"，即以"四水归堂"的天井为中心，"五岳朝天"式的马头墙，"步步高升"组合的多进堂院，以及"五凤楼"式的高大门楼等宅第模式，最能体现徽州传统古朴自然的造型美。徽派建筑不论是民居还是祠堂，外观上看都是"白墙黑瓦马头墙，梁架结构高楼房；砖雕门罩石雕（漏）窗，木雕楹联显文华。"徽派建筑群体组成的村落，则是"祠堂民宅石牌坊，村头水口园林化，长街短巷巧分布，天人合一呈吉祥"，既有人文历史的民俗气息，又有保护生态与自然和谐相处的前卫意识，至少可以使"人在画中居"的村民感受到一种平和、恬淡、纯朴的情调，给外来观光者呈现一幅幅谐调互补、富有灵气的林园景色：山因水青，水因山活，树因水绿，草色如茵，让人们从审美的愉悦中得到心理上的满足，抚慰和净化人的心灵，达到天人合一、物我两亲的境界。这就和道家返璞归真的理想、佛家的"禅境"合流了，这也是徽派建筑所追求的诗情和画意的出发点。

　　其次，从徽派建筑这部用砖、木、石等写成的立体史书中，可以阅读到古代徽州文明的律动，尽管徽州村落建筑几乎多是在无严格规划情况下自然而然地造成的，其制作者也只不过是一些不登大雅之堂的砖木石匠，但这些乡土赤脚建筑师完成的却是一些堪与京城宫殿官邸相媲美的作品，所体现的乃是徽州人文、科技、工艺综合创建的光辉业绩。徽派建筑集徽州大地山川的灵气，融古徽社会风俗的精华，凭"徽派三雕"工艺的精湛，在村落的总体布局上，依山就势，就水取形，构思得体，巧夺天工；在表现程式上，规整灵活，奇巧多变；在空间结构和利用上，造型丰满，讲究韵律美，尤以白墙、青瓦、马头墙最引人注目。正如有专家所总结的，徽派民居建筑的特色是：朴素淡雅的建筑色调，别具一格的山墙造型，紧凑通融的天井庭院，奇巧多变的梁架结构，精致优美的雕刻装饰，古朴雅致的室内陈设。徽派建筑取材单纯为砖、木、石，一般都是白墙、青瓦、黑墙边，处处显现出淡雅质朴的自然美。这种黑白相间的色调，令人联想到太极图的阴阳鱼，一黑一白单纯得一目了然，却似乎又神秘莫测，表现出"道法自然"的美学法则。徽派建筑的单体一般都是以天井为中心组成的矩形平面，但这种平面在群体组合上有着极大的灵活性，可随着境异而有多种群体平面空间；在立体方面也

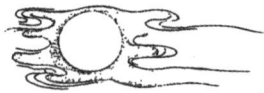

有很大的灵活性，楼层、房数和进深也多有变化，形成不同高度的山墙面；加上房屋随地形的高低而起伏，就形成了马头墙造型，给人以丰富多彩、错落有致的群体空间韵律感的印象。徽派民居四周高围外观封闭的"官印墙"上小窗眼，靠内部设置的天井庭院，以实现通风、采光和承泄屋面雨水等功能外，也是家人共享阳光、仰观星月、临风纳凉的地方，虽是足不出户，却已与自然融为一体，充分显示出徽派建筑中审美主体的人与审美客体的建筑物相互间那种亲和力。房屋以木构架为主体，内部分隔也多是板壁、屏门、槅扇；墙不承重，柱抗大梁，徽俗所说"墙倒屋不塌"或"屋塌墙不倒"是也。一明堂二暗房三开间式为基本单元的民宅一般有八根、十六根、二十四根立柱等不同作式，相邻四根柱子之中围接的空处称为间。另外，不论硬山、悬山的屋顶，从山墙看去，前后两面坡上的瓦椽靠五根桁条木承托着，这样上驮负着五根桁条的梁就叫做五架梁，也称五步梁。明洪武二十六年定制，庶民庐舍不过三（开）间、五架（梁），即此定式。但在徽州却以此定式，灵活地组合连接而成多进堂屋，由于多单元纵横向延伸，加上垂直叠加成阁楼，使得木构梁架奇巧多变，其上的蜀柱、叉手、雀替、托脚、驼峰、斗拱等等构件，相互勾连迂回、巧妙结合使得梁架结构的技术工艺和装饰艺术相互渗透，达到了珠联璧合的妙境，这正是徽州匠民们高格调的文化基质和审美品位的具体反映。徽派建筑群体的外观朴素简洁，通过对建筑部位、构件施以精致优美的雕刻装饰，创造一种远观亲切质朴，近看清丽文雅的艺术格调。置身于徽州一些大姓古村落中，举目四望任何一个角度的景观都给人留下美不胜收的印象，犹如进入了建筑雕刻的艺术长廊。徽州民居十分讲究其室内陈设，突出部位在厅堂，这是生活起居、聚亲待客之处，也是注重文采、着意陈设之所。正壁上常高悬匾额，下挂祖容绣像或中堂字画；贴壁摆一狭长条桌，桌子正中平日摆自鸣钟，年节时则设神案，桌两边置花瓶、屏镜。条桌前摆有八仙桌和太师椅，堂两侧设茶几、坐椅，侧壁上挂名人字画，柱上贴制楹联，如写有"读书好营商好效好便好，创业难守成难知难不难"、"善为至宝一生用，心作良田百世耕"、"寿本乎仁乐生于智，勤能补拙俭可养廉"、"世事让三分天宽地阔，心田存一点子种孙耕"等等。从这些楹联可以体味到徽州民居那种恬淡、幽静的气氛。这种室内陈设所形成的氛围给人的总体印象就是古朴雅致。

最后，徽派建筑的审美特色除了表现在门楼门罩、马头墙等鲜明的形态以外，更应着重省悟徽派建筑所体现的徽州宗法伦理结构之物化以及徽州商业社会民俗之物化了的客体，特别是徽建三绝中的祠堂、牌坊和宅第，作为封建制度下产生的一系列建筑空间，既是体现宗法伦理秩序的表征，集神权、君权、族权、父权、夫权于一体，又是一件件体现宗法统治森严的精神产品。祠堂、社屋、庭院、园林等所围合的内部空间，是一种沿主轴纵深展开的序列，体现长幼有秩、男女有别、上下有序的等级制度：厅堂分上、中、下堂，房分正（明）、偏（暗）、廊（厢）房。这种主次分明的建筑格局，系沿袭古老的"朝暮之制"，即朝是左，在东侧属上；暮是右，在西侧属下。上厅明间为祖堂，俗称堂前，属至尊至上，完全是用基于宗法血缘的夫权、父权、族权来铺垫君权、神权，使封建专制观念渗透到各家各户而获得其广泛统治的基础。再如祠堂是反映人与宗族之间相互关系的一种物态，人们企望凭此求得天、地、人之间的和谐，达到趋吉避凶与后代昌盛、永享福寿的目的。祠堂既是阖族供奉祭祀祖先的场所，又是藉祖先荫德联络全族感情、统一全族思想、发达全族伟业之所在。徽商特别深刻认识和看重的正是这些，所以修建祠堂不惜重金甚至全力以赴地捐助而不顾自身承受能力，其最终目的都是为了振兴宗族。这当然主要因受了程朱理学的教化。儒学作为入世之学，将普通饮居生活升华到伦理的意境，成为徽派建筑审美理想的核心，同时在其形成过程中既吸收了道家主张平淡自然、质朴含蓄的审美理想，又吸收了佛教体认到自己心灵的深处而发挥到哲学与艺术的"禅境"这一主体意识的精神资源。总起来说，徽派建筑中审美理想是儒道佛学审美思想的综合。在徽州建筑中伦理意境的基本精神，就是将建筑的形态、规格、布局纳入男女长幼尊卑的伦理道德规范秩序之中。

另外，伦理意境其实和宗教信仰对于风水意愿来说都有着紧密的联系：伦理意境是风水意愿的道德基础，宗教信仰则是风水意境的精神依托。风水意愿在建筑上体现为"蕴藏生气"的空间布局，伦理意境在建筑上体现为秩序排列，宗教信仰在建筑上又体现为心灵的寄所。尽管这三者的观念内容不同，但在建筑上表现为正负对称、有向有背、层层相抱的形式需求：风水的藏住生气为屋宇定点选址，伦理的秩序为屋宇定位取向，宗教的信仰为屋宇设置趋吉避凶的层层护体符镇，如照壁上的麒麟、门旁的石鼓或石狮、仪门上的门神、梁枋上雕饰的龙凤以及厅堂内槁扇上的花鸟虫鱼走兽浮雕等等。由此，风水、伦理、宗教即地缘、血缘、心缘三者构成一种结合力：世世代代的人们都生活在自然环境基础上构成的、人工造筑的居住实体之中。

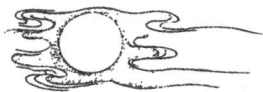

歙县江村"七间楼"

徽派建筑的审美也有反映徽州商业社会民俗的另一个侧面，普通百姓人家的居住空间，毕竟是由农耕社会封建统治所致，芸芸众生所住的民宅都是高围墙楼房、小天井、小房间、小窗眼，以及木雕窗格，涂清漆、勾圆边，整个建筑显得很拘谨、局促，这在客观上是因徽州丘陵地带山高水激、地少形狭、人口又多的压力，只得因地制宜，采用楼居，也使宅第倾向小型化。在主观上则因徽商讲求实惠，精于算计，由于土地珍贵，以及不露富的心理，只能于极小的有限空间内，在构筑上要求小中见大、以一当十，即从广度、体积上施展其功能，以质优发挥其效应，通过修饰技巧，游刃有余地安排生活起居，创造一种以小示大的意境，从有限看到无限。再说，徽州人在弦涌不绝的文化氛围中成长，不论行贾、入仕、务农还是做手艺，总是牢记圣贤遗训，勤俭节约，吃苦耐劳，甘做"徽骆驼"，能向外开拓而不固守家园。讲究"达则兼济天下，穷则独善其身"，在向外开拓时，从不忘怀家乡；当不再能向外开拓时，就叶落归根，隐居乡里。徽派民居建筑所在的村落，青山隐隐，绿水悠悠，街巷纵横，庭院深深，乡民过着熙熙攘攘其乐融融的日子。正如南唐诗人许坚《入黟吟》所写的："黟县小桃源，烟霞百里宽；地多灵草木，人尚古衣冠。"这与茫茫人海中那些争名于朝，争利于市的人们不是有着天壤之别吗？

徽派建筑，从粉墙鸳瓦的外观、黑白相间的色调，到讲究风水的选址、依山傍水的格局、形似马头的山墙、官印式样的围墙、五凤楼式的门罩、奇巧多变的梁架、采光通风的天井，精美三雕的装饰、小巧玲珑的庭院、室内雅致的陈设，一直到房前屋后的园林、远处起伏的山峦、溪清湖碧的水系、蓝天白云下的田野和村庄、大片民居层楼叠院、街巷纵横交叉，环境幽美，交通便利，利于生产生活；天人合一，物我两亲，人与自然关系得到理想处置，充分表现天籁、人籁合奏着和谐生动的韵律，徽风古韵，给人一种飘然复悠然的乡情热土之美感。

徽派建筑之美，美就美在山水的自然美、建筑的造型美及两者的巧妙结合，融为一个有机的整体，正如计成《园冶》中所谓"虽由人作，宛自天开"。徽州民居、祠堂、牌坊、书院等建筑的分布，依山者靠山采形，傍水者就水取势，顺应自然，师法自然，即因地制宜，重视工巧，以便充分发现和拓展造化的天性，并且使建筑造型的艺术美与天地造化美相映生辉，以增添整个村落建筑群体的生动灵气和韵味。"徽州古建三绝"之美称自此油然而生。徽派建筑是徽州百姓生活的载体和包装，人居环境所折射出的人情美是活生生的人文关怀，处处洋溢着乡村的生活气息，就成了以人为本的理想居住场所。

徽派建筑之美，还美就美在建筑的工艺美、结构的装饰美及二者的交相辉映，衬托出普通砖木石匠和乡土赤脚建筑师在劳动创作时的美好心愿，始终贯注着巨大的热情，常把他们自己审美的观念和尺度，用现实或象征的手法反映出来，以追求古雅、简洁、富丽和吉祥。徽派民居，白墙青瓦，檐牙高琢，宅墙井立，小巷幽深，犹如中国山水画面一样，青山蜿蜒，群峦叠翠，绿水环流，色碧清雅，无处不显示出与自然和谐地有机联系及其秩序感。远看民宅外观是大面积空白一片粉墙上嵌着几个高低有次的小小洞窗，以达到整体与局部、面与点的对比艺术效果；近看主体建筑的细部，有着绮丽多姿、精美绝伦的装饰艺术雕刻佳作。平整一片白的高墙远景，嵌着砖雕一色青的门楼近景，形成强烈的疏与密的对比，给人以艺术的享受。宅内的天井两廊采用镂空雕的花窗、槅扇，极力创造出虚与实的对比，以形成虚实相生的艺术效果。并用"借景"手法，将窗内、外之景对比映衬，相得益彰。厅堂与厢房之间明与暗的对比，以适应心理不同需求：明堂为供奉、待客之所，厢房则"暗室聚财"。还有，砖石材料显示刚的感觉，竹木材料有

柔的感觉；木柱下有石础，础之上垫木櫍，这都表示刚中有柔，刚柔相济。总起来说，徽派民居建筑运用的美饰手段，诸如远近、大小、点面、虚实、疏密、内外、黑白、明暗、简繁、刚柔等等的对比，不但表明其制作工艺的高超和美妙，而且在构造配置上充分体现出对立统一的空间美，早将古代朴素的辩证思想贯入这当中了。

徽派建筑之美，更美就美在建筑艺术体现出中国传统美学思想，兼有实用功能与审美文化相结合的特点。因而它有着丰富的历史内涵，经受了千百年来徽州文化的陶冶，通过选址、择向、空间组合、体型、体量、质感、比例、尺度、色彩、装饰、陈设等建筑语言，构成特定的地理环境和历史背景下发展起来的社会经济、组织结构、时尚风俗和建筑文化风貌。徽州古村落通过选址、布局和设计的样式与色彩所形成的景观，既是大自然以山水错综变化为基质的基本构成，山重水复、林木交盘、溪石映带、云霭掩秀，也是徽州人因行贾、

歙县长庆塔

入仕宦游的阅历而提高了对自然美与建筑美组合空间的审美要求，于是衣锦还乡，大兴土木、置宅院、园林，建祠堂、社宇，架桥修路，以构成景观层次丰富的游赏空间。徽州村落建设基于卜地测居的风水观念，十分重视村头组景，随山就水，配置桥、亭、塔、阁、坊、碑，形成水口园林景观。水口是指一个村庄水的流出之处，按风水观念来讲，水本主财；水口不仅具有水流出入的功用，更具有聚财的意象，是村民命运、前程的象征。因此，徽人讲究水口的设施，体现为防卫型、生产型、交通型、游赏型等多种模式，表明徽州村落水口的园林化建筑是在特定的地理和历史条件下发展起来的。水口园林开创了民办公共性质的园林之先河，是徽派园林建筑中颇值得重视的一种，它不但美化了徽州的人居环境，也表达了人们寄托吉祥如意的风水意

愿，更多的是明清社会经济、文化、时俗所打下的烙印。水口园林作为全村的风水脉络，不仅是村落最大容量的边界，而且集交通、导向、防卫、观赏和象征等功能于一身，是评价村落环境的一项重要指标，培养着村民恬淡幽雅的审美情趣和良性反馈的生态意识。这些给人的总体印象是属于中国传统文化中天人关系的范畴。人与天地无时无刻不在息息相通：人在此确实成了自然之子，而自然在此也确实成了人的无体无肤之母，由天人感应进而达到天人合一。可见，徽派建筑的民居村落景观，包括村中公众设施如祠堂、社宇乃至坟山都作为宗族的风水宝地，以及每家每户的房前屋后两旁的庭院园林，一草一木都几乎被看成关系到人们祸福的圣物，受着不容冒犯的爱戴保护，这种天地造化和人工造设巧妙结合的建筑布局、水口园林，使得整个村舍充满流动感和生命感，更能体现出天人合一的美学境界，确实有助于实现人们一直追求的自我和谐、人际和谐、人与自然和谐的理想。

概而言之，徽派建筑民居、村落和园林，作为一种历史的遗存，是研究人文、科技、工艺的活化石，也是一部建筑文化的立体教科书。因为建筑是多元要素的有机组合与叠加，包括实物、科学、技能、艺术和文化，其中有着丰厚的科技观念和人文意蕴，营造出诸如良好生态、优美形态、平衡心态三合一的氛围。徽派建筑反映出人们追求的一系列理想，即建筑艺术也十分重视写意手法，即是创造出一种含蓄美的有效方式，乃指不过分拘泥于对实物形象的摹写，而是赋予有限形象更深广寓意的宗旨，有着以下四个方面的精神追求：建筑实体与建筑文化的统一，建筑科技与建筑工艺的结合，人工构建与自然生态的和谐，科学精神与人文精神的交融。纵观古徽州建筑和环境中的诸多景物异状，都会令人见景生情，情系物而发于心，使得建筑物突破了物质技术乃至功能的范畴，进入人情和心理的境界，山川本是自然之物，但其一旦与人交流情感时，便成了有情有义的"龙"和"脉"了，风水术中的龙山和水脉，能呈吉祥或凶兆。建筑园林和村落住宅也一样，一旦与人交流着情感，便会触发人们"六感"交集，即聚合感、归宿感、安全感、亲切感、秩序感、领域感，继而在脑海里萌生出徽州古建三绝中雕刻工艺无所不包的内在含蓄美"三性"俱全，即丰富性、灵动性、韵律性。这就充分体现了当时那个年代人们的社会习俗心理和精神风貌，很值得探究和发掘，可以说别有一番开发的价值。

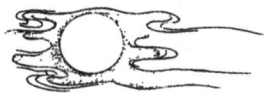

【思考题】

1. 试从徽派建筑的徽州符号诸如粉墙黛瓦、马头墙、天井庭院、砖雕门罩、铜制门环、木雕窗花、石雕漏窗等作为古徽州建筑文化历史象征的角度出发，考察一户明清遗存的民宅，自外观到内部构造各有哪些特点？值得赞赏和借鉴的是什么？

2. 黟县西递、宏村古民居建筑群作为一种艺术应当属于哪一种流派？又何以能够获得联合国世界文化遗产的桂冠？

3. 当今黄山市在实施某些建筑体"改徽"方案时的设计理念来自哪里？在具体操作过程中切忌形式化地模仿与徽派建筑符号的滥用时，要怎样注意体现这一理念的创新性？

第十二讲 "中国历史文化的第五大发现"

——徽州文书

徽州文书是历史上保存下来的各类记载徽州人社会活动实态的原始资料。自上世纪 50 年代以来数十万件徽州契约文书的大量面世，对推动徽州文化的研究、徽州学新学科的发展都有很大的影响，也给宋以后中国古代史特别是明清史的研究带来了革命性的变化。徽州契约文书数量大，种类多，涉及社会生活面广，跨越历史时代长，学术研究价值高，备受世人关注，被称之为是继汉晋简帛、有字甲骨、敦煌文献、明清大内档案之后，中华历史文化的第五大重要发现。几十万件自宋以来的徽州社会民间生活实态的文书记录，是中国封建社会的生动见证，是一份宝贵的记忆遗产。徽州文书的发现和研究，使我们综合研究封建社会生活实态成为可能。徽州文书发掘整理研究是徽州文化研究中一个基础性工作的重要部分。

一、徽州文书的留存和发现

徽州为什么会有大量契约文书的产生和留存？徽州自古以来崇文重教，百姓文化素养相对较高；在大量的日常社会活动、土地买卖租佃、商贸交易、人际交往过程中，"恐口无凭，立字为据"的观念在徽州民间成为共识；徽州盛行佃制，土地的租佃、买卖、典当活动频繁；徽商经营四方，商业贸易活动广泛；徽州宗族社会组织严密，形式完备，活动正规，在乡村宗族社会的运行中，也都有大量的徽州契约文书产生。自古徽州人对"文"的敬畏，"敬惜字纸"的遗风，加上许多契约文书本身就是财富的具有法律效力的凭证，所以许多徽州文书虽然经历了无数自然和人为的劫难，却仍被徽州先人艰难地保存了下来。徽州丛山环峙，相对封闭，历史上较少战乱侵扰，"世外桃源"式的地理自然环境也有利于徽州文书的保存。直到上世纪中叶，

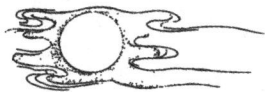

被大量地留存在徽州城乡民间古老的木匣里、夹墙中、祠堂的祖容箱里、农家的杂物阁楼上的徽州文书，才开始成批面世。

民国时期，杭州、上海的书商和文人常来"文献之邦"徽州收购古籍。抗战期间，屯溪一度成为"小上海"，古书市场热闹非凡，其时即有不少徽州文书流入市场。1949 年以后，在焚毁和清除"封建糟粕"的浪潮中，屯溪和歙县私营土特产信托公司，大量收购徽州文书和古籍化纸浆造纸，作制爆竹用纸。1956 年 9 月，屯溪市文化馆从屯溪爆竹合作社废纸堆中，一次就翻拣出比较珍贵的古籍 800 多斤。当时上海古籍书店的古籍版本专家从屯溪收购到珍贵古籍，引起了李一氓、郑振铎等专家的关注，当即书请安徽省委书记曾希圣"保护和抢救徽州古籍"。于是，徽州地区屯溪古籍书店成立，开始抢救收购徽州古籍。屯溪古籍书店负责人余光庭，在祁门供销社废品收购库房挑选古籍时，竟发现堆积如山的"废纸堆"几乎全是各个朝代遗存下来的各种契约、鱼鳞册之类，其中有的还是宋代之物，有画押和手印。他觉得这些东西毁了可惜，便以 8 分钱一斤收购了整整 30 麻袋。这些徽州文书被略作分类后，书店油印了《屯溪古籍书店契约目录》，分别寄往北京、上海、全国各地。1957 年 10 月 17 日《人民日报》刊发了《徽州发现宋元时代的契约》消息，1958 年《文物参考资料》第 4 期又发表了《歙县发现明代鱼鳞图册》、《徽州地区收集到万余件珍贵资料》等文章。徽州文书面世的广泛宣传，立即引起了中国社科院历史一所、二所、经济所和北京师范大学、南开大学、天津市博物馆、南京博物馆、上海图书馆、中山大学、北京图书馆、南京大学、北京大学、安徽省图书馆、安徽省博物馆、安徽师范大学以及新疆、兰州、西安、成都、重庆一些大学的注意，他们纷纷通过屯溪古籍书店和上海古籍书店、北京中国书店等渠道，陆续收集到许多珍贵的徽州契约文书，据统计，这些收藏共有 10 万多份。

徽州文书首次大量面世，一进入史学家们的视野，他们就敏锐地看到了徽州文书发现的历史价值，认为这是我国继汉晋简帛发掘、殷墟甲骨出土、敦煌藏经洞发现、明清大内档案启封之后，"中国文化的第五大重要发现"。

此后，徽州地区博物馆在地区文物商店移交契约文书 28013 份的基础上，经过多年收集，收藏了徽州文书 3 万多份。上世纪 80 年代以来，徽州文书的面世出现了第二次高潮，一些徽州学专家竭力抢救性收集徽州文书。黄山学院组织专业队伍、投入巨资，从徽州民间广泛收集徽州文书，至今已收集徽州各类契约文书 8 万份，徽州家谱族谱近 300 部，不仅以馆藏数量成为目前国内单个馆藏徽州文书之首，而且在扩展和丰富徽州文书内容上有新的开拓。中国社会科学院历史所在上个世纪五六十年代收藏的徽州文书，基本上是祁门等县明中后期、清代的农村土地房屋财产买卖类文书。黄山市博物馆上个世纪五六十年代收藏的主要是明清时期有文物价值的红契。黄山学院根据徽州学研究发展最新态势，在收集徽州文书时，既重视徽州文书的文物价值，更重视徽州文书的文化史料价值，发现许多当时还未引起文物市场关注的民间白契，反映的社会生活面广，内容丰富，更有徽州文化研究价值。经过多年积累，黄山学院徽州文书收集形成了自己的特点：既有一大批兼具珍贵文物价值、史料价值的极品、孤品徽州文书，又有为数众多、内容并不单一的徽州文化民间原始文书；不仅徽州土地买卖典当文书、房屋交易文书、教育文书、宗族活动文书、会社文书、民俗文书、诉讼文书、税赋文书、商业文书、官府文书等等门类进一步齐备，而且内容大大超出了单纯的经济活动，基本涵盖了徽州文化所涉及的主要领域，成为徽州文化学术研究比较厚实的资料库。黄山学院收集的徽州文书，最早的是北宋政和八年的石质冥契，距今800多年，最迟的是1987年的徽州民间契约。徽州文书时间跨宋、元、明、清、民国及解放后共900多年，范围不仅已广泛覆盖徽州歙、休、黟、祁、婺、绩6县，而且还有部分徽商经商所在地域，亦有少量徽州邻县的可用作比照的文书。黄山学院徽州文书收藏，除一部分明代早中晚期契约之外，以清代徽州文书数量最多，而大量民国期间的徽州文书，不仅在数量上有较大优势，而且由于这些文书涉面极广，连续性强，归户性特色突出，为中华民国时段徽州民间社会生活实态的研究提供了丰富的第一手资料。目前学术界民国社会史研究是一大热门，民国徽州文书的大量收集和面世，对这一学术研究意义重大。

据估计，目前徽州文书散落在私人收藏家之手的还有约7万份，尚深藏文书户主家中的还有8万—13万份，如果加上不断流入国际市场的徽州文书，估计徽州文书存世总量50万份左右。

二、徽州文书的内容与特点

徽州契约文书，相对于诸多地域历史文献而言，比较突出的是它存世数量巨大，种类繁多，涉及社会生活面极广，跨越的历史年代长久。

古徽州一府六县，自宋至民国千年以来，一府之地竟有近50万份的徽

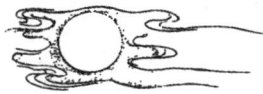

州契约文书留存，实属罕见。在世界上号称显学的敦煌学，辉煌 100 多年，它能跻身世界学术殿堂，主要是靠敦煌石窟藏经洞中敦煌文献的发现以及敦煌壁画、雕塑艺术，而敦煌文书可资社会科学研究的总共不到 5 万件，而且大部分已流失散佚在世界各地，留存国内的不到 8000 份。与敦煌文书数量相比，可以想见大量徽州契约文书留存，对于徽州学学科研究有多么大的资料基础意义。

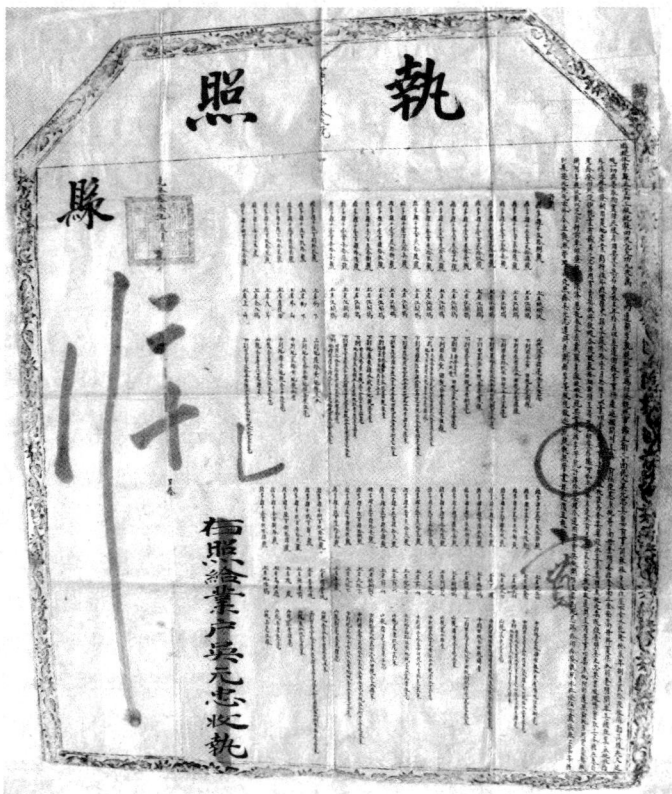

黄山学院徽州文化资料中心所藏文书

徽州契约文书种类繁多，由于收藏、整理和研究者各自有不同的分类方法，名称各异。仅从内容上分类，就有土地与财产关系文书、赋役文书、商业文书、宗族文书、官府文书、教育与科举文书、会社文书、社会关系文书和其他文书等等。黄山学院收集的徽州文书从单位个体而言数量最多，种类更加丰富，有不少内容是新增类目。中国社会科学院《徽州文书类目》将自身收藏的14000多份徽州文书分为3种、9类、117目、128子目。

徽州文书反映的"徽州记忆"，从徽州的重大历史事件到徽州宗族社会的实际运行，从徽商的广泛商贸活动到徽州百姓的日常人际交往，内容几乎涵盖了徽州社会政治、经济、文化等等所有方面，是徽州宋以来特别是明清社会民间百姓生活实态的全景式原始记录和还原。大量的、连续性的、内容具体生动的徽州土地与财产关系文书、税赋文书、诉讼文书、宗族文书、教育文书、会社文书、民俗文书、社会关系文书、商业文书等等，是人们零距离接触千年徽州社会特别是明清徽州社会的重要文献。由于徽州特殊的地理自然环境、特别的社会历史变迁情况，尤其是"东南邹鲁"、"程朱阙里"的文化氛围，徽商文化的影响，徽州文化很早就十分引人注目，上个世纪三四十年代以来，中外史学界许多学者倾心于徽州社会、文化现象研究，终于蔚成徽州学研究的学术潮流。人们利用徽州社会的古村落、古建筑、古文献等等丰富的物态现存，努力通过对徽州文化的探析，了解中国明清封建社会的民间生活实态，发现了一个异彩纷呈、令人振奋的新天地。而在这一探析中，最多、最重要的物态现存就是大量面世的徽州契约文书。美国学者约瑟夫·麦克德谟特教授指出："徽州文书是研究中国封建社会后期社会史和经济史的不可或缺的关键资料。"[1] 日本徽州学家臼井佐知子认为："徽州研究的大特征可以说还是其丰富的资料。包括徽州文书在内的庞大的资料的存在，使得对以往分别研究的各种课题做综合性研究成为可能。"栾成显教授指出：徽州契约文书等徽州历史文献的开发利用，使徽州学研究"大大突破传统国学以文献证文献的局限，走典籍文献与文书档案互证这一合乎20世纪学术发展潮流的先进道路，这将开辟中国史特别是明清史研究的新局面"。

徽州契约文书具有不间断连续性、归户性的特点。歙县宋村文肃祖祠保留下来的133份宗祠活动的契约文书，为我们全面了解当时徽州宗族祭祖活动、经济活动、族众关系、族际关系提供了详细的个案原始资料；歙县南乡佛堂下关于张长达户的170多份契约文书，则为人们考察徽州农村地主和基层政权形态提供了极为典型的原生态史料；一位婺源典商，给我们留下了清同治元年到十二年逐年编号的84本账册，让我们比较具体地看到了当年这位徽商在同治年间的实际经营状况，丰富了我们对徽商经营状况实态的感性认识；黟县徽商江赞卿祖孙三代商海驰骋留存的78份书信，真实而具体地

---

① 《徽州原始资料——研究中华帝国后期社会与经济的关键》，《徽学通讯》，1999年

记录了黟县五都江村文士江赞卿和其子江光藻等 3 人在金华、淳安、杭州、芜湖、汉口等地开典铺、开茶庄等等情况。这些来往信件，较多地谈到了买书、搜寻名家碑帖等文化爱好之事，也谈到了往法德洋行当买办的一些情况，甚至有典铺失窃后，以杀鸡发咒方式查找盗贼的具体记录，以及嘱买彩票、寄送黟县家乡土产等记载。特别珍贵的是，其中还有江赞卿"姻亲"徽派篆刻名家黄士陵告知往来杭州、芜湖行踪的亲笔书信。这批徽州文书，比较典型地记录了一个贾而好儒的徽商之家清末商业活动和家庭生活的原生态，成为人们综合探究徽商本真的一个突出个案。在整理内容几乎无所不包的徽州契约文书过程中，我们经常为其所反映的社会生活历史实态所振奋。有一张休宁县农民洪明户收税票，县政府印制的蓝色格式票时间是"洪宪元年"，而在实收使用时，在时间栏内又加盖了"民国四年"红章。一张长250 毫米、宽 174 毫米的发黄纸片，立即将人们引入了那个风云变幻的年代。1915 年 5 月，袁世凯接受了日本欲灭亡中国的"二十一条"，12 月决定复古倒退，恢复帝制，改中华民国为"洪宪袁家王朝"，12 月 25 日袁世凯登上了"洪宪皇帝"宝座。在蔡锷将军和国人的激烈反对抵制声浪中，袁世凯的倒行逆施失尽人心，1916 年 3 月 22 日不得不宣布取消帝制，自行下台，在国人的唾弃声中，6 月 6 日忧郁而死，结束了短短 80 多天的皇帝梦。这一中国历史上的重大事件，在徽州农村立即就有了具体的反映，该收税票，可能就印制在袁氏称帝的 1915 年底，反映了当时地方政府部门对袁氏复辟的记录；而实用时加盖的"民国四年"（1915）红章，则应该是地方政府部门对国内当时风起云涌的倒袁浪潮、反复辟潮流的一种呼应。透过这蓝底"洪宪元年"和红章"民国四年"印记，我们真切地感受到了当年国内复辟与反复辟斗争的时代脉搏跳动。

徽州契约文书还是那个时代社会调适的重要见证。

由于新安理学的影响，加上中原世家大量入徙徽州后聚族而居的宗族社会对中原文化的执著固守和弘扬，徽州社会自宋代以来民间崇儒尚文、重宗谊、讲世好、知理义、慕端贞、敦邻睦族，蔚成风尚，在许多千年古村落，宗族祠堂和乡村文会一类民间组织有效地调适宗族内部、宗族之间以及人与人之间的关系，对乡村社会实行着有效的控制，长期的"儒风独茂"，使古徽州社会成为"仪礼之国"、"江左名都"、"东南邹鲁"，相当长的时间里，"秩然有序"，相对稳定安宁。"新安自昔礼义之国，习于人伦，即布衣编民，途巷相遇，无论期功强近，尊卑少长以齿。此其遗俗醇厚，而揖让之风行，故以久特闻贤于四方。"而自宋以来大量现存的徽州契约文书，相当一部分就是徽州先民努力进行社会调解、化解宗族内部、宗族之间以及乡村社会各类矛盾纠纷、实现人际和谐、追求社会和谐这种努力的原始见证。

从大量徽州地方史志文献和家谱族谱中我们知道：徽州宗族社会严格按照儒学条规、朱子《家礼》，极重宗法，其族规家法完备而又具体，祠堂、族长、房长有相当权威，对族众的管理和控制是有效的。前面所述歙县宋村文肃祖祠所留存的133份徽州文书，就包括几份革除族众族籍、处罚族中寡妇之类文书。由于徽州宗族祠堂集祭祖、教化、励学、处理族务功能于一身，家庙、议事厅、土法院多位一体，故有徽州"家法大于国法"之说。为了维护宗族利益，为了宗族的秩序稳定，徽州宗族祠堂对于损害宗族利益者，其祠堂公议，按族规的惩处是比较严厉的。如《清嘉庆十七年六月洪奇保立押字文书》，洪姓宗族内族丁洪奇保，祠堂让他保管祠堂祭祖演戏用的戏台布，他竟私自将其当成钱花了"无处取赎"，宗族不能容忍这种损害祠堂利益的行为，于是族中"公议"罚其赔偿银6两，为了赔这6两银子，洪奇保不得不将"茶山两片并树木"、"房一眼"、"坦一个并树木"、"竹园一个"，还有"门前坦"一个，在族长、房长、族中各位首事的监督下，统统拿出作抵押，基本上倾家荡产。对于宗族内不遵族规族训家法、破坏族内秩序、侵害宗族公共利益者，不仅一般族众无法逃过"公议"的惩处，即使是族长等首领人物甚至族霸，也都无法避免被罚。《清嘉庆十七年十二月吴忠如立笔据文书》，吴氏宗族吴叙伦堂族长吴忠如和房长吴连春，背着族众，利用手中权力，竟然把祠产田地"魆地盗卖"给了邻村方姓人家。祠内族众发觉以后，追回了祠产，并以"公议"逼其吐出36两赃银"还众"，要其立下认错笔据，保证今后不得再"私卖私当"，否则，"凭族内闻官究治"。还有一份《民国十三年九月吴观进等遵劝和解合议》，讲的是吴观进和族中人为佃皮卖契一事产生了矛盾纠纷，"上控"打起了官司。族众们觉得同宗同族，一脉相生相承，和睦才能使宗族兴旺发达，于是都起而相劝，在族众调解和"公议"的压力之下，吴观进接受了族众们"宗族一脉"、"共敦友好"、"寝息讼端"的建议，主动往县里和芜湖行署销案，弥补了族内裂痕。以上文书可以说是对历史上徽州宗族调适族内矛盾、维护宗族秩序的一种见证。

徽州社会，虽然各姓聚族而居，大多一村一姓，不杂他姓，但随着时间的推移，徙居的变迁，许多情况下，一村数姓之间，村际、族际之间少不了

联系、纠葛，这一类社会调适，在徽州文书中亦有大量反映。如《姚川通党禁约》，就是针对当时姚川村中"近来人心不古，（一些人）不习正业，不遵古训，鼠窃崛起，肆行无忌，风俗颓败已极"的情况，会集全村族党共同订立禁约，意在"新立严规"、"正人心之不正"、"复古淳风善俗"，追求乡村和谐的一种努力。禁约规定"自后再有不悛蹈辙违规犯禁者，照例轻重责罚"，"决不容情宽贷"，对"恃强藉众倚势违规莫制者"则"会众公议呈公究办"。禁约所订禁规，具体而切合实际，是一种有效的公众乡村管理。文书《清咸丰八年七月吴遂意、陈万通等立议合同》，则是为了乡村向官府交钱粮完国课、纳租的事情。由于"年岁荒歉、世情缭乱"，村里许多事情没了规矩，田也越来越难种了，于是吴遂意、陈万通等首事人，邀集九姓农户，订立禁条，要求"齐心协力"，"各人守分安己"，"以正地方风俗"，"保守众家"。有这么一纸合约，谁不遵守，就齐心公办，"罚戏一台敬神"，大家约束维持乡村秩序。文书《清光绪二十三年八月方观生等立议合同》，会集的已是槐树下等十七个村庄四村八党二十多位首事，他们共同订立规条，针对"贼风四起，偷窃甚深"、"邻里不静"的情况，商议对策，立字"合心合一"，遵守规矩，共同维护乡村治安，保护百姓安宁安定。这些文书，都有一个特点，就是依靠"众家""百姓""公议""公论"的力量，立字为据进行制约管束。

在当前构建社会主义和谐社会的进程中，徽州先贤先哲们为构建古徽州和谐社会所作出的努力，所积累的经验，是极有启迪意义的一份历史财富。那些见证徽州社会调适内容的各类文书，在这一方面显现出其特殊的现实意义。

徽州文书还具有启发性、具体性、真实性、典型性的特点。①

在过去的历史文献中，有的事物只著录了其名称，而语焉不详，未见实物资料，像"契本"、"契尾"之类。徽州文书的实物资料，启发了人们对这一事物的注意和认知，成了人们解读这一类文献的实物见证。徽州文书一般都是当时徽州农村百姓生产生活活动的相关凭证，十分具体地反映了该事件的真实情况，没有也不必作文学修饰，其原始本真性、具体性，使它与一般文人修撰的历史文献相比，更具历史感和可信度，因而许多徽州文书真实地"记忆"了当时社会的最原始历史信息，具有还原当时社会生活实态的典

---

① 参阅周绍泉《徽州文书与徽学》，《历史研究》2000 年

型性，像黄山学院收藏的近 20 份徽州卖身契，大部分是贩卖佃仆、贩卖亲生女、仆女、童媳的真实记录，能加深人们对徽州佃仆制和封建礼教桎梏下徽州女人命运的认知。正是由于徽州文书所具有的启发性、具体性、真实性、典型性等特色，成为建构徽州学学科体系大厦的重要资料基础。

三、徽州文书的历史价值

异常丰富的徽州文书，主要有哪些价值呢？

（一）徽州文书是构建徽学的资料基础

1. 徽州文书的大量面世形成新的学科——"徽学"

徽学，又称徽州学，是上世纪 80 年代以后才出现的新学科。作为一门为学术界公认的新兴学科，其形成与发展，经历了一个比较长的时段。从 20 世纪 30 年代到 70 年代，是学术界进行徽州专题研究的时期，直到 20 世纪 70 年代后期，徽州文书的大量面世，才出现了徽学这一新学科。可以说，没有大量徽州文书的面世，就不可能有徽州学的诞生和发展。试将徽州和苏州、杭州做个比较，苏杭的历史文化异常丰富和辉煌，特别是明清时期的苏州，是国内经济最发达的地区，物产丰富，商业繁荣，人文荟萃，在政治、经济、文化方面的重要性，比徽州有过之而无不及，国内外以苏州为研究课题的作者及其著述，亦不在徽州之下，可至今为什么没有出现"苏州学"呢？王国维先生说"古来新学问起，大都由于新发现"[①]。新资料的发现促成新学科的产生，这一规律已经被上个世纪历史学的发展所证实。19 世纪末相继问世的甲骨文、汉晋木简和敦煌文书，促成了 20 世纪甲骨学、简帛学、敦煌学的产生，有的已发展为世界性的显学。著名学者、中国社会科学院历史所研究员周绍泉在《徽州文书与徽学》一文中说："徽学之所以成为一门新学科，其根本原因还是大量徽州文书的发现。"毫无疑问，徽州文书在徽州学的形成过程中起了关键作用。

2. 徽州文书的整理出版促进徽学研究的发展

现代学术意义上的徽学，是从徽州专题研究开始而逐步形成的。早在 20 世纪三四十年代，就有吴景贤的金声研究，郭沫若、吴晗等人的王茂荫研

---

① 王国维：《最近二三十年中国新发现之学问》

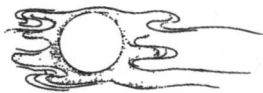

究，傅衣凌对徽商的研究等等。这一时期的研究，主要依据的是徽州文献史料。许多徽州专题研究只是依附在其他专题内开展，远没有形成一门专门学科。20 世纪 50 年代后期，徽州文书陆续被发现，并开始进入学者的视野。其后，利用徽州文书进行研究的成果开始出现。到 20 世纪 80 年代，徽学已成为热门学科。根据王国键在《徽州文书档案研究与徽学的兴起》一文中的不完全统计，1977 年至 2001 年，学术界公开发表的徽学论文有 1000 余篇，专著和译著近 50 部。利用徽州文书档案进行研究或直接研究徽州文书的论文论著明显增多，分别占研究徽州学论文论著总数的 35.1% 和 46.7% 。这一时期，在徽学界产生重大影响的徽学研究论著，有叶显恩的《明清徽州农村社会与佃仆制》，章有义的《明清徽州土地关系研究》等多部。这些著作都以徽州文书为重要资料进行徽学研究。严桂夫、王国键著的《徽州文书档案》，对徽州文书的问世流传、作用、地位等进行了深入探讨研究，是徽州文书研究方面的系统总结性著作，必将对徽州文书研究产生重要影响。到上世纪末本世纪初，随着徽州文书的大量面世并陆续整理出版，更多的学者投入到徽学研究中来，研究成果不断涌现，论文论著数量激增，徽学研究呈现出百花齐放、异彩纷呈的态势，研究的广度和深度都是前所未有的，涌现出一批徽学研究的知名学者。

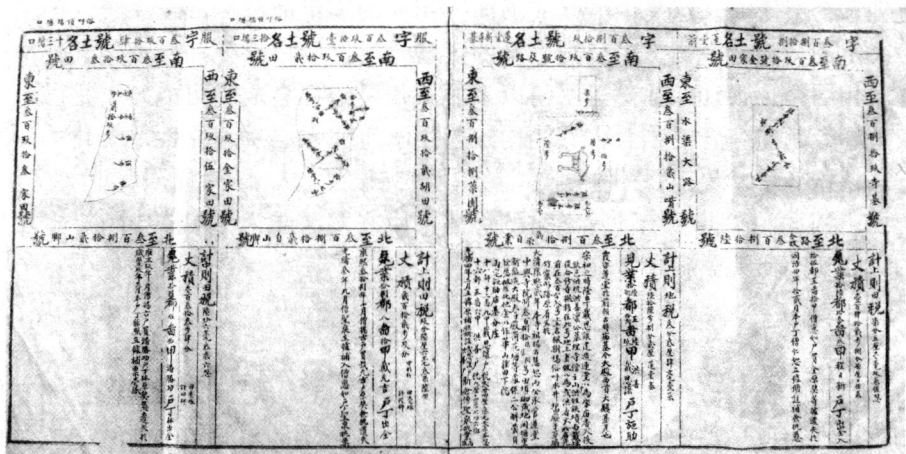

黄山学院徽州文化资料中心藏徽州文书

3. 对徽州文书的研究将促进徽学研究方法的重大变革

我国传统学术向现代学术的转变，是以清末中国历史文化的重大发现为契机而实现的。传统学者的学术研究，只注重官书、正史、实录、会典，对笔记、小说、稗史、野记不屑一顾。自甲骨文和敦煌文书问世并与正史互为印证后，学风才为之一变。学者始致力于搜求文集、笔记、方志、谱牒等材料。王国维在《古史新证》中总结说："吾辈生于今日，幸于纸上之材料外，更得地下之新材料。由此种材料，我辈固得据以补证纸上之材料，亦得证明古书之某部分全为实录，……此二重证据法惟在今日始得为之。"当今，徽州文书的大量面世，不仅再次印证了王国维观点的正确，更重要的是，徽州文书所具有的丰富的内涵和在学术研究中所发挥的重要作用，使它从原来的配角变成了主体资料，是对历史文献学和史料学学科内涵的重大修正和贡献，必将对徽学乃至历史学、社会学等多学科产生重大的影响，带来研究方法的重大变革。史学大师陈寅恪在《陈垣敦煌劫余录序》中说："一时代之学术，必有其新材料与新问题。取用此材料，以研求问题，则为此时代学术之新潮流。治学之士，得预与此潮流者，谓之预流。其未得预者，谓之未入流。此古今学术之通义，非彼闭门造车之徒，所能同喻者也。"

现代学术的发展趋势表明，学术潮流从综合走向分化以后，又回归为新的整合和综合。从研究方法上看，实际上是学术方法论上的又一次重大变革，是整合各学科的研究方法和理论。起步阶段的徽州文书研究，注重微观整理和个案研究。这是由徽州文书面世初期的零星散乱、缺乏系统性的情况所决定的，随着徽州文书出现数量的猛增，通过归户研究和文书与其他文献资料相结合，去还原或贴近明清以来的徽州民俗社会成为可能。于是微观与宏观、专题与综合的结合，共同构筑起徽学研究多层次整体性系统化的研究方法架构。学术界对徽州文书的研究，已突破了单学科的局限，汇集文书、历史、档案、考据、统计等学科的优势，使之发展成为一门多学科、多层次的综合实态研究学科。

（二）徽州文书的史料价值

学术界公认徽州文书有多方面的重大价值，它们是博大精深的徽州文化的丰富性与典型性的真实反映，在业已成为国际性显学的徽学研究领域，意义尤为重大，同时在历史学、社会学、文化学、文献学等方面也都具有重要价值。

社会是一个整体，由各个阶层组成，社会活动的总和构成我国历史的全貌。后人大多依据文献典籍了解历史，我国的历史书籍，现存的正史官书有

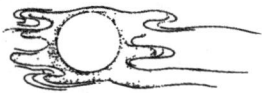

17.3 万多卷，仅《四库全书》就收录古籍 3503 种、79337 卷，其中的史部有正史类、编年类、纪事本末类、杂史类、别史类、诏令奏议类、传记类、史钞类、载记类、时令类、地理类、职官类、政书类、目录类、史评类等 15 个大类，可谓汗牛充栋。但这些典籍都是第二手材料，带有强烈的局限性，且涉及民间平民百姓的资料很少。梁启超就认为"史文什九皆后代编史者之润色，故往往多事后增饰之语"。①

文献典籍之外，还有难以计数的方志和谱牒，记录着文献典籍所没有的宝贵资料，具有独特的史料价值。但此类资料也属第二手材料，其诡记漏载、附会传说之处颇多，影响了史料的真实性。

徽州文书以其极为独特的史料价值，弥补了上述资料的不足。徽州文书种类繁多，它不仅对文献典籍起着补充订正的作用，自身也成为学者的研究对象，其史料价值被越来越多的学者所认同。

徽州文书的史料价值体现在以下方面：

首先，徽州文书作为自宋代以来徽州民间社会生活实态的真实纪录和历史见证，它反映的是古代徽州民间社会生活的真实形态，有极强的原始性、可靠性，是研究封建社会后期徽州区域社会土地关系、宗法制度、商业活动、风俗人情、社会变迁等历史的最直接、最基础、最重要的田野资料。

在买卖契约中，我们看到了家贫卖女的卖身契，甚至有盖着县衙大印的典卖儿女的卖身契；在分家文书等资料中，我们了解到徽州民间分家析产的动因、原则、父母兄弟的经济关系以及从中折射出的程朱理学的伦理观念；从商业、典当等文书中，我们看到了徽商是怎样卖田地房子进行商业资本的原始积累。被称为"民间历史记忆"的徽州文书，如此直观地为我们复原了活生生的、丰富多彩的徽州民间社会生活。这是在文献典籍、方志谱牒中无法得见的社会实态，反证出徽州文书在研究历史中无与伦比的史料价值。

其次，徽州文书内容极其丰富，有公私文档，有古代徽州民间社会方方面面的纪录，对于经济学、文书学、历史学、档案学、社会学、考据学、人类学等学科的深入探究，发挥着不可替代的作用，对推动徽学研究乃至中国历史研究具有多学科的、重要的史料价值。

以徽商研究为例。过去研究徽商，往往利用有关方志谱牒进行研究，而能在方志谱牒中占有一席之地者，都是经商成功者。但这些成功的徽商，仅

---

① 梁启超：《中国历史研究法》，上海古籍出版社 1998 年版，第 76 页

仅是整体徽商中的少数，徽商中更广大的芸芸众生，虽然一样地历尽艰辛、筚路蓝缕，但他们没能致富和飞黄腾达，方志谱牒是不会记载他们的。缺少了对作为徽商群体的大多数人的研究，不了解他们的价值取向、经商理念、经营模式、道德观念，不清楚他们对徽州的崛起、繁荣所作的贡献和没能成功的原因，对徽商的研究还只能说只是停留在残缺和片面的阶段。只有加强对徽商群体，尤其是对中下层徽商的研究，才能全方位地正确认识徽商，也才能使徽商研究更完整地接近历史真实，更好地做到鉴古知今。而要开展对徽商群体尤其是对中下层徽商的研究，就必须依靠徽州文书中大量的徽商文书档案，如商业合同契约、账簿底册、往来书信等。对中下层徽商展开研究，就一定能推动徽商研究再上一个新台阶。

第三，徽州文书的史料价值，还体现在徽州文书不仅能弥补正史官书的资料性空白，更重要的它是徽州社会历史实态研究中的第一手资料。周绍泉认为，研究社会历史实态是历史研究的首要任务。而社会历史实态是社会各个层次组成的。正史官书是帝王将相的家谱，方志谱牒记载的是士族文人眼中的社会，它们反映的是社会中上层的历史实态。这种缺少民间百姓实态的历史是残缺的。而运用徽州文书既可作定时定量定性分析，又可作连续追踪考察。以徽州文书的实物资料证之以正史官书，才能全面了解社会历史实态的全貌。比如，我们从元明清各朝的典章律令中知道土地买卖的规定，但买卖契约的运作程式是什么样的？各朝有些什么变化？就无从得知。从徽州文书中的各朝各代土地买卖契约，我们清楚了解了土地买卖的完整过程和各朝土地制度的运转实态。又如美籍华人、著名学者何炳棣在《中国历代土地数字的考释和评价》中说："六百年来最为传统及当代史家称道的明初全国各地履亩丈量绘制的《鱼鳞图册》，根本不是史实而是'传奇'"。这是典型的仅考证典籍文献而发生的谬误。在徽州文书中发现有多部从元末龙凤政权到明洪武年间的鱼鳞图册实物，栾成显根据徽州文书中的鱼鳞图册实物，著有《明代黄册研究》一书，客观上有力地纠正了前述的传奇说。这是徽州文书对研究中国历史有特殊史料价值的实例。

第四，利用徽州文书这一第一手资料进行徽州社会历史实态甚至中国历史实态的研究，是徽州文书史料价值又一极珍贵之处。众所周知，一个朝代的政令、典籍所记载的制度、政策只是一种规定，其在实际执行中会发生很大的变化。因此，研究一个朝代的制度、政策，既要依据朝廷颁布的政令、法律，更要看其在实际执行中的情形，这样的研究才有可能更加接近历史实

际。以雍正下诏"解放"贱民为例：雍正登基后，曾多次下诏"解放"贱民。前些年国内外史学界对雍正此举措评价很高。实际上，此类诏令并没有多少实际效果。雍正五年（1727），曾下旨"解放"江南徽州府伴当（贱民的一种）和宁国府世仆，但就在雍正下旨的第二年，徽州府祁门县黄氏三门族众却签订了一份同心协力对付所属庄仆的合同：

> "三门立合同人黄邦华……等，因承祖遗有坞头、（省去十处村名）等处庄仆，先年立有文书，冠婚丧祭火佃信寄柴薪，向来应役无异。今突起风波，强悍背逆，希图脱漏，不思文书柄据，庄基现凭，族众人人发指，难容坐视。……必同心协力共襄厥事，……是以合族盟神歃血，共同合墨，或呈官理治，或私行责罚，务必力处，一杜刁风。……如有退缩不前，临事推诿者，即以不孝罪论。"（该文书现藏北京文物局）

天高皇帝远，一道诏书成了一纸空文，结果可想而知。如果没有这份徽州文书，仅仅依据文献典籍，我们就无法确知雍正下诏"解放"贱民的历史真相。

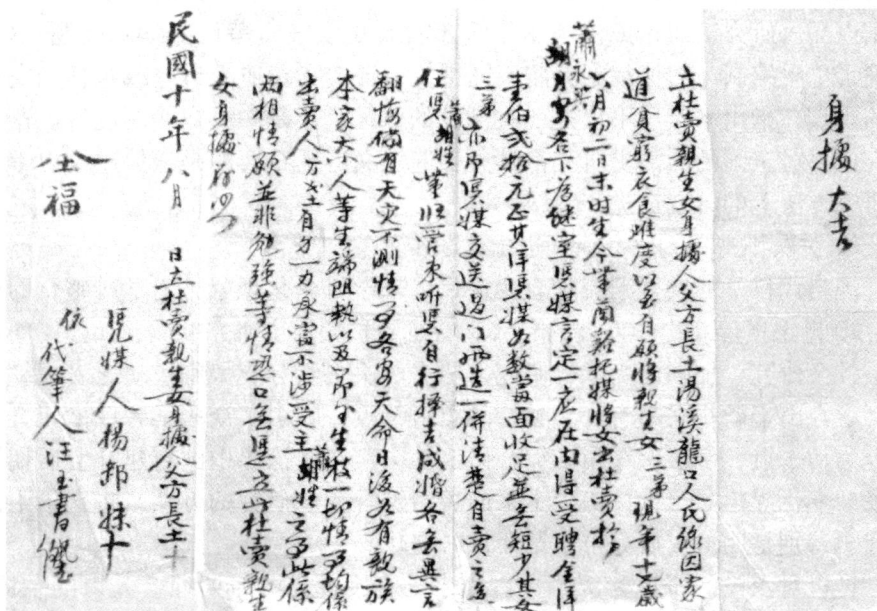

黄山学院徽州文化资料中心所藏徽州文书

（三）徽州文书的学术价值

1. 在史学研究方法转换上的价值

徽州文书的史料价值无论在质还是在量上，都是宋至明清时期其他典籍、档案、文书无法比拟的，以徽州文书为基础的徽学新学科的形成，对中国现当代新史学的转型起到直接的推动作用。王国维"二重证据法"，突破了只靠文献研究历史的局限，开辟了 20 世纪中国史学研究的新方向和新道路。徽州文书作为新材料的开发与利用，将使徽学研究极大地突破传统国学文献典籍互证的局限，走典籍文献与文书档案互证这一符合当代学术发展潮流的先进道路。

徽州文书从历史学的分类来说，涉及经济史、社会史、法制史、教育史、科技史、艺术史、政治史、思想文化史、宗教史等领域，这就为历史学的跨学科研究准备了丰富的资料，将会开辟中国史特别是明清史研究的新局面。如对赋役黄册的研究，过去的学者因缺乏实物考证，主要从典籍文献来分析推测。大量的明代徽州黄册底籍、鱼鳞图册、黄册归户册面世后，栾成显据以深入研究，纠正或澄清了不少不符合史实或有争议的学术问题，如：明确了里甲编制与图保编制分属不同系统；证实了黄册人口登载包括妇女在内的观点；指出了黄册不仅是征收赋役的依据，还是一种户籍制度等。这些研究成果对全国的明清史研究都具有普遍意义，更重要的是，促进了史学界在研究方法上的转变和进步。

2. 对徽州文书的研究将促进学术研究的学科整合

现当代科学的发展潮流是改变近代以来学科分化现象，走学科整合的道路，20 世纪世界新史学发展的趋势和特点是扩大历史研究领域，加强民间或下层社会研究，加强历史综合研究，努力解决史学分支太细、缺乏宏观综合的问题。由于徽州文书有许多独特的史料特点，吸引了众多学者以徽州文书研究为切入点，多层次多角度综合研究社会实态，探寻中国封建社会后期社会发展变化规律。这种按历史本来面貌做综合实态研究的方法，将会给中国古代史特别是明清史研究带来革命性的变化。

试以对农民的研究为例。自古以来，农民都是各时期社会人口的主体，而学术研究对各时期农民实况却知之甚少。由于历代统治阶层对下层社会的蔑视，历史文献记载农民的资料很少，使得后人无法探究农民阶级的社会实况，因而在学术研究中缺乏对农民全景式或具体实证式的研究成果。徽州文

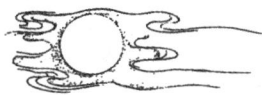

书中却保留着许多记载农民实际生活的真实具体的资料，如祁门县五都礜墅（现名洪村）胡姓农民家族 9 代人的文书，就具体地反映出这个家族从租种地主土地起，受地主的实物地租、劳役地租、高利贷的多重剥削，丧失了靠几代人的辛勤劳动置下的田皮（即土地耕种权）财产，最后沦为地主家族的伴当世仆的过程。对这批文书的研究，将涉及土地所有制、经济关系、阶级关系及农民真实生活的人类学研究等学科领域。所以，这批文书有着填补空白和学科整合方面的意义。

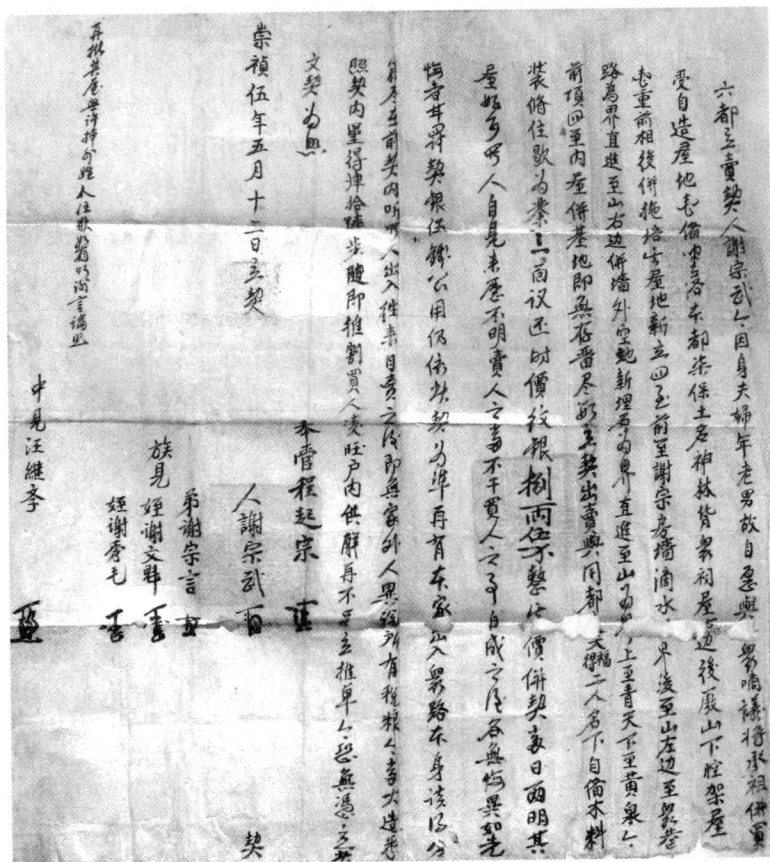

黄山学院徽州文化资料中心所藏徽州文书

3. 对具体史学研究的价值

徽州文书反映了从宋开始以至民国时期的徽州社会生活的方方面面，虽是记载徽州区域的历史资料，但由于具有原始性、具体性、典型性和连续性等突出特点，因而超越了地方性，它不仅对南宋以来的徽州社会，也对整个中国社会各领域的研究具有重要意义。徽州文书庞大的资料，使以往分别研究的各种课题有了综合研究的基础，如土地所有制及表现形式、商业经济与徽商、宗族制与家族演变、区域社会、地方行政权力执行情况、民间思想、宗教文化等。徽州文书资料的连续性，给我们提供了考察前近代社会和近代社会连续不断的中国社会特征及其变化的重要线索。徽州文书中所记载或折射出的明清区域社会经济状况，典型地体现了明清两代朝廷的政治经济措施在民间的执行情况。20世纪80年代以来对徽州文书研究的每一次深入，都是与整个明清历史研究的发展密不可分的，因为徽州文书的研究绝不仅是一种地方史的研究，它在很大程度上是对以徽州文书为代表的明清地方档案的整体研究，具有一定的普遍性，对考察明清时期的中国民间社会、对研究中国明清至民国的社会实态、对于学科整合性综合研究等都有重要价值。通过对徽州文书的考察研究，能对明清以来的一些社会经济制度作更深入的探讨，更接近于真实的历史实态，探索出一些社会发展的规律。又因为徽州文书种类繁多，所记载的领域非常广泛，往往一批内容相关的文书涉及多个学科领域，徽商文书就涉及经济史、商业史、税赋史、法制史、社会史等领域，如歙县档案馆收藏有100多封清代徽商信件，涉及各个商业门类、行商坐贾，通信者遍及国内各大商埠，不仅是研究徽商的宝贵资料，也是研究各商埠经济史、社会史的珍贵资料。

（四）徽州文书的全方位研究，将促进徽学在诸多新领域的拓展

徽州文书多方面展示了传统社会经济、宗族、民俗、会社、信仰及文化的厚重内涵，对于研究民间生活实态和社会思想文化、区域民间文化、民众心理及价值取向等，提供了丰富、翔实的第一手史料，对徽州文书的全方位研究，大大拓宽徽州学以及中国明清史研究的视野，促进社会文化史、民间宗教史、村落社会史、社区变迁史、妇女史、家庭史等新领域的研究。迄今为止，徽学之所以能成为一门显学，主要是因为众多学者对徽州文书中大量的商业文书和买卖契约深入研究，涌现出一大批研究成果所致。在徽州文书研究中，将土地关系、徽商、宗族、租赋税制、诉讼等作为重点课题展开深入探讨，无疑是正确的。但要全方位研究徽州文书，尤其是对记载宗教类、民间信仰类、村社类、日用类的民间稿本、抄本及祠堂家族收支账册、建筑图纸等进行研究，将会开辟社会史文化史等诸多新领域新课题。王振忠在徽

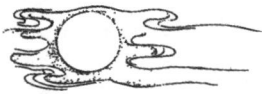

州从事过数十次村落人文地理考察，收集到万余件徽州文书，其中有 3000 余册稿本、抄本。他在对这些徽州文书进行深入研究的基础上，写出了《徽州社会文化史探微——新发现的 16—20 世纪民间档案文书研究》等论著。他的拓荒性研究，开辟了徽州学研究的新领域。

徽州文书还具有文物价值、经济价值、档案价值和现实借鉴意义。

四、徽州文书的整理和利用

徽州文书作为人类宝贵的"记忆遗产"，分散收藏于国内外众多图书馆、大学、科研机构和其他文化事业单位及一些个人手中。目前，整理出版工作取得了很大成绩。大体上可分为两个层次。一是公开出版发行的。计有：中国社会科学院历史所整理出版的《明清徽州社会经济资料丛编》（第二辑）、《徽州文书类目》、《徽州千年契约文书》（40 卷）；安徽省档案馆整理出版的《徽州历史档案总目提要》；安徽省博物馆整理出版的《明清徽州社会经济资料丛编》（第一辑）；安徽大学徽学研究中心编辑出版的《徽州文书》（10 卷本）；此外还有专题性的资料汇编如张海鹏、王廷元主编的《明清徽商资料选编》等。二是各收藏单位已经完成或正在进行整理的。如中国社科院历史所、安徽省档案馆、博物馆、图书馆，中国第一历史档案馆、南京大学历史系、黄山学院等以及黄山市属各文书收藏单位。不少收藏单位已完成分类、编号、编制目录索引等工作，以供研究之用。其中黄山学院徽州文化资料中心收藏有徽州文书 8 万多件册，正在组织力量抓紧整理，争取尽快建立徽州文书数据库，近期出版《中国徽州文书》20 卷，以推动徽学研究的深入开展。但目前徽州文书被整理出版的只占现存徽州文书很少的一部分，更多的徽州文书还有待于将来去开发利用。目前的整理状况使得徽州文书的巨大史料价值远远没有发挥，对学术研究的发展极为不利。因此，将所藏徽州文书有组织、有计划地进行分类和整理并尽快出版，是当前及今后徽学研究中一个亟待开展的基础性工作。

数量庞大的徽州文书是徽学研究的主要基本资料。对徽州文书整理的过程本身就是一个研究的过程，要以科学的实证的方法来从事这一研究工作，既要利用各种工具书进行详尽周密的考证，又要符合档案管理的规律，更要着眼于方便使用者的查阅。目前徽州文书的整理工作尚未形成统一的格式、规定，各收藏单位有关徽州文书的分类和整理，大致如徐国利先生所总结的状况。简介如下：

（一）关于徽州文书的分类

各收藏单位对徽州文书的分类差异较大，主要有以下几种：

1. 内容分类法

内容分类法，即根据徽州文书涉及的社会生活内容来分类。由于人们对社会生活包括的具体领域看法不同，导致了在具体的分类上的不同。大的类目有：1）土地与财产文书；2）赋役文书；3）商业文书；4）宗族文书；5）官府文书；6）教育与科举文书；7）会社文书；8）社会关系文书；9）民间生活和民俗风情文书；10）其他。其下又分为 100 多个子目。随着徽州文书的不断发现及人们对徽州文书认识的不断加深，对徽州文书的内容分类还会有新的调整。内容分类法简明清楚，可以将繁复的徽州文书分为体现社会生活各个领域的不同门类，有利于研究者的使用，故在整理文书中采用内容分类法来对文书分类的很多。

2. 年代分类法

年代分类法，即根据徽州文书形成的时间，将其分为宋、元、明、清和民国文书。由于现存徽州文书多是明清时期的，这两个朝代又相当长，因此一般又按明清皇帝年号序列作进一步的分类排列。如明代洪武十八年、清代雍正五年等；有朝代及年份而无月日者，置于该朝该年之末；对于仅有朝代而年月不详的文书，则置于该朝代之末。

3. 归户分类法

归户分类法，即根据徽州文书在历史上形成、保存和流传的主体单位来分。由于徽州文书连续性和系统性强，同一户文书往往累积几十、上百、几百份，所涉年代历经几朝、十几朝，横向上彼此关联、相互联系，纵向上前后呼应、连续相承，并且种类繁多，呈现出归户性特征。这里的"户"不应单指家庭意义上的"户"，还应包括归族、归会、归社等等。徽州文书的归户分类，与档案管理的"全宗原则"是相符合的。所谓全宗，就是指一个独立的社会团体、组织或个人形成的全部档案。按全宗原则整理档案，就是说，一个全宗的档案不允许分散，不同的档案不得混杂，只能以充分实现其对以往历史事实的原始记录价值为原则。

4. 作者分类法

作者分类法，即按徽州文书的作者身份、性质将其分为私家文书和官府

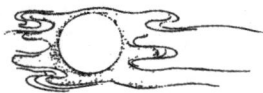

文书。如田地买卖白契、抄契、租底簿、商业合同、合同文约、书信等都属私人文书。而布告、旌表批文、契本、税票、号纸、契尾、执照、盖有官印的鱼鳞图册、土地买卖中的红契和验契纸等，或是由官府发出的，或是由官府认可的，都属于官方文书。

5. 形态分类法

形态分类法，即根据徽州文书的外在形态，将其分为散件和簿册（卷）两类。所谓散件，是指单张或两三张甚至更多张组成的一件文书。如财产买卖特别是土地买卖契约多为一件白契或红契，有的则附有一至三张验契或一张推单，有的既有验契又有推单，这样便由两三张甚至更多张组成了一件文书。所谓簿册（卷），是指装订成簿、册或卷的文书。有的簿、册或卷原本就是完整不可分的，如商业账簿、分家书；有的则因内容相同或相近，后人将数量不等的散件文书抄录在一起成为簿册，如抄契簿（又称誊契簿、堆积簿等）、租底簿、状纸等。形态分类法简捷明快，然而它只是初级分类，对研究使用没有直接帮助。因此，它必须要配合其他分类法来使用。

6. 综合分类法

综合分类法，即将上述几种分类法有机地综合在一起，形成一种新的分类法。因为徽州文书具有多样性、复杂性和关联性等特点，就某一批相关联的文书而言，可以适用多种分类法，但用单一的分类法又都有缺陷。综合分类法将内容、年代、归户、形态、作者等分类法的各要素综合起来，建立徽州文书数据库，这样才能便于研究领域不同的研究者检索和使用。黄山学院徽州文化资料中心采用的就是这种分类法，并提出了徽州文书的整理要方便各类研究者综合检索和利用的宗旨；提出了徽州文书归类的完整性原则，即在整理时，将同一征集来源或户主、地域相联系的文书按制定的综合分类标准归类编号，集中存放，使用时按查询的内容在数据库里输入相关信息，就能将想检索的内容一览无余。

目前，将所藏徽州文书有组织、有计划地进行分类和整理，提供给学者们进行学术研究，是徽学研究中一个亟待大力开展的基础工作。

（二）关于徽州文书的整理

徽州文书的整理是一项专业性很强的基础学术研究工作，需要多方面的知识。辨识通读一份徽州文书，首先，必须要有识读古文字、俗体字、篆体字和使用各类工具书的能力；其次，必须要对中国历史和徽州地方史以及经济史有一定程度上的掌握；第三，要逐步掌握古代徽州都图村名的历史沿革；第四，要了解一些徽州方言、俗语、徽州各县的特殊名词；第五，在徽州文书的整理中，考证的任务很重，尤其是对缺少某些信息要素（如缺县名、或缺都图编号）的买卖白契，就要从田地字号、地名、卖主买主、各县的固定用语、甚至中证人、代书人等方面进行综合考证。考证要遵守"孤证不立"的原则。

1. 当前徽州文书的整理方式

（1）目录式整理。即将徽州文书以题名目录形式著录，标上收藏单位及检索号，以利于读者查找。代表性的有，中国社会科学院历史所编的《徽州文书类目》、严桂夫主编的《徽州历史档案要目提要》，以及各大档案馆、博物馆整理归档的徽州文书档案卷宗。目录式整理能为研究者提供很好的目录检索。

（2）提要式整理。即将徽州文书内容加以简要介绍，评判其优劣，指出其主要价值所在。

（3）汇编式整理。即将徽州文书原件加以遴选，编辑出版，直接为读者提供徽州文书原始材料。中国社会科学院历史所编《徽州千年契约文书》，该书分宋元明和清民国上下两编，各20卷，影印了中国社科院历史所图书馆收藏的宋至民国各类文书散件3200余件，簿册120余册，鱼鳞图册16部，约计1000万字。安徽大学徽学研究中心整理"伯山书屋"的徽州文书，编辑出版的《徽州文书》（10卷本）等，最具这方面的代表性。

（4）专著式整理。就是将某些特别有史学价值的徽州文书簿册单独整理出版，如周绍泉、赵亚光整理编辑的《窦山公家议校注》。① 是祁门善和里程氏仁山门东房派管理族众、族产的族规家法汇编的校注。

2. 黄山学院的徽州文书收藏整理

（1）校藏徽州文书特色。黄山学院大规模征集收藏徽州文书的工作，起始于上世纪90年代，在学校领导的大力支持下，征集收藏工作取得丰硕成果。其主要特色是：

①收藏数量多。已征集收藏明清、民国各时期的徽州文书8万份左右，在目前的徽州文书收藏单位中，就数量而言名列前茅。

②时间跨度长。从北宋政和八年（1118）到1987年，前后延续800

---

① 以上整理方式的归纳见吴光龙：《试论徽州文书的史学价值及其整理》

多年。

③文书内容涵盖社会全方位，类别齐全。举凡各收藏单位所藏类别，如：土地关系与财产关系；赋役征收；商业经营；宗族和家庭实态；官府文书；教育与科举活动；会社文约；社会关系和民俗风情；诉讼文稿等。多方面文书，黄山学院都有收藏。

④学术研究价值高。学校收藏的徽州文书，从年代看，以清代为主要时段；从内容看，土地及其他财产的处置文书占有较大的比例；且归户资料和散件资料的并存和相互补充，对于运用统计学研究经济史的许多课题，效果显著。如进行地价、地租率、税赋负担、土地及其他财产的分散和兼并、租佃典当的实态运行等研究。学校收藏的徽州文书中，有一套布店的收支总账共80余册，为前后相继近百年的账目，是研究徽商、商业经营实态、物价变动实况和个案研究的极珍贵的资料。又如有一套汪姓宗祠的祭祀大典的文书，对于研究宗族组织活动、祭祀程式等，是不可多得的实证资料。其中所记载的徽菜菜谱，对于徽菜的研究更有珍贵的史料价值和现实意义。

（2）校藏徽州文书的整理简况。收藏徽州文书是为了进行学术研究，因此，将8万份左右徽州文书尽快整理出来，以利于徽学研究的更深入开展，就成了当务之急。黄山学院从2005年开始，投入较大的财力，采用专兼职人员结合的办法，持续进行整理。

徽州税文化博物馆

①整理的宗旨、原则：确定了徽州文书的整理，要方便各类研究者综合检索和利用的宗旨；提出了徽州文书归类的完整性原则。

②整理工作程序：初步整理。以原始征集时的同一包资料为一个整理单元，分给一位整理者，按分类表和整理细则进行分类，写出文书各类要素和提示性内容。复核整理。组织专职人员对初步整理后的文书仔细查核，疑点难点反复讨论考证。按考据学上"孤证不立"原则，没把握确定的，宁可存疑，不妄下结论。

③遴选编辑出版。将徽州文书原件加以遴选，编辑出版，直接为读者提供徽州文书原始材料。计划出版多卷本的徽州文书影印资料。该项工作刚起步。当前正在选编民国时期的文书，以后还将选编出版明清时代的文书，为学术界提供更多的实证资料。

④建立徽州文书资料数据库。即将整理后的徽州文书的文字和图片输入微机，建立链接，将来可利用互联网开发检索阅读系统。

徽州文书是徽学研究的主要资料之一，现在民间的存量还很庞大，黄山学院现仍继续投入资金，进行抢救性收藏、整理，相信会对徽学研究起到积极的推动作用。

（三）关于徽州文书的利用

徽州文书自问世以来，就受到有识之士的重视。

解放后至文革前，数量众多的徽州文书在徽州坊间地摊上买卖流传，内容有土地文书、商业文书、赋役文书、会社文书、宗族文书、诉讼文书、官府公文等几个大类。并陆续被全国众多的博物馆、档案馆、图书馆等单位收藏。随之而起的是对徽商的研究开始升温。上世纪50年代中期，傅衣凌发表的《明代徽商考》是徽商研究的开山之作。他的《明清时代徽州婺商资料类辑》、陈学文撰写的《论徽州商业资本的形成及其特色——试以徽州一地为例来论证明清时代商业资本的作用问题》、秦佩珩的《徽商考略》等论文，都是这一时期徽商研究的力作。

文革结束后，随着徽州文书的大量出现和整理出版，以徽州文书为资料依托的徽学研究掀起高潮，除了资料整理领域取得了极其重要的成果之外，利用徽州文书等资料而形成的徽学研究成果如群星璀璨。研究领域从徽商、徽州经济史向更深广的学科领域发展。进入21世纪，在徽州文书的资料支持下，徽学研究领域超越了之前的任何阶段，呈现百花齐放的全盛景观。文

革后至今，各种徽学研究组织纷纷建立，学术活动频繁开展，论文和专著不断涌现。例如：叶显恩的《明清徽州农村社会与佃仆制》；章有义的《明清徽州土地关系研究》、《近代徽州租佃关系案例研究》；张海鹏、王廷元的《徽商研究》；栾成显的《明代黄册研究》；唐力行的《明清以来徽州区域社会经济研究》；王振忠的《徽州社会文化史探微——新发现的16—20世纪民间档案文书研究》；卞利的《明清徽州社会研究》；赵华富、周绍泉、朱万曙等各自主编的徽学论文集等数百部专著，以及依托徽州文书写出的数以千计的学术论文。研究领域涵盖了徽学的各个方面，蔚为大观。随着徽州文书收藏量的增加和整理工作的进展，一个徽学研究更加繁荣的学术局面将会加速到来。

随着徽州文书的历史价值的发现和利用，宣传展示徽州文书的陈列馆、博物馆也应运而生，如祁门县文化局的徽州文书陈列馆、黄山市地方税务局的税文化博物馆和即将成立的黄山学院中国徽州文书博物馆等，为宣传徽州文书和徽州文化起到了重要作用。对徽州文书的更好开发利用的问题，已经摆在了我们的面前。

徽州文书被誉为中国历史文化的第五大发现，其发现和流传经历了一个较长时间。因其具有真实性、具体性、连续性、典型性、启发性等特点，徽州文书研究构成了徽州文化学术研究的一个重要部分，是构建徽州学科体系大厦的重要资料基石。徽州契约文书的发掘、整理和研究，极大地丰富了徽州学研究的内涵，拓展了徽州文化的视野，促进史学界在研究方法上的转变和进步，促进学术研究的学科整合，促进徽学在社会史文化史等诸多新领域的拓展。也给宋以后中国古代史特别是明清史的研究带来了革命性的变化。徽州文书的发现和研究，使我们综合研究封建社会生活实态成为可能，是徽州文化学术研究中基础性研究的重要部分。

徽州文书对于徽州学研究和中国史研究具有如此重要意义，尽力抢救、使其免于湮灭成为当务之急。有关学术单位和民间个人都在抢救性收藏，黄山市（即原徽州地区）政府也开始重视。2006年12月，专家评审通过的安徽省黄山市的《黄山市文化大市建设规划》提出，将在2010年前后，争取集中选取跨越时间长、连续性强的典型完整的徽州文书申报世界记忆遗产。世界记忆遗产，又称世界记忆工程或世界档案遗产，与联合国教科文组织设置的世界自然文化遗产、非物质文化遗产等一样，旨在对世界范围内正在逐渐老化、损毁、消失的文献记录，通过国际合作与使用最佳技术手段进行抢救，从而使人类的记忆更加完整。1992 年，联合国教科文组织启动世界记忆遗产以来，我国入选《世界记忆遗产名录》的还只有纳西东巴古籍文献等 4 项。相信通过全社会的共同努力，徽州文书的抢救收藏、整理研究入选《世界记忆遗产名录》等工作必将圆满完成，将更好地促进徽学研究的深入发展。

【思考题】

1. 为什么说徽州文书是中国历史文化的第五大发现？
2. 徽州文书有哪些特点？
3. 徽州文书具有哪些价值？

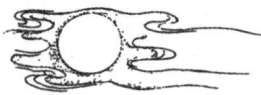

参 考 文 献

1. 朱万曙主编. 论徽学. 安徽大学出版社, 2004

2. 卞利. 明清徽州社会研究. 安徽大学出版社, 2004

3. 叶显恩. 徽州与粤海论稿. 安徽大学出版社, 2004

4. 唐力行. 明清以来徽州区域社会经济研究. 安徽大学出版社, 1999

5. 赵华富. 徽州宗族研究. 安徽大学出版社, 2004

6. 王振忠. 徽州社会文化史探微. 上海社科院出版社, 2002

7. 《徽州文化全书》（1－20卷）. 安徽人民出版社, 2005

8. 《徽州古村落文化丛书》（10册）. 合肥工业大学出版社, 2005

9. 张海鹏, 王廷元主编. 徽商资料选编. 黄山书社, 1985

10. 张海鹏等. 徽商研究. 安徽人民出版社, 1995

11. 高寿仙. 徽州文化. 辽宁教育出版社, 1998

12. 王磊. 徽州朝奉. 福建人民出版社, 1997

13. 张立文. 朱熹思想研究. 中国社会科学出版社, 1994

14. 李开. 戴震评传. 南京大学出版社, 1992

15. 韩天衡. 历代印学论文选. 西泠印社, 1999

16. 周芜. 徽派版画史论集. 安徽人民出版社, 1984

17. 严桂夫, 王国键著. 徽州文书档案. 安徽人民出版社, 2005

18. 赵焰. 思想徽州. 人民出版社, 2006

后　记

经过将近一年的努力，《徽州文化十二讲》终于与大家见面了。一年的艰辛迎来了丰收的果实，自然感到无比欣喜。

在这一年里，黄山学院徽州文化研究所把《徽州文化十二讲》的编撰工作作为重点工作来抓，丝毫不敢有半点懈怠：从对书名确定、体例安排、编写要求、人员分工，到每讲内容的反复修改，经历了一个艰辛的过程。特别是全体参编人员克服各种困难，为此付出了辛勤的汗水。应该说，我们在体例等方面作了一些新的探索，与我们所预期的虽然还有距离，但也多少体现了我们的追求。由于徽州文化本身的博大精深，由于徽学研究成果的极其丰硕，要在短时间内对它进行系统梳理和总结，困难不少，难度很大，因而其中难免存在这样或那样的问题，这是需要专家学者和读者理解和原谅的。

下面是具体参编分工：

第一讲《徽州文化与徽州学》由吴兆民编写；第二讲《徽州的地理与社会》由曾小保编写；第三讲《徽州村落》中的"徽州村落的社会变迁"、"徽州村落的规划布局与乡土意识"和"徽州村落的乡约制度与习惯法"由马勇虎编写，"徽州村落园林的类型与特点"由汪昭义编写；第四讲《徽州宗族制度》由毕民智编写；第五讲《徽商》由方春生编写；第六讲《徽州教育》中的"徽州教育的背景与模式"、"徽州教育与宗族的关系"、"徽州教育与徽商的关系"和"徽州教育的地位与影响"由刘洪、江诚编写，"人民教育家——陶行知"由胡家俊编写；第七讲《徽州学术》中的"徽州学术产生与发展的背景"和"新安理学"由曾小保编写，"徽派朴学"和"徽州学术的地位与影响"由金家恒编写；第八讲《朱熹、戴震与胡适》由汪大白编写；第九讲《徽州科技与工艺》中的"新安医学"由方利山编写，"算法统宗"由王有青编写，"徽州刻书"和"徽州雕刻"由翟屯建编写，"文房四宝"由江巧珍编写，"徽菜"由胡善风编写；第十讲《徽州艺术》中的"概述"由吴建安编写，"新安画派"由陶圣苏编写，"徽州戏曲"由周筱华编写，"徽州篆刻"和"徽州版画"由翟屯建编写，"徽州文学"由吴兆民编写；第十一讲《徽派建筑》由汪昭义编写；第十二讲《徽州文书》中的"徽州文书的留存与发现"和"徽州文书的内容与特点"由方利山编写，"徽州文书的历史价值"和"徽州文书的整理与利用"由吴伟逸编写。

主编汪良发主持整个编写工作，对总体构思、体例设计、人员分工、编写进度等方面提出了具体要求，对整部书稿进行了审阅并提出了修改意见。徽州文化研究所顾问汪柏树教授和汪昭义教授审读了整部书稿，并提出了修改意见。副主编吴兆民、曾小保竭尽全力对整部书稿进行了反复修改和统稿，以使之达到出版要求。汪家庚、李俊、吴兆民为本书拍摄了图片，以使之图文并茂。

我们知道，我们在《徽州文化十二讲》中所做出的努力还是初步的，其中难免存在着不足与问题，我们恳请有关专家学者以及广大读者提出宝贵意见，为我们修订再版提供有益的帮助。

愿我们通过《徽州文化十二讲》的一番巡礼，能够触摸徽州文化强劲脉搏的跳动和感受她不朽生命的光华。

《徽州文化十二讲》编委会

黄山学院徽州文化研究所

2008 年 4 月 8 日